FUORINORMA
La via neosperimentale del cinema italiano

a cura di Adriano Aprà

artdigiland.com

art digiland

Artdigiland Ltd
Founder and Director Silvia Tarquini
c/o Raheny Accounts Ltd TA Irish Accounts
6 Abbey Business Park, Baldoyle Industrial Estate
Dublin 13
Republic of Ireland
www.artdigiland.com
info@artdigiland.com

Fuorinorma. La via neosperimentale del cinema italiano

a cura di Adriano Aprà
con Associazione Culturale Fuorinorma
Adriano Aprà (presidente), Cristina Torelli (vicepresidente), Paolo Lanari (tesoriere), Francesca Fini, Alessia Lombardini, Marco Polimeni, Silvia Tarquini
www.fuorinorma.org

concept e ricerca iconografica: Silvia Tarquini

impaginazione: Sara Pinti

crediti fotografici: i film sono illustrati con fotogrammi, foto di scena e ritratti concessi dagli autori e dalle produzioni. Ringraziamo i fotografi che hanno concesso le foto ritratto degli autori e le foto di scena: Cinzia Capparelli (ritratto Costanza Quatriglio); Enzo Cei (ritratto Paolo Benvenuti e foto di scena); Mirko Colombo (ritratto Luca Ferri); Federico Deidda (foto di set *Macbeth*); Ester Elmaleh (ritratto Federico I. Osmo Tinelli); Giacomo Daniele Fragapane (Salvatore Maira sul set di *Valzer*); Jacopo Gregori (foto di scena *Gesù è morto per i peccati degli altri*); Giovanni Lancellotti (ritratto Antonello Faretta); Fabio Lovino (ritratto Alina Marazzi); Simone Paccini (ritratto Alessandro Negrini); Giorgio Possenti (ritratto Maria Arena); Max Solinas (ritratto Giovanni Columbu); Roberto Spinetta (ritratto Michele Salimbeni)

nella pagina a fronte: Adriano Aprà, Mostra Internazionale Nuovo Cinema di Pesaro, 2016. Foto Luigi Angelucci ©

in copertina e retrocopertina: fotogrammi dei film dei più giovani autori Fuorinorma

© copyrigth Artdigiland 2019

Il festival espanso Fuorinorma

Questo volume raccoglie, oltre a un saggio introduttivo, le schede di 108 film di autori italiani dal 2006 al 2018 (81 lungo o mediometraggi, 27 cortometraggi) programmati a Roma e altrove dall'Associazione Culturale Fuorinorma (www.fuorinorma.org) nel corso di due edizioni del suo "festival espanso", illustrate da foto degli autori, foto di set e di scena e da fotogrammi dei film. Abbiamo cercato di rispettare quasi sempre il formato dei fotogrammi, ma talvolta abbiamo dovuto rinunciarvi per ragioni grafiche.

La prima edizione, e relativo catalogo a cura di Adriano Aprà edito da Artdigiland (disponibile su Amazon al link http://bit.ly/Fuorinorma_2017), si è svolta – introdotta da un convegno preliminare il 5 marzo e chiusa da uno conclusivo il 10 dicembre 2017 – con 20 film di lungo e mediometraggio in 20 sale indipendenti romane dal 26 ottobre al 22 dicembre 2017, per un totale di 120 proiezioni (6 passaggi a film). Il catalogo includeva, fra l'altro, la scheda di *Tramas* (2007) di Augusto Contento, che nella seconda edizione è stato sostituito dal suo più recente *Shadowgram*, e quella di *N-CAPACE* (2014) di Eleonora Danco, che ha rinunciato a essere inclusa nel presente volume. RAI Movie ha trasmesso, nell'ambito di Fuorinorma e presentati da Adriano Aprà, 5 dei 20 film: *Bellas mariposas* di Salvatore Mereu (16 gennaio 2018), *N-CAPACE* (23 gennaio), *Su Re* di Giovanni Columbu (30 gennaio), *Sangue* di Pippo Delbono (6 febbraio), *Spira mirabilis* di Massimo D'Anolfi e Martina Parenti (13 febbraio). Il IX BIF&ST (Bari International Film Festival) ha inserito nel proprio programma una sezione Fuorinorma con *Sangue* (22 e 25 aprile 2018), *N-CAPACE* (23 e 26 aprile), *Valzer* di Salvatore Maira (24 e 27 aprile).

La seconda edizione si è svolta con 61 film di lungo e mediometraggio e 27 cortometraggi in 21 sale indipendenti romane (non sempre le stesse della prima edizione) dal 17 maggio al 18 dicembre 2018, per un totale di 130 proiezioni (2 passaggi a film + 2 passaggi per i 3 programmi di cortometraggi).

All'estero inoltre Fuorinorma ha proiettato 6 film allo Szczecin European Film Festival (Stettino, Polonia) il 12, 19, 26 luglio e il 10, 17, 31 ottobre 2018 in collaborazione con OFFicyna, e 4 film a Barcellona il 4, 6, 7, 8 dicembre 2018 in collaborazione con la Filmoteca de Catalunya e i «Quaderni del CSCI».

In entrambe le edizioni i film sono stati presentati quasi sempre dagli autori e/o da Adriano Aprà.

Per chi fosse interessato, segnaliamo il n. 14 (2018) della rivista annuale di Barcellona diretta da Daniela Aronica «Quaderni del CSCI [Centro di Studi sul Cinema Italiano]», a cura di Adriano Aprà, intitolato *Controcorrente. La via neosperimentale del cinema italiano*. Contiene cinque saggi generali (compreso, in versione ridotta, *Fuori norma. La via neosperimentale del cinema italiano*) e schede e recensioni di 63 film di lungo e mediometraggio, compresi quattro film (*Tramas*, *In amabile azzurro*, 2009, di Felice D'Agostino e Arturo Lavorato, *God Save the Green*, 2013, di Michele Mellara e Alessandro Rossi, *Habitat. Note personali*, 2014, di Emiliano Dante), poi sostituiti con opere più recenti degli stessi autori, e tre film (*Le quattro volte*, 2010, di Michelangelo Frammartino, *Belluscone, una storia siciliana*, 2014, di Franco Maresco, e *N-CAPACE*) i cui autori, per varie ragioni, hanno rinunciato a essere inclusi nel festival e le cui sette schede non sono state quindi riprese in questo volume.

Festival Fuorinorma 2
ideazione e direzione artistica: Adriano Aprà
Fuorinorma extra: Bruno Di Marino, Francesca Fini
coordinamento: Cristina Torelli, con la collaborazione di Alessia Lombardini
amministrazione: Paolo Lanari
progetto grafico e comunicazione: Francesca Fini
supporto grafico e sito web: Eduardo Savella, Simone Veo
promozione: Maria Antonietta Caparra
documentazione video: Marco Polimeni
collaborazioni di: Giacomo Ravesi, Maurizio Carrassi, Paolo Barrella

Le prime due edizioni del festival "espanso" Fuorinorma sono state realizzate con contributi di: Istituto LUCE-Cinecittà, RomaLazio FilmCommission, SIAE, CNA-Fondazione Cinema per Roma-Festa del Cinema di Roma, Emanuele Nespeca, An-cha Flubacher-Rhim.

Per la prima edizione del festival ringraziamo: Simone Starace, Silvia Tarquini (responsabile della comunicazione con Francesca Fini), Mimmo Morabito (ufficio stampa), Giulia d'Amico, Flavio Lanari, Alessia Lombardini, Silvia Niro, Carlo Pulsonetti, Paola Stricchiola, Costanza Sauve (volontari).

Ringraziamo tutti gli autori che hanno collaborato alle due edizioni del festival e tutte le produzioni e le distribuzioni che hanno messo a disposizione gratuitamente i loro materiali;
Roberto Cicutto, Michele Conforti, Mario Perchiazzi;
Mostra Internazionale del Nuovo Cinema (Pesaro), SNCCI, Zètema progetto cultura;
Silvano Agosti e Azzurro Scipioni (Roma), Paolo Barrella e Biblioteche di Roma, Casa Internazionale delle Donne (Roma), Filippo D'Alessio e Teatro di Tor Bella Monaca (Roma), Giorgio De Finis e MACROAsilo (Roma), Adele Dellerario e Nuovo Cinema Aquila (Roma), Roberto Fiorenza e Cinema dei Piccoli (Roma), Giorgio Ginori e Isola del Cinema (Roma), Giorgio Gosetti e Casa del Cinema (Roma), Felice Laudadio, Daniela Currò e Sala Trevi (Roma), Daniele Lupi, Sergio Ponzio, Cristina Nisticò e CineDetour (Roma), Gabriella Macchiarulo e Teatro dei Dioscuri (Roma), Szymon Pawlik e Szczecin European Film Festival (Stettino, Polonia), Giacomo Ravesi e Apollo 11 (Roma), Esteve Riambau e Filmoteca de Catalunya (Barcellona), Giovanni Andrea Semerano e La Camera Verde (Roma), Silvano Spada e Off/Off Theatre (Roma), Vincenzo Vita, Aurora Palandrani, Luca Ricciardi e AAMOD-Archivio Audiovisivo del Movimento Operaio e Democratico (Roma), Vito Zagarrio e Teatro Palladium (Roma);
Cinecittà News, Quinlan.it, BookciakMagazine.it;
i sottoscrittori del crowdfunding che hanno contribuito e che vorranno aiutarci a far proseguire la nostra iniziativa: http://bit.ly/sostieni_fuorinorma;
gli spettatori che hanno voluto condividere questa avventura di "volontariato culturale".

http://fuorinorma.org

Sommario

8   **Il festival espanso Fuorinorma**

16   **Fuorinorma. La via neosperimentale del cinema italiano**
Adriano Aprà

LUNGOMETRAGGI E MEDIOMETRAGGI
Crediti, sinossi, note di regia, biografie, filmografie

43   **Abacuc**, Luca Ferri (2014)

47   **Ab urbe coacta / Dalla città coatta/reclusa**, Mauro Ruvolo (2016)

51   **Al di là dell'uno**, Anna Marziano (2017)

55   **Ananke / Destino**, Claudio Romano (2015)

61   **Appennino**, Emiliano Dante (2017)

65   **Archipels nitrate / Arcipelaghi nitrato**, Claudio Pazienza (2009)

69   **Arianna**, Alessandro Scippa (2012)

73   **Bellas mariposas / Belle farfalline**, Salvatore Mereu (2012)

79   **Blood and the Moon / Il sangue e la luna**, Tommaso Cotronei (2017)

85   **La bocca del lupo**, Pietro Marcello (2009)

91   **Bullied to Death / Bullizzati a morte**, Giovanni Coda (2016)

97   **Ceci n'est pas un cannolo / Questo non è un cannolo**, Tea Falco (2018)

102   **Cento anni**, Davide Ferrario (2017)

109   **Che cos'è l'amore**, Fabio Martina (2015)

112   **Cinema Grattacielo**, Marco Bertozzi (2017)

117   **La città senza notte**, Alessandra Pescetta (2015)

123   **Dusk Chorus. Based on Fragments of Extinction / Coro del crepuscolo. Basato su Frammenti di estinzione**, David Monacchi, Nika Šaravanja, Alessandro d'Emilia (2017)

130   **Essi bruciano ancora**, Felice D'Agostino, Arturo Lavorato (2017)

135	**Il fascino dell'impossibile**, Silvano Agosti (2016)
139	**Festa**, Franco Piavoli (2016)
144	**Filmstudio, mon amour**, Toni D'Angelo (2015)
150	**The First Shot / Il primo sparo**, Yan Cheng, Federico Francioni (2017)
157	**Flòr da Baixa**, Mauro Santini (2006)
161	**Formato ridotto. Libere riscritture del cinema amatoriale**, Antonio Bigini, Claudio Giapponesi, Paolo Simoni (Home Movies) (2012)
169	**Gesù è morto per i peccati degli altri**, Maria Arena (2014)
175	**The Good Intentions / Le buone intenzioni**, Beatrice Segolini, Maximilian Schlehuber (2017)
181	**I'm in Love with my Car / Sono innamorato della mia automobile**, Michele Mellara, Alessandro Rossi (2017)
187	**El impenetrable / L'impenetrabile**, Daniele Incalcaterra, Fausta Quattrini (2012)
191	**Io sono Tommaso**, Amedeo Fago (2018)
195	**Jointly Sleeping in Our Own Beds / Dormendo insieme ciascuno nel proprio letto**, Saverio Cappiello (2017)
201	**Lepanto. Último cangaceiro**, Enrico Masi (2017)
205	**Love Is All. Piergiorgio Welby, Autoritratto**, Francesco Andreotti, Livia Giunti (2015)
211	**Macbeth neo film opera**, Daniele Campea (2017)
217	**Mancanza-Purgatorio**, Stefano Odoardi (2016)
221	**Il mattino sorge ad est**, Stefano Tagliaferri (2014)
225	**Memorie. In viaggio verso Auschwitz**, Danilo Monte (2014)
229	**Metamorfosi napoletane**, Antonietta De Lillo (2017)
235	**Montedoro**, Antonello Faretta (2015)
241	**Moravia Off / Moravia fuori campo**, Luca Lancise (2017)

247	**Morire di lavoro**, Daniele Segre (2008)
253	**My Sister Is a Painter / Mia sorella è una pittrice**, Virginia Eleuteri Serpieri (2014)
257	**La natura delle cose**, Laura Viezzoli (2016)
261	**Il Negozio**, Pasquale Misuraca (2017)
265	**Ofelia non annega**, Francesca Fini (2016)
269	**Patria**, Felice Farina (2014)
275	**Il peggio di noi**, Corso Salani (2006)
279	**Per amor vostro**, Giuseppe M. Gaudino (2015)
285	**Le porte regali. Tre ipotesi sulla natura esoterica dell'immagine**, Morgan Menegazzo, Mariachiara Pernisa (2015-2018)
291	**Puccini e la fanciulla**, Paolo Benvenuti (2008)
295	**Radio Singer**, Pietro Balla (2009)
301	**La ragazza Carla**, Alberto Saibene (2015)
309	**I ricordi del fiume**, Gianluca e Massimiliano De Serio (2015)
315	**Sangue**, Pippo Delbono (2013)
319	**Sassi nello stagno**, Luca Gorreri (2016)
323	**Le scandalose**, Gianfranco Giagni (2016)
327	**Seguimi**, Claudio Sestieri (2017)
333	**Senza di voi**, Chiara Cremaschi (2015)
337	**'77 No Commercial Use / '77 Nessun uso commerciale**, Luis Fulvio (2017)
340	**Sezione femminile**, Eugenio Melloni (2018)
347	**Shadowgram / Grammo/Grafia d'ombra**, Augusto Contento (2017)
350	**Sicilian Ghost Story / Storia di fantasmi siciliana**, Fabio Grassadonia, Antonio Piazza (2017)

359	**Il sol dell'avvenire**, Gianfranco Pannone (2008)
367	**Spira mirabilis**, Massimo D'Anolfi, Martina Parenti (2016)
373	**Storia di una donna amata e di un assassino gentile**, Luigi Faccini (2009)
379	**Storie del dormiveglia**, Luca Magi (2018)
383	**Su Re / Il Re**, Giovanni Columbu (2012)
389	**Terceiro andar / Terzo piano**, Luciana Fina (2016)
395	**Terra**, Marco De Angelis, Antonio Di Trapani (2015)
401	**Terramatta;**, Costanza Quatriglio (2012)
405	**Tides. A History of Lives and Dreams Lost and Found (Some Broken) / Maree. Una storia di vite e sogni perduti e trovati (alcuni infranti)**, Alessandro Negrini (2016)
411	**Tre donne morali**, Marcello Garofalo (2006)
414	**Il treno va a Mosca**, Federico Ferrone, Michele Manzolini (2013)
419	**Tutto bianco**, Morena Campani, Caroline Agrati (2015)
425	**Tutto parla di te**, Alina Marazzi (2012)
433	**Under-the-Sky**, Michele Salimbeni (2008, nuova versione, 2018)
437	**Uozzap**, Federico Iris Osmo Tinelli (2018)
443	**Upwelling. La risalita delle acque profonde**, Pietro Pasquetti, Silvia Jop (2016)
449	**Valzer**, Salvatore Maira (2007)
455	**Il viaggio della signorina Vila**, Elisabetta Sgarbi (2012)
459	**La ville engloutie / La città sommersa**, Anna de Manincor (2016)
465	**La vita al tempo della morte**, Andrea Caccia (2010)

EVENTI SPECIALI

472 **Hippopoetess**, Francesca Fini (2018)

476 **Mirna**, Corso Salani (2009)

480 **Verifica incerta. Disperse Exclamatory Phase**, Gianfranco Baruchello, Alberto Grifi (1965)

FUORINORMA EXTRA. CORTOMETRAGGI
a cura di Bruno Di Marino, Francesca Fini

488 **Altre forme, altri formati**
Bruno Di Marino, Francesca Fini

490 **Fine dell'underground?**
Adriano Aprà

491 **La fisica dei corpi**
Alessia Lombardini

493 **Extra Animation**
Giacomo Ravesi

496 **Anthropometry 154855**, Marcantonio Lunardi (2015)

496 **Blinding Plan / The Cathedral**, Debora Vrizzi (2014-2018)

496 **La cognizione del calore**, Salvatore Insana (2017)

498 **Colombi**, Luca Ferri (2016)

498 **Dagadòl**, Morgan Menegazzo, Mariachiara Pernisa (2017)

500 **Debris**, Giuseppe Boccassini (2017)

500 **Di domenica**, Donny Milkyeyes [Donato Sansone] (2014)

500 **Dust Grains**, Elisabetta Di Sopra (2014)

501 **Halphabeth**, Saul Saguatti, Audrey Coïanitz (2018)

501 **I Aint' Superstitious**, Francesca Romana Pinzari (2010)

504	**Kintsugi,** Apotropia [Antonella Mignone & Cristiano Panepuccia] (2014)
504	**Kurgan**, Igor Imhoff (2013)
504	**Linea d'onda**, Audrey Coïanitz (2018)
505	**Microbioma**, Virginia Eleuteri Serpieri, Gianluca Abbate (2013)
505	**Il mio corpo a maggi**o, Matilde De Feo (2014)
505	**Miss Candace Hilligoss's Flickering Halo,** Fabio Scacchioli (2011)
508	**L'ombra della sposa**, Alessandra Pescetta (2017)
508	**Panorama**, Gianluca Abbate (2014)
508	**Person-A**, Francesca Leoni, Davide Mastrangelo (2013)
509	**Post Rebis**, Alessandro Amaducci (2016-2017)
509	**Pryntil**, Virgilio Villoresi (2011)
509	**Quasi fosse amore**, Antonello Matarazzo (2017)
514	**Reverse Metamorphosis**, Eleonora Manca (2015)
514	**La rivoltella**, Danilo Torre (2010)
518	**Skinned**, Francesca Fini (2018)
518	**Struggle for Power. The Fox and the Wolf,** Elena Bellantoni (2014)
519	**White Sex**, Rita Casdia (2008)

Fuorinorma. La via neosperimentale del cinema italiano
Adriano Aprà

Controcorrente.
C'è stato Roberto Rossellini. C'è stato (overground) Michelangelo Antonioni. C'è stato Federico Fellini (anche lui overground ma non sempre nei miei gusti). Ci sono stati dagli anni Sessanta in poi Pier Paolo Pasolini (anche documentarista), Marco Bellocchio (anche documentarista), Ermanno Olmi (anche documentarista), Bernardo Bertolucci, Marco Ferreri (documentaristi occasionali), Vittorio De Seta, Gian Vittorio Baldi (spesso documentaristi), Raffaele Andreassi (quasi solo documentarista). E c'è stato, molto marginalizzato ma oggi rivalutato, un underground italiano (Massimo Bacigalupo, Piero Bargellini, Gianfranco Brebbia, Paolo Brunatto, Gianni Castagnoli, Tonino De Bernardi, Paolo Gioli, Alberto Grifi, Alfredo Leonardi, Guido Lombardi-Anna Lajolo, Adamo Vergine), perfino con qualche star che non si considerava under: Carmelo Bene (dal teatro), Mario Schifano (dalla pittura).
Poi la crisi a metà degli anni Settanta. I più grandi continuano ma i giovani sono orfani senza padri e senza terreno di coltura. Meteore. Il tentativo di fare un nuovo cinema, di aprirsi a nuove forme, si scontra con situazioni produttive e distributive ostili. Qualcosa comunque è emerso, ma ai margini (fra cui Nanni Moretti, sul proseguo della cui carriera ho alterni giudizi). E poi c'è stata la presenza in Italia di Danièle Huillet e Jean-Marie Straub.
Negli anni Ottanta la situazione non è cambiata.
Gli anni Novanta hanno visto rinascite, localizzate sempre ai margini. Rispetto al tentativo dominante di tornare a un cinema narrativo tradizionale, qualche avventuriero della pellicola cerca di proporre un nuovo modo di fare cinema, senza radici col passato.
La linea dominante negli anni Duemila, nel cinema di finzione, nel documentario, nell'avanguardia propriamente detta, dal punto di vista della *qualità innovativa* – se ancora crediamo, come credo, nel valore dell'estetica –, è quella di una via *neosperimentale* del cinema italiano. Essa non ha molto a che vedere, se non storicamente, con l'avanguardia italiana degli anni Sessanta-Settanta. Nasce da una crisi creativa del cinema narrativo e di quello cosiddetto del reale.
Sorge – non inaspettata per chi come me ha sempre dato molta importanza ai margini – dall'insoddisfazione di diversi autori nei confronti dei moduli espressivi normalizzati. Essi mal si adattano al bisogno di creazione di forme e quindi di contenuti nuovi. La sala tradizionale, commerciale, la cui programmazione è condizionata da produttori e distributori alieni dalle novità, è ormai solo uno dei punti di visibilità, oltretutto sempre più disertata e spesso chiusa. Si sono aggiunti il DVD e il web, nonché sale indipendenti. E si sono aperti nuovi luoghi di proiezione non inquadrati nel sistema industriale, fra cui i musei e le gallerie d'arte. Il digitale ha consentito poi di realizzare non solo opere a minor costo ma anche di metterne in pratica l'elasticità e le specificità "pittoriche".
Il cinema industriale italiano è in agonia. Tenta di sopravvivere con colpi di coda: l'ipertrofia della produzione (200 lungometraggi di finzione l'anno, più i documentari, con destinazione sala commerciale: suicidio

programmato?); la grancassa mediatica che si concentra su pochi nomi cronachisticamente già consacrati e su un'idea di cinema "in grande" per tentare di nasconderne la mediocrità; i tappeti rossi e i festival che si servono dei film per luccicare e non li servono; il proliferare di premi dove gli uni premiano gli altri per essere a loro volta premiati; e in parallelo l'ignoranza di un "altro" cinema che sorge raramente ai margini ma quasi sempre al di fuori del sistema industriale. Da una parte insomma il cinema "più brutto del mondo", dall'altra uno dei più belli: una forbice che la storia del nostro cinema non ha mai conosciuto prima. In altri tempi, quando l'industria era più sana, era capace di assorbire questi "anticorpi".

Non si tratta più ormai di fare l'elogio del marginale. Si tratta di costatare che il gran numero di film di lungometraggio e di mediometraggio di qualità – ai quali sarebbe doveroso aggiungere quelli di cortometraggio – indica una tendenza (se non ancora un movimento, perché ciascuno continua a operare per proprio conto, isolato) emersa soprattutto negli anni Duemila.

Fra il 2000 e il 2005 si sono distinti fra i lungometraggi (mi limito a citare, qui e altrove, un titolo per regista, e non tengo conto degli autori degli anni Sessanta: Bellocchio, Bernardo Bertolucci, Olmi, i Taviani...): *Il mnemonista* (2000) di Paolo Rosa, *L'amore probabilmente* (2001) di Giuseppe Bertolucci, *Un'ora sola ti vorrei* (2002) di Alina Marazzi, *Al primo soffio di vento* (2003) di Franco Piavoli, *Il ritorno di Cagliostro* (2003) di Daniele Ciprì e Franco Maresco, *Oh! Uomo* (2004) di Yervant Gianikian e Angela Ricci Lucchi, *Passato presente* (2005) di Tonino De Bernardi. Tra i film più tradizionalmente narrativi, *Domani* (2000) di Francesca Archibugi, *Aprimi il cuore* (2002) di Giada Colagrande, *Non ti muovere* (2004) di Sergio Castellitto; e nel campo del documentario, che comincia a uscire dalle secche degli anni precedenti, almeno *Asuba de su serbatoiu* (2001) di Daniele Segre e *Echi di pietra* (2003) di Sara Pozzoli. Nel cortometraggio continuano a operare Paolo Gioli e il collettivo catanese canecapovolto.

C'è stato in anni più recenti, non lo nego, anche un cinema narrativo tradizionale buono e a volte ottimo. E anche un documentarismo del reale di rilievo. Riconosco il valore di cineasti come Daniele Gaglianone con *Pietro* (2010), Alice Rohrwacher, Luigi Lo Cascio e Leonardo Di Costanzo – fino ad ora documentarista – con le loro opere prime (*Corpo celeste*, 2011, *La città ideale*, 2012, *L'intervallo*, 2012), Uberto Pasolini (un italiano che vive e lavora a Londra) con *Still Life* (2013), Mirko Locatelli con *I corpi estranei* (2014), Sebastiano Riso con *Più buio di mezzanotte* (2014), Claudio Caligari con *Non essere cattivo* (2015), Emanuela Piovano con *L'età d'oro* (2015-2016, specialmente nella successiva versione *director's cut*), Paolo Virzì con *La pazza gioia* (2016), Roberto De Paolis con *Cuori puri* (2017). Riconosco il valore di documentaristi come Daniele Segre e Gianfranco Pannone.

Ma fra il 2006 e il 2018 ecco una esplosione del neosperimentalismo; solo 19 (e mezzo) sono, sia pure a modo loro, film di finzione, gli altri sono documentari o *nonfictions* o, meglio ancora, OVNI, oggetti (audio)visivi non identificabili: *Il peggio di noi* (2006) di Corso Salani, *Tre donne morali* (2006) di Marcello Garofalo, *Flòr da Baixa* (2006) di Mauro Santini, *Valzer* (2007) di Salvatore Maira, *Morire di lavoro* (2008) di Daniele Segre, *Il sol dell'avvenire* (2008) di Gianfranco Pannone, *Tramas* (2008) di Augusto Contento, *Puccini e la fanciulla* (2008) di Paolo Benvenuti, *Under-the-Sky* (2008) di Michele Salimbeni, *Archipels nitrate* (2009) di Claudio Pazienza, *In amabile azzurro* (2009) di Felice D'Agostino e Arturo Lavorato, *Radio Singer* (2009) di Pietro Balla, *La bocca del lupo* (2009) di Pietro Marcello, *Storia di una donna amata e di un assassino gentile* (2009) di Luigi Faccini, *Le quattro volte* (2010) di Michelangelo Frammartino, *La vita al tempo della morte* (2010) di Andrea Caccia, *Formato ridotto. Libere riscritture del cinema amatoriale* (2012) di Home Movies (Antonio Bigini, Claudio Giapponesi, Paolo Simoni), *El impenetrable* (2012) di Daniele Incalcaterra e Fausta Quattrini, *Bellas mariposas* (2012) di Salvatore Mereu, *Terramatta;* (2012) di Costanza Quatriglio, *Tutto parla di te* (2012) di Alina Marazzi, *Il viaggio della signorina Vila* (2012) di Elisabetta Sgarbi, *Su Re* (2012) di Giovanni Columbu, *Arianna* (2012) di Alessandro Scippa, *God Save the Green* (2013) di Michele Mellara e Alessandro Rossi, *Sangue* (2013) di Pippo Delbono, *Il treno va a Mosca* (2013) di Federico Ferrone e Michele Manzolini, *Il mattino sorge ad est* (2014) di Stefano Tagliaferri, *Belluscone, una storia siciliana* (2014) di Franco Maresco, *Patria* (2014) di Felice Farina,

My Sister Is a Painter (2014) di Virginia Eleuteri Serpieri, *Habitat. Note personali* (2014) di Emiliano Dante, *Memorie. In viaggio verso Auschwitz* (2014) di Danilo Monte, *N-CAPACE* (2014) di Eleonora Danco, *Abacuc* (2014) di Luca Ferri, *Gesù è morto per i peccati degli altri* (2014) di Maria Arena, *Montedoro* (2015) di Antonello Faretta, *Tutto bianco* (2015) di Morena Campani e Caroline Agrati, *La città senza notte* (2015) di Alessandra Pescetta, *Terra* (2015) di Marco De Angelis e Antonio Di Trapani, *Ananke* (2015) di Claudio Romano, *I ricordi del fiume* (2015) di Gianluca e Massimiliano De Serio, *Per amor vostro* (2015) di Giuseppe Gaudino, *La ragazza Carla* (2015) di Alberto Saibene, *Filmstudio, mon amour* (2015) di Toni D'Angelo, *Love Is All. Piergiorgio Welby, Autoritratto* (2015) di Francesco Andreotti e Livia Giunti, *Senza di voi* (2015) di Chiara Cremaschi, *Ofelia non annega* (2016) di Francesca Fini, *Bullied to Death* (2016) di Giovanni Coda, *Tides. A History of Lives and Dreams Lost and Found (Some Broken)* (2016) di Alessandro Negrini, *Festa* (2016) di Franco Piavoli, *La natura delle cose* (2016) di Laura Viezzoli, *Spira mirabilis* (2016) di Massimo D'Anolfi e Martina Parenti, *Terceiro andar* (2016) di Luciana Fina, *Mancanza-Purgatorio* (2016) di Stefano Odoardi, *Ab urbe coacta* (2016) di Mauro Ruvolo, *La ville engloutie* (2016) di Anna de Manincor, *Upwelling. La risalita delle acque profonde* (2016) di Pietro Pasquetti e Silvia Jop, *Il fascino dell'impossibile* (2016) di Silvano Agosti, *Che cos'è l'amore* (2016) di Fabio Martina, *Sassi nello stagno* (2016) di Luca Gorreri, *Il Negozio* (2017) di Pasquale Misuraca, *Lepanto. Último cangaceiro* (2017) di Enrico Masi, *The Good Intentions* (2017) di Beatrice Segolini e Maximilian Schlehuber, *Sicilian Ghost Story* (2017) di Fabio Grassadonia e Antonio Piazza, *Dusk Chorus. Based on Fragments of Extinction* (2017) di Nika Šaravanja, Alessandro d'Emilia e David Monacchi, *Cinema Grattacielo* (2017) di Marco Bertozzi, *Jointly Sleeping in Our Own Beds* (2017) di Saverio Cappiello, *The First Shot* (2017) di Yang Cheng e Federico Francioni, *Macbeth neo film opera* (2017) di Daniele Campea, *Blood and the Moon* (2017) di Tommaso Cotronei, *Al di là dell'uno* (2017) di Anna Marziano, *Metamorfosi napoletane* (*Promessi sposi*, 1993 + *Il signor Rotpeter*, 2017) di Antonietta De Lillo, *Le scandalose* (2017) di Gianfranco Giagni, *Moravia Off* (2017) di Luca Lancise, *'77 No Commercial Use* (2017) di Luis Fulvio, *Cento anni* (2017) di Davide Ferrario, *Seguimi* (2017) di Claudio Sestieri, *Io sono Tommaso* (2018) di Amedeo Fago, *Storie del dormiveglia* (2018) di Luca Magi, *Ceci n'est pas un cannolo* (2018) di Tea Falco, *Le porte regali* (2018: *Iconostasi*, 2015 + *Psicopompo*, 2016 + *Dagadol*, 2017) di Morgan Menegazzo e Mariachiara Pernisa, *Uozzap* (2018) di Federico Osmo Tinelli, *Sezione femminile* (2018) di Eugenio Melloni, *Under-the-Sky* (2008-2018) di Michele Salimbeni. (E spetta ad altri giudicare i miei critofilm di questi anni: definisco così i documentari sul cinema con ambizione creativa).

Troppi titoli? Me ne assumo la responsabilità ed essere generosi – se tale posso sembrare – in queste circostanze è un pregio. Non sto facendo storia ma cronaca: cronaca *militante*.
Dovendo storicizzare, non è azzardato affermare che, dopo il neorealismo e dopo l'onda degli anni Sessanta, è questo il momento più ricco e creativo, diciamo pure di rinascita, del nostro cinema.
Del resto questo mio modo di vedere la produzione italiana, e non solo, nasce da lontano, da quando non mi limitavo a scrivere ma ci si batteva, schierandosi, in favore di un determinato tipo di cinema con strumenti che nel promuoverlo lo rendessero anche visibile: negli anni Sessanta certe riviste (fra cui «Cinema & Film»), negli anni Settanta i club cinema (fra cui il Filmstudio 70), negli anni Ottanta e Novanta certi festival (fra cui il Salso Film & tv Festival e la Mostra Internazionale del Nuovo Cinema di Pesaro).
Poi nel 2013 ho curato per la Mostra di Pesaro la rassegna "Fuori norma. La via sperimentale del cinema italiano (2000-2013)" con 42 titoli fra corto, medio e lungometraggi (alcuni degli autori di allora vengono riproposti anche adesso) e un libro.
Oggi le cose sono cambiate e per molti versi migliorate. Se è vero che riviste e festival rischiano di appiattirsi su scelte unanimistiche, le sale indipendenti (fenomeno parallelo a quello di una produzione "dal basso") si moltiplicano e si aprono proprio ai film che più ne hanno bisogno; e il web viene in soccorso per una più diffusa comunicazione e circolazione dei film di questa "generazione *link*". Sarebbe ormai auspicabile la creazione di una piattaforma "di nicchia", con titoli selezionati, una sorta di cinéma d'essai digitale. Ci stiamo pensando.

Appunti sui film "fuorinorma" (le durate sono a 25 f/s arrotondate; si tenga presente che ciò che è indicato sul retro dei DVD non fa quasi mai fede e che esse possono variare leggermente a seconda del lettore o del computer e che le mie sono state calcolate tutte sullo stesso lettore; i film sono elencati in ordine di prima programmazione pubblica).

Il peggio di noi (88', colore, 4:3). Un'opera unica nella filmografia di Corso Salani (e, per quanto mi risulta, unica in assoluto): una "lettera aperta" a – o piuttosto un pamphlet contro – i collaboratori del suo *Palabras* (2003-2004), girato in Cile, in particolare alla protagonista, Paloma Calle, vittima poco consapevole dei "giochi" degli altri (ma filmata con primi piani insistenti che dimostrano un'attrazione – era stata protagonista anche di *Corrispondenze private*, 2002 – che le parole sembrerebbero smentire). A suo modo, anche un critofilm autobiografico. E una riflessione sulle dinamiche – negative – di gruppo. Il film utilizza del precedente solo il "girato", ciak compresi (dove peraltro nulla trapela dei traumi rievocati, anzi), con un montaggio affannoso e ossessivo come la voce fuori campo del regista. Uno psicodramma al quadrato; o una disperata videolettera d'amore?

Tre donne morali (86', colore, 16:9). Ritratti di tre donne fuori dal comune: l'insegnante elementare, solo di classi femminili, Linda Mennella (Marina Confalone); la ex suora e gestore di un cineclub a Napoli Ersilia Vallifuoco (Piera Degli Esposti); la pittrice e scultrice Amalia Concistoro (Lucia Ragni). Ogni ritratto è introdotto da citazioni letterarie. Le tre attrici sono sedute in palcoscenico. Le loro interviste – fatte da qualcuno fuori campo di cui non si sente la voce – sono inframezzate da materiale di repertorio a schermo pieno o intravisto in uno spiraglio del sipario. Nessuna indicazione nei titoli sulla provenienza dei testi delle interviste (soggetto e sceneggiatura risultano di Marcello Garofalo), sicché possiamo credere – nonostante le puntuali note biografiche – che si tratti di personaggi inventati. Non ha importanza: il proposito del documentario (se tale appare) non è quello di parlarci di cose "vere". Si tratta infatti di un film-saggio, il cui interesse va al di là della cronaca per investire, come dice il titolo, tematiche morali. Il repertorio, usato in maniera molto originale, è deformato, non ne viene rispettata la *aspect ratio* originale. Le interviste sono montate con frequenti *jump cuts* e cambi di angolazione ingiustificati, quasi a voler mimare ironicamente certe interviste televisive. Le tre donne – le tre attrici – parlano senza peli sulla lingua, in maniera assertiva, sicure di sé. Il nostro tempo disastrato trova conforto nella loro presenza positiva.

Flòr da Baixa (78', colore, 4:3) è il nome di una pensione di Lisbona da cui si dipartono gran parte delle vedute, o visioni (che si estendono a Rio de Janeiro, Marsiglia, Taranto: città di mare). Le qualità liquide del paesaggio, del digitale, del suono danno sostanza al carattere sognante dell'opera. Frammenti scanditi da neri accostati senza logica che si accumulano per formare un mosaico. *On flâne.* Immagini e suoni che vibrano, che palpitano. Una donna senza nome e senza tempo (Monica Cecchi, la compagna di Mauro Santini) avvia una serie di scene più continue. Scene costatative d'incantamento (di giorno con la donna per le stradine di Lisbona) e di spionaggio (da una finestra di notte a Marsiglia). Poi altre visioni notturne intervallate da neri a Taranto. Infine il ritorno alla pensione dell'inizio. Il cerchio magico si è chiuso: o si è aperto?

Valzer (82', colore, 16:9) è stato girato interamente in (e all'inizio e alla fine all'esterno di) un albergo di Torino (NH Santo Stefano), con un unico piano-sequenza che comprende anche del flash-back (direttore della fotografia Maurizio Calvesi). Potrebbe sembrare una performance di abilità tecnica sorprendente, ma ben presto si dimentica l'inquadratura unica e ci si appassiona agli attori, ai personaggi, alla storia, alla geografia dell'albergo, su e giù per i vari piani e le diverse classi (cameriere, manager, modelle) che si intrecciano, senza che mai si senta la pressione o l'esibizione di tale tecnica. Come suggerisce il titolo, la coreografia dei movimenti raggiunge un'armonia musicale che contraddice il labirinto spaziale. (Prezioso l'extra del DVD: "*Valzer*", l'impresa. *Backstage* di Vito Picchinella, 2008, 26').

Morire di lavoro (89', colore, 16:9). Inquadrature rigorosamente fisse, senza montaggio interno. In apertura e chiusura un sarcastico *Fratelli d'Italia*. Per cominciare (con ritorni irregolari), una serie infinita di primissimi piani di donne che parlano, con lo sguardo in macchina, su sfondo nero, dei loro mariti, figli o parenti morti sul lavoro; poi una serie, ancora più infinita, sempre con lo sguardo in macchina e su sfondo nero, di operai

– e un'operaia – edili, italiani e stranieri, che parlano del loro lavoro, compresi attività in nero, incidenti e lesioni, caporalato. Ripresi nel Lazio, in Campania, in Lombardia, in Piemonte. A interrompere le serie, ogni tanto inquadrature di gruppo o interviste di uomini e donne con l'intervistatore di quinta. E le voci, su inquadrature paesaggistiche (il Vesuvio, la Mole Antonelliana, il Duomo di Milano), di tre attori, due italiani e un senegalese, che rievocano la loro morte sul lavoro. La scelta stilistica radicale – ma non maniacale, ogni tanto con qualche opzione di montaggio anomala – di Daniele Segre conferisce al "documentario di denuncia sociale" una dimensione che travalica la cronaca, la contingenza di un lavoro specifico, quei volti e quelle voci.
Il sol dell'avvenire (77', colore e b&n, 16:9 anche per il repertorio), realizzato con Giovanni Fasanella. Rievocazione della nascita delle Brigate Rosse a Reggio Emilia (il gruppo dell'"Appartamento") con le testimonianze di alcuni protagonisti: Alberto Franceschini, Paolo Rozzi, Tonino Loris Paroli, Annibale Viappini, Roberto Ognibene, oggi liberi cittadini – alcuni dopo aver scontato anni di carcere, altri non avendo aderito alla lotta armata – che si ritrovano dopo tanto tempo in occasione del film. E ci sono anche Corrado Corghi (un ex dirigente DC progressista), Adelmo Cervi (figlio di Aldo, uno dei sette fratelli) e Peppino Catellani (dirigente del PCI). A supporto delle testimonianze, materiale di repertorio cinematografico e fotografico, e i canti rivoluzionari di ieri e di oggi. Un documentario che rimette i protagonisti "in situazione" (un pranzo, una Festa dell'Unità – adattata ai nuovi tempi). In questo senso può essere ascritto solo in parte alla tendenza del cosiddetto "cinema del reale". Un film sulla Resistenza tradita, che è stata una delle spinte della lotta armata. Né nostalgico né pentitista né utopico: una rivisitazione lucidamente commossa rivolta – implicitamente – alle nuove generazioni prive di memoria storica.
Tramas (Trame, 103', colore, 4:3) è stato girato a São Paulo da un regista italiano che vive a Parigi. Vengono esibiti all'inizio gli strumenti digitali di lavoro, con ritorni lungo il film che vi aggiungono un aspetto metacinematografico. Montaggio fluido, proprio del video, con immagini assemblate per colori, per assonanze. Vetri, specchi, schermi che riflettono, rifrangono, distorcono. Persone e voci fuori campo dissociate. Musiche sapientemente selezionate. Una donna ci accompagna, muta, in giro per la megalopoli. Poi le interviste in presa diretta, cominciando da un uomo in metropolitana, mescolate con esterni. A sorpresa una canzone, *Paula, Paula, paulistana*, che non interrompe il flusso ma vi aggiunge una pausa lirica, e che per certi versi riassume il film. Trame senza trama che si intreccino per formare, alla fine, un saggio sociologico e urbanistico quasi scientifico, ma conservando la visione caotica di São Paulo attraverso i mezzi di trasporto, il movimento perpetuo.
Puccini e la fanciulla (78', colore, 4:3) è ambientato e girato a Torre del Lago (Viareggio), nei luoghi di Giacomo Puccini, e racconta le vicende che portarono al suicidio della servetta Doria Manfredi, presunto amore del musicista, nel gennaio 1909. La ricerca documentaria e lo scrupolo filologico sono alla base di questo come dei film precedenti di Paolo Benvenuti, degno allievo di Rossellini e degli Straub (è stato assistente di entrambi). Il film procede per scene brevi, intervallate da dissolvenze in nero o incrociate (come si usava una volta), praticamente senza dialoghi (qualche lettera letta fuori campo) e con musica pucciniana suonata al pianoforte – più spesso in campo (il protagonista, Riccardo Moretti, è musicista e compositore) che fuori campo – o con canzoni popolari locali. Giovanna Daddi (la moglie Elvira) è un'attrice straubiana. Stile sobrio, severo, quasi ascetico; e antipsicologico, quasi distanziato; nessun giudizio. Immagini limpide, mai ricercate; suono in presa diretta squillante (quelle porte che sbattono). Sorprendente conclusione, con un'ombra dreyeriana messaggera di morte. Un umanesimo stilistico rinascimentale (la casa di produzione di Benvenuti si chiama Arsenali Medicei). Un cortometraggio di 8' su Puccini del 1915, girato quasi sicuramente da Giovacchino Forzano, ritrovato dal regista nel 2006, denota sorprendenti analogie con lo stile da lui scelto.
Under-the-Sky (Sotto il cielo, 121', b&n e un po' di colore alla fine, 16:9). Il film è del 2008, ma rimasto inedito e rivisto dall'autore nel 2018 e ridotto a 97'. Una variazione sull'*Orestea* di Eschilo, anche se lo si capisce (l'ho capito) solo dall'elenco dei personaggi nei titoli di coda. Con un bianco e nero d'altri tempi, in un paesaggio desolato senza altre presenze, dove la natura sembra aver preso il sopravvento sugli uomini (siamo in

Sardegna), una bambina a piedi scalzi, abbandonata la sua casa in un villaggio a sua volta abbandonato, vaga senza meta apparente. Cammina cammina – come nelle favole? Sta lasciandosi dietro la sua infanzia? Silenzio perturbante. Un piccolo aereo dai vivaci disegni, un'auto rovesciata aggiungono mistero. Brevi scene scandite da neri. Un canto e una melodia si levano di tanto in tanto dalla colonna sonora. Al minuto 44, dalla radio dell'auto rovesciata una voce maschile pronuncia in inglese, a volume basso, le uniche parole del film che introducono un brandello di "spiegazione". Poi a sorpresa, al minuto 47, vediamo la bambina, nuda, accompagnata per mano da una ragazza. C'è qui un cambio radicale. Siamo in un teatro al coperto: sui gradoni la bambina e la ragazza anch'essa nuda, in scena una donna velata di nero su una sedia a dondolo e due bambine. Una di esse ha una pistola che punta sulla donna: uno sparo. Di nuovo la bambina nell'auto rovesciata: ha fatto un sogno? È una premonizione? Continua la voce alla radio. La bambina lascia l'auto e continua a vagare in un paesaggio sempre più apocalittico. Al minuto 81 il film cambia di nuovo strada: la bambina incontra una sua simile, un doppio? Poi una fila di bambini sfocati esce da un palazzo. Al minuto 87 compare un uomo dall'incedere malsicuro e dal comportamento stralunato (ha una gamba di legno). L'uccisione dell'uomo sulla spiaggia da parte di un bambino poi cresciuto conclude il film. Sono, tutte queste presenze, il residuo del mito eschileo ormai dissolto in un universo che sta per scomparire? Un film coinvolgente, stranamente commovente e permanentemente suggestivo e misterioso, cosparso di "segni" che lo spettatore può interpretare liberamente.

Archipels nitrate (Arcipelaghi nitrato, 62′, b&n e colore, 16:9 e 4:3 per gran parte del repertorio, in francese con sottotitoli in italiano). Un critofilm, uno dei più belli. Una riflessione sul supporto e sui film nitrato (provenienti dalla Cinémathèque Royale de Belgique). La voce in francese di Claudio Pazienza, un italiano che da molto tempo vive e lavora a Bruxelles. Originalità dell'approccio, inventiva del montaggio, competenza, creatività e anche ironia del commento. Impermanenza ma infine permanenza del nitrato. Bellezza e unicità del cinema.

In amabile azzurro (98′, colore, 16:9). La vita quotidiana di contadini, pescatori, operai in Calabria (Nicòtera, culla della "dieta mediterranea"). Didascalie, e uomini e donne, in campo o con voce fuori campo, che citano testi antichi. Musica classica e operistica, e canti ancestrali. Elementi antitetici che si intrecciano senza comporsi. Le inquadrature si succedono in maniera discontinua, introducendo una dimensione di mistero. Gli elementi sparsi confluiscono alla fine nel mito, che conferisce alle apparenze di questo piccolo pezzo di terra e di mare una dimensione epica. «La loro follia, da quel giorno in poi, non sarebbe più stata la follia della paura, bensì la follia dell'uomo che sogna».

Radio Singer (53′, colore e b&n, 4:3). Una sorta di seguito a *ThyssenGroup Blues* (2008). 1 ottobre 1977, ultimo giorno di vita di Radio Singer – la voce dei lavoratori della fabbrica statunitense, un tempo famosa per le macchine per cucire, che ora produce lavatrici a Leinì, un borgo industrializzato vicino Torino – e giorno di chiusura della fabbrica. La voce di Pietro Balla commenta, con molta ironia, assieme a un'inchiesta radio di Maddalena, la sua ex (che si vede anche in campo, ma in realtà è una danzatrice). I filmati Super8 d'epoca sulle manifestazioni e sulle lotte della FLM. E le canzoni più in voga di allora. Tutto vero? Tutto falso (meno i filmati, ma non il loro montaggio)? È l'eterno dilemma che le nuove *nonfictions* ripropongono. E che non va risolto per non infrangere la compresenza inedita di dramma (alla fine tragedia?) e farsa, politico e privato. Rievocazione di un'epoca movimentata e insieme distanza odierna da essa (penso a *Il treno va a Mosca* di Ferrone e Manzolini).

Storia di una donna amata e di un assassino gentile (201′, colore, 4:3) è composto da 7 parti: "Il cinema prima che io nascessi", "Nel ventre nero della Storia", "Il mio sogno americano", "Per amore della vita", "Muovere il tempo...", "Se non ora quando?", "Per quelli che verranno". Luigi Faccini racconta la vita della sua compagna e produttrice Marina Piperno ma anche molte altre storie. Riprese famigliari odierne, film amatoriali del passato, fotografie, frammenti di finzione (tratti da altri film del regista), repertorio, brani di film. In campo Marina si racconta e ci racconta; fuori campo, discretamente, la voce di Luigi che interroga, dialoga; in mezzo la telecamera come un cordone ombelicale. Dal piccolo (la vita quotidiana, in campagna e in città, gli animali, la cucina, i fiori, la pittura: la natura) al grande (la Storia, le storie degli ebrei, la storia del "secolo breve"). Riflessione, anche, sul loro cinema ("Per amore della vita"). «Ti lascio questo mio testamento: cerca il senso della vita, insieme con i figli, nella lotta. – Vendicate il nostro sangue sparso. – Muoio e vivrò» ("Se non ora quando?"). Un requiem per il futuro. Il film si conclude verso un altro film (*Rudolf Jacobs, l'uomo che nacque morendo*, 2011).

La bocca del lupo (68′, colore, 4:3). Il titolo si riferisce alla finestra della cella nel gergo carcerario. Si comincia dal mare di Genova. Poi il porto, e un uomo, mentre si inframezzano brani di film di famiglia e di repertorio, e vicoli notturni allucinanti. Fuori campo le voci, le lettere scambiate dal carcere dell'uomo e del suo amore. Colpi di pistola evocano il delitto. La città di oggi si fonde con quella del passato. Una voce fuori campo ci ricorda ogni tanto la scomparsa di un mondo che fu. Finalmente, in lunghe inquadrature fisse, vediamo l'amore di Enzo: Mary, un transessuale. Ma questo non ha importanza. Conta l'amore che traspare dalla coppia e che supera le rovine del passato. Infine, di nuovo, il mare.

Le quattro volte (85′, colore, 16:9) è ambientato in un piccolo borgo della Calabria. Titolo pitagorico. L'uomo ha «quattro vite successive, incastrate l'una dentro l'altra»: quella minerale, quella vegetale, quella animale e quella razionale. «Dobbiamo quindi conoscerci quattro volte» se vogliamo davvero capire il segreto della vita (Frammartino). Un vecchio pastore di capre, la sua vita quotidiana sui monti e in casa. Senza dialogo, senza musica. Una Passione paesana e le capre che sfuggono dal recinto e invadono il borgo (piano-sequenza di 9′45″). La morte del vecchio. Una capretta neonata. Immobilità, stupore, sospensione del tempo. Pastori più giovani si occupano ora delle capre e le portano al pascolo. Cinema di attesa, di meditazione lenta. La capretta si smarrisce sui monti. Un lungo tronco di abete viene issato nella piazzetta del borgo. Poi viene segato e portato alla carbonaia. Il lavoro degli uomini in armonia con la natura. (Molto istruttivo, negli extra del DVD, il backstage sul piano-sequenza di Silvia Staderoli di 18′). (Frammartino mi ha cortesemente pregato, per ragioni personali, di non includere il suo film nelle nostre rassegne).

La vita al tempo della morte (82′, colore e b&n, 4:3). Un insetto in agonia. Atto primo: rocce umide di fiume, di pioggia, di neve (si pensa a Franco Piavoli); alcuni bagnanti un po' sfocati. La vita scorre. Atto secondo: tanti primi piani fissi, con qualche taglio interno, di donne e uomini in cura per tumore, anziani, adulti, giovani (si pensa al Daniele Segre di *Morire di lavoro*). Parlano della loro malattia, con la forza della sopravvivenza, spesso col sorriso sulle labbra. Atto terzo (in b&n): voce fuori campo – inventiva come il montaggio – di Andrea Caccia su immagini di un garage che viene sgomberato da lui e dal fratello Massimo da oggetti inutili. Si scava nel passato, i resti di una vita. Si fa pulizia. La vita ricomincia. Tesi, antitesi e sintesi? (Prolungamenti del film possono essere considerati *Mi piace quello alto con le stampelle*, 2011, 57′, e *Le parole di Eleonora*, 2011, 18′).

Formato ridotto. Libere riscritture del cinema amatoriale (51′, colore e b&n, 4:3; il sottotitolo è in coda). "Il mare d'inverno" di Ermanno Cavazzoni; "Uomini la domenica" di Emidio Clementi; "Uomo donna pietra" di Enrico Brizzi; "51" di Wu Ming 2; "Strade" di Ugo Cornia. Cinque prose poetiche, con le voci fuori campo degli scrittori autori dei testi, descrittivi o inventati, visualizzati da film di famiglia emiliano-romagnoli delle più diverse provenienze rimontati e musicati con un esemplare impiego creativo. Poesia che nasce dal basso per dare voce a un passato fragile, pronto a dissolversi nella impermanenza delle pellicole. Colori dell'8 e del Super8mm come non ne abbiamo mai visti al cinema. Un film così mette allegria.

El impenetrable (L'impenetrabile, 95′, colore, 16:9, in spagnolo con sottotitoli in italiano). Un racconto in prima persona: come restituire una terra di 5000 ettari, comprata nel 1983 dal padre nella "impenetrabile" foresta del Chaco in Paraguay, agli indios Guaraní-Ñandeva, a cui apparterrebbe di diritto, trasformandola in riserva naturale. Ma c'è un "cattivo", Tranquillo Favero, il più grande proprietario terriero del Paraguay, che impedisce l'accesso alla proprietà degli Incalcaterra. Ben presto la questione privata assume una portata nazionale, come se mettere il dito nella piccola proprietà significasse far esplodere la piaga di un problema politico e morale di ben più vaste proporzioni. Ho detto «racconto», perché l'andamento è quello di un film di finzione – *southern*, road movie, "giallo" – il cui finale, contrariamente a un film di finzione, è incerto. La suspense che lo caratterizza non è quindi artificiale ma reale. Alla fine il vento gira in favore di Daniele e di suo fratello Amerigo, riconosciuti legittimi proprietari. Ma questo non era prevedibile: dunque questo film "di finzione" è un documentario, appassionante come un film di finzione. Nasce la riserva "Arcadia"; e nasce il film. (Esiste un seguito: *Chaco*, 2017, 106′. L'avventura continua).

Bellas mariposas (Belle farfalline, 101′, colore, 16:9). Colori densi, pastosi. Pedinamento continuo di due ragazzine, Cate (Sara Podda) e Luna, con la prima che si rivolge spesso in macchina, alla troupe, agli spettatori, coinvolgendoli nelle proprie vicende in una giornata di inizio agosto. Andamento narrativo quasi documentaristico, senza "fatti" (tutte quelle precisazioni sull'ora, i luoghi, i nomi e i cognomi). Registrazione di un raggio di luce (le due "farfalline") in un universo sfasciato, quello di Cagliari e delle sue periferie. Parlato osceno ormai diventato abitudinario, eppure mai volgare. Nessun moralismo ma uno sguardo affettuoso sulle cose più nere, come fosse una commedia invece che un dramma (c'è un morto alla fine).

Terramatta; (75′, colore e b&n virato in seppia, 16:9 anche per il repertorio). «Vincenzo Rabito, dopo una vita da analfabeta, ha inventato una lingua e lasciato un'autobiografia di oltre mille pagine». Una voce fuori campo (Roberto Nobile) legge dall'autobiografia mentre vediamo le pagine fittamente dattiloscritte (ossessione del punto e virgola ripreso nel titolo) e repertorio della Prima guerra mondiale. Qualche inquadratura di traffico odierno e del paesaggio siciliano. La guerra d'Africa. La cronaca comincia a farsi Storia. Chiaromonte, il paese in provincia di Siracusa da cui viene e va Vincenzo a seconda di vicende sempre più grandi di lui. Così fino alla Seconda guerra mondiale e al dopoguerra. Il ricordo autobiografico diventa concreto: vediamo ora i figli di Vincenzo, adulti (Turiddu, Tano, Giovanni). Il racconto si fa sempre più appassionante perché anche quello che sappiamo assume un colore nuovo dal linguaggio e dalla voce. La cronaca, la storia, la Storia finisce negli anni Sessanta: credevamo di sapere tutto ma ora ne sappiamo di più, perché abbiamo passato 75′, una vita, con un personaggio straordinario. «Una cronaca vivente». E, finalmente, la tomba ci rivela anche il volto di Vincenzo Rabito «scrittore».

Tutto parla di te (78′, colore e b&n, 16:9 quasi sempre anche per il repertorio). Una finzione documentata o un documentario in forma di finzione. Pauline (Charlotte Rampling, non doppiata) ha il ruolo della "traghettatrice", un po' come il "mediatore" Rod Steiger di *E venne un uomo* di Ermanno Olmi. È una presenza, più che un personaggio, che lega le varie microstorie fra loro. Silenziosa la maggior parte del tempo, nella funzione di assistente sociale, quasi di psicoanalista, in un centro per neomamme a Torino, è traghettatrice fra documentario e finzione anche per lo spettatore. L'introduzione del repertorio – che sembra fuoriuscire dai resti del passato che Pauline rovista – ha la funzione di proiettare i problemi della maternità in uno spazio e in un tempo più ampi di quelli dei casi personali. Come i pupazzi animati (di Beatrice Pucci). Come la voce off/in di Pauline che estende oltre la gravidanza e la maternità le problematiche femminili. Le prove di uno spettacolo di danza moderna – a cui partecipa Emma (Elena Radonicich), una delle ragazze in gravidanza, la più tormentata prima e dopo il parto – prolunga la fisicità dei corpi delle gestanti. Il passato di Pauline, alla fine, guarisce il presente di Emma.

Il viaggio della signorina Vila (55′, colore, 16:9). Il film fa parte del dittico "Trieste", che comprende anche *Trieste la contesa* (2012, 55′). In viaggio – accompagnati da un personaggio femminile quasi invisibile – nella Trieste multietnica, storica e odierna. Viaggio insieme poetico e didattico, libero nel proprio svolgimento e inventivo nel proprio montaggio. Parole che evocano, parole che informano, parole che soffrono (a volte parole di Scipio Slataper da *Il mio Carso*, 1912). La natura sembra guardare questo mondo drammatico e complesso dalla sua lontananza senza tempo.

Su Re (Il Re, 76′, colore, un anomalo scope 2:1, in sardo con sottotitoli in italiano). Tratto dai quattro Vangeli, girato interamente con la macchina a mano mimando la tecnica di un documentario, e senza musica (salvo un coro alla fine). Comincia sul Calvario con ritorni indietro senza preavviso, quasi che quello della Passione fosse un tempo presente continuo. L'Ultima Cena, il Getsemani, il Bacio, il Processo, la Via Crucis, la Crocifissione sono trattati senza maiuscole. Facce anonime fortemente stagliate, minerali, contadine. Le frasi pronunciate sono involgarite rispetto a quelle originali, fluttuano nell'aria e non si sa troppo bene da chi provengano. Salvo Gesù, Giuda, Maria, non sappiamo neppure bene chi sia chi. La frantumazione del racconto struttura il film in una serie di tessere di un mosaico che somiglia alle riprese estemporanee di una rozza sacra processione di paese ricca di verità fisica.

Arianna (66′, b&n, e alla fine colore, 16:9). «Quell'Arianna che avevi abbandonato alle belve vive ancora. Vorresti forse ricevere queste notizie con pacata indifferenza, infame Teseo?» (dalle *Heroides* di Ovidio). Come in *Le quattro volte*, *In amabile azzurro* o *Montedoro*, il meridione è sotto il segno del mito. Siamo su un'isola (Procida) l'ultimo dell'anno. La nostra Arianna (Giovanna Giuliani), sarta, e il nostro Teseo (Nanni, Nanni Mayer), apicoltore, stanno forse separandosi. L'andamento della narrazione è lacunare, frammentato, dal montaggio nervoso, non lineare (anche se il racconto si svolge in continuità in due giornate): misterioso; denso di silenzi, o fatto di gesti e di parole che non sembrano condurre da nessuna parte. Il colore delle inquadrature finali, che dovrebbe dare al film più materia, conferma invece per contrasto l'astrazione del b&n sovraesposto.

God Save the Green (Dio salvi il verde, 73′, colore, 16:9 e 4:3 per il poco repertorio). «Marocco, Brasile, Kenya, Germania, Italia: storie di persone che, attraverso il verde, hanno dato un nuovo senso alla parola comunità e trasformato il tessuto sociale e cittadino. Un'alternativa globale concreta che riscrive ritmi e spazi del vivere urbano». Un esempio egregio di cinema del reale, che spazia in tre continenti e cinque città (Casablanca, Teresina, Nairobi, Berlino, Torino) alla paziente ricerca di luoghi alternativi per la coltivazione del cibo. Esempi di "produzioni dal basso". A intervalli una voce femminile commenta poeticamente queste "discese in campo", rendendo universali le esperienze particolari. Un film sintetico, istruttivo e rinfrancante.

Sangue (90′, colore, 16:9) è girato in gran parte col cellulare, come altri video di Pippo Delbono (che viene dal teatro). Questo non significa affatto approssimazione tecnica, semmai elogio della "bassa definizione". La desolazione dell'Aquila dopo il terremoto. Il funerale del brigatista rosso Prospero Gallinari sotto la neve. Con l'ex brigatista Giovanni Senzani in auto. La voce fuori campo del regista. La madre Margherita malata di cancro. La moglie di Senzani Anna, evocata, malata di cancro. Sofferenza. Morte. Sangue. Il dialogo con la madre morente, lui fuori campo: sull'amore, la carità, la vita oltre la morte. Una mano entra in campo a toccare le mani inerti. Il cadavere e la chiusura della bara. Meditazioni che i canti prolungano. La dettagliata descrizione di Senzani dell'uccisione di Roberto Peci per vendetta nei confronti del fratello Patrizio che aveva tradito le Brigate. Senzani con i figli sparge in mare le ceneri di Anna. Ancora L'Aquila. Un film a suo modo religioso: *pietas* per i morti innocenti o colpevoli, riuniti in un unico abbraccio, in un unico pianto, dentro un paese in rovina.

Il treno va a Mosca (66′, b&n, virato quasi sempre in seppia, e colore, 4:3). Basato sui film amatoriali in 8mm Paillard di Enzo Pasi, Luigi Pattuelli e Sauro Ravaglia, quest'ultimo voce narrante che oggi ricorda quell'avventura dell'agosto 1957, per il VI Festival mondiale della gioventù a Mosca, quando il comunismo era in Romagna una realtà. (E si veda "51" in *Formato ridotto*). Ma anche il suo viaggio in Algeria dopo la fine del colonialismo. Abile rimontaggio del repertorio, con sorprendenti momenti di astrazione. Immagini di felicità, di fraternità (ma anche della povertà moscovita) che – dopo la morte di Stalin, dopo le rivolte di Ungheria – si sarebbero rivelate fondate su un'illusione. Il film dà voce, e immagini, alla base comunista di altri tempi, con le sue speranze infrante. E la morte di Togliatti: «In mezzo a questa grande sfilata, di migliaia e migliaia di persone che non finiva mai, vedo questo vecchietto con in testa, sopra il cappello, una foto di Togliatti. Io lo filmai perché sapevo che quello rappresentava la fine di un mondo, che con Togliatti se ne andava tutto un mondo. Tutto quello che sarebbe venuto dopo sarebbe stato diverso». Il sogno di una cosa che forse non c'è ma che dovrebbe esserci.

Il mattino sorge ad est (89′, colore, scope [2.25:1], in dialetto premanese con sottotitoli in italiano). Colpisce la cura estrema nei dettagli di questa ricostruzione storica: abiti, gesti, ambienti, parlata, in un film "fatto in famiglia", isolato come il mondo che descrive, in dialetto, memore forse di *L'albero degli zoccoli* di Olmi. Girato se si vuole in maniera "normale" (découpage, campi/controcampi), è anomalo nel panorama italiano per il suo adeguamento ostinato alla cadenza rallentata della comunità che descrive, quasi fosse un documentario, e resta comunque un "documento". Ed è evidente la familiarità di chi filma con ciò che filma: dall'interno. Il carosello finale dei volti sorridenti dei non attori – protagonisti e comparse – che guardano in macchina sancisce il carattere di profana rappresentazione popolare di questo film.

Belluscone, una storia siciliana (89', colore e b&n, 16:9 e 4:3 per il repertorio). Un film irripetibile, unico nella sua progressione e nelle sue strategie narrative. L'inchiesta di Franco Maresco sui rapporti fra Silvio Berlusconi e la mafia siciliana si arresta quando viene interrotta per ragioni tecniche – va in tilt il suono – l'intervista a Marcello Dell'Utri, braccio destro del Cavaliere e pezzo forte del film. Maresco scompare: depressione o minacce della mafia? L'amico Gaetano "Tatti" Sanguineti scende da Milano in soccorso dell'amico, per salvarlo e salvare il film. Si trasforma in detective, senza risultati decisivi. Questa intrusione ha il sapore della finzione. Coprotagonista è Francesco "Ciccio" Mira, accondiscendente ma reticente, manager in odore di mafia dei cantanti neomelodici di strada, fra cui il napoletano Vittorio Ricciardi, interprete della canzone *Vorrei conoscere Berlusconi* di Salvatore "Erik" De Castro, che lo accusa legalmente di infrazione dei diritti d'autore per poi riconciliarsi grazie alla mediazione dei palermitani (Salvatore) Ficarra & (Valentino) Picone di "Striscia la notizia". Il succedersi delle situazioni, inframezzate da irresistibili materiali di repertorio delle TV regionali, è appassionante come un giallo di cui non conosciamo l'esito. Frammenti d'inchiesta, frammenti di film. Opera autoriflessiva, complicata, che si fa e si disfa sotto i nostri occhi. Rischiosa esteticamente e politicamente, è stata tuttavia distribuita nelle pubbliche sale. (Maresco mi ha cortesemente pregato, per ragioni personali, di non includere il suo film nelle nostre rassegne).

Patria (89', colore e b&n, scope anche per il repertorio). Un film all'apparenza normale (vedi la musica un po' convenzionale), che si differenzia però dalla norma per il "controcampo" del repertorio – sgranato e deformato dallo scope – nonché per i disegni animati che rendono generale, e politico, il gesto individuale. Lo stabilimento torinese della GM che sta per chiudere licenziando tutti gli operai. Salvo (Francesco Pannofino) è incazzato col mondo, col lavoro, col sindacato. Decide di fare per conto proprio. Sale in cima a una torre (ricordate *Il grido*?) e da lì protesta: vuole che arrivi la televisione se no si butta giù. L'operaio sindacalista Giorgio (Roberto Citran) sale per impedirglielo. Un impiegato, Luca (Carlo Giuseppe Gabardini), ipovedente, autistico e tabagista, non poi così scemo come sembra, entra nella cabina di controllo video e da lì segue l'evolversi degli eventi. Lassù i due litigano discutendo di politica da opposte posizioni. Luca inserisce l'audio, si inframette tra i due e rievoca disastri e illusioni perdute dell'Italia attingendo a *Patria 1978-2008* di Enrico Deaglio, a cui Felice Farina si è ispirato per il suo film. Luca sale anche lui sulla torre con dei viveri. A notte fonda arriva RAI3 per una smozzicata e ridicola intervista a Salvo. Tre modi di opporsi: la rivolta anarchica, la lotta sindacale nel rispetto delle leggi, la denuncia senza conseguenze pratiche. La mattina arriva la polizia, Giorgio ha un infarto. Sui titoli di coda ci viene detto che la vicenda dei tre protagonisti finisce bene. Ci crediamo davvero? Forse l'unico film tra i fuorinorma che guarda con poca speranza al futuro del Paese.

My Sister Is a Painter (Mia sorella è una pittrice, 37', colore, scope). La voce fuori campo di Virginia – pittrice audiovisiva – su immagini disgiunte da ciò che dice, interrotte dai quadri della sorella Lisa: *Down by the Water* (2007-2009), *The Second Sex* (2004-2006), *Distance* (2009-2014), *Mother* (2009-2014). Una riflessione sul corpo femminile, «punto zero del mondo» (si pensa anche a *Tutto parla di te* di Alina Marazzi). Voci, sempre su immagini disgiunte, dissonanti come le musiche e i suoni, che riflettono sul concetto di arte. Una costruzione in contrappunto. Un critofilm, anche. Solo alla fine, nei titoli di coda, scopriamo che la voce che ci ha accompagnato è invece, sorprendentemente, quella di Lisa, e che il testo è composto di varie citazioni letterarie. Un gioco di specchi?

Habitat. Note personali (56', b&n e colore per scritte e segnali, per un paio di inquadrature e per qualche disegno, 16:9; il sottotitolo è in coda). L'Aquila dopo il terremoto. La voce di Emiliano Dante, che vediamo muoversi in casa, interrogare o rivedere sul computer il materiale girato. Numerazione aleatoria delle sequenze da cinquanta a calare, talvolta con titoletti, e con un prologo («Perché fai questi sogni, Emiliano?») e un intervallo che introduce i disegni animati. Vengono presentati in auto i "personaggi": Alessio e Paolo, ex compagni della tenda n. 3, e Roberta e Gemma. Alessio sta con Gemma, Paolo con Roberta, che aspetta una figlia; Alessio vende case, Paolo fa il pittore in attesa di un posto più stabile. Paolo lascia Roberta, Emiliano si mette con Valentina. Un film in prima persona, e metacinematografico, per raccontare – in un intreccio articolato – la sopravvivenza, la speranza e la dignità delle persone. Non senza un po' di ironia.

Memorie. In viaggio verso Auschwitz (77', colore, 16:9). Danilo Monte fa un regalo di compleanno per i suoi 30 anni al fratello Roberto: un viaggio in treno nel maggio 2014, da Torino ad Auschwitz. Come in *El impenetrable* di Incalcaterra e Quattrini, non sappiamo bene come andrà a finire, perché la videocamera segue il percorso nel suo farsi, anche se in questo caso manca la suspense; o, meglio, la suspense è interiore, non esteriore: riusciranno i due fratelli a capirsi dopo anni di incomprensioni? Viaggio di autoanalisi reciproca totalmente improvvisato salvo che per la scelta del percorso, il film è girato in maniera amatoriale, puntato su Roberto mentre Danilo resta fuori campo: una voce e un occhio per un film di famiglia, nel senso letterale del termine. Peraltro si alternano durante il viaggio "veri" film di famiglia, come dei flash-back, in ordine cronologico inverso. Roberto ha avuto problemi di eroina e ha ancora problemi di alcol (penso a *Io sono Tommaso* di Amedeo Fago). È stato lasciato dalla sua ragazza. Un film impudico, in cui ci si mette a nudo: uno psicodramma a due. A mano a mano che ci avviciniamo alla meta il dramma storico del nazismo e della sua fabbrica di morte prende il sopravvento su quello individuale, a cominciare dai dialoghi fuori campo su inquadrature dal finestrino del treno in Polonia e poi su immagini del campo di sterminio.

N-CAPACE (81', colore, scope). Un documentario messo in scena o una messa in scena documentaria. Eleonora Danco proviene dal teatro. Vengono intervistati solo giovani e anziani, fra cui il padre dell'autrice a cui lei, di mezza età, si rivolge conflittualmente. La città è Terracina, anche un poco Roma. Interviste di Eleonora fuori campo, con a volte istruzioni di comportamento e posture, si alternano a messe in scena di performance. Sesso, scuola, rapporti con i genitori, la morte. Non mancano momenti comici, sia per le risposte degli interrogati sia per le situazioni "artificiali". Un film da cui emana una imprevista allegria. Complessivamente, una struttura decisamente originale per quello che non si riesce a definire né un documentario né una finzione (come nel caso di molti altri film italiani di questo periodo). (Dopo aver partecipato alla prima edizione della nostra rassegna, l'autrice ha chiesto di non essere inclusa in quelle successive).

Abacuc (84', b&n, 4:3). Un uomo grassissimo in barca (Dario Bacis, Abacuc: l'ottavo dei dodici profeti minori). Fotografie di famiglia. È l'incipit di un allucinato viaggio funerario in compagnia dell'uomo. «È la fine del mondo» dice ossessivamente una voce femminile, alternata con una maschile altrettanto ossessiva e artificiale che ripete in inglese. «Non c'è luogo, non c'è vita, non c'è modo di sperar». Ma le musiche e i suoni sono ironici. Non saprei come altrimenti descrivere questa stranissima opera girata in Super8: «Abacuc è una marionetta senza spettatore, recita l'ultima pièce possibile. In quanto sopravvissuto alla catastrofe, che vive nel continuo inseguimento di nulla, Abacuc rappresenta il bisogno dell'arte cinematografica di autoestinguersi e implodere in se stessa» (Luca Ferri).

Gesù è morto per i peccati degli altri (91', colore, 16:9). Turi Zinna declama una sua poesia sul quartiere San Berillo di Catania, «il più grande mercato del sesso povero d'Europa», abitato da trans e travestiti, molti in età e sfatti. Sono seguiti da una macchina a mano accolta come una complice, segno del grande lavoro preparatorio di Maria Arena con le persone. Cinema del reale, sì, ma per una volta nel migliore senso del termine, proprio per l'attività preliminare, e senza sentimentalismi, tantomeno pietismi, con enorme umanità invece. Ci sono i corsi di formazione professionale; ci sono le feste patronali che scandiscono per stagioni il film (autunno, inverno, primavera, estate); c'è un fotografo che fa un reportage su omosessualità e fede. Le immagini religiose costellano strade e case, là dove non ce le aspetteremmo. È un elemento fondamentale del film, donde il titolo (da un verso di Patti Smith).

Montedoro (84', colore e b&n, scope anche per i film di famiglia). Una italo-americana di mezza età, Porziella (Pia Marie Mann, alla cui vera storia è ispirato il film), è alla ricerca del passato della madre morta nel paesino della Basilicata soprannominato Montedoro, abbandonato cinquanta anni prima dopo una frana, da dove entrambe provengono. All'inizio un ritmo lento ma realistico: il viaggio in taxi della protagonista. Ma quel guidatore (Joe Capalbo), ci chiediamo retrospettivamente, non è un traghettatore dal mondo della realtà al mondo del mito? Quelli che all'inizio possono sembrare sogni si amalgamano a poco a poco con le visioni del paesino che si ripopola di fantasmi, a cominciare dal cimitero fra le rocce, con cui Porziella si confonde. Visioni magiche in un tempo sospeso. Anche gli home movies del passato, a colori e in bianco e nero, vi appartengono. Un requiem per un passato che non ritorna e un futuro in rovina.

Tutto bianco (54', colore e b&n, 16:9 e 4:3 per il repertorio, parzialmente in francese con sottotitoli in italiano). Un critofilm su Michelangelo Antonioni nei luoghi di alcuni suoi film (da *il grido* a *L'avventura* a *Il deserto rosso* a *Identificazione di una donna*) guidati dalla voce suadente, in italiano e in francese, di Fanny Ardant (*Par-delà les nuages*), che dà voce anche a Morena Campani. Preziosi quaderni di lavorazione fototesto dell'aiuto-regista Flavio Nicolini e preziosi suoi *home movies* sulla lavorazione di *Il deserto rosso*. Paesaggi ossessivamente orizzontali, dove il tempo di ieri (quello degli estratti dai film) e quello di oggi (le riprese negli stessi luoghi) si confondono, come se esso non esistesse, sospeso fra le nebbie e il bianco del titolo: il vuoto. Una riflessione, in prima persona, sul concetto alla base della filosofia di Antonioni; come dice John Malkovich alla fine di *Par-delà les nuage*, riprendendo alla lettera una frase della prefazione a *Sei film*: «Ma noi sappiamo che sotto l'immagine rivelata ce n'è un'altra più fedele alla realtà, e sotto quest'ultima un'altra ancora, e di nuovo un'altra sotto quest'ultima. Fino alla vera immagine di quella realtà, assoluta, misteriosa, che nessuno vedrà mai».

La città senza notte (86', colore, 16:9). Catania/Tokyo/Hiroshima/Fukushima... «Tu non hai visto niente a Fukushima». Una grande casa tutta vetri che dà su un giardino che somiglia a una giungla e sul mare: un rifugio? una fuga? Incubi liquidi. Anche la realtà trasmette segnali inquietanti: una fabbrica misteriosa, un mercato del pesce. Ma di notte, nella "città senza notte", i demoni sembrano placarsi: Mariko dorme, Mariko mangia... Di giorno le ossessioni ritornano: tutto appare inquinato. Lei si lascia guidare, lui si presta a condurla: entrambi senza sapere dove. Per uscire dal tunnel. Un film misterioso e affascinante, a cui il volto orientale di Maya Murofushi aggiunge la dimensione astratta che il "realismo" di lui vorrebbe respingere, e da cui invece finisce per essere invaso. Si profila un transfert perverso: lei a poco a poco si libera, vampirizzando lui che a poco a poco assorbe i sogni di lei.

Terra (64', colore, 16:9 e 4:3 per una parte del repertorio, plurilingue con sottotitoli in italiano) ha l'apparenza di un film di fantascienza catastrofico. La distruzione del nostro pianeta. Voci in più lingue – italiano, inglese, francese, tedesco, russo, portoghese (Julio Bressane, Lou Castel, Franco Nero, Hélène Sevaux...) – che provengono da lontano rivolte non si sa a chi: forse alle persone che appaiono di tanto in tanto quasi fossero gli ultimi abitanti della terra (Hal Yamanouchi, Angela Carbone). Frammenti dissociati sopravvissuti al disfacimento; o forse frammenti di ricordi fluttuanti. Montaggio sapientemente creativo di immagini della più diversa provenienza, dove ciò che è stato girato e ciò che è repertorio si confondono, si fondono. Misteriosissimo e affascinante. «Sacra e inviolata sarà la terra dove è sepolto uno Starec» (старец, termine russo che si riferisce ai mistici cristiani ortodossi dotati di particolare carisma e seguito).

Ananke (Destino, 73', b&n, 16:9, in francese con sottotitoli in italiano). Una coppia in un villaggio di montagna abbandonato in cui si è rifugiata per sfuggire a un'epidemia i cui ammalati si suicidano. Parlano in francese con accento. Lei è incinta. Una radiolina che non riesce a sintonizzarsi. Una capra chiamata Ananké dà loro il latte. Lo scorrere del tempo, lo scrosciare della pioggia. Uno stile scarno, essenziale, depurato. Bresson, Béla Tarr, Frammartino? La capra sparisce, nasce la bambina, ritorna la capra. Finalmente la radio, ascoltata dalla bambina grandicella con la capra, ritrasmette: *Senza fine* di Gino Paoli (ma potrebbe essere un flash-back?). Il film si conclude sulla lettera di lei alla madre sull'epidemia, che avevamo già ascoltato prima. Il cerchio si chiude? O si apre? Una metafora sulla sopravvivenza a contatto con la natura.

I ricordi del fiume (96', colore, 16:9). La videocamera pedina un bambino in una grande baraccopoli alla periferia di Torino lungo gli argini dello Stura: il Platz, abitato da una comunità di circa 1000 rumeni. Un occhio costatativo addosso alle persone che rivela la familiarità dei fratelli De Serio con l'ambiente nel quale si muovono nonostante la loro diversa estrazione sociale. Il Comune ha deciso di smantellare il Platz e di assegnare delle case agli abitanti, ma non a tutti. Una volta stabilite queste coordinate, non c'è evoluzione drammaturgica ma un semplice svolgersi delle situazioni, con calma. Cinema della realtà che sa guardare l'altro come un fratello.

Per amor vostro (112', b&n e colore, scope). Le peregrinazioni di Anna (Valeria Golino) in una Napoli caotica, tra impegni di lavoro e pesanti responsabilità famigliari, inseguita, assediata da una videocamera affannata e frantumata. Canzoni. Pause di colore pitturato. Il linguaggio gestuale a cui anche gli altri famigliari si adeguano per comunicare con il figlio Arturo sordomuto. Anna si dà agli altri, vive per gli altri: per amor vostro. Ma l'amore a cui anela? Un dolore lancinante attraversa tutto il film, un'angoscia che gli intermezzi a colori non vogliono attenuare. Ma un "miracolo" a colori conclude il film.

La ragazza Carla (59', colore e b&n, 16:9 e 4:3 per il repertorio). Dal poema omonimo di Elio Pagliarani (1960). Carla Chiarelli legge ampi brani del poema in campo e su repertorio AAMOD (senza logo) e Olivetti (con logo) di vita quotidiana milanese (più una "striscia" parallela che una illustrazione), su inquadrature della città di Expo 2015 che fanno eco a quelle anni Sessanta (le quali verso la fine, per un momento, vengono gonfiate in 16:9 mescolandosi assieme a delle foto con quelle odierne), su disegni (Gabriella Giannelli) e animazioni astratte, su didascalie che riassumono i pochi brani saltati e con interventi di Elio (di Elio e le Storie Tese) in una classe femminile che risponde a lettere di altre ragazze. Un film sull'alienazione metropolitana, ma fatto a distanza, quindi ironico se non a momenti addirittura comico. Film d'amore per la Milano di ieri e di oggi e per il suo cantore, che chiude il film.

Filmstudio, mon amour (69', colore e b&n, 16:9 anche per il repertorio). Un critofilm, come *Archipels nitrate* di Pazienza, anche se in modo meno radicale. In quest'opera sono coinvolto in prima persona: ho diretto il club cinema negli anni Settanta, dapprima assieme a Enzo Ungari. Per questo mi limito a dire che nel suo essere film di testimonianze e di ricostruzione storica ripropone nel modo in cui è fatto lo spirito che ci guidava in quell'avventura: quello della sperimentazione.

Love Is All. Piergiorgio Welby, Autoritratto (59', colore, 16:9 e 4:3 per quasi tutti i film di famiglia). Animazione di quadri e fotografie di Piergiorgio Welby, deformazione del repertorio. Una voce calma dice le parole di Piergiorgio. Ma il montaggio spastico ne corregge l'andamento lineare. La moglie Mina al suo fianco. E la voce artificiale di Piergiorgio che si rivolge inutilmente alle autorità per rivendicare il diritto a una morte civile per eutanasia. Resta solo la disubbidienza. «Non ero abbastanza vivo per i vivi, non ero abbastanza morto per i morti».

Senza di voi (52', colore e b&n, 16:9 e 4:3 per il repertorio e altro). Chiara Cremaschi (voce narrante) vuole andarsene via dall'Italia, per sempre, in compagnia dei cugini Davide e Manuel, esperti di viaggi. Ne rievoca in proposito uno a Barcellona nel 1994 dei due, giovanissimi, con l'amico Umberto, illustrata da film amatoriali. I due fratelli di Davide, la sorella di Manuel e il fratello di Umberto raccontano oggi a Chiara fuori campo (a noi) quell'avventura, con loro alla ricerca dei fuggiaschi come novelli investigatori, e anche il G7 di Genova. Abbiamo il sospetto che non tutto sia vero. Ma che importa? È una bella storia di giovani alla ricerca della libertà, delle loro delusioni e – come il Sandokan dell'infanzia di Chiara – delle loro speranze odierne per il futuro.

Ofelia non annega (91', colore e b&n, 16:9 e 4:3 per il repertorio). Francesca Fini è una performer, e una performance molto articolata è quella messa in scena. Il controcanto, però, sono documentari d'archivio selezionati e montati con grande originalità. Questi due livelli apparentemente discordanti – uno in 16:9, uno in 4:3 (purtroppo col marchio del LUCE) – costruiscono a poco a poco una struttura ambigua. Il suono dei documentari si intreccia con quello delle performance, le quali si prolungano nei documentari, performance a modo loro. «*Ofelia non annega* è un film sperimentale che reinterpreta in chiave surrealista il dramma di Shakespeare dal punto di vista della giovane Ofelia. [...] Al centro di tutto c'è un'Ofelia diversa da quella tramandata dalla tradizione letteraria: non l'adolescente fragile ma tante donne diverse per colori, fattezze, età. [...] Un'Ofelia che alla fine non annega, rinunciando al suo destino di eroina romantica per diventare una "persona normale"» (Fini).

Bullied to Death (Bullizzati a morte, 72′, colore e un po' di b&n, 16:9, in inglese con sottotitoli in italiano). Un film performance, come *Ofelia non annega*, e il secondo di Giovanni Coda sulla omofobia (e sulla lesbo e transfobia) dopo il notevole *Il rosa nudo* (2013), in attesa di completare la trilogia con *La sposa nel vento*, sul femminicidio. Inquadrature frontali fisse, che si alternano separate da dissolvenze in nero. Viene rievocato il suicidio di un giovane studente gay da una voce fuori campo e direttamente da un attore che lo impersona, e che guarda in macchina scandendo una lettera immaginaria a Lady Gaga, mentre si susseguono i *tableaux* – in totale e in primo piano, in interni e all'aria aperta – di una performance antiomofobica di 24 ore collocata idealmente sessant'anni dopo. Ma il caso singolo è presto esteso ad altri casi, che investono gay, lesbiche e trans. Una festa interrompe per un momento la fissità delle immagini. I corpi danzanti e cantanti dei performer disseminati nel film contrastano le parole tragiche delle voci fuori campo per ribadire uno slancio di vita contro la morte. «E sì... Va meglio», conclude con un sorriso fiducioso Tommy, superando utopicamente il suo suicidio. Né una narrazione né una rievocazione: una meditazione.

Tides. A History of Lives and Dreams Lost and Found (Some Broken) (Maree. Una storia di vite e sogni perduti e trovati, alcuni infranti, 45′, colore e b&n, 16:9 e 4:3 per il repertorio, in inglese con sottotitoli in italiano). "I ricordi del fiume" si potrebbe dire prendendo a prestito il titolo di un altro dei nostri film. Le maree del titolo sono quelle metaforiche del fiume Foyle che taglia in due la città di Derry (in irlandese Doire)/Londonderry in Irlanda del Nord, da cui ci parla Alessandro Negrini: da una parte i cattolici, dall'altra i protestanti. Il fiume, visitato da due innocenti (un anziano che ne registra i suoni e un bambino che li ascolta), rievoca la storia tormentata di questa/e città, che è anche tante altre storie del nostro tempo. Nostalgia di periodi senza guerre, quando anche il fiume danzava. Poesia che pervade il ricordo, con un complesso e suggestivo assemblaggio di musiche di varia provenienza. Confini che dividono e "ponti della pace" che uniscono. «Siamo maree desiderose di trovare il posto che abbiamo voluto lasciare».

Festa (40′, colore, 16:9). Dall'aurora alla notte a San Pietro nel mantovano (e in altri paesini e villaggi del mantovano e del bresciano). Uomini e donne di tutte le età uniti in un'unica festa. Ogni volto – anziani, adulti, giovani, bambini – ha la sua dignità, la sua bellezza. Il ballo, ed echi di altri film di Franco Piavoli (la sezione estiva di *Voci nel tempo*...). Tanta musica ma nessuna di commento, e niente dialoghi (salvo l'omelia del prete). Un inno sussurrato a un'umanità, per una giornata, in armonia.

La natura delle cose (67′, colore e b&n, 16:9 e 4:3 per il repertorio). Laura Viezzoli dialoga con Angelo Santagostino – nome e cognome mistici – che ha la voce (baritonale bassa come lui voleva) di Roberto Citran. Angelo ci racconta: prete a 25 anni, lascia il sacerdozio nel 1974 per sposare Marinella; nel 2008, a 65 anni, i primi sintomi, la diagnosi di SLA, la morte per cancro al seno di Marinella. La sua vita quotidiana assistito, 8 ore ciascuno, da Luis, Alicia e Harold, sotto lo sguardo pudico di Laura. La macchina per scrivere con gli occhi (Eyegaze System). Le riflessioni – individuali e generali – sulle emozioni, il dolore, la morte. Tutto questo accompagnato da film di famiglia e soprattutto da repertorio NASA sui voli interplanetari e il galleggiamento danzante dei corpi, sogno impossibile di Angelo. L'accettazione della morte e la nostalgia della vita. (Ripenso ad altri film simili tra quelli fuorinorma).

Spira mirabilis (122′, colore, 16:9, plurilingue con sottotitoli in italiano) è una spirale che si svolge seguendo un logoritmo messo a punto dal secentesco matematico svizzero Jakob Bernoulli: ha la forma di una curva che si avviluppa su se stessa senza mai raggiungere il polo centrale. Le immagini all'inizio incompatibili e misteriose (talvolta a schermo ridotto quali film amatoriali) delineano a poco a poco quattro storie diverse. Senza una parola di commento (una voce misteriosa in francese – Marina Vlady – legge *L'immortale* di Borges) ma con una densa tessitura sonora. Gli operai della Fabbrica del Duomo milanese, il biologo giapponese che studia una medusa "immortale", gli artigiani svizzero-tedeschi inventori di un nuovo strumento a percussione, i nativi americani della tribù Oglala in difesa della loro indipendenza a Wounded Knee nel South Dakota: tutti concentrati meticolosamente sulla loro attività. A volte le immagini "documentarie" assumono valenze astratte. Mondo minerale, vegetale e animale, acqua, aria, terra e fuoco, arte e scienza si danno la mano in questa incessante meditazione dialettica sull'immortalità e sulla finitudine.

Terceiro andar (Terzo piano, 62', colore, 16:9 e 4:3, in portoghese, fula, krioli, inglese, italiano con sottotitoli in italiano per il portoghese e l'inglese). Le relazioni di buon vicinato esistono ancora. Al quinto piano di un palazzo di Lisbona, nel centrale Bairro das Colónias, abita Luciana Fina; al terzo una famiglia della Guinea-Bissau, fra cui Fatumata e la figlia Aissato. Quest'ultima discute (in formato 4:3) con una donna fuori campo (Luciana?) della videolettera all'innamorato che sta completando: prima le immagini e poi i suoni? O viceversa? Portoghese e lingue della Guinea-Bissau si alternano. Il suono del mortaio a cui lavora fuori campo Fatumata scandisce alcune immagini. Lunghe, eleganti e complesse carrellate verticali, ad ascensore, esplorano dall'alto in basso e viceversa le scale, da cui pendono le radici aeree di una pianta ornamentale, che è come se collegassero i vari appartamenti. Suoni e voci risuonano fuori campo. Il ritmo è pacato, quasi contemplativo: nessuna fretta. Si parla molto d'amore, con le due protagoniste in campo o fuori campo. Rari squarci di vita quotidiana. Altrettanto rari sguardi in esterni sul tetto. Gli uomini dove sono in questo film tutto al femminile? Un'opera sull'amore, sull'unità della famiglia, sulla diversità e sulla somiglianza, sulla reciprocità dello scambio. Un'opera in positivo.

Mancanza-Purgatorio (84', b&n e colore per l'ultima inquadratura, 16:9). Il film è parte di una trilogia che comprende *Mancanza-Inferno* (2014, 70') e, non ancora realizzato, *Mancanza-Paradiso*. La rapida inquadratura finale, astratta, tre pennellate di giallo e blu (un acquerello di Stefano Odoardi), potrebbe riassumere metaforicamente il film: due situazioni parallele e opposte, che si incrociano con un arancione. Una terrazza a mare (a Cagliari) piena di 17 uomini e donne (e un cane medico) che indossano giubbotti di salvataggio (gli Uomini della Terra); una nave da carico deserta, che naviga in mare aperto, abitata da una donna "sublime" (Angélique Cavallari, l'Angelo). Sospesi in attesa di che? i primi; diretta verso dove? la seconda. I primi parlano a turno, non sanno perché si trovano lì né dove andranno, analizzano le proprie eventuali colpe; la seconda è accompagnata all'inizio da una voce fuori campo (Sebastiano Filocamo) e parla a volte a se stessa, anche lei alla ricerca di una spiegazione della propria situazione assurda. *Sound design* assai elaborato (Kamila Wójcik). Alternanza di video HD e Super8 (il mare visto dall'Angelo, gli zoom sulla terrazza all'inizio e alla fine). Gli Uomini della Terra si tolgono infine i giubbotti. Gli umani e l'angelo sono prigionieri, sembrano perduti. Ci sarà il loro riscatto? Raggiungeranno la meta?

Ab urbe coacta (Dalla città coatta/reclusa, 74', colore, scope). Mauro "Barella" Bonanni è il proprietario di un'officina di autodemolizioni nel quartiere della Certosa e di Tor Pignattara a Roma. Come in alcuni dei migliori esempi di cinema del reale si percepisce la famigliarità dell'autore con l'ambiente e le persone che descrive (Mauro Ruvolo è nipote del protagonista). Frammenti, abilmente montati anche in discontinuità, di vita quotidiana al lavoro e in casa, degli amici, di gare motociclistiche, di extracomunitari, perfino dell'intimità; e il romanesco sboccato di una città coatta e reclusa. Ma il film ha anche modo di evocare o di visualizzare rapidamente il passato. E di prefigurare il futuro, lontano da Roma, nel Benin. Questo finale ci coglie di sorpresa, allontanando il film dalla cronaca e proiettandolo in una dimensione insieme epica e lirica che, a ben vedere, scorreva da tempo sottotraccia.

La ville engloutie (La città sommersa, 66', b&n, 16:9, e 4:3 e 16:9 per il repertorio a colori sulle demolizioni della fabbrica della Kodak e altro, in francese con sottotitoli in italiano). Chalon-sur-Saône, nella regione Bourgogne-Franche-Comté, è soggetta a periodiche inondazioni dal fiume da cui prende il nome, e sarebbe più corretto – dice un anziano abitante – ribattezzarla «Chalon-sous-Saône». Il film è stilisticamente molto diverso da altri di ZimmerFrei, come gli splendidi "Panorami". Non ho visto tutti i sei film della serie "Temporary Cities" che lo precedono di cui parla la regista, quindi non so in che misura questo ne prosegua le strategie espressive. Anna de Manincor sceglie qui un bianco e nero livido e scandisce il film con raffinati movimenti di macchina che possiamo ben definire "liquidi". Gli abitanti, come dei superstiti in un paesaggio da fantascienza, raccontano di questa città ex industriale, quando c'era una fabbrica della Kodak chiusa con l'arrivo del digitale, e delle esondazioni che dal 1983 ne hanno trasformato il volto e i suoni, che riecheggiano nei locali svuotati. Eppure, in tanta desolazione sembra vincere la forza dell'adattamento e della sopravvivenza, anche se in futuro queste rovine rivivranno abitate dalla vegetazione e dagli animali, come profetizza una giovane ragazza.

Upwelling. La risalita delle acque profonde (79′, colore, 16:9). Un'altra visione apocalittica del Sud, in questo caso Messina, dove il terremoto che la distrusse sembra cosa di ieri. Un uomo dal cappellaccio nero a larghe falde, dalla lunga barba bianca e dal cavallo bianco (Danilo Adamovic) introduce il film dandogli subito un sapore antico. Poi però la vita quotidiana, che si accentra su un dibattito collettivo sui problemi del risanamento della città. Emergono alcuni personaggi: una bella ragazza mora (Giulia Giordano), il sindaco buddista – «Free Tibet» (Renato Accorinti), un uomo dai capelli tinti di biondo che studia il russo (Max Bruno), un sociologo che litiga col padre (Pietro Saitta), la banda che suona sulla spiaggia e fra le rovine (i Sacri Cuori). Non proprio ciò che ci si aspetterebbe da un documentario "politico". Frammenti, che si depositano senza ordine apparente nel montaggio come schegge di uno specchio in frantumi. Un mosaico che si ricompone a poco a poco. Segnali – segni – che la rinascita, la «risalita delle acque profonde», è cosa possibile, perché dipende dalla volontà delle donne e degli uomini. Il bambino che nasce alla fine ne è la sintesi e il simbolo.

Il fascino dell'impossibile (60′, colore e b&n, 16:9 e 4:3 per il non molto repertorio). Troína (Enna). Padre Luigi Orazio Ferlauto, a 92 anni (è morto a 95 il 12 settembre 2017), ci parla della sua creatura, l'Oasi: una splendida struttura in cima al paese per bambini disabili dotata di tutti i servizi indispensabili, in cui «tutti gli arredi sono stati realizzati con materiali di recupero». L'ha fondata negli anni Cinquanta. Ora ha in mente qualcosa di ancora più ambizioso: la "città futura", l'Oasi città aperta, a valle di Troína, dove disabili e abili possano convivere e condividere. La vita quotidiana dei bambini e dei volontari, i sorrisi, i movimenti controllati a fatica, e il paesaggio intorno. Arredamenti incredibili in un luogo del genere. Un inno alla speranza, alla forza dell'amore, al perseverare in ciò in cui si crede: per gli altri. «Offro questo film all'innocenza dei disabili che mantengono intatta la spontaneità dell'infanzia».

Che cos'è l'amore (64′, colore, 16:9). Milano. Una vicenda vera riredtata per Fabio Martina dai protagonisti di una insolita e tenerissima storia d'amore: Danilo Reschigna, cinquanta anni, con problemi di mobilità e di parola, drammaturgo e attore teatrale, e Vanna Botta, 93 anni, arzilla, pittrice. Difficile pensare infatti che una situazione così intima – fino alla rischiosa ma delicata scena di sesso fuori campo – possa venire colta sul vivo dal regista. Del resto ci sono altri esempi analoghi nel passato del "documentario", cominciando da *Nanook of the North* (1922) di Robert Flaherty. In ogni caso i due agiscono come se non ci fosse la telecamera, segno della familiarità di Fabio con loro. Danilo, che ha perduto i genitori, recita in teatro un proprio testo autobiografico sui rapporti infantili con la madre, con qualche perplessità del regista; Vanna dipinge Danilo. Dopo un banale litigio, una scappatella di Danilo senza conseguenze. Insieme al Cimitero Monumentale, di fronte a una statua di bronzo del padre di Vanna, scultore antifascista. Il matrimonio civile di Danilo e Vanna sui titoli di coda. La felicità non ha confini. «L'amore è sempre e ovunque possibile».

Sassi nello stagno (88′, colore e b&n, 16:9 e 4:3 per il repertorio). Un altro critofilm, dopo *Filmstudio, mon amour* di Toni D'Angelo, che mi coinvolge in prima persona: altra avventura degli anni Ottanta, quella del Salso Film & tv Festival, quando era più facile farne uno perché c'era poca concorrenza; ma anche quando ci voleva coraggio a mettere sullo stesso piano cinema e video, moderno e classico: ancora una volta, sperimentare nuove forme e nuovi percorsi. Il film di Luca Gorreri riflette molto bene quello spirito, compresa l'ironia nei confronti della sua squallida coda, quando ce n'eravamo andati via.

Il Negozio (78′, colore, 16:9). Un negozio di ottica in via Merulana a Roma. Pasquale Misuraca ci informa nel prologo che il proprietario Daniele Canavacci, suo amico, è morto dopo le riprese, e che ciò che vedremo proviene dalle videocamere di sorveglianza istallate nel negozio e consegnategli dalla moglie. Un dispositivo coercitivo, dunque. Inquadrature fisse (al massimo qualche lento zoom) da quattro – anzi cinque – postazioni, di cui una con grandangolo deformante. Dissolvenze e neri intervallano le riprese. Ogni tanto l'inserzione di inquadrature che illustrano le chiacchiere dei clienti con Daniele. Altri entrano, provano gli occhiali, comprano, escono. C'è anche Pasquale. Banali spezzoni di vita quotidiana. Ma anche scene divertenti, comiche, a volte un po' surreali. Dopo una chiusura del negozio, su nero, l'audio di una sparatoria per strada. Documentario o finzione? Il negozio è anche il luogo della negoziazione fra autore e spettatore sul dilemma vero-falso.

Lepanto. Último cangaceiro (71', colore, 16:9, in inglese e portoghese con sottotitoli in italiano). Mi piace molto l'intrecciarsi delle varie storie (il narratore inglese "autore" del film, le olimpiadi di Rio de Janeiro, la battaglia navale di Lepanto, a Cipro, fra cristiani e ottomani del 1571, vinta dai primi, il cangaceiro ieri e oggi) e il modo in cui finiscono per fondersi. Mi piace soprattutto la presenza di tante inquadrature "fuori contesto" in un montaggio frammentato e imprevedibile che arricchisce il film di suggestioni spiazzanti. Mi piace l'uso di più formati con quelle svampate del 16mm. Mi piace il finale aperto, così come è stato aperto tutto il film, che non si è mai fatto rinchiudere dalle varie storie. È un film privato, urbanistico, politico, storico. Molte cose insieme. Un film complesso nel miglior senso della parola.

The Good Intentions (Le buone intenzioni, 84', colore, 16:9 e 4:3 per i film di famiglia). Cinéma-vérité che fa pensare a certi film rumeni o a quelli dei Dardenne. Ma soprattutto film terapeutico. Una famiglia, la madre Lorella e i tre figli Stefano, Michele e Beatrice (la co-regista) si interrogano sui problemi causati da un padre violento e insieme introverso che ha lasciato la moglie e che vive da solo in un allevamento di cavalli. L'inserzione dei film di famiglia, pochi, non chiarisce i conflitti. Quando vediamo il padre Paolo, che prima Michele e poi Beatrice vanno a trovare, non sembra né violento né così introverso. Lo psicodramma non raggiunge una vera soluzione: la madre è l'unica che dichiara di aver trovato un aiuto nel film, iniziando a vivere da sola; Stefano ha deciso finalmente di incontrare il padre, ma non sappiamo con che risultato; Michele, il meno traumatizzato dai rapporti col padre, decide di andare a vivere all'estero. E Beatrice, con la sua opera autoriflessiva, ha comunque compiuto un gesto per tentare una riconciliazione: se col padre continua ad avere rapporti formali, adesso c'è per lei un film in più.

Sicilian Ghost Story (Storia di fantasmi siciliana, 126', colore, scope [2.39:1]). Un incubo? Un sogno? Come l'altro film siciliano fuorinorma, *Città senza notte*? Dopo il bell'esordio a Cannes con *Salvo* (2013), che col personaggio della ragazza cieca anticipava questo clima allucinato, Grassadonia e Piazza approfondiscono nella loro terra natale la ricerca di una narrazione che, già dal titolo "giapponese", tiene a distanza il naturalismo di troppi film di finzione italiani. E non mi si venga a parlare di "recupero del genere", in cui alcuni critici nostrani si compiacciono di individuare, in chiave antiautoriale, il valore di certi film narrativi. Non ha importanza che il racconto parta da un fatto di cronaca: rapidamente, con l'apparizione come in una favola del cane feroce nel bosco, la cronaca già trascende in mito, con le sue apparizioni magiche (lo scoiattolo, il cavallo, la civetta) e le sue paure. La ricerca di Giuseppe è un viaggio iniziatico al di là dello specchio, dentro il buio, verso l'ignoto (ricorrenza di grandangoli deformanti). Ma lo sguardo di Luna innamorata è più forte di ogni paura e la sua ostinazione a conoscere, a capire, la premia. Con l'amica Loredana si tinge i capelli di blu, poi si rapa, poi torna con i capelli corti: pronta, così mutata, per il viaggio di formazione. Un altro bosco, e la scoperta del castello incantato, dove la coraggiosa principessina libererà il suo principe dai draghi. Un sogno che ci piace più della realtà tragica che conclude il film.

Dusk Chorus. Based on Fragments of Extinction (Coro del crepuscolo. Basato su Frammenti di Estinzione, 62', colore, 16:9, parzialmente in inglese con sottotitoli in italiano). «Nel 2001 David Monacchi ha iniziato un progetto di lungo termine [*Fragments of Extinction*] per registrare il suono degli ecosistemi più antichi del pianeta, ricchi di biodiversità e ancora intatti. Per diverse ragioni si è concentrato sulle foreste primarie equatoriali più remote... ma ha trovato pochissimi habitat rimasti indisturbati...». Come un esploratore d'altri tempi e uno scienziato di oggi, seguiamo Monacchi con microfoni tridimensionali, registratore e computer nel Parco nazionale di Yasuni in Equador alla ricerca di antiche impronte sonore. A bassa voce accompagna diaristicamente la sua esplorazione. Un viaggio archeologico e un film da ascoltare sulle origini del pianeta. Un passato proiettato nel futuro per la preservazione dell'ecosistema. Un film epico ed etico.

Cinema Grattacielo (98', colore e b&n, 16:9 e 4:3 per il repertorio, le riprese antecedenti e altre ancora). Un film sul grattacielo dell'architetto istriano Raoul Puhali a Rimini, in via Principe Amedeo: 100 metri di altezza, 27 piani, 900 appartamenti. Ci abita anche il riminese Marco Bertozzi, che ha studiato architettura, assieme a un microcosmo di 17 nazionalità. Dall'inaugurazione nel 1959 alla festa per i cinquanta anni, il film descrive eventi di tutti i giorni. Ma soprattutto mette in prospettiva storica, dalla ricostruzione del dopoguerra agli anni del boom al multietnismo odierno, questo monumento che doveva celebrare la capitale italiana e internazionale del turismo (e il Ponte di Tiberio, che torna di tanto in tanto, dilata storicamente tale prospettiva). Ma la Rimini che vediamo, con le sue case bassine fra cui svetta il grattacielo, non è quella dei vacanzieri. Il grattacielo è anche una nave spaziale, che si proietta nel futuro, che sogna, e che si mette in scena dalle viscere alla cima, accarezzata da due "impossibili" panoramiche, una verticale e una orizzontale, realizzate con un drone. La voce dell'autore si alterna a quella del grattacielo (lo scrittore Ermanno Cavazzoni, che appare in campo alla fine) – come quella del fiume in *Tides* – rendendo il film insieme metacinematografico e metafisico. Il titolo è anche un omaggio al cinema di un altro grattacielo di Puhali a Trieste, chiuso negli anni Novanta, e a tutti i cinema italiani che sono scomparsi.

Jointly Sleeping in Our Own Beds (Dormendo insieme ciascuno nel proprio letto, 63', colore, 16:9, in inglese con sottotitoli in italiano). Dialogo via skype fra una ragazza belga (Pauline Vossaert) e il pugliese-milanese Saverio Cappiello. Un dispositivo originale, non ne conosco di analoghi. Il film comincia con riprese al cellulare, con Pauline che cerca l'albero magico della sua infanzia in un bosco non più vergine. Poi il dialogo a due, in inglese, inframezzato da scritte quando il sonoro è spento, ciascuno nel proprio letto, misto a riprese col cellulare. Lei a schermo pieno, lui piccolo in basso a destra. Solo a metà film, su un terrazzino di notte, viene esibito il dispositivo. Una storia d'amore virtuale, a bassa definizione e ad alta sensibilità. Alla fine, non più al cellulare, l'albero magico viene ritrovato, e il sole occhieggia tra il fogliame. I nostri due ragazzi della generazione @ ci hanno raccontato una favola.

The First Shot (Il primo sparo, 76', colore, 16:9, in inglese e in cinese mandarino con sottotitoli in italiano). Federico Francioni e il suo collega del Centro Sperimentale Yan Cheng viaggiano in Cina con la loro videocamera pedinatrice, inserendo ogni tanto riprese al *ralenti* che sembrano aggiungere al film un elemento di sospensione e di mistero. Incontrano in una discarica di mattoni Haitao e i suoi gatti. La sua vita quotidiana alla periferia di Beijing. Il suo articolo, immediatamente censurato sul web, sul massacro di Tienanmen (15 aprile-4 giugno 1989): ma lui è nato nel 1990. Le incertezze sul senso della propria attività artistica di "resistenza". Yixing (1990) osserva la città dall'alto del suo appartamento, dove tutto cambia troppo rapidamente, e proietta immagini sulla parete. «La perdita di identità, la perdita della memoria, la perdita di un centro». Yiyi (1992) vive a Londra e sta tornando dai parenti al villaggio natale di Wuhan, al centro della Cina. Viene anche rievocato l'affondamento di una nave con circa 450 vittime sul fiume Yangtze il 2 giugno 2015. Ma Yiyi ha ormai la mente altrove. I tre ragazzi parlano in inglese (lei però soprattutto in cinese), usano il cellulare e il computer, ma non hanno radici storiche, anche se si infiltrano nel corso del film ombre del passato. Tre vicende che non si intrecciano ma che insieme trasmettono, attraverso dettagli apparentemente senza importanza, l'inquietudine della giovane generazione cinese sul proprio futuro e su quello del loro paese.

Macbeth neo film opera (49', b&n, scope). Un *Macbeth* intimistico, in questo più simile a quello televisivo di Carmelo Bene che a quelli cinematografici di Welles, Polanski o Justin Kurzel. Ma lo scope ne amplia le dimensioni, e le montagne, le nuvole, le acque, gli animali che aprono e scandiscono il film (natura vs artificio) lo proiettano verso un altrove. Il protagonista interpretato da una donna produce un'ambiguità distanziante. Il bianco e nero "espressionista", che fa intravedere, contribuisce a questo effetto. Le musiche di Verdi in sottofondo, il dialogo sussurrato, i frequenti cambi di inquadratura e di angolazioni, la sinteticità dell'adattamento e perfino i sottotitoli nell'inglese di Shakespeare partecipano a questa strategia stilistica.

Blood and the Moon (Il sangue e la luna, 77', colore, 16:9, in arabo con sottotitoli in italiano). Il titolo riprende quello di un poema del 1928 di William B. Yeats (https://en.wikipedia.org/wiki/Blood_and_the_Moon). Cinema del reale parzialmente messo in scena. Una sposa bambina, Soraya, ha deciso di abbandonare la capitale dello Yemen, Ṣanʿāʾ, alla ricerca di un altro luogo che la liberi dalle oppressioni che ha vissuto. Capita in un villaggio dove viene ospitata dal maestro elementare, Mohamed, che poi lei aiuta nel suo lavoro. Presumo che Cotronei si sia avventurato nel suo viaggio innanzitutto per conoscere e poi per articolare una storia basata sul suo apprendimento. Si respira infatti nel film una spontaneità che deriva dalla familiarità con quei luoghi e quelle persone conquistata durante la permanenza. All'inizio scene discontinue di vita quotidiana, a stretto contatto con le persone. Manifestazioni politiche in città. Niente musica. Sguardo costatativo ma montaggio frammentato. La "storia" si introduce, inavvertitamente, al minuto 28. A questo punto il film segue più centralmente il tema dell'importanza dell'educazione per avere uno sbocco nella vita e per superare la piaga del terrorismo, solo accennato in precedenza. Ma anche questa storia finisce per fondersi con la vita quotidiana. Tra la desolazione degli ambienti, una fiammella di speranza oltre le carenze del paese: «La conoscenza è luce, l'ignoranza è buio».

Al di là dell'uno (53', colore e b&n, 4:3). Il film si svolge in varie parti del mondo (India, Italia, Francia, Belgio, Germania) dove problemi analoghi di relazione fra le persone si riecheggiano. Un collage (di Dijana Zoradana Elfadivo) cerca la combinazione giusta fra cose diverse. Voci disgiunte dalle immagini, come se ciò che viene detto trascendesse le persone che lo dicono. Modi alternativi di condividere. Montaggio che inframezza senza connessione inquadrature fuori registro, accentuando il carattere sperimentale dell'opera. Una riflessione saggistica sulla possibilità di comprendersi "al di là dell'uno".

Metamorfosi napoletane (21' e 36', b&n e colore, 16:9 e 4:3 per il repertorio dei titoli di coda). Antonietta De Lillo unisce in un dittico due suoi film sulla "metamorfosi": da donna a uomo, da scimmia a uomo/donna. Una vera, l'altra immaginaria. Ma anche quella vera di Assunta/Antonio e di Lina – in *Promessi sposi* – sembra immaginaria: i due protagonisti, per come sono illuminati, per come sono inquadrati (ora separati, ora uniti), per come amministrano la suspense che porta alla "rivelazione", potrebbero anche essere degli attori (ho pensato a Simona/Simone del cortometraggio *Dalla testa ai piedi*, 2007, di Simone Cangelosi, inequivocabilmente "vero"). Il "documentario" a volte fa strani scherzi. Nel secondo film, *Il signor Rotpeter*, la presumibile continuità della performance teatrale viene, durante l'intervista iniziale e finale, spezzettata in vari ambienti, pur mantenendo la continuità del discorso, così da produrre una insolita forma di straniamento. La recitazione fa pensare al Jean-Louis Barrault di *Le testament du docteur Cordelier* (*Il testamento del mostro*, 1959) di Jean Renoir. In mezzo, una passeggiata di lui/lei scimmia per il lungomare di Napoli, tra l'indifferenza dei passanti, prima di entrare all'Università e fare la sua relazione (alternata a carrellate sulla "foresta"). Qui lo stile cambia, è più quello di una ripresa improvvisata con frequenti cambi d'inquadratura e salti di montaggio. Marina Confalone, attrice fuorinorma (che abbiamo già visto in *Tre donne morali*), si compiace della sua performance: e noi con lei (o lui).

Le scandalose (58', b&n e colore, 16:9 anche per il repertorio). Una citazione in voce fuori campo e una scritta di Cesare Lombroso (*La donna delinquente, la prostituta e la donna normale*, 1894) introducono il film, composto per la maggior parte da repertorio, accompagnato da parole delle donne, talvolta in diretta (peccato non sentire la voce di Caterina Fort). Sono colpevoli di omicidi che hanno contrassegnato la nostra cronaca dal fascismo agli anni Ottanta. Si aggiungono una voce fuori campo, oltre a quella dei cinegiornali, che riprende articoli d'epoca, in parte battuti su una macchina per scrivere; inquadrature di strumenti dei delitti e di istituti psichiatrici o di pena, sulle cui pareti vengono introdotti in sovrimpressione materiali d'archivio sul contesto. La selezione del repertorio e il montaggio elaborato evidenziano un lungo lavoro di ricerca e di postproduzione, che non si limita ai casi rievocati. In tempi di femminicidio e di relativo oblio del femminismo questo film rivendica una diversa interpretazione dell'isterismo, della seminfermità mentale o altro con cui per troppo tempo sono state classificate quelle donne. Un film politico.

Moravia Off (Moravia fuori campo, 75', colore e b&n, 16:9 e 4:3 per alcune riprese e per il repertorio, plurilingue con sottotitoli in italiano). Non un film sullo scrittore ma un film saggio che, partendo da lui ("fuori campo"), si dirama in più paesi e in più città (Roma, Monaco di Baviera, l'Africa "nera", Marsiglia, Il Cairo, Varsavia, Berlino, Beijing, Tehran), più temi, più paesaggi. Si comincia con l'occhio, che introduce il tema del "vedere", o se si vuole quello del "cinema", del fare cinema. I personaggi, più che parlare, vedono: vedono attorno a sé, con la "guida" di strumenti per vedere: proiettori, smartphones, computer. Il problema, come dice Moravia, non è però cosa vedere ma come vedere. E quel che si vede sono spesso dettagli "insignificanti", addirittura "fuori contesto" (come certi inserti cinegiornalistici), ma rivelatori. Così, la riflessione saggistica invece di concentrarsi e diventare assertiva si diffonde e si fa interrogativa, lasciando libero lo spettatore di prolungare gli spunti che il film gli suggerisce. Peccato il logo sul repertorio.

'77 No Commercial Use ('77 Nessun uso commerciale, 127', b&n e colore, 16:9 e 4:3). Ricomposizione di un anno memorabile attraverso il repertorio d'epoca, scandito da gennaio a dicembre. Fulvio Baglivi non vuole intervenire per commentare quegli accadimenti, non vuole sovrapporre la propria soggettività a quei reperti oggettivi dove il suo punto di vista è nella documentazione, nella ricerca, nella selezione e nel montaggio. Il risultato è anche una presa di posizione contro quei "diritti d'autore" che, in epoca di massiccia diffusione mediologica dei materiali audiovisivi, ancora ci si ostina a pretendere per contrastare e comprimere la creatività di chi quei materiali sa come far rivivere e non semplicemente "citare". Un film anarchico che viene dal basso, e che dal basso si appropria di TG ufficiali e non, film, video, fotografie, titoli di giornali, scritte, fanzine, suoni, musiche, trasmissioni TV: immagini e suoni della più diversa provenienza articolati al montaggio in modo che si incontrino o che si scontrino, per costruire alla fine un mosaico che ci dica, anche oggi, che un altro mondo è possibile.

Cento anni (85', colore e b&n, 16:9 [che incorpora 2.35:1, 16:9, 4:3]). I tre formati distinguono iconicamente i tre momenti traumatici della nostra storia narrati dal film: 1917 (2.35:1), 1922 (4:3, con una sfumatura in 16:9 nel finale), 1974 (16:9), oggi (2.35:1). Dal 1917 fino alla pace: attrici e attori rievocano impietosamente la disfatta di Caporetto, intercalati da sequenze di *Maciste alpino* (1916); dal 1922 fino alla liberazione e al dopoguerra: preziosi film di famiglia (la storia vista dal basso) su un testo di Massimo Zamboni; 1974: foto della strage di Brescia e suono d'epoca, cui seguono, oggi, testimonianze in bianco e nero dei sopravvissuti, dei famigliari delle vittime, dei figli e dei parenti, quindi colore sulla canzone di Youssef; oggi: il sud «desolato», l'Abruzzo terremotato, ma "in scope"; la città ideale, utopica, fatta costruire nel 1741 dal conte Rendina a Campomaggiore in Lucania viene distrutta da una frana alla fine dell'800: ma resta un ideale. Ancora una volta, una meditazione saggistica sul carattere degli italiani che si rivela attraverso le sconfitte più che le vittorie. Quasi una seduta di psicoanalisi sociale. Ma il film parla, più profondamente, anche di un'altra Italia: antiretorica, umana, civile, "guarita", capace di non dimenticare («a cosa servono i morti») e di costruirsi un futuro diverso. A questo servono i vivi.

Seguimi (91', colore, scope). Un film al femminile diretto da un uomo (ma cosceneggiato da una donna). Non sembra un film italiano. Affascinante e misterioso, psicoanalitico ed erotico, con echi hitchcockiani (*Vertigo*). Strutturato in scene brevi, rapide, avvolge lo spettatore in un'aura impalpabile, indefinibile: come se tale strategia volesse respingerlo – ma forse per una spettatrice è diverso – fuori dalla possibilità di identificarsi, di "entrare". Due presenze femminili (Angélique Cavallari, la tuffatrice Marta, apparizione misteriosa in *Mancanza-Purgatorio*, e Maya Murofushi, la modella giapponese Haru, già ammirata in *La città senza notte*) che escludono il maschio (Pier Giorgio Bellocchio, il pittore Sebastian), il quale a sua volta è chiuso nel suo maschilismo aggressivo e autodistruttivo. Alternanza dei tempi narrativi, taglio delle inquadrature, movimenti di macchina, illuminazione, musica, ambientazione (Matera), costumi contribuiscono a creare l'atmosfera di irrealtà, di sospensione, di impermanenza che caratterizza il film.

Io sono Tommaso (80', colore, 16:9 anche per i film di famiglia). Un film-testimonianza che potrebbe anche essere un film terapeutico. Qui fuorinorma è il personaggio intervistato, un ragazzo con problemi di tossicodipendenza di una buona famiglia borghese romana. I genitori, invece, sono "normali". Intercalati, alcuni film di famiglia che ci fanno conoscere il ragazzo sin da piccolo. Il suo iperattivismo, che lo rende inquieto quando è "in gabbia", da grande si manifesta nel suo gesticolare quando parla. Fago è, nei confronti del giovane, nella posizione di uno psicoanalista che, restando fuori campo, si serve della telecamera come di uno strumento di mediazione. Il film, girato all'inizio senza fini cinematografici, con inquadrature fisse, in più "sedute" prolungatesi negli anni, diventa un'opera in fase di montaggio: i frequenti *jump cuts* rivelano il bisogno di rendere la testimonianza una narrazione rapida, abolendo i tempi morti. E in effetti Tommaso è un "narratore": avvincente dall'inizio alla fine, con una faccia che "buca lo schermo". I suoi racconti dell'esperienza del carcere, p. es., potrebbero far parte, come dice lui stesso, di un film americano di genere. Il film è "psicoanalitico" anche nei confronti dello spettatore: giovane o adulto che sia, specie se genitore, si trova di fronte alle tavole di un test di Rorschach: come non confrontarsi, identificarsi, distinguersi nei confronti dei tre protagonisti? Divertente e insieme commovente, *Io sono Tommaso* è un inno alla possibilità dell'"incontro" con l'altro e alla potenzialità salvifica del cinema.

Storie del dormiveglia (67', colore, 16:9). Un dormitorio all'estrema periferia di Bologna, il Rostom, frequentato da emarginati italiani ed extracomunitari. Una voce fuori campo con accento inglese: scopriamo a mezza strada che è quella di un ex soldato – «sono un lupo solitario» – che formula a suo modo la condizione di molti per cui la vita ha ormai perso senso. Facce scavate in primissimo piano, tanti silenzi, poche parole a mezzabocca, quante sigarette nelle notti insonni, corridoi spettrali, impiego sapiente del buio e della luce. Aperture improvvise su uno spazio esterno: sognato? Una festicciola chiude il film come un filo di speranza. Dal corridoio sbuca un cane – il lupo del sogno? – ma alla fine si allontana.

Ceci n'est pas un cannolo (Questo non è un cannolo, 77', colore, 16:9, con sottotitoli in italiano per alcuni dialoghi in siciliano). Titolo ironicamente magrittiano, che allude alla deriva surreale di questo documentario. Dopo un inizio chiaramente paradossale, i cui personaggi – Adamo ed Eva – ritornano di tanto in tanto a scandire il film, si alternano persone spesso un po' sopra le righe. Siamo soprattutto a Palermo e i discorsi vertono attorno alla Sicilia, terra depredata che attende il proprio riscatto. In definitiva, però, questi interlocutori che si susseguono senza apparente legame finiscono per costruire un universo che oltrepassa l'isola: un universo mentale, astratto, pregno di riflessioni sulla vita in generale, in cui ogni spettatore può trovare ciò che lo riguarda in prima persona e ciò che la sua esperienza gli ha insegnato. Sapienza antica.

Le porte regali (61', *Iconostasi* + *Psicopompo* + *Dagadol*, 16' + 34' + 11', colore, 16:9, parlato solo un poco nella seconda parte). Ecco dove si scontra la capacità di un critico di parlare di un film: lo sperimentalismo hard o, se si preferisce, astratto. Se può certo (con l'aiuto degli autori?) descriverne i procedimenti tecnici o tradurne in parole le "impressioni", col rischio però di congelare e banalizzare qualcosa di assai fluido, più difficile, se non impossibile, è tentare un'analisi testuale.

Iconostasi. Lampi di luce calda, tra il rosso, il giallo, il blu, dove una candela o il sole si equivalgono. Suoni come echi lontani di un pianeta estraneo.

Psicopompo (il pannello centrale) è più "umano": una ragazza di spalle sfocata, un respiro affannoso, nuvole, montagne, alberi, una voce che parla, suoni che si trasformano in musica concreta. Tutto però si dissolve in variazioni sul bianco, lampi di luce anche qui. Quindi il verde degli alberi, il suono della pioggia. La ragazza, sfocata, frontale. Guardiamo e non vediamo. Come nello sguardo infantile – Brakhage? – le forme faticano a concretarsi. Pulsazioni di luce. Stiamo imparando a vedere e ad udire?

Forse no, sembra suggerire *Dagadol*: dobbiamo continuare a guardare e ad ascoltare senza pretendere di vedere e di udire. Abbandonarci al mistero delle immagini e dei suoni. Tornare all'inconsapevolezza infantile, addirittura prenatale. Come il corpo che intravediamo galleggiare nell'aria, senza peso. Ecco, davanti a uno schermo *Le porte regali* ci insegna a ritrovare la nostra innocenza.

Uozzap (90', colore e b&n, 16:9), cioè, parodicamente, WhatsApp. Come *Jointly Sleeping in Our Own Beds*, un altro film sulle nuove abitudini di comunicazione. Messaggi a volte senza risposta. Già le scritte introduttive ci mettono di buon umore. Poi interviene un diluvio di immagini con le voci fuori campo: elaborato, elegante, suggestivo e divertente. Comincia l'autore, e le sue parole – un lungo monologo – sono all'inizio visualizzate graficamente in vari *fonts*, come poi diversi altri messaggi. *Mash-up* di figurine della più diversa provenienza, grafiche in movimento, frammenti di musiche. Considerazioni in libertà sul quotidiano, sull'amore, sulle difficoltà del vivere, molto spesso (auto)ironiche. Innesti di culture opposte (ebraica, giapponese...). Servendosi di tutti gli "effetti" del computer, Osmo Tinelli realizza uno dei film sperimentali più liberi, inventivi e originali che abbia visto. Col sorriso sulle labbra.

Sezione femminile (82', colore, 16:9, e 4:3 e 16:9 a schermo compresso). Dato il laboratorio biennale che ha preceduto la realizzazione del film, ci si sarebbe potuti aspettare un normale cinema del reale sulla condizione carceraria. Il film è tutt'altra cosa. Una struttura narrativa originale, articolata su più livelli, dove il limite fra ricostruzione (finzione) e documentario si confonde, come in molti dei film che proponiamo.

Bologna, la sezione femminile della Casa circondariale Mario Gromo. Una voce (quella del regista) parla via WhatsApp con Gianni, un architetto dalla voce un po' afona, del film che sta facendo e di cui vediamo alcune inquadrature sul computer. Divisione in capitoletti: "I punti interrogativi", "Amanda & Amanda", "L'Edificio", "Martina", "Sesso a go go", "La macchia bianca", poi (con una cesura di tono, poco dopo la metà del film: dalla finzione al documentario) "Ex detenute" "...e volontarie", "La lettera".

Un'attrice traduce le parole del diario di una detenuta straniera; poi, in campo o fuori campo, altre storie, altre parole: quelle di Amanda seduta fuori dalla cella, la valigia sul grembo – sta per uscire – per un'altra detenuta, la giovane Denise, appena entrata in carcere dove deve scontare 22 anni, che smozzica risposte. Amanda come una madre dalla lunga esperienza le racconta di una tossica, Martina, di *La metamorfosi* di Kafka, delle lettere d'amore che riceve Betty dalla sezione maschile. Un camerone che era un ospedale e poi un auditorium, e che potrebbe ora essere il set ideale di una prigione. Dopo la cesura, repertorio degli anni Settanta a schermo ridotto e in 4:3, a seguire due donne che si domandano perché fanno le volontarie dentro al carcere. E una ex detenuta che aspetta fuori Amanda che forse non verrà... La chiusura vista dalla prospettiva dell'apertura. Infine la discussione libera su come scrivere la lettera ai figli di una madre in carcere, ma girata in maniera del tutto anomala rispetto a un tradizionale documentario. Giada, una non attrice, legge la lettera in una lunga inquadratura fissa, raddoppiata e sfocata sullo sfondo.

Ho provato a raccontare un po' il film, ma in realtà esso non ha un andamento lineare, è inframmezzato di continuo da inquadrature anomale, fuorvianti, che rompono ogni continuità. Memorie dal carcere, dal clima sempre più sognante. Una scritta sul muro della cella di Denise: «Anche nel buio più buio ci può essere la luce se tu mi aspetti. 1998 Amanda».

Aggiungo, sempre in ordine di prima programmazione pubblica, altri quattro film di autori già presenti, che andranno a sostituire nella rassegna quelli in un primo tempo prescelti, senza per questo eliminare qui le note che avevo già scritto, e quindi contraddicendomi sull'unicità di un film per autore.

I'm in Love with my Car (Sono innamorato della mia automobile, 2017, 71', colore e b&n, 16:9 e 4:3 per il repertorio, talvolta con logo, parzialmente in inglese e francese con sottotitoli in italiano) di Michele Mellara e Alessandro Rossi. «L'era dell'automobile ha modificato i 5 sensi dell'uomo. Gusto, vista, olfatto, tatto, udito sono cambiati grazie alla nostra cara automobile». Grafica e animazioni, impiego pittorico e pluraschermico del digitale rallegrano questa riflessione saggistica su un tema di dominio pubblico ma dai più introiettato senza che pervenga alla coscienza. In più periodi storici e in più paesi il bellissimo repertorio ci ripropone compulsivamente l'ossessione dell'auto. Gli alunni di una scuola elementare testimoniano le loro fantasticherie; ospedali e malati ci riportano alla dura realtà. Un film visivamente divertente nonostante l'argomento deprimente.

Shadowgram (Grammo/Grafia d'ombra, 2017, 94', colore e b&n, 16:9 e 4:3 per il repertorio, in inglese con sottotitoli in italiano) di Augusto Contento. Nona sua opera, è forse quella più complessa e compiuta. Tratta dei problemi degli afro-americani a Chicago. Ma è molto di più. È un film sugli afro-americani in generale; è un film sulla ghettizzazione delle culture, anche in presenza di tentativi di integrazione; è un film sulla storia di questa ghettizzazione dai tempi della schiavitù ottocentesca. Ed è un "romanzo" appassionante per lo stile poliedrico adottato dall'autore, che fa del documento una "finzione", voglio dire una drammatizzazione rivolta a uno spettatore partecipante, nero o bianco che sia. Il bianco e nero delle interviste e del prezioso repertorio si alterna alla descrizione a colori della metropoli statunitense e soprattutto delle sue periferie minorizzate, con una incredibile capacità dell'autore bianco (che cede la parola a una voce fuori campo altrui) di penetrare e farsi accettare come "amico" dalla comunità nera. Si percepisce il lavoro, direi addirittura la fatica (compresa quella di girare durante un gelido inverno), che Contento ha dovuto e voluto spendere nella preparazione del film. Il risultato, quindi, non è quello della "verità colta sul vivo" ma della verità conquistata mediante la sensibilità e l'intelligenza di chi vuole realmente capire e far capire allo spettatore una realtà altrimenti nascosta.

Appennino (2017, 66', b&n e colore, 16:9 compresso quasi a scope) di Emiliano Dante. Dopo *Into the Blue* (2009) nella tendopoli, dopo *Habitat. Note personali* (2014) a L'Aquila semidistrutta, *Appennino* si aggira nei comuni limitrofi concludendo la trilogia del terremoto: Accumoli, Amatrice, Norcia, Pescara del Tronto, Rigopiano, Campotosto, soprattutto Arquata del Tronto, e poi San Benedetto del Tronto, asilo dei nuovi terremotati. Cifre scandiscono in *countdown* il numero delle inquadrature (circa 500): che sono spesso fisse, incise, limpide nel loro bianco e nero e nel loro anomalo formato, un po' sovraesposte; non ruvide come di solito in un documentario. Fumetti animati commentano ironicamente l'aspetto metacinematografico e autoriflessivo del film. Interventi grafici sulle immagini ce ne distanziano. Tarocchi in rosso ci ammoniscono. Date in progressione si sovrimprimono contrapponendosi al *cowntdown*. La voce squillante di Enrico Caruso ci trascina altrove. Del documentario che documenta, che descrive, che costata rimane poco o nulla. Emerge invece la riflessione in prima persona singolare sull'impatto e sul senso che l'evento catastrofico ha sulla psicologia delle persone. Si sopravvive nonostante tutto; meglio, si riscopre la vita, il rapporto con chi ti è vicino e con gli altri: perché ora tutti hanno da condividere qualcosa che li accomuna. A suo modo, un film terapeutico collettivo.

Essi bruciano ancora (2017, 97', colore e b&n, 16:9 anche per il repertorio) di Felice D'Agostino e Arturo Lavorato. Teatro all'aperto, teatro in palcoscenico: la liberazione d'Italia è, per la Calabria, un'invasione da parte dei piemontesi, il cui regime costituzionale, secondo le parole di Carlo Pisacane citate in apertura, «è più nocivo all'Italia di quello che lo sia la tirannia di Ferdinando II». Date del Seicento, del Settecento, dell'Ottocento, del Novecento scandiscono traumi che si riecheggiano. Rete intricata di immagini difformi, parole in poesia, musiche, canti. Persone in posa, quasi non potessero muoversi. Un monologo in treno. Ricostruzione multiforme e frantumata di una controstoria del Mezzogiorno. Facce scolpite dalla miseria. Ma qualcuno parla. La ribellione serpeggia. Sentore di rivolta. *Essi bruciano ancora*: poema per un'altra Italia.

Ci sono altri film più o (in un solo caso) meno recenti degli autori citati che vanno presi in considerazione, e che qui mi limito a elencare: *Paradiso* di Alessandro Negrini (2010, 59'), *Surbiles* (2017, 73') di Giovanni Columbu, *Mondo Za* (2017, 80') di Gianfranco Pannone, *Chaco* (2017, 110') di Daniele Incalcaterra e Fausta Quattrini, *Dulcinea* (2018, 67') e *Pierino* (2018, 68') di Luca Ferri, *Ora e sempre riprendiamoci la vita* (2018, 93') di Silvano Agosti, *Hippopoetess* (2018, 53') di Francesca Fini, *N A T U R A L E. Il Teatro delle Ariette* (2018, 57') di Livia Giunti, *Nées en 1968* (2018, 43') e *A perdita d'occhio* (2018, 69') di Morena Campani, *Mark's Diary* (2018, 70') di Giovanni Coda, *Vivere, che rischio. La precaria vita di Cesare Maltoni* (2018, 86') di Michele Mellara e Alessandro Rossi, *Il secolo dell'Ebbrezza 1914-2014* (2018, 70') e *Buster Keaton Autoritratto* (2019, 102') di Pasquale Misuraca, *Shelter. Farewell to Eden* (2019, 80') di Enrico Masi, *Videozero*[2] (2016, 93') e *Tutto l'oro del mondo* (2019, 103') di Andrea Caccia, *White Flowers* (2019, 126') di Marco De Angelis e Antonio Di Trapani, *Giro di boa* (2019, 85') di Luigi Faccini.

A confermare la vitalità del fuorinorma, estremo in più di un caso, ecco nuovi candidati, che anche in questo caso mi limito a elencare: *Dalle parti di Astrid* (2016, 72') e *Tundra* (2019, 89') di Federico Mattioni, *Tracce di Bene* (2017, 56') di Giuseppe Sansonna, *Bob* (2017, 78') e *L'arte del fauno* (2018, 93') e *L'anima nel ventre* (2019, 34') di Fabio Giovinazzo, *Guarda in alto* (2018, 89') di Fulvio Risuleo, *Dedalo 2018* (2018, 95') di Giovanni Andrea

Semerano, *Il sogno di Omero* (2018, 47') di Emiliano Aiello, *Normal* (2018, 70') di Adele Tulli, *Favola* (2018, 87') di Sebastiano Mauri, *Manuel* (2018, 98') di Dario Albertini, *My Home, in Libya* (2018, 67') di Martina Melilli, *Troppa grazia* (2018, 104') di Gianni Zanasi, *Beautiful Things* (2018, 94') di Giorgio Ferrero, *What You Gonna Do When the World's on Fire?* (2018, 123') di Roberto Minervini, *Le premier mouvement de l'immobile* (2018, 82') di Sebastiano d'Ayala Valva, *Rotta contraria* (2018, 75') di Stefano Grossi, *Kobarid* (2019, 100') di Christian Carmosino Mereu, *L'uomo con la lanterna* (2019, 70') di Francesca Lixi. Nuovi talenti dei quali non mi mancherà l'occasione di scrivere. E non sto più a distinguere documentari da finzioni, perché a volte è quasi impossibile

Qualche considerazione complessiva.
Il fuorinorma non ha età: da Franco Piavoli (1933) a Saverio Cappiello (1992) tutte le classi sono rappresentate. Una cosa che colpisce in moltissimi di questi film è la visione positiva del mondo in generale (sono diversi i film ambientati fuori dall'Italia): una prospettiva costruttiva, anche in presenza di situazioni ambientali, sociali e individuali drammatiche quando non tragiche. C'è una difesa di valori che va contro il "lamento", anche contro la semplice "denuncia". Come se andare a scavare sopra e sotto la "realtà" (è anche questo il senso di un approccio sperimentale) significasse rivelare un'altra realtà. Sembra profilarsi una prospettiva diversa da quelle catastrofiche a cui cinema e televisione troppo spesso ci abituano: una parola di speranza per un mondo disperato. Rinnovamento non soltanto estetico ma anche etico.
È un cinema spesso in prima persona, mai impersonale: una testimonianza della nuova società *circolare*, che si contrappone a quella verticale[1]. Conosciamo con questi film belle persone, non alienate, che riescono a superare le loro difficoltà e a proporre un modo nuovo di essere al mondo. Un cinema di resistenza. Non solo film di grande qualità, dunque, ma la presenza di una società e di individui migliori: documentati dal cinema. Il personale è politico. Le minoranze di oggi saranno le maggioranze di domani?
Non mi sembra azzardato dire che all'origine di questa rinascita del cinema italiano c'è stata la crisi economica. Quando è diventato materialmente più difficile fare cinema, si è reagito inventando nuove strade. *Mater artium necessitas*. La povertà aguzza l'ingegno. Di necessità, virtù.
L'avvento del digitale e di nuove opzioni di visione oltre la sala commerciale hanno liberato una creatività che l'industria del cinema reprimeva e reprime.
Perché tanti documentari (o, forse meglio, *nonfictions*) a fronte di così pochi film di finzione? Intanto bisogna dire che anche i film di finzione lo sono solo in parte: c'è in diversi di essi la penetrazione o l'inserimento di elementi documentaristici, e la gabbia della sceneggiatura precostituita viene superata. Ma il problema è soprattutto che la *nonfiction* non ha regole produttive ed estetiche precostituite: è finito da tempo il modello voce fuori campo-musica di accompagnamento-immagini illustrative, che però ancora sopravvive in televisione. Ogni film inventa il proprio stile: è un prototipo. Molto più difficile innovare nel campo della finzione, dove vigono tuttora norme produttive, distributive ed estetiche stringenti.
Il digitale ha facilitato i modi di produzione e arricchito le opzioni espressive. Bisogna però stare attenti. È troppo facile fare l'elogio della tecnologia, oggi di moda. Il digitale va affrontato non per la sua facilità ma per le difficoltà che pone a chi vuole utilizzarlo in maniera creativa. In passato, con la pellicola in 35 o anche in 16mm, e con le moviole, bisognava riflettere, anche solo per ragioni economiche, prima di girare o di montare. Ancor più bisogna farlo oggi quando la facilità sembra escludere la riflessione. Il clic (della generazione clic si può anche dire), con cui oggi si accelerano le operazioni tecniche, è un pericoloso invito ad accontentarsi del minimo.
A questo proposito va detto che non sempre le caratteristiche innovative del digitale vengono impiegate sino in fondo. Lo sono molto di più nei cortometraggi, dove sembra concentrarsi la sperimentazione *hard*. Incrostazioni, elaborazioni "pittoriche" dell'immagine, plurischermi, insomma l'effetto speciale come effetto normale e altre possibilità consentite dalla nuova tecnologia si riscontrano ancora in una minoranza di film di lungo e di mediometraggio. Ma non dubito che in futuro la visione non realistica del mondo, la

pittura audiovisiva, si accentuerà. Del resto, già in molti dei film citati, lo stile sperimentale aggiunge una dimensione universale, astratta, che supera i condizionamenti cronachistici del cosiddetto cinema del reale. Il meccanismo distributivo è cambiato: questi film io li ho visti in sale indipendenti, in DVD, sul web (e se hanno avuto proiezioni in sale commerciali sono state sporadiche; la massima parte di essi ha avuto la sua prima proiezione pubblica nei festival, che scoprono ma poi aiutano poco: Torino, Locarno, Roma o Pesaro, e qualcuno più fortunato Venezia o Cannes, ma quasi sempre senza particolari conseguenze distributive). È il segnale che qualcosa sta mutando in uno dei settori più chiusi della catena cinematografica.
Quasi tutti questi film sono a basso costo: di regale povertà. Ciò non vuol dire che si lesini sulle qualità tecniche, anzi. Si pensi alla elaborazione del *sound design*, volto non agli "effetti" del cinema di finzione tradizionale ma all'invenzione di un nuovo universo sonoro.
Molti film, anche di finzione, ricorrono all'impiego di materiale di repertorio (cinegiornali, home movies, meno spesso film narrativi): a parte alcuni problemi tecnici (trasferimento in 16:9 invece che nell'originale 4:3, inserimento di logo), esso è creativo e non meramente illustrativo come nella maggior parte dei documentari televisivi, e in alcuni casi l'accostamento con immagini originali è sorprendente e inedito. Il repertorio riattiva il passato.
Dal punto di vista più meramente tecnico, a fronte dell'impiego ormai esclusivo, anche altrove, del formato 16:9, cioè l'1.85:1, permane il desiderio di ricorrere al caro, vecchio 4:3, cioè l'1.37:1 (non solo per il repertorio) e ci si avventura anche nella dimensione "grande" dello scope (con alcune anomalie rispetto allo standard 2.35:1), e in vari film c'è la compresenza di formati anomali rispetto a quelli canonici e addirittura di più formati, sino al caso limite di *Cento anni*. Il bianco e nero non è scomparso: ritorna per il repertorio, come incrostazione e a volte come scelta per l'intero film. Le durate rompono con i diktat cinematografici e televisivi (90' e più, 52') e si adeguano alle necessità espressive di ogni singola opera. Assistiamo inoltre alla commistione di diversi supporti di ripresa: non solo il digitale nelle sue varie tipologie ma anche l'8 e il Super8, il 16 e il Super16, e perfino il 35mm.

Peter Wollen ha scritto molti anni fa *The Two Avant-Gardes*[2]: da una parte l'underground propriamente detto, dall'altra le opere di autori come Jean-Luc Godard, Jean-Marie Straub-Danièle Huillet, Marcel Hanoun o Miklós Jancsó. Il neosperimentalismo italiano si colloca sul secondo fronte, quello diciamo *soft* (mentre molti dei cortometraggi si collocano piuttosto sul primo fronte, quello diciamo *hard*).
Jonas Mekas, in salutare polemica con il centenario del cinema, ha pubblicato (proprio in forma di poster) il suo *Anti-100 Years of Cinema Manifesto*[3]: «In tempi di produzioni opulente, spettacolari, da 100 milioni di dollari, voglio prendere la parola in favore dei piccoli, invisibili atti dello spirito umano, così tenui, così piccoli, che quando vengono esposti ai proiettori muoiono. Voglio celebrare le forme del cinema piccole, le forme liriche, la poesia, l'acquerello, lo studio, lo schizzo, la cartolina, l'arabesco, il sonetto, la bagattella e le canzoncine in 8mm».
Susan Sontag, anche lei in occasione del centenario, si è interrogata sulla sua morte in *The Decay of Cinema*[4]: «I cento anni del cinema sembrano avere la forma di un ciclo vitale: una nascita inevitabile, la costante accumulazione di glorie e l'avvio, nell'ultimo decennio, di un ignominioso, irreversibile declino. Ciò non significa che non ci saranno più nuovi film da poter ammirare. Ma tali film non solo dovranno essere eccezioni: ciò vale per le grandi prove di ogni arte. Dovranno essere eroiche violazioni delle norme e delle pratiche che oggi governano la cinematografia in tutto il mondo capitalista o che al capitalismo aspira: il che significa ovunque».

Sono sperimentali i film di cui ho parlato? Lo sono in quanto ricercano nuove strategie espressive diverse da e opposte a quelle istituzionalizzate dal cinema di finzione, da quello documentario e dalla televisione. Lo sono perché saggiano, e molti proprio nella forma del film saggio. Lo sono perché scoprono nuove ipotesi narrative, nuove strutture drammaturgiche, nuove opzioni di montaggio, di musica, di suono: di messa in scena. Lo sono perché vibra in ognuno di essi la tensione verso uno stile personale, perché hanno un progetto estetico e non solo la voglia di raccontare una storia o di descrivere una realtà. Lo sono perché non gridano i loro budget ma sussurrano dialogicamente per chi ancora vuole ascoltare. Lo sono perché si rivolgono non a un pubblico massificato ma allo spettatore considerato come un partner, come una persona che pensa, si emoziona ed elabora. Cinema nomade. Cinema di poesia avrebbe detto Pasolini? Cinema che stupisce, e che non instupidisce. Cinema "troglodita", secondo una recente rivalutazione del termine[5]: che ha conservato memoria del lontano e che guarda lontano. La loro quantità e qualità indica anche che stiamo uscendo dalla fase sperimentale ed entrando in una non più marginale ma costruttiva, addirittura centrale: un cinema che si impone e non più semplicemente che si oppone.

Un altro cinema italiano *esiste*.

Ringrazio gli autori che mi hanno aggiornato sul loro lavoro e inoltre Simone Cangelosi, Maurizio Carrassi, Antonello Faretta, Roberto Fiorenza, Silvio Grasselli, Paolo Mereghetti, Luca Mosso, Giacomo Ravesi, Gianmarco Torri per alcune segnalazioni.

Questo saggio, qui in forma molto ampliata e aggiornata, è stato pubblicato in altre occasioni che non sto a enumerare.

Note
1. Alludo al saggio di Federico Della Puppa e Roberto Masiero *Verso la società circolare*, in Aldo Bonomi, F. Della Puppa, R. Masiero, *La società circolare. Fordismo, capitalismo molecolare, sharing economy*, DeriveApprodi, Roma 2016: https://www.academia.edu/27268270/Verso_la_societ%C3%A0_circolare.
2. In «Studio International», dicembre 1975; poi nel suo *Readings and Writings. Semiotic Counter-Strategies*, Verso, Londra 1982, pp. 92-104.
3. «Point d'Ironie», n. 1, Parigi 1996.
4. «The New York Times», 25 febbraio 1996; tr. it., con il titolo *Fine del mito*, in «Bianco & Nero», luglio-dicembre 1996, pp. 9-14, con numerosi interventi italiani e stranieri.
5. Pietro Laureano, architetto e urbanista, introduzione all'opuscolo di presentazione della mostra *Ars excavandi. Utopie e distopie*, Matera 2019.

Abacuc

2014

Regia e sceneggiatura: Luca Ferri; *interprete*: Dario Bacis (*Abacuc*); *fotografia* (Super8, b&n, 4:3): Giulia Vallicelli; *suono*: Alberto Valtellina e Giulia Vallicelli; *musica*: Dario Agazzi; *montaggio*: Alberto Valtellina; *produzione*: Lab 80 Film con il sostegno della Lombardia Film Commission, Film Fund 2014; *produttore*: Angelo Signorelli; *prima proiezione pubblica*: Torino Film Festival (Onde), 24 novembre 2014; *distribuzione*: Lab 80; *durata*: 84'

Abacuc è un individuo di 198 chilogrammi. Ossessivo e ripetitivo, è "l'ultimo uomo", forse un superstite. Passa il suo tempo prevalentemente al cimitero, in parchi tematici dell'"Italia in miniatura" o nei pressi di architetture utopiche. Riceve telefonate citazionistiche da un al di qua. Viene talvolta assorbito dai libri che legge e vive una relazione d'amore con una presenza che si rivelerà essere il suo doppio.

Note di regia
Un film fermo, immobile e fotografico dove alla cinepresa e alla narrazione non è più richiesto alcun movimento. La realtà pre-esistente viene documentata senza pretesa di verità alcuna. Finzione e documentario non si fondono e non si riconoscono, ma travalicano e sconfinano per incontrarsi in altri territori quali il teatro marionettistico, il teatro dell'assurdo e la fotografia.

Biografia
Luca Ferri (Bergamo, 1976) vive e lavora a Olera, in provincia di Bergamo, e si occupa di parole e immagini. Autodidatta, dal 2011 si dedica alla scrittura, alla fotografia e alla regia di film presentati in festival nazionali e internazionali tra cui Pesaro Film Fest, Filmmaker, IndieLisboa, Atlanta Film Festival, Festival Internacional Punto de Vista, Curta Cinema, Fidocs e Videoex e in musei e gallerie tra cui Spazio Forma Milano, MAMbo Bologna e Schusev State Museum of Architecture Moscow. Il suo primo lungometraggio di finzione *Abacuc*, uscito in sala nel 2015, è stato presentato al Torino Film Festival e al Festival de Mar del Plata. *Colombi* è stato presentato alla 73a Mostra del Cinema di Venezia nella sezione Orizzonti. Nel 2018 *Dulcinea* è selezionato al 71° Locarno Film Festival in concorso nella sezione Signs of Life.

Filmografia
Magog (o Epifania del barbagianni) (2011, 66'); *Ecce Ubu* (2012, 60'); *Kaputt/Katastrophe* (2012, 16'); *Habitat (Piavoli)* (con Claudio Casazza, 2013, 60'); *Ridotto Mattioni* (con Giulia Vallicelli, 2014, 10); *Caro nonno* (2014, 18); *Abacuc* (2014, 84'); *Una società di servizi* (2015, 35'); *Tottori* (2015, 7'); *Curzio e Marzio* (2015, 35'); *Cane caro* (2015, 18'); *Colombi* (2016, 20'); *Ab ovo* (2017, 24'); *Dulcinea* (2018, 66'); *Pierino* (2018, 68'); *La casa dell'amore* (in produzione).

Ab urbe coacta

Dalla città coatta/reclusa, 2016

Soggetto e regia: Mauro Ruvolo; *interpreti*: Mauro Bonanni con Mohemd Saif, Giacomo Lainà, Michelangelo Rella, Blaise Atikpo Segbedji, Ripon Cazi, Maria Tili, Massimo Bonanni, Walter Porreca, Michele Zazza, Boro Stefanovic, Mauro Bonanni Jr, padre Claudio Santoro, Matteo Fortarezza, Antonio Mustone, Domenico Sgaramella, Leonardo Seccafieno, Mariana Vintila, Renzo Renzetti, Spartaco Rosati, Gloria Brizzi, Stefano Testa, Fabio Callaringi, Ezio Baccano, Benito Di Berti, Giancarlo Cerrone, Giorgio Ferretti; *fotografia* (digitale Canon 5D Mark II, colore, scope), *suono, musiche e montaggio*: Mauro Ruvolo; *prima proiezione pubblica*: Torino Film Festival (Italiana.doc), 19 novembre 2016; *durata*: 75'

Tra il quartiere della Certosa e Tor Pignattara, dove i segni dei fasti della Roma antica sono ormai solo rovine tra il cemento e l'indifferenza, Mauro Bonanni, detto "Barella", gestisce un'autodemolizioni tra le più antiche della zona, da decenni crocevia di personaggi che solo il sottobosco della periferia romana è capace di offrire. Barella è un uomo della strada, cresciuto nella povertà delle baracche, e come molti vive con disagio l'invasione di immigrati che negli ultimi anni ha reso irriconoscibile ai suoi occhi il quartiere dove è nato e dove ha vissuto gli anni difficili ma spensierati della giovinezza. Un razzismo quindi derivato da un disagio di vita più che da convinzioni ideologiche, pesante e volgare nella sua espressione, ma in alcuni tratti contraddittorio: Barella è anche attratto da quelle terre così lontane e diverse e alterna a un atteggiamento violento e autoritario verso i suoi operai, il marocchino Mohemd e il bengalese Ripon, la curiosità verso culture altre, arrivando persino a costruire una solida amicizia con Blaise, un ex operaio originario del Benin trasferitosi a Cuneo, con cui anni prima ha condiviso un viaggio nel paese centroafricano.

L'insinuarsi di una malattia e un passato vissuto sempre con passione rendono l'avvicinamento alla vecchiaia tormentato. Perfino le moto, scopo di una vita, non riescono più a colmare i vuoti esistenziali dell'uomo: gestisce un team che fatica a sopravvivere per le ingenti spese e per i meccanismi corrotti degli sponsor e tenta senza successo di rimettersi in gioco, risalendo su un sidecar, per ritrovare successi ed emozioni ormai appartenenti solo al passato. Completano il quadro di desolazione una moglie assente, una pittrice che lo abbandona dopo l'ennesima mancanza di rispetto e i karaoke stonati degli amici d'infanzia: Banana, Giacomino e Pecora che, pur accompagnandolo con affetto e simpatia, rafforzano la morsa asfissiante della routine. E così l'unica via d'uscita è la fuga: Barella trova la forza di dire per la prima volta a sua madre «Ti voglio bene», visita la tomba del padre, saluta i suoi cari e gli amici più intimi in una festa dal sapore antico e parte improvvisamente per Cotonou, capitale del Benin.

In Africa le parole sguaiate e il grigiume della periferia romana lasciano spazio al viaggio fisico e spirituale dell'uomo, alle immagini e ai colori delle strade terrose di Cotonou, alla quiete delle palafitte di Ganvie e infine alla colorata poliritmia del Festival Internazionale del Voodoo, a Ouidah, dove Barella appare finalmente sereno, restituito alla sua umanità, con lo sguardo verso la grandezza dell'oceano africano.

Note di regia

Ab urbe coacta è stato senza dubbio una profonda esperienza di vita, prima che un film, ed è giunto alla sua forma finale non solo dopo un lungo lavoro di selezione, ma dopo l'evoluzione di un'idea elaborata

nel corso di diversi anni, aperta a cambi di rotta anche radicali, quasi passiva nei confronti delle soluzioni che la realtà a mano a mano ha suggerito. I pochi elementi di finzione sono sempre plasmati su un tessuto di personaggi e situazioni reali, e comunque la grande maggioranza delle scene sono "documenti" che non hanno avuto bisogno di messa in scena, e proprio la necessità di documentare una romanità che sta scomparendo è stata uno dei motori trainanti del progetto.

Il film è un one-man project: le riprese, il montaggio e le musiche sono a cura del sottoscritto; contrariamente a quanto si possa pensare non è stata una scelta egocentrica (niente di più lontano dalla mia personalità), né dettata dall'inconsapevolezza che il cinema necessiti della collaborazione di numerose figure professionali specializzate, ma piuttosto suggerita dalla convinzione che una troupe, anche minima, avrebbe minato la dimensione confidenziale, e quindi la naturalezza, di attori/non attori, incredibilmente ricchi di vissuto ma evidentemente poco propensi alla recitazione e all'ingombrante macchinario delle produzioni convenzionali.

Ho voluto percorrere un iter produttivo inusuale, terribilmente difficoltoso, ma che sentivo avrebbe potuto trasferire la sua inusualità al linguaggio, allo stile del film, con la certezza che fosse l'unica via per entrare nelle viscere di un mondo chiuso e difficile da esplorare, ma affascinante nella sua unicità.

Biografia

Mauro Ruvolo (Roma, 1972, dove vive e lavora) è un artista poliedrico indipendente. Muove i primi passi nei primi anni Novanta come producer musicale nella scena elettronica londinese, ma affianca presto all'attività di musicista e restauratore audio di film quella di filmmaker e montatore, realizzando tra gli altri numerosi audiovisivi per Rarovideo (tra cui come montatore i videosaggi di Adriano Aprà su *I clowns* di Fellini, *Il conformista* di Bertolucci e *Il generale Della Rovere* di Rossellini, e il documentario di Tatti Sanguineti su *La rabbia* di Pasolini e Guareschi). Attivo trailerista, ha curato riprese e montaggio del documentario *Liberi tutti* di Luca Rea, giungendo con *Ab urbe coacta* alla prima regia.

Filmografia

Ab urbe coacta (2016, 75').

Al di là dell'uno

2017

Regia, soggetto, sceneggiatura, fotografia (Super8 e 16mm, colore e b&n, 4:3), *suono, montaggio*: Anna Marziano; *collages*: Dijana Zoradana Elfadivo; *collaborazione luci*: Armin Dierolf; *montaggio del suono*: Christian Obermaier; *mix suono*: Jochen Jezussek; *post-produzione immagine*: Marcin Malaszczak, Wolf Kino; *grading*: Jorge Piquer; *canzone*: "What a Little Moon Can Do" (1935) cantata da Billie Holiday; *produttori*: Olivier Marboeuf, Anna Marziano, Ann Carolin Renninger, Cédric Walter; *produzione*: Spectre; *co-produzione*: Anna Marziano e joonfilm; *prima proiezione pubblica*: Toronto International Film Festival, 8 settembre 2017; *prima proiezione italiana:* Torino Film Festival (Italiana.doc), 25 novembre 2017; *durata*: 53'; in kannada, tedesco, francese, inglese, italiano con sottotitoli in italiano.

Attraverso spezzoni di musica, film e testi letterari, *Al di là dell'uno* propone una conversazione che attraversa il labirinto della violenza domestica e del dolore causato da ideali o circostanze. Raduna diversi tentativi di vivere assieme. Conserva vivo l'amore verso persone che sono morte. In un'ampia riflessione sulla nostra condizione singolare/plurale.
Non un film sulla famiglia, la coppia, la comunità né il poliamore. Piuttosto, tracce di un atto d'esistenza. La pellicola come frammenti fossili. Suoni che suggeriscono incontri, momenti. Una conversazione dove saggio e poesia s'intrecciano, nell'attraversare la zona confusa in cui i nostri esseri individuali si avvicinano e dove l'ambiguità della nostra vita relazionale inizia.

Note di regia

Questo film è stato concepito nel 2012. Mi ero appena trasferita a Berlino, avevo terminato i miei studi al Fresnoy ed era un momento molto confuso nella mia vita, anche a livello relazionale. Preoccupazioni personali e notizie che riportavano ogni giorno di nuovi casi di violenze domestiche si fondevano portandomi a mettere in questione la violenza ordinaria ed extra-ordinaria messa in atto comunemente nelle relazioni strette. Eppure, anche il mito dell'indipendenza era rotto. Come amare allora? Come non amare? Come reinventare l'immaginario amoroso che ci circonda sin dall'infanzia? Ho cercato di raccogliere una selezione di film, libri, canzoni che potessero costituire un ponte verso l'interlocutore. Ho invitato a mia volta gli interlocutori a condividere dei brani che fossero per loro significativi. Con un piccolo registratore e una Krasnogorsky da pochi soldi, ho iniziato a realizzare varie registrazioni con amici, famigliari, gruppi di lavoro e studenti incontrati durante il corso di residenze artistiche e workshop. Ho raccolto molto audio ma ho realizzato delle immagini solo quando sentivo di non esser più un ospite e che le immagini girate potessero diventare una traccia amorevole, il frammento di un incontro reale, di un momento che questo film ci aveva dato la possibilità di vivere assieme. Ci sono voluti 3-4 anni. Durante la residenza artistica in India ho avuto la gioia di incontrare Dijana, un'artista che vive a Berlino e con la quale abbiamo realizzato i collages per il film. Grazie al sostegno del CNC di Parigi ho preso una Bolex, nuova pellicola, ho potuto continuare a spostarmi, a sviluppare il materiale, a montare, a girare ancora. Grazie alla co-produzione franco-tedesca ho potuto avere la serenità di terminare le riprese e il montaggio del film, che sono durati piuttosto a lungo: non volevo creare

una struttura sistematica ma allo stesso tempo volevo almeno in parte poter condividere la complessità delle considerazioni fatte, porgere varie sfaccettature e idee, in modo che il pubblico potesse tentare di ricomporre da sé queste immagini e voci, riposizionarsi mettendo in questione il proprio vissuto e immaginando nuove etiche individuali che fossero capaci di coniugare desideri e realtà, libertà e interdipendenza, singolarità e pluralità. Vari eventi nella mia vita hanno reso il montaggio incostante e questo ha contribuito ad accentuare la mia distanza rispetto al girato e a liberare il carattere fluido e intuitivo del film, dove le immagini hanno la consistenza della memoria e dove spero che la contiguità delle immagini si faccia fedele all'ambiguità dell'esistenza.

Biografia
Anna Marziano (Camposampiero, Padova, 1982) vive e lavora a Berlino e a Padova. Nell'infanzia mi appassiono al pianoforte e alla danza. Lo spirito creativo/attivo era molto presente nella mia larga famiglia e nelle loro

storie, che spaziavano dalla Sicilia all'Inghilterra, dalla foresta amazzonica alla Francia e attraversavano le più diverse condizioni sociali. Durante il liceo scopro la camera oscura, la sperimentazione teatrale, lo studio delle materie umanistiche. Dopo la laurea in Scienze Politiche, ho studiato l'artigianato della cinematografia, formandomi in direzione della fotografia al Centro Sperimentale di Roma e lì ho scoperto i lavori di Di Gianni, di Flaherty, della Varda, di van der Keuken e parallelamente leggevo molti testi di filosofia, antropologia, poesia, spesso francesi. Grazie alla Film Commission Friuli Venezia Giulia, ho avuto la possibilità di trasferirmi a Parigi e studiare regia documentaria agli Ateliers Varan dove ho incontrato Marie-Claude Treilhou e Yves de Peretti che sono stati fondamentali nel mio percorso e che mi hanno incoraggiata a proseguire poi ai Fresnoy, dove ho ricevuto il sostegno concreto per continuare a fare film e dove ho trovato significativi interlocutori tra i miei compagni e gli artisti invitati. Nel 2012 mi sposto a Berlino, con un piede a terra a Padova. Nel 2015, l'incontro con Ann Carolin Renninger (joonfilm) e Olivier Marboeuf (Spectre) con i quali ho potuto co-produrre *Al di là dell'uno*. Ci tengo a ringraziare molto il Torino Film Festival, Media City Film Festival, Toronto International Film Festival e il circuito Nomadica e il Centro Nazionale di Cortometraggio che hanno accolto e mostrato i miei lavori sin dall'inizio, e poi Experimenta (India), Rotterdam International Film Festival, Ji.hlava, Cinéma du Réel, Les Ecrans Documentaires, Ann Arbor, Kurzfilmtage Oberhausen, Valdivia, Transcinema, National Gallery Washington, Wexner Centre for the Arts, LABoral, Angular, Documenta Madrid.

Filmografia
Mainstream (2009, 25'); *La veglia* (2010, 2'); *Della mutevolezza di ogni cosa e della possibilità di cambiarne alcune* (2011, 16'); *Variazioni ordinarie* (2012, 48'); *Orizzonti orizzonti!* (2014, 12'); *Al di là dell'uno* (2017, 53'); *Note dolenti o del rischio d'esser vivi* (in preproduzione).

Ananke
Destino, 2015

Regia: Claudio Romano; *sceneggiatura*: Elisabetta L'Innocente; *interpreti*: Marco Casolino, Solidea Ruggiero; *fotografia* (Super16mm, b&n virato in marrone chiaro, 16:9): Juri Fantigrossi; *suono*: Vincenzo Santo, Fabio Fortunati; *scenografia*: Federica Rapino; *montaggio*: Ilenia Zincone; *montaggio audio*: Anthony Di Furia; *produttori*: Gianluca Arcopinto, Valentina Del Buono; *produzione*: Axelotil Film, Kio Film; *prima proiezione pubblica*: Mostra di Pesaro (Esordi italiani), 27 giugno 2015; *distribuzione*: Minimal Cinema/Pablo; *durata*: 73'; in francese con sottotitoli in italiano

Ananke nella mitologia greca è la dea che rappresenta la personificazione o potenza del destino. In un presente immaginario l'umanità si sta estinguendo a causa di una terribile pandemia. Una nuova forma di depressione virale induce al suicidio chi la contrae. L'unico modo per sfuggire alla morte è evitare gli esseri umani, fuggire, rimanere soli. Dopo un lungo peregrinare, un uomo e una donna trovano riparo in una casa isolata fra le montagne, lontani dalla società e dalle metropoli. Sperano di salvarsi adattandosi a una vita primitiva ed essenziale, priva di nevrosi e contaminazioni tecnologiche. I protagonisti parlano in francese, una lingua dal bel suono che contrasta con lo sfacelo che si compie attorno a loro. A far loro compagnia una capra di nome Ananke. Soli, ignari e in balìa degli eventi, faranno i conti con l'ineluttabile. La natura veglia su di loro, osservandoli dall'alto. Tutto scorre, tutto muta, tutto si trasforma. Per sfuggire alla morte è sufficiente sfuggire all'uomo?

Note di regia
Il perenne senso di precarietà ci ha portati a guardare alla pura fallacità dell'essere umano. Crediamo di essere liberi, ma osiamo poco, poiché l'uomo è pervaso costantemente dal sentimento di ùbris. La tecnologia, la tensione ad accessori velleitari, quali la fama, il successo, il benessere, la ricchezza, spesso ci distolgono da concetti sani e primitivi. La natura veglia e ci sovrasta, non le siamo affatto riconoscenti, ci comportiamo come figli ingrati, senza scorgere mai lo sguardo che proietta su di noi. Il dolore, allora, è atavico ma salvifico, serve a riscoprire la nostra coscienza e la nostra essenza. L'apatia che travolge l'essere contemporaneo porta alla depressione, siamo vittime dell'ineluttabilità della natura, della vita che scorre e che ci dimentichiamo di osservare, di rispettare. Tutto deve essere edulcorato, lenito, soffuso. Sogniamo una dolce morte, ci rifiutiamo di invecchiare, desideriamo essere divini per non sentirci falliti. Tutto ciò che è intorno a noi però è fuori dalla nostra portata, la tecnologia e il progresso sono solo prodotti che soccombono terribilmente a un'entità superiore semplice, quale è la vita, determinata dal tempo e dalla natura. *Ananke* pone al centro della propria struttura la visione, il potere ipnotico e fascinatorio delle immagini. *Ananke* è un itinerario intimo nelle difficoltà della vita, nelle atmosfere ostili e rarefatte della natura.

Biografia
Claudio Romano (Novara, 1982) vive e lavora ad Alba Adriatica (Teramo). Riceve un'educazione religiosa molto rigida che lo segnerà nel profondo. Il padre, pittore e amante della musica classica, lo introduce alle arti mediante lo studio del violino. Il suo desiderio di seguire le orme del padre e divenire un pittore sfocia

nel fallimento a causa delle sue scarse attitudini pittoriche. Si appassiona così alla fotografia e al cinema, che inizia a studiare da autodidatta all'età di 18 anni. Si laurea all'Accademia Internazionale per le Arti e le Scienze dell'Immagine (L'Aquila) nel 2010 e fonda Minimal Cinema (che tuttora porta avanti con Betty L'Innocente). Il suo cinema è minimalista e indipendente, spesso autonomo. Fervente sostenitore del cinema povero, concentra la sua ricerca nel campo dell'etica dello sguardo e della non-dualità.

Filmografia
In the Fabulous Underground (2012, 48'); *2014 - Giorno di festa* (2014, 7'); *Human Beings* (2014, serie di cortometraggi); *Slow Animals* (2015, serie di cortometraggi); *Ananke* (2015, 73'); *Con il vento* (2016, 9'); *Verso casa* (2017, 12'); *Incanto* (2017, 66'); *Iter* (2019, in produzione).

Appennino

2017

Regia, sceneggiatura, voce fuori campo, fotografia (full HD, b&n e colore, 16:9 compresso quasi a scope), *disegni e animazioni, musica, montaggio, grafica, produzione*: Emiliano Dante; *interpreti*: Paolo De Felice, Antonio Sforna, Elena Pascolini, Stefano Cappelli, Giancarlo Cappelli, Enzo Rendina; *suono*: Davide Grotta; *canzoni*: "Tu ca nun chiagne" (1919) e "Vieni sul mar" (1911) cantate da Enrico Caruso; *produzione associata*: Marco Rossano; *produzione*: Dansacro, in collaborazione con Associazione Premio Fausto Rossano e HHMM; *prima proiezione pubblica*: Torino Film Festival (Doc/Italia), 25 novembre 2017; *durata*: 66'

Appennino è un diario cinematografico che inizia dalla lenta ricostruzione de L'Aquila, la città del regista, e prosegue con i terremoti nell'Appennino centrale del 2016-17, fino al lunghissimo ed estenuante asilo dei nuovi terremotati a San Benedetto del Tronto. Un racconto intimo e ironico, lirico e geometrico, dove la questione di vivere in un'area sismica diviene lo strumento per riflettere sul senso stesso del fare cinema del reale.

Note di regia
Per i giornalisti il terremoto è l' evento sismico in sé, quindi il più bravo è anche quello che arriva prima. Per me, sia come documentarista che come persona che ha vissuto il terremoto in prima persona, il terremoto è soprattutto quello che succede dopo l'evento sismico: è la durata degli effetti del sisma. Non riguarda l'edilizia e i morti, riguarda la psicologia e l'antropologia. Tutti i miei film sul terremoto cercano di raccontare questo: la sopravvivenza dell'uomo alla catastrofe. *Appennino* non è un film sul terremoto. O, meglio, è un film tanto sul terremoto quanto sul cinema del reale, sul senso di riprendere ciò che si vive. E senza dubbio dalle mie parti si vive il terremoto. Pare anche che negli ultimi anni l'Appennino si stia specializzando... Il che è una catastrofe, ma anche la possibilità di venire a contatto con qualcosa di molto profondo, se si riesce a cogliere l'esperienza nella sua complessità. Avere a disposizione delle lenti attraverso cui guardare le cose aiuta a coglierne le sfumature, a soffermarsi sugli aspetti non immediatamente visibili del panorama del terremoto.

Biografia
Emiliano Dante (L'Aquila, 1974, dove vive e lavora) ha esordito come regista nel 2003 con la serie di cortometraggi sull'abitare *The Home Sequence Series*. Dopo altri corti, ha realizzato i documentari sulla vita postsismica *Into the Blue* (2009) e *Habitat. Note personali* (2014), entrambi presentati al Torino Film Festival, avviando una trilogia che si chiude con *Appennino*. Oltre ai documentari, ha anche diretto il lungometraggio di finzione *Limen* (2013). Nei suoi lavori porta avanti un'idea di autorialità radicale, realizzando personalmente tutte le componenti artistiche (sceneggiatura, montaggio, musica, fotografia e, quando presenti, animazioni). È anche fotografo, saggista e narratore.

Filmografia
The Home Sequence Series (serie, 2003-2005, 28'); *Payphones (60)* (2006, 7'); *Into the Blue* (2009, 74'); *Limen (Omission)* (2013, 93'); *Habitat. Note personali* (2014, 55' e 2016, 61'); *Appennino* (2017, 66'); *Monete* (in postproduzione).

Archipels nitrate

Arcipelaghi nitrato, 2009

Regia e sceneggiatura: Claudio Pazienza; *fotografia* (Betacam SP, b&n e colore, 16:9 e 4:3 per il repertorio): Vincent Pinckaers, Claudio Pazienza; *suono:* Irvic D'Olivier; *missaggio audio:* Paul Heymans; *musiche originali:* DAAU-Das Anarchistische Abendunterhaltung; *montaggio:* Julien Contreau; *produzione:* Claudio Pazienza; *co-produzione:* Komplot films etc, RTBF Télévision Belge, ARTE-Belgique, ARTE G.E.I.E.; *con la collaborazione di*: Centre du Cinéma et de l'Audiovisuel de la Communauté Française de Belgique et des Télé Distributeurs Wallons; *prima proiezione pubblica nazionale*: Cinémathèque Royale de Belgique, Bruxelles, 27 gennaio 2009; *prima proiezione pubblica internazionale*: Cinéma du Réel, Centre Pompidou, Parigi, 6 marzo 2009; *prima proiezione italiana*: MACROAsilo, Roma, 13 ottobre 2018 (nell'ambito della rassegna Fuorinorma); *durata:* 62'; in francese con sottotitoli in italiano.

Ritratto intimo e personale della Cineteca Reale del Belgio (rinnovata recentemente e ribattezzata Cinematek). E su questo schermo, schegge del mondo, un'idea di Storia, di bellezza. Su questo schermo, una parte congruente dell'umanità. Io sono ciò che ho visto, disse Matisse. Ma non tutte le immagini viste rimangono intatte. E ancora meno l'immagine di sé. Il tempo, croce, abisso, martirio. *Archipels nitrate* parla del cinema e del tempo sotto forma di una partitura visiva e fa coesistere un centinaio di film in seno a un solo e unico viaggio.

Note di regia

Immagini. A migliaia. Con o senza suoni. A volte intatte, altre volte rigate (graffiate), invertite, quasi rimosse. Immagini che ti vengono in mente in modo incontrollabile. Perché l'inquadratura di *Sayat nova* di Paradjanov, perché l'altra di *The Great Train Robbery* di Porter, perché lo sguardo di Maurice Ronet in *Le feu follet* di Louis Malle, perché quel viso dell'insegnante sbalordita dalla bellezza del suo allievo in *De man die zijn haar kort liet knippen* di André Delvaux? Perché queste immagini si incrostano, sopravvivono ad altre? Io lo ignoro.
Sottratte alla loro storia iniziale creano – in *Archipels nitrate* – una nuova partitura visuale. È questo il destino di tutte le immagini: una volta memorizzate, ogni spettatore ne fa un uso molto intimo, personale e indiretto di cui non deve rendere conto. Viste, amate o no, ci appartengono immediatamente. Cristallizzano (in loro) – a volte – un mondo, una visione del mondo. Ciò che salda, che lega un'immagine a un'altra è imprevedibile, arcaico. In noi, queste immagini di epoche e scritture diverse parlano tra loro/ comunicano, cambiano il loro significato. E che si voglia o no, tutte parlano del tempo. Ogni immagine tiene una traccia del tempo. Mi piace pensare che il "cinematografo" non si sia occupato che di questo: afferrare ciò che non è più, iniettare una velocità "virtuosa" in un frammento inanimato (un fotogramma) e ricreare un'illusione essenziale. Si tratta dunque di credere (all'illusione) e di abituarsi (a questo gioco). Si potrebbe persino supporre che il "cinematografo" sia il primo strumento di massa che ci ha permesso di giocare con la morte senza averne l'aria, di giocare o divertirsi con ciò che svanisce. Per sottrarre questo – il tempo di una scena – al tragico, per trasformare il rapporto con la scomparsa in un gioco. Per vedere ...avere l'impressione di essere guardati da coloro che ci sono ...davanti a noi ...senza che siano ancora di questo mondo.

fuorinorma

Essere spettatore è rinnovare costantemente questa esperienza del tempo, è essere nel presente, quello di una proiezione, quello di una scena. Lì, ogni volta, siamo "sincroni" col Cristo di Pasolini o con quel personaggio femminile di Lars von Trier in *Breaking the Waves*, sincroni con l'uomo solitario di *Los muertos* di Lisandro Alonso. Al cinema c'è solo questo: il presente – presente il presente – passato il presente – futuro (Sant'Agostino).

Biografia
Claudio Pazienza (Roccascalegna, Chieti, 1962) vive e lavora a Bruxelles. Regista e fotografo autodidatta, studia nelle scuole italo-fiamminghe del Limburgo e dopo nell'Ecole Européenne di Mol. Nel 1985 si laurea in Etnologia europea all'Université Libre de Bruxelles. Si dà alla fotografia e al cinema frequentando assiduamente la Cinémathèque Royale de Belgique. Realizza e produce i suoi film a partire dal 1986. Nel 1998 crea la sua casa di produzione, la Kòmplot Films etc.. SPRL. Dal 1999 al 2001 è stato membro della commissione del Centre du Film (Bruxelles), nel 2001 membro della giuria internazionale del Cinéma du Réel (Parigi) e nel 2006 membro della giuria della Mostra del Cinema di Venezia. Insegna e coordina regolarmente dei laboratori di regia presso la HEAD (Givevra), la FEMIS (Parigi), la CAMBRE (Bruxelles), la IAD (Louvain-la-

Neuve), l'Ecole du Documentaire (Lussas), l'ENS Louis-Lumière (Parigi) e altre scuole di cinema. Milita per un cinema della gaia scienza.

Filmografia
Le nombril (1984, 14'); *L'arteriosclerosi del nonno* (1985, 4'); *Terre d'eau* (1987, 17'); *Oggi è primavera* (1988, 4'); *Un po' di febbre* (1991, 17'); *Sottovoce* (1993, 104'); *De bouche à oreille* (1995, serie 3x5'); *Tableau avec chutes* (1997, 104'); *Panamarenko: portrait en son absence* (1997, 27'); *La complainte du progrès* (1997, 6'); *Esprit de bière* (2000, 54'); *Oedipus Rex* (2000, 30'); *Ya Rayah* (2000, 7'); *L'argent raconté aux enfants et à leurs parents* (2002, 53'); *Mic Mac* (2002, 9x26'); *Les îles Aran* (2004, 26'); *Scènes de chasse au sanglier* (2007, 46'); *Archipels nitrate* (2009, 62'); *Exercices de disparition* (2011, 48').

Arianna

2012

Regia: Alessandro Scippa; *soggetto e sceneggiatura*: Alessandro Scippa, Tonio Cervellino; *interpreti*: Giovanna Giuliani (*Arianna*), Nanni Mayer (*Nanni*), Cloris Brosca (*Marta, la sarta*), Raffaele Esposito (*uomo del passato n. 1*), Giampiero Schiano (*uomo del passato n. 2*), Giovanni Ludeno (*uomo del passato n. 3*), Antonello Cossia (*uomo del passato n. 4*), Giuseppe Tizzano (*bambino*), Giulia Arnone (*bambina*), Ina Arnone (*amica*); *voce narrante*: Massimo Foschi; *fotografia* (HDV, b&n e alla fine colore, 16:9): Alessandro Abate; *presa diretta e sound design*: Daniele Maraniello; *musiche originali*: Adriano Casale "bk Bostik"; *scenografia*: Alessandro Scippa; *costumi*: Francesca Esposito; *montaggio*: Luca Gianfrancesco; *produzione*: L'Unico Cinema, Sciù Film, Gianluca Arcopinto, Alessandro Scippa, Adriano Casale, Ina Arnone, Lucio Fiorentino, Toto Arnone, Luca Gianfrancesco; *prima proiezione pubblica*: Torino Film Festival (Onde), 27 novembre 2012; *durata*: 66'

Sulla piccola isola dove vive e lavora, Arianna si prepara a festeggiare l'arrivo del nuovo anno e a dire addio a quello passato. Forse però quella notte non sarà solo la fine dell'anno ma anche della sua relazione con Nanni, un apicoltore che viene dalla città. La separazione incombente rimane per la donna un mistero: non ne capisce le ragioni e a poco servono le ore passate a parlarne con l'evasivo Nanni, il quale sembra considerare il loro rapporto un ostacolo alla sua libertà. Di fronte al dolore di un'altra donna, Arianna riesce tuttavia a trovare dentro di sé la forza di andare avanti.

Note di regia

Arianna nasce da un'immagine: l'isola come terra di approdo e di fuga da parte degli uomini. L'isola come metafora della donna; e la donna che, secondo il mito, viene abbandonata su un'isola è Arianna. L'espressione "piantata in asso" potrebbe derivare proprio dal mito di Arianna, abbandonata (piantata) a Naxos (Nasso) da Teseo.

«*Arianna* è un film costruito per immagini, atmosferico, che trae ispirazione dalla mitologia per raccontare ciò che è effettivamente impossibile da trattenere nell'obiettivo: il dolore, la perdita, l'abbandono, la sensazione di essere sradicati. C'è un mare in cui si sperde lo sguardo di Arianna, un mare che non necessariamente prevede un ritorno. Scippa filma onde, tempeste in cielo, luci e ombre di una natura con la quale l'umano può solo confrontarsi. *Arianna* è un film che scava nel segreto della sua protagonista, utilizzando la videocamera per rimanere sui volti, sui dettagli, magari anche con uno sguardo instabile, ma di una sincerità dolente. Non c'è scelta estetica che rifugga dal confronto con l'umano, anche nella messa in dubbio dei confini e della rappresentazione di ciò che può essere ripreso, filmato, intrappolato» (Raffaele Meale, «Quinlan», 30 giugno 2015).

Arianna è un film nato grazie alla partecipazione di un piccolo gruppo di lavoro fatto di professionisti e amici al tempo stesso, che hanno condiviso l'idea di un progetto da realizzarsi in poco tempo e con pochi mezzi, senza una vera e propria sceneggiatura a monte (una sfida, o una liberazione, per uno che vive facendo lo sceneggiatore), in spirito orgogliosamente punk: fare con quello che si ha a disposizione («One aspect of punk rock is that we make do with what you're given», Ian MacKaye dei Fugazi), che significa vivere i limiti e i pochi mezzi come un'occasione di libertà.

Biografia

Alessandro Scippa (Napoli, 1968) vive e lavora tra Roma e Napoli. Dal 1988 è aiuto regista con Mario Martone, Stefano Incerti, Laura Angiulli, Nicola De Rinaldo, Alessandro Di Robilant, Daniele Gaglianone. Dal 2000 lavora come dialoghista televisivo. È sceneggiatore della serie *L'avvocato*, prodotta dalla RTSI e della Squadra. Dal 2001 al 2005 è stato professore a contratto di Teoria e Tecnica della Sceneggiatura presso il DAMS di Torino. È cosceneggiatore del film di Daniele Gaglianone *Nemmeno il destino*, vincitore del premio Arca Cinema Giovani (per il migliore lungometraggio italiano) e del premio Lino Miccichè (del Centro Sperimentale di Cinematografia) alle Giornate degli autori della 61° Mostra internazionale d'arte cinematografica di Venezia del 2004, e del Tiger Award al Festival Internazionale del Film di Rotterdam 2005. È co-sceneggiatore del film di Lucio Fiorentino *Pandemia*, in concorso al 27° Festival del Cinema Italiano di Annecy, e del film di Daniele Gaglianone *Ruggine*. Nel 2012 ha esordito nella regia con *Arianna*, presentato nella sezione Onde del 30° Torino Film Festival, al 21° Raindance Film Festival di Londra e alla 50+1 Mostra Internazionale del Nuovo Cinema di Pesaro 2015 nella sezione Esordi italiani.

Filmografia

Un golfo da vivere (co-regia Elisabetta Trautteur, 1992, 45'); *Favole vere, favole false* (1993, 10'); *Barricate* (1995, 28'); *Zhao* (co-regia Maurizio Braucci 1997, 15'); *1944* (2007, 12'); *Memo torinesi* (2007, 10'); *Nanni e le api* (2009, 23'); *Francesco sull'isola* (2009, 20'); *Arianna* (2012, 66').

Bellas mariposas
Belle farfalline, 2012

Regia e sceneggiatura: Salvatore Mereu; *soggetto*: il racconto omonimo di Sergio Atzeni (Sellerio, 1996); *interpreti*: Sara Podda (*Cate*), Maya Mulas (*Luna*), Micaela Ramazzotti (*Aleni*), Davide Todde (*Gigi*), Luciano Curreli (*padre di Cate*), Maria Loi (*madre di Cate*), Rosalba Piras (*sig.ra Sias*), Simone Paris (*Tonio*), Anna Karina Dyatlyk (*Samantha*), Giulia Coni (*Luisella*), Silvia Coni (*Mandarina*), Carlo Molinari (*sig. Federico*), Enrico Sanna (*Fisino*), Luca Sanna (*Ricciotti*), Gianluca Lai (*Massimo*), Roberto Voce (*Alex*), Lulli Lostia (*sig.ra Nioi*); *fotografia* (16mm, colore, 16:9): Massimo Foletti; *suono*: Stefano Sabatini; *musica*: Train to Roots, Balentes, Antonio Castrignanò, Rosalba Piras; *scenografia*: Marianna Sciveres, Pietro Rais; *costumi*: Alessandro Lai; *montaggio*: Paola Freddi; *produzione*: Viacolvento, in collaborazione con RAI Cinema; *prima proiezione pubblica*: Mostra di Venezia (concorso Orizzonti), 6 settembre 2012; *durata*: 101'

Due ragazze adolescenti, Cate e Luna, vivono in una zona periferica e abbandonata di Cagliari. Insieme fantasticano i loro primi passi nella vita e fanno grandi progetti. Cate vorrebbe diventare una rockstar e scappare dalla casa paterna, dal tirannico padre e dai fratelli problematici. Poi c'è Gigi, innamorato di Cate, ma troppo timido. Il film segue le ragazze in una lunga giornata di agosto, nella quale si troveranno a dover proteggere Gigi da Tonio, il fratello di Cate, che lo vuole uccidere. Quando tutto sembra perduto, l'intervento di una bellissima donna – la coga Aleni, una strega che legge la sorte degli abitanti del quartiere – farà prendere alle cose una nuova piega...

Note di regia

In *Bellas mariposas* – il racconto, e spero anche il film – realismo disperato e magia si combinano come in una pala d'altare. La lingua si nutre continuamente degli idiomi del luogo e li promuove a nuova forma scritta attraverso il ricorso ininterrotto a una voce narrante (di chiara derivazione cinematografica, come i suoi continui sguardi in macchina) attraverso la quale la protagonista ci racconta il suo mondo, costantemente minato dalle continue sopraffazioni degli adulti. Parlando degli scrittori della sua generazione e facendo un riferimento non tanto velato al suo lavoro Atzeni, proprio a proposito della lingua, ci dice: «I giovani scrittori d'oggi hanno fatto una vera e propria rivoluzione linguistica, usano un parlato spontaneo, immediato, emotivo. Ed è la prima volta. Prima il parlato era solo quello dialettale. La lingua italiana è una lingua da laboratorio. [...] Che i dialetti siano importanti lo dimostra il fatto che le migliori espressioni della letteratura italiana nel dopoguerra hanno tentato questa via. Si pensi al milanese di Gadda, al romanesco di Pasolini». Quando ho terminato il lavoro di promozione di *Sonetàula*, figlio anch'esso di un adattamento letterario (che tradiva volutamente la lingua scritta del romanzo per riguadagnare quella parlata del mondo evocato dallo scrittore), ho riletto per la terza volta *Bellas mariposas* con l'idea di provare a tradurlo in immagini. L'ho letto ripetutamente, per misurarne la tenuta, e per vedere – come si dice in gergo – se "arrivava" ancora. Ho cercato di isolare un traliccio su cui edificare la sceneggiatura. Il miracolo si è ripetuto sempre, a ogni lettura, come per incanto. L'audace forma narrativa del romanzo, che rinuncia alla punteggiatura e si dipana attraverso una serie di schegge dalla cui somma si ricava la giornata particolare di Cate e Luna, si sviluppa senza evidenti rapporti di causa ed effetto tra gli avvenimenti lasciando l'obbligatorietà dell'azione

al semplice scorrere delle ore, fino all'epifania finale della maga e al colpo d'ali che ne segue, quando le due protagoniste, le due "mariposas" (farfalline) prendono coscienza della propria condizione. Ho raccolto tutte le suggestioni che il testo man mano mi forniva in una sorta di breve scaletta, diventata col tempo un diario di bordo, e poi – dopo una prima versione della sceneggiatura – ho voluto scriverne un'altra che tenesse conto di un mio lungo soggiorno nei luoghi e tra le persone che hanno ispirato il racconto. Un soggiorno che ha coinciso con la mia esperienza didattica nelle scuole dei quartieri periferici di Cagliari (confluita nell'esperienza di *Tajabone*), dove il caso ha voluto essere generoso facendomi conoscere gli ambienti e gli interpreti giusti.

Biografia

Salvatore Mereu (Dorgali, Nuoro, 1965) vive e lavora a Nuoro. Dopo il DAMS di Bologna si diploma poi in regia al Centro Sperimentale di Cinematografia di Roma. Autore di cortometraggi come *Notte rumena* (1996), *Miguel* (1999), *Il mare* (2004). Il suo primo lungometraggio è del 2003, dal titolo *Ballo a tre passi*, suddiviso in quattro episodi, uno per ogni stagione dell'anno. Questo primo lavoro vince nella sezione Settimana Internazionale della Critica della 60ª Mostra Internazionale d'Arte Cinematografica di Venezia, e nel 2004 gli vale il David di Donatello per il miglior regista esordiente. Il suo secondo lungometraggio, *Sonetàula*, tratto dall'omonimo romanzo di Giuseppe Fiori, è del 2008, presentato alla Berlinale nella sezione "Panorama". Il suo terzo lungometraggio, *Bellas mariposas*, del 2012, tratto dall'omonimo racconto di Sergio Atzeni, è stato selezionato in concorso alla sezione "Orizzonti" della 69ª Mostra del Cinema di Venezia.

Filmografia

Notte rumena (1996, 15'); *Miguel* (1999, 30'); *Ballo a tre passi* (2003, 107'); *Il mare* (2004, 23'); *Sonetàula* (2008, 157'); *Tajabone* (2010, 67'); *Bellas mariposas* (2012, 101'); "*Transumanza*" (in *Venice 70: Future Reloaded*, 2013, 2'); *La vita adesso* (2013, 17'); *Futuro prossimo* (2017, 17'); *Assandira* (2019, in produzione).

Blood and the Moon

Il sangue e la luna, 2017

Regia, sceneggiatura, fotografia (video AVCHD tramite Sny nex fs100, colore, 16:9), *suono, montaggio, produzione*: Tommaso Cotronei; *con*: Mohamed Al-Qalisi (*Mohamed, il maestro*), Afrà (*Soraya*); *produzione*: Stig Dagerman Production; *prima proiezione pubblica*: Erevan Golden Apricot International Film Festival, 10 luglio 2017; *prima italiana*: Trento International Film Festival, 29 aprile 2018; *durata*: 77'; in arabo con sottotitoli in italiano

Cosa succede alla mente di una sposa bambina? Senza potere e privata di salute, educazione, sicurezza. E qualcuno prende coraggio e reagisce. Soraya fugge dal marito per raggiungere un villaggio dove nessuno lo sa. Ma l'insegnante locale della scuola offre la sua protezione e un posto dove riposare fino a quando non riesca a capire il suo prossimo passo. Questa è la storia di due giovani che vivono nello Yemen. Una giovane donna della città e un giovane di campagna. Si familiarizzano, si innamorano. Lottano per educare i bambini di un villaggio remoto per non diventare preda di Alqaeda.

Note di regia

Io sono uno dei pochi o forse non così pochi che ha lasciato il lavoro per avere più libertà... Vendo libri ai mercatini, è così che mi guadagno da vivere, e con i risparmi provo a vendicare ingiustizie in giro per il mondo con la mia telecamera, mi illudo di farlo almeno... A Porta Portese a Roma mi sono imbattuto nelle poesie di Yeats... *Blood and the Moon* appunto... Mi ha fatto ricordare la luna nelle mie notti avanti e indietro lungo le vie sterrate in quel paesino tra le montagne a 40 km da Sana'a... E il sangue... il sangue sparso dalle vittime di quei malati di mente di Alqaeda.
Il film è costato 3000 euro, tutto compreso (viaggio, guida, alberghi).
«Se uno non è povero ed è istruito non sarà mai un terrorista» fa Mohamed... e quanto vi è da meditare su questo!
Mancanza di conoscenza dunque, che in alcune menti fragili genera violenza, conoscenza fonte di equilibrio e che ci porta a trovare un senso in questa vita che spesso pare non ne abbia alcuno. Così è dovunque, lo è pure in Calabria che è la mia terra per fare un esempio (le storie bisogna viverle per poterle raccontare, diceva uno). E chissà perché i cosiddetti 'Ndranghetisti provengono perlopiù da famiglie contadine, famiglie in cui i padri non hanno la capacità di sorreggere i figli nella loro crescita intellettuale, di aiutarli a sopportare lo squilibrio tipico dell'età adolescenziale in particolare, età della scelta.
Ma quando di tanto in tanto si osserva questa "razza inferiore", lo si fa con sguardo bonario, da... turista un po' guardone e spesso dall'alto in basso, sguardo che non sfiora mai l'anima... "razza inferiore" guardata come fenomeno da studio e lasciata da sola con i conflitti interiori e con la incapacità di risolverli.
Lo sguardo dovrebbe essere verso le speranze incontaminate di un bambino e l'angoscia dei genitori che si trovano ad assistere allo straziante spettacolo dei propri figli condannati a condurre la loro medesima esistenza.
E non di rado in tanti fra i giovani contadini, dopo essersi violentemente allontanati dalla scuola per darsi al lavoro, provano di nuovo, terminata l'adolescenza, il bisogno di istruirsi. D'altronde, questo accade anche ai

giovani operai e i genitori non dovrebbero impedirli, e la classe intellettuale dovrebbe adoperarsi ad aiutare i genitori a comprendere, e sarebbe una perfetta classe intellettuale. Ma è una classe intellettuale mediocre, e in gran parte una classe di intellettuali funzionari.

Cultura usata come strumento maneggiato da professori per fabbricare professori e che a loro volta fabbricheranno professori. Intellettuali funzionari di cui il sistema tutto si serve per mantenere l'esistente così come è. Intellettuali funzionari adoperati per mantenere menti confuse impossibilitate a individuare la causa del proprio disagio, a trovare una via verso la propria salvezza.

Biografia

Tommaso Cotronei (Dinami, Vibo Valentia, 1965) vive nel suo paese natale e di tanto in tanto a Zagarolo. «Ha iniziato a lavorare nelle campagne con i suoi genitori in età molto giovane. Colpito da un luogo che non dà altre prospettive diverse dalla fatica, che non dà possibilità di desiderare qualcosa di diverso da quello che già si possiede, trova la forza per fuggire da questa esistenza all'età di ventun'anni. Trascorre diversi anni alla ricerca di qualcosa che possa convergere con le proprie speranze. Compie lavori manuali temporaneamente in Europa del nord. Scopre gli studi umanistici che lo aiutano a trovare una qualche stabilità nella propria esistenza. In tarda età, 40 anni, frequenta la facoltà di filosofia presso l'Università di Roma, ma non arriva alla fine del percorso di laurea. Nel 1993 diventa fortunosamente assistente di Vittorio De Seta, che stava realizzando *In Calabria*. Finalmente trova nel cinema un mezzo per esprimersi. Nel 1997 comincia a lavorare alla sua opera prima, *Preparativi di fuga*. Lo sguardo nel suo cinema non è da studioso di tradizioni popolari a una certa distanza dal "popolo"; non invita a guardare con bonario sorriso e compiaciuto interesse le pittoresche manifestazioni di vita tradizionale. Il suo sguardo è prevalentemente verso l'angoscia dei genitori che si trovano ad assistere allo straziante spettacolo dei figli condannati a condurre la loro medesima esistenza» (Silvana Silvestri, «il manifesto»).

Filmografia
Lavoratori (2005, 52'); *Ritrarsi* (2007, 85'); *Preparativi di fuga* (2008, 40'); *Le unghie le lacrime la rosa* (2009, 80'); *Scuola di uomini* (2011, 70'); *The Difference* (2012, 50'); *Rio Paraguay* (2012, 72'); *Covered with the Blood of Jesus* (2015, 70'); *Blood and the Moon* (2017, 77').

La bocca del lupo

2009

Regia, sceneggiatura e fotografia (digibeta, colore e b&n, 4:3): Pietro Marcello; *interpreti*: Mary Monaco (*Mary*), Vincenzo Motta (*Enzo*); *voce di commento*: Franco Leo; *suono*: Emanuele Vernillo; *musica*: Nino Bruno, Marco Messina, Massimiliano Sacchi; *montaggio*: Sara Fgaier; con materiale d'archivio in 8, Super8, 9.5, 35mm; *produzione*: Indigo Film, L'Avventurosa Film, Associazione San Marcellino, RAI Cinema; *produttori*: Nicola Giuliano, Francesca Cima, Dario Zonta; *prima proiezione pubblica*: Torino Film Festival (Concorso), 16 novembre 2009; *distribuzione*: BIM; *durata*: 68'

Si svolge a Genova la storia di Vincenzo Motta detto Enzo, condannato a una lunga pena detentiva. In carcere si innamora di una transessuale, Mary Monaco, con un passato da eroinomane. Mary lo aspetterà per i successivi dieci anni che lui trascorrerà in carcere scontando la pena e infine si ricongiungeranno.

Note di regia

Il film nasce da un'idea della Fondazione San Marcellino, i gesuiti di Genova, che da anni assiste in diversi modi la comunità di senza tetto, emarginati, raminghi e indigenti della città. Avevano visto il mio lavoro precedente. L'intento era di raccontare non tanto l'attività della Fondazione quanto il mondo a cui essa si rivolge, le persone e la città. Ho passato un periodo di preparazione e osservazione del territorio di otto mesi. Prima del film non conoscevo bene Genova, gli unici ricordi o memorie erano i racconti di mio padre che come marittimo meridionale da lì si imbarcava, e per tutta la sua giovinezza Genova ha rappresentato la sua città ideale. Mi raccontava sempre di quanto era bella, delle tripperie – oggi scomparse – e del suo cielo, una città del nord che guarda a sud. Dalla Genova che raccontava mio padre, oggi abbiamo una città completamente diversa: immigrazione e integrazione in primis, basti pensare ai vicoli, ora abitati da gente straniera. Ho provato a raccontare il presente attorno a me, quei residuali che vengono da un mondo passato, mentre la nostalgia del Novecento è rappresentata attraverso i repertori, filmini amatoriali e non, realizzati da genovesi di lunga generazione. Il mio sguardo sul presente è quello di un forestiero che racconta ciò che vede dalla finestra, lo sguardo sul passato e sulla Grande Storia è rappresentato dai genovesi che silenziosamente sono riusciti a raccontarla attraverso l'oculare di una cinepresa. Il film segue due storie, quella principale riguarda l'amore tra Enzo e Mary, poi c'è la grande storia, quella della città di Genova, raccontata da immagini d'archivio appartenenti alla fondazione Ansaldo e da riprese di cineamatori, ricercate pazientemente da Sara Fgaier, vere depositarie della genovesità portata da questo film. La sceneggiatura è arrivata successivamente al montaggio. Non è stato un lavoro diretto e indipendente, ci siamo arrivati progressivamente e tutto è partito dall'intervista centrale. Le musiche sono originali e ho scritto tutti i testi alla fine. Sono venuti di getto, istintivi, solo nell'ultima parte ho voluto inserire una citazione di Franco Fortini. Credo molto nell'ipertesto e il cinema concede queste libertà.

Biografia

Pietro Marcello (Caserta, 1976) vive e lavora a Roma. Frequenta l'Accademia di Belle Arti dove studia pittura. Autodidatta, insegna in carcere nell'ambito del video partecipato e dal 1998 al 2003 lavora come

organizzatore e programmatore della rassegna cinematografica Cinedamm presso il Damm di Montesanto, Napoli, di cui è stato uno dei fondatori. Nel 2002 realizza il radiodocumentario *Il tempo dei magliari*, trasmesso da Radio 3. Nel 2003 gira a Napoli i cortometraggi *Carta* e *Scampia*. Nel 2004 il suo documentario *Il cantiere* vince l'11ª edizione del Festival Libero Bizzarri. L'anno seguente gira *La baracca*, film documentario su un senzatetto che vive nel centro storico di Napoli. Collabora come volontario per un'ONG in Costa d'Avorio per la realizzazione del documentario *Grand Bassan*. Nel 2007 realizza *Il passaggio della linea*, documentario girato di notte sui treni che attraversano l'Italia. Nel 2009, grazie anche alla fondazione gesuita San Marcellino di Genova, realizza il documentario *La bocca del lupo*, che vince il Torino Film Festival. Il film, presentato in vari festival internazionali, vince anche il Nastro d'Argento, il David di Donatello per il miglior documentario e il premio Vittorio De Seta al Bif&st 2010 per il miglior documentario. L'anno seguente presenta al Festival di

la bocca del lupo

Venezia due documentari sul cinema: *Il silenzio di Pelešjan*, sul regista Artavazd Pelešjan, e *Marco Bellocchio, Venezia 2011*, un breve ritratto del regista piacentino. Nel 2015 presenta il lungometraggio *Bella e perduta* al Festival di Locarno.

Filmografia
Carta (2003, cm); *Scampia* (2003, cm); *Il cantiere* (2004, 35'); *La baracca* (2005, 26'); *Il passaggio della linea* (2007, 60'); *La bocca del lupo* (2009, 68'); "*Rettifilo*" (ep. di *Napoli 24*, 2010, cm); *Il silenzio di Pelešjan* (2011, 52'); *Marco Bellocchio, Venezia 2011* (2011, 11'); senza titolo (ep. di *Venice 70: Future Reloaded*, 2013, 1'58''); "*L'umile Italia*" (ep. di *9x10 novanta*, 2014, 10'); *Bella e perduta* (2015, 84'); *Ossessione* (2016, 1'); *Martin Eden* (in preproduzione).

Bullied to Death
Bullizzati a morte, 2016

Regia, sceneggiatura, fotografia (4K, colore e un po' di b&n, 16:9): Giovanni Coda; *interpreti*: Tendal Mann (*Tommy/Jamey Rodemeyer*), Gianni Dettori (*il Pierrot*), Sergio Anrò (*l'adulto*), Assunta Pittaluga (*l'adulta*), Gianluca Sotgiu, Rachele Montis, Simone Aresu, Davide Esu, Nicola Lusci, Mario Melis, Maio Anni, Maurizio Ciulla, Fabio Cappelli, Andrea Mammeli, Nicola Onnis, Luna Vignolo, Francesco Testa, Antonello Pisu, Andrea Massa, Marco Concas, Alessandro Pinna, Michelangelo Marras, Lynda Yara, Antonello Poddesu, Alex Asuni, Giacomo Pisano, Federico Proietti, Alberto Chessa, Salvatore Manca (*performers*); *voci*: Sheri Mann Stewart, Josh Fledman, Tendal Mann; *suono*: Giovanni Carlini (presa diretta), Pierpaolo Meloni (mixer); *coreografo*: Giovanna Stancanpiano; *musica*: Marco Rosano, Cosimo Morleo, Arnaldo Pontis, Irma Toudjan, Les Sticks Fluo; *scenografa*: Emanuela Russo; *maschere*: Davide Meloni; *trucco*: Alfredo Cittadini; *montaggio*: Federica Ortu; *produzione*: Zena Società Cooperativa; *produttore*: Atlantis Moon Productions; *produttore associato*: Sheri Mann Stewart; *produzione esecutiva*: Zena Film, Fare cinema e arte in Sardegna; *prima proiezione*: Torino Gay and Lesbian Film Festival, 9 maggio 2016; *durata*: 72'; in inglese con sottotitoli in italiano

Il film si ispira alla vera storia del giovane Jamey Rodemeyer, quattordicenne americano suicidatosi nel settembre del 2011 al seguito di una drammatica sequenza di gravi atti legati al bullismo scolastico e al cyberbullismo. Alla storia di Jamey si legano quelle di altri giovani gay, lesbiche e trans, vittime di attacchi omofobi, uccisi o indotti al suicidio, in diverse parti del mondo. Il 17 maggio 2071 a sessant'anni dalla morte del giovane, durante la giornata mondiale contro l'omofobia e la transfobia, un gruppo di artisti si ritrova unito in una performance commemorativa che attraverserà l'arco dell'intera giornata.

Note di regia
Bullied to Death è un progetto cinematografico sperimentale e indipendente che mira a utilizzare nuove strade comunicative tra cinema, fotografia e arti performative, per colpire emozionalmente lo spettatore. Le immagini-suggestioni del film prendono spunto dalla vera storia del giovane J.R., quattordicenne di Buffalo suicidatosi nel settembre del 2011 dopo i ripetuti atti di bullismo, a scuola e sul web, cui veniva sottoposto in seguito al suo coming out.
Una storia dal respiro universale di solitudine e di riscatto negato. È questa universalità che spinge l'autore a raccontare i fatti attraverso schemi narrativi atipici, utilizzando generi e linguaggi diversi, puntando a creare un film sensoriale, non didascalico, la cui essenza va colta attraverso una visione fisica.
L'universalità dei sentimenti abbracciati dalla vicenda del giovane statunitense consente al regista di ambientare la narrazione in uno spazio tempo non definito, lavorando con attori-performer che si alternano incarnando la voce narrante.
Per lo stesso motivo il film viene girato in lingua inglese per raggiungere un pubblico più ampio possibile.
Questo in sintesi il focus del progetto: un percorso attraverso la storia di un adolescente morto suicida all'ombra di una società inadeguata, confusa e crudele che non riesce a porre rimedio all'incremento e relativo sconfinamento patologico della violenza, in particolare quella di genere. Il film non identifica alcun luogo preciso ma rappresenta tutti i luoghi in cui queste tragedie accadono. In questo senso è un film ambientato, letteralmente, nel mondo.

Biografia

Giovanni Coda (Cagliari, 1964) vive e lavora tra Cagliari e Barcellona. È un regista cinematografico, autore e fotografo italiano. È autore di installazioni video-fotografiche in musei e gallerie internazionali tra cui la Biennale di videoarte a Venezia e Milano, Cultural Salon Ayoama di Tokyo, Watermans Arts Centre di Londra, la Maison d'Italie a Parigi, il Museo Reina Sofia di Madrid e altri.

La sua attività espositiva vanta una corposa produzione di collezioni fotografiche, pittura, arte elettronica e performance premiate in Italia e all'estero. Dalla sua filmografia citiamo, tra gli altri, *L'attesa* (1995) *L'ombra del ricordo* (1996), *Il passeggero* (1998), *Tagli* (1998), *Lìmites* (1999), *Drawing* (2000), *Serafina* (2002), *Big Talk* (2005), *One Tv Hours* (2007), *Brighteness* (2012). Nel 2013 produce (testo, regia e fotografia) il lungometraggio *Il rosa nudo*, ispirato alla vita di Pierre Seel, deportato in un campo di concentramento all'età di 17 anni poiché schedato come omosessuale. Il film, che vanta 27 selezioni ufficiali internazionali, è stato premiato undici volte e tra i tanti riconoscimenti citiamo il Gold Jury Prize, Best Narrative Feature al Social Justice Film Festival 2013 di Seattle, il Film For Peace Award al Gothenburg Indie Film Fest 2014, il Best International Film Award al 15° Melbourne Underground Film Festival (MUFF) 2014, il Gold Documentary Award al Documentary & Short International Movie 2014, Jakarta, Indonesia, Bronze Plaque Award al Columbus Independent Film Festival, Columbus (Ohio) e il premio per il miglior film al Festival cinematografico Omovies di Napoli. Nel

2015 firma testo e regia di *Bullied to Death* con cui bissa il successo di critica e pubblico internazionale del precedente *Il rosa nudo* aggiudicandosi tra gli altri il Best Avant Garde & Innovation Award al Melbourne Documentary Film Festival, il Best Feature Film al Festival del cinema Omovies di Napoli, il Best Feature Film all'Aquila LGBT Film Festival, il Jury Special Mention all'Iris Prize di Cardiff e al New Renaissance Film Festival di Amsterdam l'Humanity Award per i meriti socio-culturali dell'opera. *Xavier* del 2017, è incentrato sull'attentato terroristico dell'aprile del 2017 agli Champs-Elysées dove trovò la morte il poliziotto Xavier Jugelé. Il cortometraggio conferma il successo internazionale dei due film precedenti inaugurando con la prima mondiale l'Out On Film di Atlanta, seguita dalle proiezioni di Cardiff (Opening Night Iris Prize '17), prima italiana al Florence Queer Film Festival a cui sono seguite le presentazioni di Seattle (Social Justice Film Festival), Chicago (Pride On Film), Toulouse DIAM Film Festival, London Beacon Film Festival, a cui faranno seguito i passaggi al Columbus International Film Festival in Ohio e al Show Me Justice Film Festival, Warrensburg (Kansas City), Central University of Missouri, Amsterdam e Cagliari (V-art Festival). *Xavier* si è aggiudicato i riconoscimenti Film of the Week e Best Story al New Renaissance Film Festival e la Jury Special Mention al Festival Omovies di Napoli.

Attualmente Giovanni Coda è nella fase di preparazione del film, ultimo capitolo (trilogia) sulla violenza di genere, *La sposa nel vento*, dedicato al tema del femminicidio.

Filmografia

Ne varietur (1991, 50'); *Il lampadario* (1994, 50'); *P-salm* (1995, 5'); *L'attesa* (1995, 45'); *L'ombra del ricordo* (1996, 45'); *Heaven Heaven* (1997, 15'); *InTollerance* (1998, 1'); *Il passeggero* (1998, 8'); *Tagli* (1998, 15'); *Ex Vision* (1998, 45'); *Ombre* (1998, 15'); *Lìmites* (1999, 10'); *Drawing* (2000, 5'); *Serafina* (2002, 18'); *X-Vision* (2002, 45'); *Diario* (2002, 10'); *Inferno I* (2002, 50'); *Other Body* (2003, 30'); *Viaggio per caso* (2003, 5'); *TVSet* (2003, 5'); *Dentro una maschera* (2003, 13'); *Inferno II* (2003, 50'); *Jean* (2003, 15'); *Paisaje de guerra* (2003, 25'); *WarDerLand* (2004, 15'); *Inferno III* (2004, 50'); *The Body* (2004, 45'); *TVBody* (2005, 15'); *It Won't Stop* (2005, 7'); *Il trucco e l'anima* (2005, 30'); *One TV Hour* (2005, 65'); *Solo* (2005, 25'); *Soul Waters* (2006, 15'); *Big Talk* (2007, 65'); *The Box Man* (2008, 15'); *I racconti del mare* (2009, 15'); *Cosa ti darò* (2009, 20'); *Anime* (2010, 20'); *Teresa* (2011, 15'); *Brighteness* (2012, 22'); *Il rosa nudo* (2013, 75'); *Bullied to Death* (2016, 75'); *Xavier* (2017', 8'); *Mark's Diary* (2018, 75'); *La sposa nel vento* (in preproduzione).

Ceci n'est pas un cannolo

Questo non è un cannolo, 2018

Regia: Tea Falco; *soggetto e sceneggiatura*: Tea Falco, Leonardo Malaguti; *partecipanti*: Grace Longo (*Eva*), Massimo Puglisi (*Adamo*), Ignazio Licata (*fisico teorico*), Giovanni Falsone (*il contadino*), Luisa Gregorio Reitano (*la psicologa*); *fotografia* (4K, colore, 16:9): Fabio Cianchetti; *sound design*: Martin Hernandez; *musica*: Remo Anzovino; *montaggio*: Marco Spoletini; *montaggio del suono*: Alessandra Perpignani; *produzione*: Isabella Arnaud per Cinedance; *produttori associati*: Sky Arte HD, Furculiza, Redstring; *produttori esecutivi*: Laura Andina, Ariens Damsi, Andrea Marchese; *prima proiezione pubblica*: Biografilmfestival, Bologna, 16 giugno 2018; *distribuzione internazionale*: White House; *durata*: 77'; con sottotitoli in italiano per alcuni dialoghi in siciliano

Subito dopo aver mangiato la cosiddetta mela, Adamo ed Eva si ritrovano in una cava di marmo in Sicilia.
Adamo chiede a Eva di passarle la pera.
Lei, stupita, ribadisce di aver mangiato una mela.
I due danno così inizio a un litigio che si protrae in perpetuo.
Tra scienza, quotidianità, senso della vita e un cannolo, la metafora di Adamo ed Eva ci accompagna in un surreale studio antropologico sulla diversità dei punti di vista alla scoperta di alcuni personaggi, tutti siciliani.

Note di regia
Scopriamo pian piano che quelli che ci scorrono davanti agli occhi sono frammenti di una realtà a cui apparteniamo tutti, e che anche il più insignificante e personale degli eventi, se osservato bene, racchiude in sé tratti universali.
Ceci n'est pas un cannolo è un docufilm sui punti di vista, è un tentativo di svelare la natura cangiante della realtà, che muta a seconda del punto di vista dell'osservatore, ma sopratutto della sua identità.
Che cos'è un cannolo? A darci la risposta è la voce di questo coro eterogeneo, che parla di vita, di ricordi, di morte e d'amore, e che ci trasmette un nuovo modo di vedere.

Note di produzione
Ho deciso di realizzare l'opera prima di Tea Falco ancora prima di capire di cosa trattasse, perché conoscevo la sua arte e il suo pensiero, il suo punto di vista originale. Fotografa di fama internazionale, Tea trasforma la realtà che passa attraverso il suo obiettivo in un potente immaginario, sa come coinvolgere e accompagnare lo sguardo delle persone nel suo mondo immaginifico ricco di splendore e rilevanza.
La prima volta che ho visto il film di Bernardo Bertolucci *Io e te* sono stata subito catturata dalle surrealistiche fotografie di Tea, che lo stesso Bertolucci ha scelto e inserito nel suo ultimo film.
Così ho voluto vedere il suo portfolio, e ho scoperto il talento e la capacità di toccare l'anima dell'essere umano. Dai mendicanti senza fissa dimora agli aristocratici, rivelando la loro ironia, Tea ci trasporta in un mondo magico e meraviglioso.
Siamo nate nella stessa città: Catania.

Sappiamo entrambe che i siciliani hanno veramente bisogno di fuggire dallo stereotipo del mafioso, del padrino e del delitto d'onore. La prima persona con la quale abbiamo parlato del nostro progetto è stata Roberto Pisoni, Direttore di Sky Arte HD. Con il team di Sky Arte HD, Pisoni ha deciso di partecipare alla produzione, così abbiamo unito le forze per trasformare l'idea di Tea Falco in un lungometraggio.

Oggi, *Ceci n'est pas un cannolo* è un film brillante sull'esistenza e sull'essere umano, prodotto da Cinedance, coprodotto da Sky Arte HD, Fulcuriza e Redstring, in collaborazione con RT Studio e Lorenzo Mieli, realizzato con il sostegno di Regione Siciliana Assessorato Turismo Sport e Spettacolo Ufficio Speciale per il cinema e l'audiovisivo, Sicilia Film Commission, nell'ambito del programma "Sensi Contemporanei", e il patrocinio della Roma Lazio Film Commission.

Inoltre Palermo, città raffigurata nel film, è Capitale della Cultura 2018 e la pre-produzione è iniziata proprio da lì con uno scouting in tutta la Sicilia dove abbiamo incontrato diverse centinaia di persone per poi selezionarne 25.

La maggior parte dei nostri personaggi parla in dialetto siciliano, che qualche volta è impossibile da comprendere anche per un siciliano.

Credo che il nostro "sogno" iniziale sia stato realizzato, perché il pubblico arriva a toccare una realtà che non avrebbe mai conosciuto altrimenti.

Conseguentemente le location sono nei luoghi più dislocati e nascosti della Sicilia per raggiungere le città native degli intervistati. Dalla cava di marmo e il gregge di Custonaci alle stradine di Ortigia o dall'Isola delle Femmine ai quartieri popolari e le case borghesi di Catania, il film riesce a giocare con le identità sociali delle persone e i valori emozionali delle famiglie per poter coinvolgere gli spettatori in un viaggio ironico sul senso della vita.

Propone infine una risposta universale a una storia che non ha mai fine. Per me i film che catturano maggiormente l'attenzione sono quelli che mettono in prima linea archetipi e identità sociali al fine di mostrare un valore o un concetto importante e oggettivo: così è esattamente l'arte di Tea.

La distribuzione internazionale è affidata alla società parigina Wide House di Loïc Magneron e Anaïs Clanet, responsabile dei film documentari. *Ceci n'est pas un cannolo* fa parte del progetto Eye on Films, che sostiene sul mercato internazionale le opere prime più rappresentative dell'anno in Europa. (Isabella Arnaud)

Biografia

Tea Falco (Catania, 1986) vive e lavora a Roma. È un'attrice e un'artista. Dal 2000 inizia a esporre le sue fotografie in Sicilia.

Dal 2010 viene rappresentata dall'A. d. C. Contemporary Art Gallery di Los Angeles dove presenta il progetto intitolato *I'm a Wall* composto da 7 fotografie e 2 video.

Nel 2012 esordisce come protagonista nel film *Io e te* di Bernardo Bertolucci, presentato fuori concorso a Cannes nel 2013, in cui è presente come elemento scenografico anche il suo progetto fotografico *I'm a Wall*. Nel 2013 riceve una candidatura ai David di Donatello come migliore attrice protagonista, vince il Nastro d'argento Bulgari come migliore attrice emergente e il premio Afrodite. Grazie ai suoi lavori fotografici vince il premio Cascella nel 2012 e il premio Mercante in Fiera nel 2015.

Espone le sue opere presso le fiere Mia Art Fair (Milano) e Art Show (Los Angeles).

Nel 2014 interpreta il ruolo di Lia in *Sotto una buona stella* di Carlo Verdone. Nel 2015 è una corrotta imprenditrice milanese nella serie tv prodotta da Sky Atlantic *1992* di Giuseppe Gagliardi con Stefano Accorsi e si trasforma in otto personaggi diversi nel film *La solita commedia* di Francesco Mandelli e Fabrizio Bigio. Espone nel 2014 nuovamente a Los Angeles il progetto fotografico *Portraits of the Unconscious*, composto da 20 fotografie e 4 video, e il progetto *Clowds Under Clown*. Espone a Milano nel 2015 il progetto fotografico *L'effetto della causa*. Nel 2016 è protagonista di *1993*, sequel di *1992*, serie venduta in più di sessanta paesi presentata anche su Netflix America.

Ultimi film in uscita nel 2018: *A casa tutti bene* di Gabriele Muccino e *Notti magiche* di Paolo Virzì, dove interpreta un piccolo ruolo. Per la serie *Non uccidere 2* interpreta due gemelle in due episodi. Regista di video-arte e videoclip, per la prima volta esordisce alla regia di un lungometraggio con *Ceci n'est pas un cannolo*.

Filmografia
Once Upon a Time a Child (2009, 3'49"); *A Particular Dream* (2010, 4'01"); *Essere o non essere* (2010, 1'21"); *Tre quarti d'ora alla nascita* (2010, 3'34"); *Il sentimento* (2010, 3'36"); *Tentativo n. 3 di imparare a suonare e a cantare senza sapere suonare e cantare da alzati* (2011, 3'53"); *La scatola della natura* (2011, 3'52"); *Ceci n'est pas un cannolo* (2018, 77'); *Skamarcho. Saranno madri* (2018, 4'); *Nea. Bere* (2018, 4'); *Loiyoung. NSMU* (2018, 3'); *Nea. Virale* (2018, 4'8").

Cento anni

2017

Regia: Davide Ferrario; *soggetto*: Giorgio Mastrorocco; *sceneggiatura*: Davide Ferrario Giorgio Mastrorocco; *interpreti*: Diana Hobel, Fulvio Falzarano, Laura Bussani, Marco Paolini, Gabriele Benedetti, Franco Arminio, Fabio Nigro, Antonella Petruzzino, Michele Panno *e con la collaborazione di*: Casa della Memoria di Brescia; *fotografia* (HD Cam, colore e b&n, 16:9 [che incorpora 2.35:1, 16:9, 4:3]): Andrea Zambelli, Andrea Zanoli; *suono e mix*: Vito Martinelli; *musica*: Fabio Barovero, Massimo Zamboni, "Havun Havun" eseguita da Mario Brunello, "Tra il futuro e il passato" di Youssef El Filali; *montaggio:* Cristina Sardo; *montaggio suono:* Francesco Morosini; *produttore esecutivo:* Ladis Zanini; *prodotto da:* Davide Ferrario, Francesca Bocca; *una produzione*: Rossofuoco con RAI Cinema; *con il supporto di*: Friuli Venezia Giulia Film Commission, Regione Emilia-Romagna, Piemonte Doc Film Fund-Regione Piemonte; *in collaborazione con*: Lab 80 Film; *prima proiezione pubblica*: Torino Film Festival (Festa Mobile), 26 novembre 2017; *distribuzione*: Lab 80; *durata:* 85'

Prologo
Mario Brunello suona "Havun Havun", un'antica melodia armena, all'Ara Pacis di Medea (GO), mentre scorre un montaggio di immagini di cimiteri e sacrari della Prima Guerra Mondiale.
A cosa servono i morti?

1917
Cinque attori ci raccontano l'altra faccia della disfatta di Caporetto: cosa è successo ai civili, ai profughi, agli orfani, ai prigionieri di guerra. I loro racconti sono ambientati in luoghi che segnano altre Caporetto italiane del '900, dalla Risiera di San Sabba al Vajont. Poi, naturalmente, c'è il Piave; e poi, Vittorio Veneto. Ma noi italiani impariamo più cose su noi stessi dalle sconfitte che dalle vittorie.
A cosa servono i morti?

1922
Una storia tratta dal libro *L'eco di uno sparo* di Massimo Zamboni. La vita del nonno fascista dello scrittore, fino alla sua morte per mano di due gappisti, nel 1944. Diciassette anni dopo, uno dei due partigiani uccide l'altro. Le speranze della Resistenza non si sono realizzate allo stesso modo per tutti.
A cosa sono serviti i morti?

1974
La strage di Piazza della Loggia a Brescia, narrata attraverso interviste a chi c'era e a chi ha perso qualcuno. Ma, passando da una generazione all'altra, anche ai giovani che da quei caduti discendono e a chi oggi, pur arrivando da un altro paese, si sente italiano.
A cosa servono i morti? A capire le ragioni per cui sono morti, come dice Manlio Milani, presidente dell'Associazione Familiari Vittime della Strage.

Oggi
A cosa servono i vivi?
Cent'anni dopo la Caporetto militare oggi siamo di fronte a una Caporetto demografica. L'Italia si spopola, il Sud in particolare, e ancora di più le sue aree interne. Accompagnamo Franco Arminio, poeta e attivista, in giro per l'Irpinia d'Oriente e la Basilicata chiedendoci se ancora un'utopia è possibile.

Note di regia
Cent'anni fa, Caporetto. Nasce il paradigma tutto italiano della catastrofe che porta al riscatto. Quante ne abbiamo viste, da allora, in tutti i campi: militare, civile, economico, sportivo, politico. Come popolo, abbiamo bisogno della sconfitta: *La tragedia necessaria* titola Mario Isnenghi un suo libro di studi storici. Ecco allora quattro Caporetto della nostra storia: quella originale, il fascismo e la guerra civile che ne consegue, la strage di Piazza della Loggia a Brescia e la Caporetto contemporenea: quella demografica. Ciascuna narrata con uno stile radicalmente diverso, perché il "documentario" non può essere solo il suo contenuto, ma deve essere anche una riflessione sul cinema e sui modi della messa in scena. Dopo *Piazza Garibaldi* e *La zuppa del demonio*, l'ultima puntata della mia trilogia sulla storia italiana.

Biografia
Davide Ferrario (Casalmaggiore, Torino, 1956) vive e lavora a Torino. Si laurea in letteratura americana all'Università di Milano. Inizia a lavorare nel campo del cinema negli anni Settanta come critico cinematografico e saggista, avviando al contempo una società di distribuzione a cui si deve la circuitazione in Italia di Fassbinder, Wenders, Wajda e altri registi. Lavora in seguito, in qualità di agente italiano, per alcuni registi americani indipendenti come John Sayles e Jim Jarmusch.
Il suo debutto alla regia è del 1989 con *La fine della notte*, giudicato "Miglior film indipendente" della stagione. Dirige poi sia opere di finzione sia documentari, che gli procurano una grande considerazione in Italia e che sono stati presentati in numerosi festival internazionali, da Berlino al Sundance, a Venezia, Toronto, Locarno.
Tra gli altri: *Tutti giù per terra*, *Figli di Annibale*, *Guardami* e i lavori realizzati con Marco Paolini.
Ferrario occupa un posto singolare all'interno della scena italiana. Rigorosamente indipendente, non è solo regista ma guida, al contempo e con notevoli risultati, la propria casa di produzione Rossofuoco. *Dopo mezzanotte*, realizzato con un budget molto ridotto, ha ottenuto un grande successo in Italia ed è stato venduto in tutto il mondo, così come il documentario *La strada di Levi*. È anche autore di romanzi: *Dissolvenza al nero* è stato tradotto in molte lingue e adattato per lo schermo da Oliver Parker. Nel settembre 2010 è uscito per Feltrinelli *Sangue mio*.
È collaboratore fisso del «Corriere della Sera». Nel 2005 ha realizzato una mostra fotografica a partire dalla sua attività di volontario nelle carceri di Milano e Torino: *Foto da galera*, presentato per la prima volta al Museo di Fotografia Contemporanea di Milano, catalogo (con testi di Ferrario e di John Berger) di Mazzotta Editore (2005).
Del 2015 è il suo esordio nel mondo dell'arte, con una installazione al Padiglione Italia della Biennale di Venezia, incentrata su un'intervista a Umberto Eco sul tema della memoria. Del 2017 è *Reverse Angle*, una grande videoinstallazione alle OGR di Torino.

Filmografia
Non date da mangiare agli animali (1987, 15'); *La fine della notte* (1989, 90'); *Lontano da Roma* (1991, 31'); *American Supermarket* (1991, 6x24'); *Anime fiammeggianti* (1994, 95'); *Confidential Report* (1994, 20'); *A Rimini* (1995, 15'); *Il figlio di Zelig* (1995, 20'); *Materiale resistente* (con Guido Chiesa, 1996, 77'); *Estate in città* (1996, 6'); *Tutti giù per terra* (1997, 85'); *Partigiani* (con Guido Chiesa, 1997, 62'); *Figli di Annibale*

(1998, 92′); *Sul quarantacinquesimo parallelo* (1998, 50′); *Guardami* (1999, 95′); *Comunisti* (con Daniele Vicari,1999, 58′); *Linea di confine* (2000, 54′); *La rabbia* (2000, 55′); *Le strade di Genova* (con Ilaria Fraioli, Jimmy Renzi, Giorgio Grosso, 2001, 58′); *Fine amore mai* (2002, 38′); *I Ti-gi a Gibellina* (2002, 150′); *Teatro Civico* (5 monologhi di e con Marco Paolini, Report TV, 2003, 5x24′); *Mondonuovo* (2003, 58′); *Dopo mezzanotte* (2003, 93′); *Se devo essere sincera* (2004, 100′); *La strada di Levi* (2006, 92′); *Tutta colpa di Giuda* (2009, 98′); *Piazza Garibaldi* (2012, 111′); *La luna su Torino* (2014, 90′); *La zuppa del demonio* (2015, 80′); *Accademia Carrara - il museo riscoperto* (2015, 78′); *Sulla memoria* (installazione al Padiglione Italia della

Biennale di Venezia, 2015); *Sexxx* (2016, 76'); *Cento anni* (2017, 85'); *Reverse Angle* (installazione alle OGR di Torino, 2018); *Nuovo Cinema Paralitico* (in preproduzione).

Che cos'è l'amore

2015

Regia, soggetto e sceneggiatura: Fabio Martina; *interpreti*: Vanna Botta, Danilo Reschigna; *fotografia* (HD, colore, 16:9): Giuseppe Ceravolo; *suono e sound design*: Marco Meazza; *musiche originali*: Igor Merlini; *montaggio*: Luigi Carbone; *produzione*: Circonvalla Film & Feedback Audio Video; *prima proiezione pubblica*: Cineteca Italiana, Milano, 5 dicembre 2016; *durata*: 64'

Milano, giorni nostri. Danilo Reschigna è un uomo di cinquanta anni affetto da disabilità motoria. Di professione fa il drammaturgo e l'attore teatrale. Ha vissuto con i suoi genitori fino alla loro scomparsa e non ha mai avuto una relazione d'amore vera. Vanna Botta ha 93 anni e, a dispetto della sua età, è una donna vitale: fa la pittrice, figlia d'arte di un grande e noto scultore. Si è sposata una sola volta nella sua vita e dopo la morte del marito non ha più avuto altri uomini. Danilo e Vanna sono due artisti, due persone singolari; ciò che li rende unici è qualcosa che hanno in comune: il loro amore.
Infatti si sono conosciuti tre anni prima ed è stato un autentico colpo di fulmine: si sono innamorati alla follia e da allora non si sono più separati. Nel corso del tempo, i due hanno costruito un rapporto puro, trasparente, unico, senza falsi moralismi e inutili possessività, che coinvolge il corpo e la mente, straordinario nonostante o forse in virtù della loro differenza d'età. Un rapporto simbiotico in cui Danilo riconosce in Vanna la madre, la confidente, l'amante, la complice; a sua volta, Vanna ha trovato in Danilo una ragione per amare e continuare a vivere.
Il documentario vuole raccontare il loro rapporto, seguendo le giornate dei due personaggi che trascorrono lentamente, tranquillamente, chiusi in casa, mentre fuori dalla finestra la città muta il volto freneticamente in attesa di Expo 2015. Vanna e Danilo si alzano, fanno colazione, dipinge lei, scrive lui, a volte passeggiano, cenano e vanno a letto mentre parlano e riflettono sulla vita, sull'amore e sulla morte. Vanna è consapevole che presto tutto finirà, perché il motivo che rende unico il loro amore è anche la ragione della sua stessa fine. Il suo stato d'animo è perciò animato da vari sentimenti e pulsioni: dal dispiacere di abbandonare questa vita a cui si è nuovamente e saldamente legata, dalla preoccupazione di lasciare solo Danilo e dal desiderio di coronare il suo sogno d'amore sposandosi, per dare maggiore rispettabilità e liceità alla loro unione. Anche Danilo è conteso tra il desiderio di rimanere eternamente fedele a questo amore e la ricerca di un'altra donna che possa riempire il vuoto lasciato da Vanna quando non ci sarà più.

Note di regia

Esplorando il tema universale di Eros e Thanatos, in un gioco tra realtà e finzione, *Che cos'è l'amore* narra la relazione sentimentale tra Danilo e Vanna, sia osservando sia ricostruendo la loro quotidianità densa di silenzi e di parole sussurrate, di ritmi lenti e gesti delicati: l'alzata dal letto alla mattina, la colazione, il pranzo, la passeggiata nel parco e al Cimitero Monumentale – dove sono custodite alcune opere scultoree del padre di Vanna –, le prove teatrali di Danilo, il lavaggio del corpo che Vanna fa a Danilo, la scena d'amore nella camera da letto, le coccole prima di addormentarsi. A metà tra rappresentazione del reale e sua rielaborazione poetica, il documentario vuole fotografare la dimensione temporale dei due protagonisti: quella della vita limitata dall'attesa della morte, quella assoluta dell'amore e dell'arte che, preoccupata solo di compiacere se stessa, si pone in contrasto con l'implacabile e prepotente ritmo del mondo al di fuori.

Biografia

Fabio Martina (Brindisi, 1973) vive e lavora a Milano. È autore di documentari e film di finzione. Dopo una laurea in filosofia, la frequentazione della Civica Scuola di Cinema Fondazione Milano e una lunga collaborazione con la RAI nell'area regia, firma e produce audiovisivi nella Milano vibrante dei primi anni 2000. I suoi lavori, che trattano di temi sociali, etici e filosofici mettendo in discussione i cliché e gli stereotipi della società moderna, trovano larga diffusione in festival internazionali, nei circuiti cinematografici e sulle televisioni

nazionali in chiaro, ottenendo successi di pubblico e di critica. Del suo primo film *A due calci dal paradiso*, ha scritto così il critico Giancarlo Grossini del «Corriere della Sera»: «Piccolo cult». Fabio Martina insegna cinema all'Università degli Studi di Milano.

Filmografia
A due calci dal paradiso (2006, 60'); *Che cos'è l'amore* (2015, 64'); *L'assoluto presente* (2017, 82'); *L'estate di Gino* (2018, 78').

Cinema Grattacielo
2017

Regia, soggetto e sceneggiatura, fotografia (Minidv, dvCam, Betacam, HD, GoPro, colore e b&n, 16:9 e 4:3 per il repertorio), *suono*: Marco Bertozzi; *interpreti*: gli abitanti del Grattacielo di Rimini; *voce del grattacielo*: Ermanno Cavazzoni; *musiche*: Giorgio Fabbri Casadei; *animazione*: Alessia Travaglini; *montaggio*: Ilaria Fraioli; *montaggio del suono*: Clovis Gouaillier; *prodotto da*: Marco Bertozzi, Augusta Eniti, Luca Ricciardi; *produttore esecutivo*: Luca Ricciardi; *produzione*: Associazione Condominium, Archivio Audiovisivo del Movimento Operaio e Democratico, Altreforme, RAI Cinema; *collaborazione speciale alla post produzione*: Ecole des Médias della Université du Québec a Montréal-UQAM; *realizzato con il sostegno di*: APT Servizi Regione Emilia Romagna; *in collaborazione con*: Regione Emilia Romagna-Assessorato alla Cultura, Fondo Regionale per l'Audiovisivo del Friuli Venezia Giulia, Comune di Rimini, Provincia di Rimini; *con il contributo di*: Banca Malatestiana (Rimini), Petroltecnica (Rimini), WIN Women In Insurance (Napoli), Associazione Notorius Cinema Tiberio (Rimini), Ristorante Marianna (Rimini), Assicurazioni Generali (Rimini), partecipanti al Crowdfunding avviato per il film attraverso il sito produzinidalbasso.com; *prima proiezione pubblica*: Biografilm Festival, Bologna, 10 giugno 2017; *durata*: 98'

Una riflessione autobiografica che si interroga sulle forme del documentario contemporaneo. L'umanità e i paesaggi del Grattacielo di Rimini scrutati in prima persona da uno dei suoi abitanti, in dialogo aperto con il grattacielo stesso (cui dà voce lo scrittore Ermanno Cavazzoni) e i suoi immaginari. Gli interni pop, le derive psichiche, i miti della vacanza di massa srotolati da uno degli edifici simbolo della metropoli balneare romagnola. Alto 100 metri, inaugurato nel 1959 quale icona di una fiduciosa modernità, oggi è un "quartierone" verticale abitato da una ventina di nazionalità differenti. Abitandoci mi sono reso conto di quale ricchezza e di quale problematicità fosse custode. Da ragazzino era un irraggiungibile albero della cuccagna. Il gioco più bello di una città luna-park, l'astronave di una vacanza che sembrava non finire mai. Lo guardavamo dal basso e aspettavamo di vederne crescerne altri: anni in cui si profetizzava un grattacielo per ogni città della costa e a Rimini, capitale europea della vacanza, si parlava addirittura di una «città di grattacieli». Lui svettava sulla metropoli balneare, con le sue pareti scintillanti, eppure tragicamente erette sulle ferite della guerra, laddove le bombe si erano più accanite. E oggi cosa è diventato? Un ecomostro o un paradiso tecnologico? Esempio di convivenza sociale o catalizzatore di paure e suggestioni catastrofiste?

Note di regia
Duecento case, una sopra l'altra, tutte così vicine. Una griglia segreta di aggregazioni, risistemazioni, accorpamenti che richiama l'antico desiderio dell'uomo di ricreare il suo spazio di vita. Una trama di stanze, un reticolo di lingue che ricorda l'esperienza di Babele e ne segna di volta in volta un'idea di rifiuto o esaltazione, condanna o curiosità, vergogna o visionaria leggerezza... Il film non è solo la storia di un edificio, e della sua città, ma anche una riflessione sui nostri mutanti modi di vivere. E di vedere. Così *Cinema Grattacielo* utilizza molteplici materiali d'archivio e la diversa pelle delle immagini costituisce una linea narrativa autonoma. Il film mostra la sua lenta modalità di produzione e i cambiamenti tecnologici che si sono susseguiti, utilizzando materiali storici (girati in pellicola, in vari formati), riprese con camere e cassettine Minidv o dvCam, parti in

Betacam, altre in HD, o girate con le GoPro. Una molteplicità di tessiture dell'immagine che cerca di esprimere una molteplicità di punti di vista, di dialoghi possibili fra l'autore, il grattacielo stesso e i suoi abitanti. I potenti immaginari (che possa involarsi, crollare, incendiarsi, sradicarsi per un terremoto o uno tsunami...), come le paure sociali e antropologiche (che ospiti delinquenti, che sia un covo di malaffare, tenebroso e insicuro...), necessitano di un cinema che rischi e provi a insinuarsi fra spazi ed esperienze non protette. La possibilità del documentario di valicare l'osservazione per inventarsi la "realtà" e rivelarla nei suoi punti più contraddittori significa comporre un film in equilibrio fra esigenze contrapposte, fra testimonianza e superamento dei limiti. Un "cinema performance", in cui la capacità di giocare con la forma consente forse di osservare sensi laterali, alcune dimensioni invisibili del grattacielo, le sue tracce pulsionali. Una postura che provi a valicare l'evidenza di una mastodontica macchina dell'abitare per osservarne i suoi aspetti più sotterranei e desideranti...

Biografia

Marco Bertozzi (Bologna, 1963) vive e lavora tra Venezia, Roma e Rimini. Filmmaker e storico del cinema, fa parte di quel gruppo di autori che ha contribuito alla rinascita del documentario italiano, con un forte impegno teorico e di promozione culturale. Combina la pratica cinematografia – in film come *Appunti romani* (2004), *Il senso degli altri* (2007), *Predappio in Luce* (2008), *Cinema Grattacielo* (2017) – a una forte componente teorica (in libri come *L'idea documentaria*, *Storia del documentario italiano*, *Recycled Cinema*, *Documentario come arte*). Film

curator per rassegne sul documentario italiano (con Villa Medici, la Cinémathèque del Québec, il Festival del cinema di Amiens, il San Diego Italian Film Festival), ha insegnato Cinema documentario al Centro Sperimentale di Cinematografia, alla Scuola d'Arte cinematografica Gian Maria Volonté, al Conservatorio Internazionale di Scienze Audiovisive (CISA) di Locarno e al DAMS di Roma 3. Nel 2013 ha condotto *Corto reale. Gli anni del documentario italiano*, un programma in 27 puntate per RAI Storia, alla riscoperta della nonfiction italiana degli anni Cinquanta-Settanta. Attualmente insegna Cinema documentario e sperimentale all'Università IUAV di Venezia ed è visiting professor all'Ecole des Médias dell'Università del Québec a Montréal.

Filmografia
La nave d'argento (1990, 23'); *Note per quattro amici* (1992, 50'); *I frutti puri impazziscono* (1997, 44'); *Fieri... e basta* (1999, 30'); *Rimini Lampedusa Italia* (2004, 77'); *Appunti romani* (2004, 56'); *Omissis* (co-regia Stefano Bisulli, 2006, 10'); *Il senso degli altri* (2007, 58'); *Predappio in Luce* (2008, 56'); *Poetry in Motion* (2012, 42'); *Profughi a Cinecittà* (2012, 52'); *Unfinished Fellini* (2013, 12'); *Una giornata moderna* (2015, 10'); *Cinema Grattacielo* (2017, 97').

La città senza notte

2015

Regia e montaggio: Alessandra Pescetta; *soggetto*: liberamente tratto dal racconto breve di Francesca Scotti *La pace di chi ha sete e sta per bere* (vincitore del premio della giuria al Torneo Letterario Esor-dire 2011); *sceneggiatura*: Alessandra Pescetta, Giovanni Calcagno; *interpreti*: Maya Murofushi (*Mariko*), Giovanni Calcagno (*Salvatore*), Eriko Iso (*maestra della cerimonia del the*), Tomoko Hoashi (*maestra della vestizione del kimono*), Monique Arnaud (*maestra del teatro Nō*), Savì Manna (*collega d'ufficio di Salvatore*), Davide Livornese (*altro collega*), Paola Roberti (*altra collega*), Lelio Silvera (*il dr. Fichera, principale di Salvatore*), Alice Torriani (*sfinge*), Luigi Lo Cascio (*voce narrante del testo poetico di Lao Tzu*), Valentina Cenni e Andrea Gherpelli (*voci narranti una poesia su Hiroshima di Francesca Scotti*), Lorenzo Esposito Fornasari (*voce narrante un testo su Fukushima di Giò Fronti*), Gael Bouttier (*bambino*), Luigi Virgillito (*uomo con giglio bianco*); *fotografia* (full HD/2K, colore, 16:9): Massimo Foletti; *suono*: Malgorzata Polit; *musica*: Berserk Band! (Lorenzo Esposito Fornasari, Lorenzo Feliciati); *scenografia*: Marco Nicolosi; *costumi*: Monica Henriquet; *colorist*: Georgia Meacci; *coordinamento postproduzione*: Post Office Milano, Silvio Bonomi; *prodotto da*: Alessandra Pescetta e Giovanni Calcagno per La Casa dei Santi, *co-prodotto da*: Giacomo Bruzzo per RareNoise Ltd.; *produttori associati*: Top Digital, PennyLine Film, Waine Film; *patrocinio e sostegno*: Provincia Regionale di Catania, Catania Film Commission; *distribuzione internazionale*: Shami Media Group (vod Nord America) e Mobyst (UK); *prima proiezione pubblica*: Taormina Film Festival, 19 giugno 2015; *durata*: 86'

Dopo il disastro della centrale nucleare di Fukùshima, per la bella modella Mariko inizia un incubo senza uscita. Salvatore, il suo ex fidanzato italiano, la sollecita a raggiungerlo in Sicilia per farle superare il trauma. Ma la convivenza si dimostra deleteria per entrambi, l'una incapace di dimenticare e l'altro incapace di comprenderne i turbamenti profondi. L'incomunicabilità sembra tiranneggiare irrimediabilmente nella coppia, fino al raggiungimento di un territorio comune ma intangibile, una dimensione astratta dove trovare finalmente pace, in un'evasione da un mondo disumano e incomprensibile.

Note di regia

La città senza notte è il mio primo lungometraggio. È un film sulla ricerca della bellezza in un mondo che si presenta sempre più minacciato e devastato da pericoli e catastrofi. La bellezza di Mariko diventa metafora del fiore di ciliegio, che in Giappone rappresenta la natura effimera e transitoria della vita. Non fa in tempo a sbocciare che già il vento la fa volare via in luoghi sconosciuti. Così Mariko, splendente di bellezza a ogni contatto con la realtà, s'inabissa nelle paure appassendo, staccandosi dal ramo vitale che le offre Salvatore per aiutarla a trovare stabilità. Lui si pone inizialmente di fronte a Mariko, come nel vero senso della tradizione *hanami* (ammirare i fiori), con una punta di tristezza e commozione, assecondando ogni suo desiderio. Le musiche del film sono state composte dalla band italo-inglese dei Berserk!, il cui album di debutto (edito dalla Rarenoise Records di Londra, co-produttrice del film) è stato classificato da importanti opinion leader e giornalisti del settore jazzistico di tutto il mondo tra i 10 migliori dischi del 2013. Questa collaborazione offre l'opportunità di presentare il film non solo attraverso i canali tradizionali della proiezione in sala, ma anche nella forma della proiezione/performance. I Berserk! infatti propongono

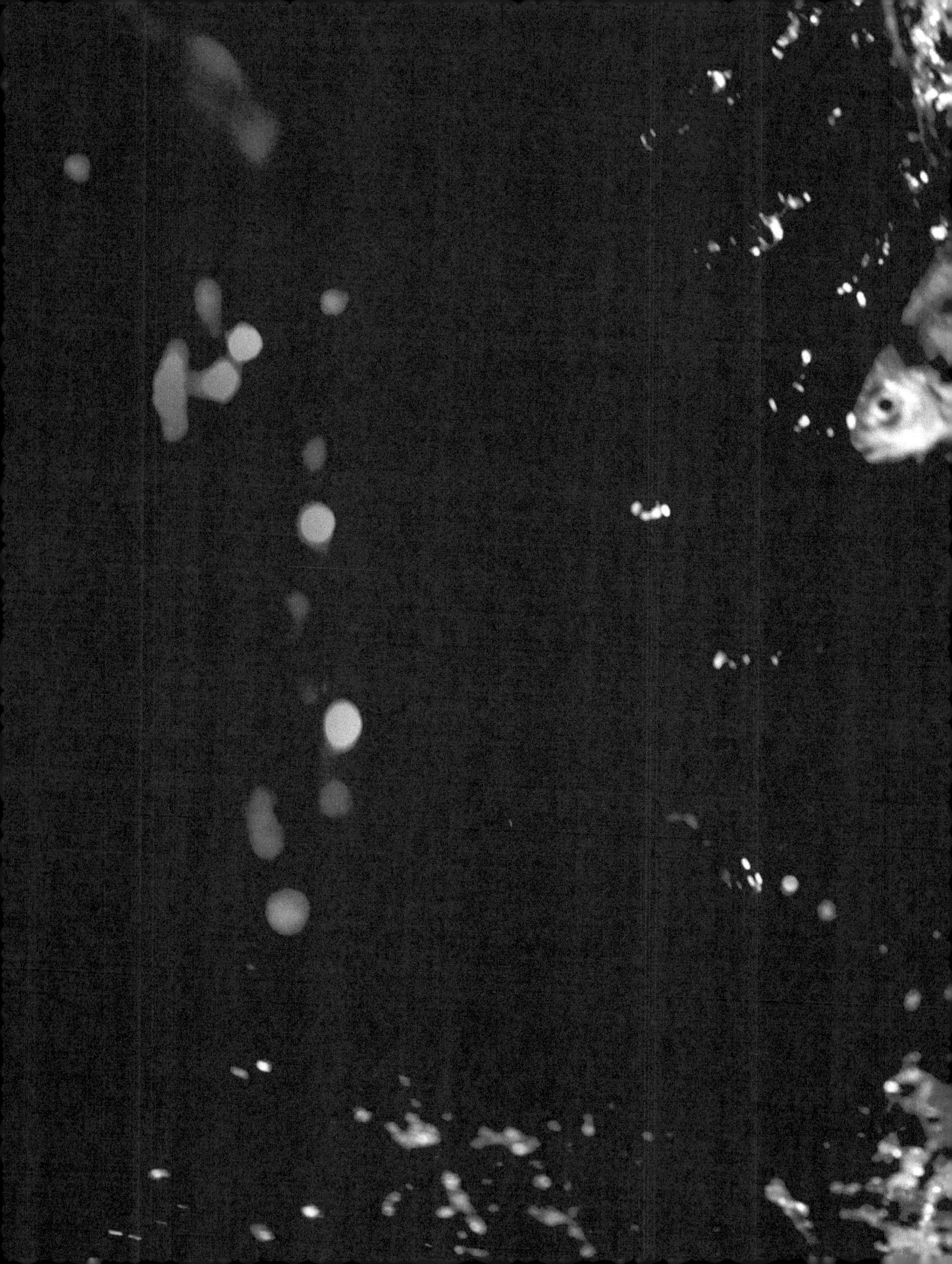

fuorinorma

uno spettacolo di sonorizzazione dal vivo, risuonando le musiche in sincronia con il film, dando luogo a uno spettacolo in cui le immagini si intreccino con sonorità strutturate e improvvisate e con i dialoghi tra i personaggi. Da qualche anno mi sono appassionata alla cultura giapponese, ancor di più da quando la nube radioattiva di Fukushima ha raggiunto anche l'Europa oscurando per un attimo anche il cielo italiano. La sensazione che quella nube mi stesse penetrando invisibilmente, così come ha fatto con una potenza infinitamente superiore in Giappone con persone, animali e piante, mi è durata per giorni e giorni. Possibile che non si possa più tornare indietro? Da lì una serie di riflessioni e coincidenze mi hanno portato a incontrare molte persone che avevano la mia stessa sensazione e non volevano rimanere impassibili di fronte al disastro nucleare. *Sakura. Tribute to Japan* è stato il mio primo breve film dedicato a Fukushima, dove i gesti della danza sacra di Teatro Nō della maestra Monique Arnaud tentano una riconnessione con la natura. L'esplorazione sul tema ha prodotto altri brevi film per sfociare in questo lungometraggio. Il breve racconto *La pace di chi ha sete e sta per bere* di Francesca Scotti (scrittrice italiana che vive in Giappone) mi ha fatto intravedere l'affascinante possibilità di immedesimarmi nel personaggio di Mariko, tanto vulnerabile da portare ancora dentro di sé quella nube radioattiva che di giorno in giorno si espande contagiando chi la circonda, proprio come avviene nel processo dell'accumulo biologico. I viaggi che Mariko e Salvatore compiono nel cuore della notte diventano come delle pratiche di passaggio a un'altra dimensione, dei piccoli esercizi di morte. L'attrice Maya Murofushi vive a pochi chilometri da Fukushima e il rifiuto del cibo e del sonno sono fantasmi che ha visto muoversi intorno a molte ragazze e persone dopo il disastro. Questo è stato un punto di partenza molto vivo per creare una relazione alquanto complessa con il personaggio del fidanzato (interpretato da Giovanni Calcagno) con il quale ha trovato un'intesa recitativa molto intensa non basata solo sulla parola. A parlare nel film sono soprattutto i luoghi, il letto, il cibo, gli annunci di una stazione deserta, le ambulanze di una città vuota, gli allarmi di una probabile centrale nucleare. Ma su tutto, il film parla attraverso la musica, pronta ad assorbire lo spazio delle parole attraverso la sua composizione.

Biografia

Alessandra Pescetta (Verona, 1966) vive tra Milano e la Sicilia. Diplomata in pittura a Venezia presso l'Accademia di Belle Arti, a partire dagli anni Novanta ha diretto molti videoclip musicali per alcuni dei talenti più noti come Ligabue, Elisa, Subsonica, Planet Funk, Articolo 31, così come campagne pubblicitarie per Lancia, Di Saronno, Campari, Muller. Nel 2003 vince il festival italiano della comunicazione d'impresa come regista dell'anno con il film pubblicitario *Campari Mixx*. Nel 2005 vince il Leone di Bronzo al Cannes Advertising Festival con *Reverse*, film sociale sul tema dell'anoressia. Insieme al compagno Giovanni Calcagno coordina il gruppo artistico La Casa dei Santi. Dal 2011 dirige cortometraggi e opere di videoarte ricevendo numerosi riconoscimenti. *Ahlem (sogni)* è stato inserito nella Médiathèque Abdelmalek Sayad, Musée de l'histoire de l'immigration. Nel 2015 *La città senza notte* debutta al Taormina Film Festival e tra i vari riconoscimenti vince il premio come migliore Narrative Fiction al Sydney World Film Festival e si aggiudica il gran premio speciale della giuria al Gallio Film Festival 2017. Il cortometraggio *L'ombra della sposa* (2017) è stato presentato in concorso alla 74a Mostra internazionale del cinema di Venezia e nel 2018 ha ricevuto il Premio Speciale per la sperimentazione e l'innovazione "Corti del futuro" ai Nastri d'Argento. Dal 2001 di occupa di formazione in diverse Università italiane. Attualmente è docente di regia al Centro Sperimentale di Cinematografia sede Lombardia e docente di drammaturgia multimediale alla LABA di Brescia.

Filmografia

Innaturale (1994, 11'); *Homotaurilia* (2001, 12'); *Ti ricordi di Fox?* (2000, 20'); *Il santo del giorno* (2004, 30'); *La festa delle rose* (2005, 4'); *La Pizia* (2006, 3'); *Medea* (2007, 11'); *Trilogia Epigrammi* (2007-2009, 11'+3'+3'); *Guarda le stelle* (2009, 12'); *Sakura. Tribute to Japan* (2011, 4'); *Qualcosa di simile* (2012, 20'); *Importante, molto importante* (2013, 12'); *Ahlem (sogni)* (2014, 18'); *La città senza notte* (2015, 86'); *L'ombra della sposa* (2017, 11'); *Solstizio d'inverno* (2018, 28').

Dusk Chorus. Based on Fragments of Extinction

Coro del crepuscolo. Basato su Frammenti di estinzione, 2017

Soggetto, narrazione, paesaggi sonori 3D e spettrogrammi video: David Monacchi; *regia*: Nika Šaravanja, Alessandro d'Emilia; *fotografia* (digitale full HD, colore, 16:9) *e color grading*: Alessandro d'Emilia; *design del suono*: David Monacchi, Anthony Di Furia; *musica*: Corrado Fantoni, David Monacchi; *montaggio*: Otis Buri; *produzione*: Zelig; *produzione colonna sonora*: Fragments of Extinction; *prima proiezione pubblica internazionale*: Vision du Réel, 25 aprile 2017; *prima proiezione pubblica*: CinemaAmbiente (premio per il miglior documentario), Torino, 3 giugno 2017; *durata*: 62'; versione parzialmente in inglese con sottotitoli in italiano

Un viaggio sonoro unico, nel cuore della foresta Amazzonica, in Ecuador. Un'esperienza sensoriale, poetica e scientifica allo stesso tempo guidati dal ricercatore e compositore eco-acustico David Monacchi nel suo tentativo di registrare, per la prima volta in 3D, il patrimonio acustico di un ecosistema antico e ricchissimo di specie alla scoperta dei "frammenti sonori in via di estinzione".

Note di regia
Un documentario sulla pluriennale ricerca e le recenti registrazioni sul campo effettuate nel gennaio 2016 da David Monacchi, studioso, compositore eco-acustico e artista del suono, che negli ultimi anni ha realizzato "Fragments of Extinction", un progetto multidisciplinare. Attraverso la profonda capacità di ascolto che David ci restituisce grazie anche all'impiego della più raffinata tecnologia di registrazione del suono in 3D è possibile immergersi in uno dei più antichi e primordiali ecosistemi del pianeta, quello della foresta Amazzonica, in Ecuador. I cambiamenti climatici, la sopraggiunta siccità, la presenza massiccia delle compagnie petrolifere e le difficoltà di allestimento degli strumenti di registrazione in un luogo impervio sono alcuni degli ostacoli con cui David si è dovuto confrontare registrando per la prima volta nella storia, attraverso ritratti sonori dell'intero ciclo circadiano di un ecosistema, un patrimonio acustico ricchissimo e al contempo fragile, perché in via di estinzione. Con lo scopo di diffondere ciò che David sostiene da molti anni, il documentario valorizza gli ecosistemi che contengono il più alto tasso di biodiversità sonora al mondo e che possono essere considerati veri e propri archivi della memoria di milioni di anni di evoluzione sulla Terra.

Biografie
Nika Šaravanja (Zagabria, 1985) ha studiato Economia e Management a Zagabria e vive attualmente a Vienna, dopo aver studiato regia a Bolzano alla scuola di documentario Zelig. Il suo lavoro è stato, fino a oggi, basato soprattutto sulla fotografia ma ha iniziato a sperimentare nel campo del cinema dopo aver scoperto questa passione durante i suoi viaggi, interessandosi maggiormente alle tematiche dei diritti umani e dell'impatto sociale sul pianeta.
Alessandro d'Emilia (Roma, 1988) ha vissuto prevalentemente in Dolomiti. Praticando sport come lo sci, l'arrampicata, la slackline e il parapendio ha sviluppato un forte interesse per il settore dell'audiovisivo al servizio dei misteri della natura e dei luoghi inesplorati, alla ricerca del contatto con le popolazioni locali. Diplomato alla scuola di documentario Zelig nella classe di Fotografia, lavora come regista, DOP e pilota di droni freelance. Realizza documentari seguendo soprattutto spedizioni e progetti sportivi estremi, tematiche ambientali

e sociali. Oltre a *Dusk Chorus*, film pluripremiato sia in ambito scientifico che ambientale e sociale in prestigiosi festival internazionali, ha seguito atleti e alpinisti di fama. A maggio 2018, filmando e seguendo il più giovane alpinista al mondo a scalare montagne di 8000 metri, ha raggiunto la vetta della terza montagna più alta del pianeta, il Kangchenjunga (8680 m).

David Monacchi (Urbino, 1970) insegna Elettroacustica al Conservatorio Gioachino Rossini di Pesaro. Ha lavorato al progetto Fragments of Extinction per 15 anni, conducendo ricerche sul campo nelle ultime aree rimaste al mondo di foresta pluviale equatoriale primaria. Con il suo lavoro di sperimentazione, ha aperto la strada a un approccio compositivo basato sulla registrazione del paesaggio sonoro in 3D degli ecosistemi per incoraggiare la discussione sulla crisi della biodiversità attraverso installazioni di arte sonora. Ha ricevuto premi e riconoscimenti in numerosi festival tra l'Europa e il Nord America. Dopo il brevetto internazionale concesso per il "Teatro eco-acustico" sta costruendo spazi sferici per l'ascolto immersivo degli ecosistemi in luoghi pubblici, musei della scienza e di arte contemporanea.

Filmografie
Nika Šaravanja: *In This State of Being* (2015, 14'); *Dusk Chorus* (2017, 62');
Alessandro d'Emilia: *MetalMorphosis* (2015, 14'); *One step at a time* (2015, 21'); *Line Revolution* (2016, 14'); *Dusk Chorus* (2017, 62'); *La congenialità* (2017, 24');
David Monacchi (musica e suoni): *Il pesce rosso* (1995, 10'); *Urbino memoriale* (regia di Cristiano Carloni e Stefano Franceschetti, 1999, 12'); *Senza foce* (regia di Cristiano Carloni e Stefano Franceschetti, 1997, 8'); *CO2* (regia di Roberto Vecchiarelli e David Monacchi, 2009, 17'); *Oka!* (regia di Lavinia Currier, 2011, 105'); *Dusk Chorus* (2017, 62').

Essi bruciano ancora
2017

Regia e montaggio: Felice D'Agostino, Arturo Lavorato; *sceneggiatura e realizzazione*: collettivo "Sole e Carestia" (Lamine Bodian, Toni Capua, Alberto Conia, Felice D'Agostino, Maria Furfaro, Caterina Gueli, Arturo Lavorato, Caterina Pagano, Natale Restuccia, Loredana Gurzì), con la collaborazione di Marie-Pierre Duhamel; *testi*: Arturo Lavorato, Maria Furfaro, Felice D'Agostino, Toni Capua, Caterina Gueli, Alberto Conia e brani tratti da "Legge Pica", Toni Capua, Carlo Alianello, Aimé Césaire, Thomas Sankara, Franz Fanon, Gaspare Pisciotta, Francesco Faeta, Ignazio Buttitta, Alessandro Cavallaro, Arthur Rimbaud; *interpreti*: Claudio Napoli (*brigante*), Salvatore Di Capua, Giuseppe Di Capua, Giuseppe Manduci, Lorenzo Sisinni (*militari*), Pino Bombara (*militare e pescatore*), Fabio Montalto (*borghese*), Antonio Bombara (*pescatore e militare*), Antonio Crudo, Francesco Buccafusca (*contadini*), Giovanni De Sossi (*banchiere*), Norbert Ludrovsky (*generale*), Rosario La Torre (*prete*), Ninì Lacquaniti (*barone*), Ilaria Restuccia, Fiore (*contadine*), Lamin Njang, Pape Badje, Ibrahim Sangare, Mamadou Dije, Lamine Bodian, Toni Capua, Girolamo Gallone, Caterina Pagano, Francesco Saverio Pagano, Natale Restuccia, Enzo Tropepe, Loredana Gurzì; *fotografia* (HD Cam, 16mm, Super8, colore e b&n, 16:9 anche per il repertorio): Felice D'Agostino, Arturo Lavorato, Maria Furfaro, Caterina Gueli; *suono*: Felice D'Agostino, Arturo Lavorato, Maria Furfaro, Caterina Gueli, Guillermo Laurin Salazar, Alberto Conia; *musica*: Enzo Tropepe, Valentino Santagati, Turi Mamone e Iaia Zamboni, Beirut, Max Roach, Archie Shepp; *mix suono*: Stefano Grosso, Marzia Cordò, Daniela Bassani, Giancarlo Rutigliano; *produzione*: Picofilms (Penelope Bortoluzzi, Stefano Savona)-Etnovisioni; *con la partecipazione di*: Centre National du cinéma et de l'image animée, Fonds d'Aide à l'Innovation Visuelle, *con il supporto di*: CNC, Premio Solinas-Apollo 11, AAMOD; *prima proiezione pubblica*: Torino Film Festival (Onde), 27 novembre 2017; *durata*: 97'

Accanto alla storia ufficiale del Risorgimento, che vede nella creazione dell'Italia unita una rivoluzione portata avanti in nome della civiltà e del progresso, ce n'è un'altra, rimasta a lungo ai margini, semiclandestina. *Essi bruciano ancora* cerca di dare voce e corpo a questa storia parallela, in cui l'Unità d'Italia non è altro che un processo di colonizzazione del Meridione, ancora oggi in corso.

Note di regia
10 autori, 1 collettivo, 10 anni di lavoro, 1 paese, 135 libri, 2 barche affondate, 1 bambino, 16 metri di barricata, 43 pescatori, 9 treni, 12 braccianti e 8 portuali, 150 anni di storia, 8968 contadini massacrati, 200 paesi dati alle fiamme, sole e carestia... / "Sole e Carestia!" / «Quaggiù in Calabria, politica, n'drangheta e carabinieri *parinu tutti lu stessu misteri, di tutti quanti nd'avimu a spagnari...*» / «Combattenti e combattivi, ladri, schiavi, servi e cafoni, negri, mafiosi e puttane. / S-confinamenti e barriere, denari, lealtà e realtà, visibile e non. Scelte. E noi?» / «Corpi scaraventati nel cinema, paesaggi versati dalla storia - e tra centinaia di parole dette, almeno altrettante taciute». / «È Fanon... è Césaire... regalo in pagina di una condizione di cui non riuscivamo a parlarci... tensione di carni e muscoli pronti a scattare... violenza di sogno schiavo d'uomo...» / «Colonisation! Colonisation! Colonisation!» / «Cosa vogliamo essere in questo meridione, in questa immobilità credula, nella sua perversa attrazione all'apocalittico disegnata da una storia disonesta, cosa vogliamo essere?» / «Sto per diventare nonna...jati avanti, avanti, ca cu sta panza no ndi toccanu».

«Mi sto ultimamente appassionando alla lettura degli interventi di Mazzini, nei primi settanta dell'Ottocento, contro la Comune di Parigi e l'Internazionale Socialista...» / «In realtà io sono il protagonista del film... ma non so questo cosa significa». (Collettivo "Sole e Carestia")

Biografia
Felice D'Agostino (Tropea, Vibo Valentia, 1978) e Arturo Lavorato (Vibo Valentia, 1974) vivono e lavorano tra Parigi e la Calabria, il primo, tra l'Umbria e la Calabria, il secondo. Sono attivi da quasi 20 anni come registi, operatori e montatori, pure se il primo le svolge anche come una professione mentre il secondo trova da campare per lo più in agricoltura. Le loro opere, tutte realizzate nella loro terra, appunto la Calabria, sono state proiettate in molti festival internazionali e hanno ricevuto numerosi riconoscimenti, tra i quali il premio Orizzonti alla 68° Mostra del Cinema di Venezia, miglior documentario al Torino Film Festival, il premio CasaRossa Doc al Bellaria Film Festival e una Menzione speciale ai Nastri d'Argento e al Premio Solinas. Partono dall'etnografia e arrivano... non si sa dove. Al momento esplorano una "zona" in cui le nozioni di finzione e documentario appaiono come le correnti dello stretto a Punta Faro, in Sicilia: si toccano, si direbbe si mischiano, pur restando divergenti.

Filmografia
La gente dell'albero (co-regia Angelo Maggio, 2004, 34'); *Vattienti* (co-regia Angelo Maggio, 2004, 30'); *Il canto dei nuovi emigranti* (2005, 54'); *...Allora piangeranno mentre noi cammineremo* (2006, 65'); *Un racconto incominciato* (2006, 80'); *Noi dobbiamo deciderci* (2007, 60'); *In amabile azzurro* (2009, 95'); *In attesa dell'avvento* (2011, 20'); *Essi bruciano ancora* (2017, 97').

Il fascino dell'impossibile

2016

Regia, soggetto, sceneggiatura, fotografia (HD colore e b&n, 16:9 e 4:3 per il non molto repertorio), *suono*: Silvano Agosti; *interpreti*: padre Luigi Orazio Ferlauto, Patrizia Ruggeri, Antonio Marinelli, Lucia Militello, Roberto Baviera, Francesco Vaccarino, Ketty Santoro, Sebastiana Di Cara, Giuseppe Santoro, Salvo Calaciura; *montaggio*: Silvano Agosti, Giuliana Zamariola, Lorenzo Agosti; *missaggio*: Stefano Di Fiore; *produzione*: Edizioni L'Immagine SRL; *prima proiezione pubblica*: cinema Azzurro Scipioni, Roma, 3 dicembre 2016; *durata*: 60'

Storia di Luigi Orazio Ferlauto, un uomo che «fa quello in cui crede – come egli stesso dice – e crede in quello che fa». Ferlauto, oggi novantacinquenne, dopo la fine della guerra ha creato a Troìna, piccolo centro in provincia di Enna, superando ogni sorta di avversità, L'Oasi, una straordinaria struttura ospedaliera (gratuita) specializzata nella ricerca sul ritardo mentale e centro di ospitalità e terapia riservata a disabili, attualmente accreditata al Servizio sanitario nazionale.

Note di regia
Ho effettuato le riprese di questo film in due settimane e sono rimasto al montaggio per un intero anno cercando di fare in modo che fossero le immagini stesse a scegliere di essere o non essere incluse e per questo ho impiegato dodici volte più tempo a montare *Il fascino dell'impossibile* di quanto abbia impiegato a montare cinquanta anni fa *I pugni in tasca*, primo lungometraggio da me montato e profondamente vissuto.
Ero stato invitato in questo piccolo centro della Sicilia, Troìna, in provincia di Enna per proiettare il mio film *Uova di garofano* in occasione del 25 aprile. Mi sono trovato d'improvviso in una realtà incantevole, strutturata sulla solidarietà, la competenza medica e l'amore verso gli esseri umani. Mi è stato impossibile decidere di non fare il film e sono felice di averlo fatto.

Per un cinema indipendente e d'autore
Sarebbe motivo di soddisfazione e di gioia se, con questo breve saggio sul Cinema Indipendente e d'Autore, riuscissi a comunicare, anche solo in parte, la grande serenità e beatitudine con cui ho vissuto questi miei cinquant'anni di creatività sia nell'esperienza cinematografica sia in quella letteraria. Mi si perdonerà quindi se dovrò ogni tanto riferirmi alla mia straordinaria esperienza appunto di Cinema Indipendente e d'Autore.
Dico subito che fin dall'inizio per Cinema Indipendente e d'Autore ho inteso riferirmi a cineasti di grande valore, come Méliès, Orson Welles, Chaplin, Rossellini e altri della stessa statura ed è il loro senso e privilegio di libertà creativa che ho sempre desiderato raggiungere ed emulare.
Questi colossi del cinema rispetto all'industria e al suo strapotere hanno assunto tutti la stessa posizione: o l'hanno evitata (Méliès, Chaplin, Kubrick) producendo direttamente i loro film oppure hanno soggiogato ogni logica mercantile alla loro creatività in virtù del loro eccezionale prestigio (John Ford, Fellini, Bergman, Fritz Lang, Welles).

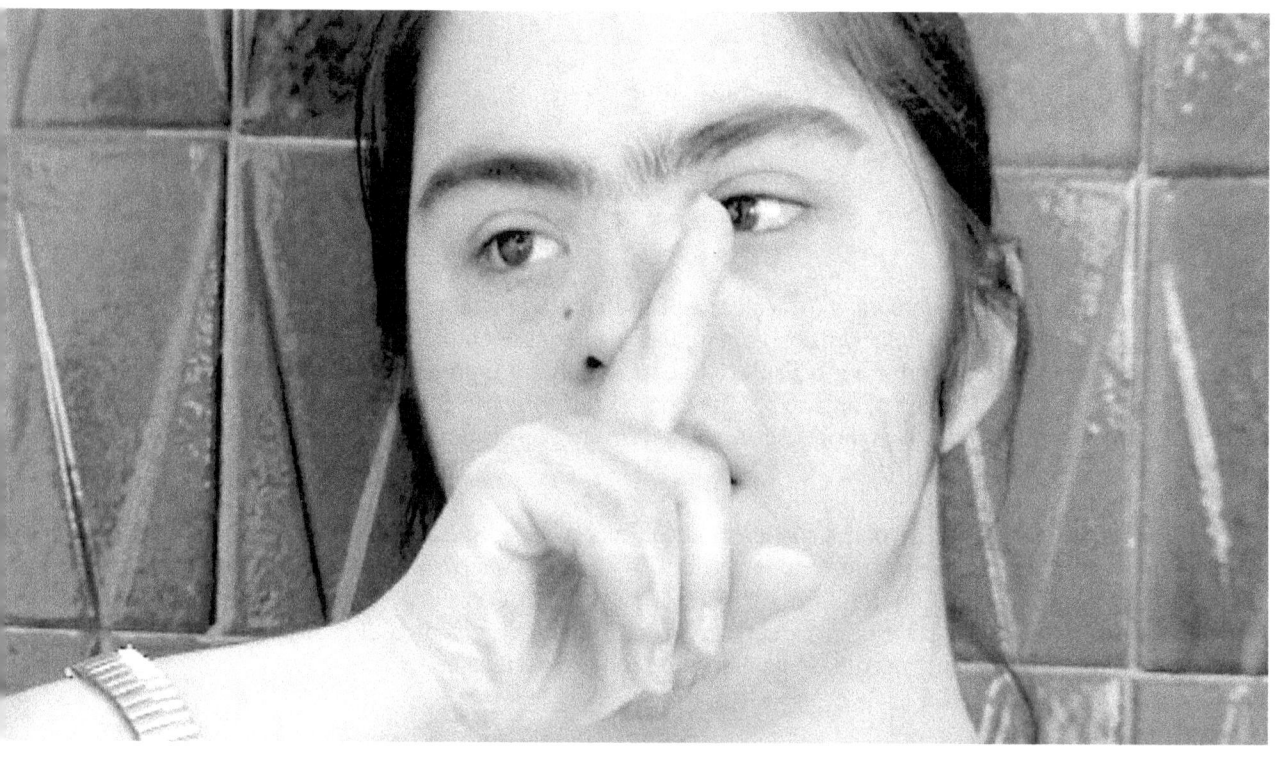

Subito dopo aver assistito appena diciannovenne per oltre un mese a Cinecittà alle riprese faraoniche di *Cleopatra* la concezione industriale del cinema mi è parsa come una struttura impraticabile e comunque impossibile da coniugare con il senso di libertà creativa che andava nascendo in me.
Così, dopo qualche infelice esperienza vissuta all'interno dell'apparato industriale, ho deciso che avrei autogestito la mia creatività in tutti i suoi aspetti. Ho imparato così a sconfiggere quasi subito i limiti ossessivi del "tempo produttivo" che tanto angustiava i produttori dell'industria cinematografica.
Pareva questa una strada solitaria e impervia, ma ben presto si rivelava come la più semplice, la più armonica e, senza il minimo dubbio, la migliore.
Si trattava di essere davvero in grado di scrivere il progetto, realizzare la fotografia, occuparsi della scenografia, del montaggio, dei problemi organizzativi e perfino di appassionarsi alla distribuzione e alla proiezione dei propri film. Né più né meno come avevano fatto Méliès e gli altri miei Maestri le cui opere non cessavano di pulsare nella mia emotività. Esperienza magnifica questa autogestione totale della creatività, soprattutto dopo aver eliminato la fretta del produrre sostituendola col tempo naturale e senza limiti della creatività.
Fondamentale è stato per me l'incontro con la poesia di Vladimir Majakovskij. Questa poesia è del 1923:
Per voi il cinema è spettacolo, / per me è una concezione del mondo. / Il cinema è un atleta, / il cinema è portatore di idee, / il cinema svecchia la letteratura. / Ma il cinema è malato, / l'industria gli ha gettato / negli occhi una manciata d'oro. / Abili imprenditori / con storie lacrimose / ingannano la gente.
Questo "inganno" dura ormai da quasi un secolo e nel frattempo i veri grandi Autori del cinema sono stati estromessi da tutte le sale cinematografiche del mondo e trovano posto solo saltuariamente in qualche cineteca o nell'orrendo scempio notturno dei film trasmessi in televisione.

il fascino dell'impossibile

Ma un film visto sul piccolo schermo non ha più nulla a che fare col cinema, è come ascoltare una sinfonia al telefono, si ode tutto ma non si sente nulla. Il volto in primo piano di Giovanna D'Arco che sullo schermo è di circa tre o quattro metri, in televisione raggiunge un massimo di trenta centimetri. Quando ho incontrato Robert Bresson e l'ho sentito personalmente dire «il futuro del cinema è nelle mani di qualche ragazzo che, usando i soldi di tasca propria, produrrà i suoi film liberandosi dalla gabbia delle logiche industriali», ho deciso che quel ragazzo sarei stato io e ho iniziato un cammino di libertà creativa che mi ha consentito di autoprodurre 16 lungometraggi (nessuno ufficialmente mai uscito in Italia) e una sessantina di documentari. Scelgo il poster delle tre rassegne organizzate recentemente in Giappone ad esempio di come il cinema Indipendente si espande silenziosamente nel mondo, spinto dal suo intrinseco valore e non da un esterno, pubblicitario clamore.

Biografia

Silvano Agosti (Brescia, 1938) vive e lavora a Roma. A 17 anni si diploma all'Istituto Magistrale e parte per Londra col desiderio segreto di vedere la casa natìa di Charlie Chaplin. Rimane un anno in Inghilterra alternando i lavori più umili, così pure per un anno in Francia e uno in Germania. Infine parte per un viaggio intorno al Mediterraneo in autostop. Visita Grecia, Turchia, Siria, Libano, Gerusalemme, Egitto, Libia e Tunisia. Nel 1962 si diploma in regia al Centro Sperimentale di Cinematografia. Dal 1963 al 1965 segue un corso di perfezionamento all'Istituto di Stato del cinema di Mosca, dove si specializza in tecnica del montaggio e compie uno studio particolare sull'opera di Sergej Ejzenštejn, dopo aver visitato le quindici repubbliche dell'Unione Sovietica. Dopo aver alternato viaggi in America e India, si stabilisce a Roma, dove gira quasi tutti i suoi film.

Ha montato, fra gli altri, *I pugni in tasca* (1965), *Nel nome del padre* (1972) e *Il gabbiano* (1977) di Marco Bellocchio, *Grazie zia* (1968) di Salvatore Samperi, *Antonio Gramsci: i giorni del carcere* (1977) di Lino Del Fra e *Forza Italia!* (1977) di Roberto Faenza e ha prodotto *Il pianeta azzurro* (1982) di Franco Piavoli e *Fuori dal giorno* (1982) di Paolo Bologna.

Filmografia

Il matrimonio di Vivina (1960, 14'); *Requiem* (1960, 12'); *Bolle* (1961, 40'); *La veglia* (1962, 40'); *Violino* (1965, 11'); *Il giardino delle delizie* (1967, 96'); *Cinegiornali del movimento studentesco* (1968, 120'); *N.P. il segreto* (1970, 92'); *Purgatorio* (coregia Michael Meschke, 1973, 97'); *Altri seguiranno* (1973, 45'); *Brescia 1974. Strage di innocenti* (1974, 23'); *Nessuno o tutti/Matti da slegare* (1975, con Marco Bellocchio, Stefano Rulli e Sandro Petraglia, 189' e 139'/101'); *Il volo* (1975, 50'); *Nel più alto dei cieli* (1976, 92'); *La macchina cinema* (1977, con Marco Bellocchio, Stefano Rulli e Sandro Petraglia, 225'); *Prendiamoci la vita* (1978, 4x54'); *Album concerto* (1979, 36'); *L'arca di cioè* (1980, 50'); *Oshu: il buffone di dio* (1980, 25'); *Indira. Un incontro* (1981, 40'); *Guccini e i Nomadi. Un incontro* (1981, 40'); *Runaway America* (regia Peter Amos [Piero Tellini], supervisione S.A., 1982, 100'); *D'amore si vive* (1983, 93'); *L'addio a Enrico Berlinguer* (collettivo, 1984, 96'); *Quartiere* (1987, 93'); *Prima del silenzio* (1989, 45'); *Bell'amore* (1992, 45'); *Frammenti di vite clandestine* (1992, 18'); *Uova di garofano* (1992, 109'); *Il leone d'argilla* (1993, 45'); *L'uomo proiettile* (1995, 105'); *Trent'anni di oblio* (1998, 13x60'c.); *C'ero anch'io. Frammenti di lotte di strada* (1998, 100'); *La seconda infanzia* (1998, 50'); *La seconda ombra* (2000, 95'); *La ragion pura* (2001, 83'); *Dario Fo. Un ritratto* (2002, 60'); *Le quattro stagioni* (2006, 45'); *Quarant'anni di oblio* (2008, 4x60'); *Il fascino dell'impossibile* (2016, 60'); *Ora e sempre riprendiamoci la vita* (2018, 95').

Festa

2016

Regia, soggetto e sceneggiatura, fotografia (HD, colore, 16:9): Franco Piavoli; *interpreti*: Jacopo Castellani, Cecilia Ermini, Carlo Malacchini, Primo Gaburri, Silvia Migliorati, Petra Veneziani, Fiammetta Alighieri, Oliva Andreoli, Roberta Brunelli, Giancarlo Zanoni, Angela Poddighe, Piero Agosti, Costanza Lunardi, Alex Carozzo, Linda Gandini, Don Luigi Milani, Les Amants du Ciel, Orchestra Giuliano e i Baroni; *sound design*: Francesco Liotard; *montaggio*: Mario Piavoli; *produzione*: Zefirofilm, *in collaborazione con*: Fondazione Cineteca Italiana; *prima proiezione pubblica*: Festival di Locarno (Fuori concorso), 8 agosto 2016; *durata*: 40'

In un villaggio di campagna si celebra la festa di San Pietro. Il parroco raccomanda ai fedeli di confessarsi e liberarsi dall'avarizia, ma alla fine della messa invita tutti a far festa. Sul sagrato della chiesa sono i più anziani a iniziare le danze, mentre in piazza giovani e vecchi mangiano e bevono in allegra compagnia. I giocolieri e gli artisti di strada incantano i passanti, mentre gli adolescenti volano sulle giostre luminose. Al tramonto scopriamo alcuni giovani che si baciano mentre i vecchi continuano a ballare al chiaro di luna. Nel corso della festa abbiamo notato anche figure malinconiche: un anziano sempre chiuso in casa o affacciato alla finestra, un infermo in carrozzella, un giovane che si aggira pensieroso tra l'allegria giovanile, mentre una donna solitaria guarda le coppie abbracciate. Nei paesi o nei quartieri ogni anno si rinnovano le feste tradizionali per celebrare il santo patrono. Rispecchiano il bisogno di fede, convivialità e divertimento. Ma in alcuni fanno sentire più forte il disagio e la solitudine.

Note di regia
Sacro e profano si mescolano in un vortice di musica, danza e divertimento. Con una piccola videocamera ho voluto catturare i momenti più significativi che si intrecciano in un antico rituale che esalta da un lato il sentimento religioso e dall'altro il bisogno di divertimento e di svago. Senza perdere l'opportunità, per i giovani, di cercare l'amore. Catturando dal vero molte immagini e montandole in sequenze alternate, mi sono proposto di rappresentare i diversi stati d'animo che in queste occasioni affiorano contemporaneamente sui volti e nei gesti di uomini e donne di ogni età.

Biografia
Franco Piavoli (Pozzolengo, Brescia, 1933, dove vive e lavora). Dopo la laurea in Legge, si dedica all'insegnamento del diritto e contemporaneamente coltiva l'arte della pittura e della fotografia. Negli anni Sessanta gira alcuni cortometraggi: *Le stagioni* (1961), *Domenica sera* (1962), *Emigranti* (1963) ed *Evasi* (1964), tutti premiati al Montecatini International Short Film Festival. Nel 1982 realizza il suo primo lungometraggio, *Il pianeta azzurro*, in concorso alla 50ª Mostra di Venezia dove ottiene i premi BCV per un nuovo autore e i premi UNESCO. Nel 1983 vince il Nastro d'Argento. Nel 1984 cura la regia di *Suor Angelica* di Puccini al Maggio Musicale Fiorentino. Nel 1985 dirige *La forza del destino* di Verdi e nel 1990 la *Norma* di Bellini al Teatro Grande di Brescia. Realizza *Nostos. Il ritorno* (1989), personale rivisitazione del mito di Ulisse, presentato al Festival di Locarno, al Mill Valley Film Festival di San Francisco e al Festival di Mosca. *Voci nel tempo* (1996) vince il Premio FEDIC alla Mostra di Venezia e alle Filmtage di Göttingen (1998) ottiene il premio

del pubblico. Realizza *Al primo soffio di vento* (2002), presentato in concorso al Festival di Locarno e nel 2003 viene invitato al Sundance Film Festival. Il film vince anche il premio del pubblico alla 16a Neue Heitmatfilm di Freistadt e quello per il miglior film straniero al Santa Cruz Film Festival 2004. Nello stesso anno, al Quirinale, gli viene conferito il premio Vittorio De Sica. Nel 2005 partecipa al Festivaletteratura con *Affettuosa presenza*, tratto dall'epistolario Bellintani-Parronchi. Nel 2008 presenta *Il pianeta azzurro* al Lincoln Center di New York. Realizza *L'orto di Flora* (2008), parte del film documentario *Terra madre* di Ermanno Olmi. Nel 2010 gli viene conferita la medaglia del Presidente della Repubblica Italiana nell'ambito del Premio Solinas e nel 2016 il festival Cinéma du Réel di Parigi gli dedica una retrospettiva integrale.

Filmografia

Ambulatorio (1954, 4'); *Le stagioni* (1961, 25'); *Domenica sera* (1962, 12'); *Emigranti* (1963, 12'); *Evasi* (1964, 12'); *Il pianeta azzurro* (1982, 88'); *Lucidi inganni* (1986, 35'); *Il parco del Mincio* (1987, 27'); *Nostos. Il ritorno* (1989, 87'); *Voci nel tempo* (1996, 86'); *Paesaggi e figure* (1999, 20'); *Al primo soffio di vento* (2002, 85'); *Affettuosa presenza* (2004, 65'); *Lo zebù e la stella* (co-regia Mario Piavoli, 2007, 18'); *L'orto di Flora* (parte del film *Terra madre* di Ermanno Olmi, 2008, 30'); *Là dove scorre il Mincio* (co-regia Mario Piavoli, 2011, 12'); *Frammenti* (2012, 10'); *Venice 70: Future Reloaded* (collettivo, 2013, 120'); *Festa* (2016, 40').

Filmstudio, mon amour
2015

Regia e fotografia (HD, colore e b&n, 16:9 anche per il repertorio), *suono*: Toni D'Angelo; *soggetto e sceneggiatura*: Toni D'Angelo, Armando Leone; *interviste e testimonianze*: Bernardo Bertolucci, Jonas Mekas, Nanni Moretti, Vittorio Taviani, Carlo Verdone, Adriano Aprà, Armando Leone, Alvin Curran, Alfredo Leonardi, Giovanni Lussu, Tonino De Bernardi, Mimmo Rafele, Pierluigi Farri, Giancarlo Guastini, Bruno Restuccia, Wim Wenders, Silvana Silvestri, Cristina Torelli, Roberto Silvestri, Marco Bellocchio, Goffredo Fofi; *musica*: Alvin Curran; *montaggio*: Letizia Caudullo; *prodotto da*: Francesco Antonio Castaldo per International Madcast, Armando Leone per Associazione Culturale Filmstudio, Gaetano Di Vaio per Bronx Film, Valeria Correale per Terranera, Gianluca Curti per Minerva Pictures; *con il supporto di*: Roma Lazio Film Comission; *con il contributo della*: Regione Lazio; *con la collaborazione di*: Associazione Culturale Alberto Grifi; *prima proiezione pubblica*: Festa del Cinema di Roma (sezione Hidden City), 18 ottobre 2015; *durata*: 69'

«C'erano una volta i mitici cineclub che per le ragazze e i ragazzi degli anni Settanta sono stati un luogo importante di amicizia, di cultura e di vita...». È così che via via, mediante il contributo e le testimonianze di alcune tra le figure più importanti del panorama cinematografico, viene raccontato Filmstudio 70, il cineclub aperto il 2 ottobre 1967 da Americo Sbardella e Annabella Miscuglio, «una bomba atomica di cultura caduta pacificamente su Roma».

Note di regia
Filmstudio, mon amour nasce dall'incontro con il club cinema Filmstudio 70 in cui mi sono formato come cinefilo negli anni 2000. Armando Leone, mettendomi a disposizione l'intero archivio, mi ha dato la possibilità di intraprendere un viaggio in un cinema nascosto e sotterraneo che ha animato la città di Roma dagli anni Sessanta a oggi. Ho scoperto quindi l'esistenza della Cooperativa Cinema Indipendente, del cinema femminista, del cinema d'artista, dei grandi sperimentatori come Alberto Grifi, dei primi cortometraggi dei grandi protagonisti del nostro cinema come Nanni Moretti, il cui esordio fu presentato proprio al Filmstudio nel 1976. Questo documentario è diventato un vero e proprio viaggio alla scoperta di una realtà cinematografica che, altrimenti, non avrei mai potuto conoscere e di una Roma culturalmente fervida e appassionata, molto lontana dalla Roma che vivo oggi. Ho scelto di raccontare gli avvenimenti storici attraverso l'utilizzo di materiali di repertorio, spesso anche sconosciuti, soffermandomi sugli argomenti e sui personaggi che più mi hanno appassionato.

Biografia
Toni D'Angelo (Napoli, 1979) vive e lavora a Roma. Sceneggiatore, regista e membro dell'Accademia del Cinema Italiano (Premi David di Donatello), Premi Vittorio De Sica dal 2007 e membro dell'European Film Academy premi EFA dal 2012. Dopo essersi diplomato al Liceo Scientifico, si iscrive al DAMS di Bologna. In questi anni la sua passione per il cinema cresce sempre di più, vede tre film al giorno e sogna di fare il critico cinematografico. Ma la teoria lo annoia e decide, così, di andare a sbirciare su qualche set per vedere come realmente si realizza un film, è questo che lo fa sentire vivo. Dopo aver fatto da assistente alla regia in molti

Without Filmstudio, the
its success, would

film, decide di fare il grande salto e passare dietro la macchina da presa. Per la sua opera prima s'ispira a un racconto di Charles Bukowski e realizza *Bukowski, Casoria*, un *ménage à trois* ai limiti dell'erotico. Laureatosi con una tesi sulle forme poetiche nel cinema di Abel Ferrara, tra il 2002 e il 2004 diviene il suo assistente. Insieme scrivono il soggetto, mai realizzato, *Morire a Napoli*. Nel 2007 realizza il suo primo lungometraggio, *Una notte*, con cui riceve la candidatura come miglior regista esordiente nella cinquina per i David di Donatello. Nel 2009 il documentario *Poeti*, una sorta di block-notes sulla poesia a Roma, è selezionato alla 66° Mostra del Cinema di Venezia in una sezione collaterale. Nel 2013 passa al noir con *L'innocenza di Clara*, scelto per il concorso al World Film Fest di Montréal e al Courmayeur NoirInFestival. Nel 2014 firma il cortometraggio *Ore 12*, presentato al Festival di Roma. Nel 2015, dopo quasi tre anni di ricerca, porta a compimento il documentario *Filmstudio, mon amour*, una personale interpretazione della storia del "mitico" filmclub romano. *Filmstudio, mon amour* viene presentato al Festival di Roma e nel 2016 gli viene assegnato un Nastro d'argento speciale. Nel mese di marzo del 2017 è uscito nelle sale italiane *Falchi*.

Filmografia

Bukowski, Casoria (2002, 15′); *L'uomo che amava gli ascensori* (2003, 9′); *Fenomeni paranormali* (2003, 7′); *Una notte* (2007, 91′); *Poeti* (2009, 69′); *In montagna* (2010, 5′); *L'innocenza di Clara* (2011, 83′); *Ore 12* (2014, 16′); *Filmstudio, mon amour* (2015, 69′); *Falchi* (2016, 111′); *Nessuno è innocente* (2018, 15′).

The First Shot
Il primo sparo, 2017

Regia, soggetto, sceneggiatura, fotografia (HD, colore, 16:9), *suono, montaggio*: Yan Cheng, Federico Francioni; *interpreti*: Peng Haitao, Liu Yixing, You Yiyi; *sound design*: Bernard Bursill-Hall, Giandomenico Pennino, Yan Cheng, Federico Francioni, Matteo Lugara; *musiche originali*: Michele Rabbia; *produzione*: Cinevoyage, Centro Sperimentale di Cinematografia; *prima proiezione pubblica*: Mostra di Pesaro (Concorso), 23 giugno 2017; *durata*: 76'; in inglese e in cinese mandarino con sottotitoli in italiano

Tre esistenze distanti e differenti colte nella stessa tensione: la ricerca della propria identità e del senso dello stare in un presente in continua trasformazione. Ognuno di loro nato dopo il 1989, la fine di tutte le rivoluzioni.
Haitao vive nel Black Bridge Village, una periferia di Pechino dove i migranti si mescolano agli studenti, e lotta contro la censura e contro il proprio vuoto interiore, restando connesso col mondo attraverso il sottile filo della rete.
Yixing osserva la città in continuo cambiamento, oltre un vetro, dal suo appartamento al trentesimo piano, dove proietta i frammenti della propria realtà.
Yiyi vive lontana dal suo paese natale, a Londra, in una metropoli globale dove forse costruirà il suo futuro. Tornando nel piccolo villaggio dei suoi nonni, al centro della Cina, trova un luogo a cui non appartiene più.
Alle loro spalle si intravede una storia contraddittoria, di sofferenze e continue trasformazioni, dalla caduta dell'Impero all'era moderna, che ha inizio col primo sparo rivoluzionario, il 10 ottobre 1911.

Note di regia

Il 10 ottobre 1911 il primo sparo delle rivolte contadine avvia una fase rivoluzionaria che porterà alla caduta dell'Impero cinese e proseguirà con le turbolenze del Novecento. Idealmente, dopo il sangue di Tienanmen, il 4 giugno 1989, finisce un'epoca. Immediatamente dopo, negli anni Novanta, sono nati i protagonisti del nostro film, alla fine di ogni rivoluzione.
L'angoscia è un sentimento sottile che può condurre a una presa di coscienza o indicare velatamente qualcosa di nascosto, di rimosso. Siamo partiti da qui per incontrare i nostri tre protagonisti – ognuno in un ambiente diverso – e per tentare di afferrare una traccia della loro esistenza nella Cina contemporanea: un luogo di contraddizioni e cambiamenti vertiginosi.
Questi ragazzi, però, non sono dei personaggi: sono prima di tutto nostri amici, nostri coetanei. Il processo del film si è svolto insieme a loro, condividendo il tempo e riflettendo sui problemi della loro esistenza, del quotidiano. Haitao perso nella sua lotta piena di dubbi contro la censura, Yixing alla ricerca dei frammenti della sua città, Yiyi nel confronto col passato della sua famiglia. Il tessuto del film è nato dall'osservazione del loro ambiente, cercando di raccogliere le situazioni nel loro "farsi". Lo sguardo era rivolto ai dettagli, agli accadimenti banali, ai vuoti che circondano le loro vite: un attraversamento progressivo che ci ha permesso di creare anche momenti di sospensione, in cui il nostro sguardo si poteva muovere più liberamente attraverso i segni del presente, nel contesto che li circondava: le

immagini della rivoluzione del 1911, il temporale improvviso di Tienanmen, la distruzione dei palazzi nella periferia di Pechino o il traghetto affondato nello Yangtze, il fiume azzurro. Per fare questo ci siamo serviti a volte di un mezzo come l'iPhone, un telefono, che permette in modo particolare di cogliere le *emergenze* della realtà esattamente come un frammento che si presenta al nostro sguardo in modo immediato, spontaneo. Un mezzo con una qualità peculiare: a volte ci siamo trovati con delle immagini molto belle, che mancavano di profondità, come se ci fosse una piattezza costitutiva. È uno schermo molto sottile, attraverso cui oggi passa, e vive, gran parte del mondo sociale, specialmente per la generazione nata dopo gli anni Novanta.

In fase di ripresa abbiamo elaborato una forma "documentaria" che ci permettesse di essere molto vicini ai nostri soggetti, prossimi, nella ricerca di un'intimità e di quello spaesamento esistenziale di cui abbiamo provato a captare il riverbero. In montaggio, invece, abbiamo lavorato sulla distanza e sulle possibilità *espressive* del linguaggio cinematografico, per seguire lo sviluppo di un senso, cercando però di restare sempre fedeli all'autenticità dell'incontro con i nostri soggetti.

Per quanto riguarda il suono abbiamo stratificato quanto più possibile i diversi campi, anche in fase di ripresa – come un secondo sguardo –, per poi ridurre al minimo gli elementi e far emergere soltanto il necessario in ogni situazione. Spesso si è rivelato essere il silenzio.

L'intenzione era di creare un racconto che non cercasse necessariamente uno sviluppo né una conclusione canonica: ogni immagine ci avvicina al senso e se ne allontana. Il film è la ricerca di questa trasformazione perpetua fino all'ultima immagine: una pozzanghera in cui si riflette il mondo capovolto, dopo la tempesta su Tienanmen, dove i suoni si confondono.

Biografie

Yan Cheng (Wuhan, Cina, 1991) vive e lavora a Pechino. Ha studiato storia e antropologia negli Stati Uniti e proseguito la sua formazione al Centro Sperimentale di Cinematografia. Autore di diversi cortometraggi in Cina, Stati Uniti ed Europa, ha sviluppato la sua ricerca nel cinema, nella fotografia e nell'arte contemporanea.

Negli ultimi anni si è occupato di documentario insieme al collega e amico Federico Francioni. I due iniziano la loro collaborazione con *Tomba del Tuffatore* (2016), presentato nella sezione Satellite della Mostra di Pesaro, e in seguito in altri festival italiani e francesi, fino alla menzione speciale Art Doc al Festival di Bellaria; e lavorano insieme al loro primo lungometraggio documentario *The First Shot*, realizzato in Cina, e vincitore come miglior film nel concorso internazionale della 53a Mostra di Pesaro. Dopo un anno trascorso ad Atene, attualmente vive a Pechino e lavora come freelance nel campo del documentario.

Federico Francioni (Campobasso, 1988) vive e lavora tra Roma e Parigi. Si è diplomato al Centro Sperimentale di Cinematografia, dopo una laurea in Storia del Cinema conseguita con una tesi su Otar Ioseliani all'Università di Roma3. Tra il 2010 e il 2013 frequenta i corsi di sceneggiatura e regia "Tracce", con lezioni di Nicola Giuliano, Paolo Sorrentino, Heidrun Schleef, Andrea Molaioli, Daniele Luchetti.

Negli ultimi anni si è occupato di documentario e cinema del reale insieme al collega e amico Yan Cheng. Nella primavera 2017 frequenta gli Ateliers Varan a Parigi e avvia un nuovo lavoro documentario in Francia. Per la casa editrice ArtDigiLand ha curato nel 2018 *Il mondo vivente. Conversazione con Eugène Green*.

Filmografia

Tomba del Tuffatore (2016, 30'); *The First Shot* (2017, 73'); *Octavia* (2018, 14'); *Rue Garibaldi* (2019, in produzione).

Flòr da Baixa

2006

Soggetto, regia, fotografia (miniDV, colore, 4:3), *montaggio, suono*: Mauro Santini; *interprete*: Monica Cecchi; *produzione*: Mauro Santini; *prima proiezione pubblica*: Torino Film Festival (Concorso), 17 novembre 2006; *durata*: 78'

Flòr da Baixa è il racconto di un viaggio che parte da Lisbona, tocca Rio de Janeiro, Marsiglia, Taranto, e riapproda nella città lusitana. È un film sull'assenza, su qualcosa che manca, sempre e ovunque: nella propria stanza come su spiagge assolate e lontane, in quartieri stranieri come su vecchi muri conosciuti. È il diario di due solitudini, di due sguardi paralleli che si posano su luoghi e corpi, attendendo di ritrovarsi e riconoscersi nello stesso sguardo, vedendo finalmente la medesima immagine dalla finestra del Flòr da Baixa.

Note di regia

Realizzato senza sceneggiatura, autoprodotto, girato camera a mano rubando nella vita di inconsapevoli attori, *Flòr da Baixa* si è composto da sé, un viaggio dopo l'altro, sulla semplice traccia della distanza e dell'assenza. Nasce dall'omonimo cortometraggio di dieci minuti del 2004, che doveva il titolo al nome di una piccola e vecchia pensione del centro di Lisbona, nella Baixa appunto, ritrovata nella coda di una ripresa in hi8, a dieci anni di distanza da un viaggio in Portogallo (secondo un metodo a me molto caro di accumulo e di ricerca delle immagini, una sorta di found footage autobiografico). Questo frammento, della durata di un secondo, dilatato e deformato, è diventato così il fulcro di quel film, nel quale era già presente il soggetto di questo lungometraggio: il distacco, l'attesa di un ricongiungimento e il sentimento di vuoto, di mancanza. Nei due anni successivi ho raccolto altro materiale a Rio de Janeiro, Taranto e Marsiglia, scoprendo le città nell'atto stesso della ripresa, lasciando che si rivelassero, avendo sempre presente il sentimento melanconico che appartiene allo sguardo del protagonista del viaggio; è stato come interpretare un sentimento attraverso gli occhi, come un attore interpreta un ruolo entrando nel personaggio: ogni cosa trovata e ripresa era un'epifania, qualcosa da conservare e da donare a qualcuno, da condividere al ritorno. Il viaggio infine conduce di nuovo a Lisbona, alla donna attesa e al Flòr da Baixa, ritrovato con grande emozione dopo dodici anni da quella prima inquadratura: luogo in cui riunire i due sguardi, come in un abbraccio tra due persone che si ritrovano dopo lungo tempo e che possono, dalla finestra dell'hotel, vedere finalmente la medesima immagine.

Biografia

Mauro Santini (Fano, Pesaro, 1965) vive e lavora a Pesaro. Dal 2000 realizza i suoi film senza sceneggiatura, accumulando immagini e documentando un vissuto quotidiano in forma diaristica. Da questo metodo nasce la serie dei Videodiari, caratterizzata da un racconto visivo in prima persona legato al tempo, alla memoria e alla ricerca di sé; fra questi *Da lontano*, vincitore nel 2002 del Torino Film Festival, Spazio Italia, rassegna che nel 2006 seleziona nel concorso internazionale il suo lungometraggio sperimentale *Flòr da Baixa*. Successivamente realizza film incentrati sul racconto delle città. Nel 2012 ha preso parte al progetto Cinema Corsaro ideato da Quarto Film, realizzando il mediometraggio *Il fiume, a ritroso* con cui ha partecipato al Festival del Cinema di Roma e, con la co-regia di Giovanni Maderna, il lungometraggio *Carmela, salvata*

dai filibustieri, lungometraggio presente alla Mostra del Cinema di Venezia, Giornate degli Autori. Nel 2013 presenta al Festival di Locarno *Attesa di un'estate*, primo episodio dei "frammenti di vita trascorsa". Numerose le partecipazioni a festival internazionali (Jeonju, Oberhausen, DocLisboa, BaficiBuenos Aires, Annecy, Rencontres Internationales Paris/Berlin/Madrid, Cinémas Différents et Expérimentaux de Paris, Mostra del Nuovo Cinema di Pesaro, tra gli altri), a rassegne di cinema sperimentale (La cité des yeux, une saison italienne – cinema d'avanguardia italiano dal 1968 al 2008, a cura di Nicole Brenez e Federico Rossin) e videoarte (Elettroshock – 30 anni di video in Italia – 1971/2001 a cura di Bruno Di Marino), gli omaggi e le personali (Jeonju, Trieste, Alba, Taranto).

Filmografia

Dove sono stato (2000, 27'); *Di ritorno* (2001, 10'); *Dietro i vetri* (2001, 9'); *Da lontano* (2002, 7'); *Fermo del tempo* (2003, 7'30"); *Petite mémoire* (2003, 6'); *Da qui, sopra il mare* (2003, 10'); *Flòr da Baixa* (2005, 10'); *Lo sguardo nascosto* (2005, 10'); *Passeggiate urbinati* (2006, 2×5'); *Un jour à Marseille* (2006, 51'); *Flòr da Baixa* (2006, 78'); *Giornaliero di città e passanti #1* (2006-2008, 58'); *Cosa che fugge* (2008, 5'); *Notturno* (2009, 7'); *Dove non siamo stati* (2010, 22'); *Carmela, salvata dai filibustieri* (co-regia Giovanni Maderna, 2012, 75'); *Il fiume, a ritroso* (2012, 51'); *Un jour avec Andrée* (2009-2013, 30'); *Attesa di un'estate* (2013, 16'); *Fine d'agosto* (2015, 21'); *Qualcosa nel passo e nello sguardo* (2017, 22'); *Giorno di scuola* (2018, in divenire); *Vaghe stelle* (2019, in divenire); *Le passeggiate* (2019, in divenire).

Formato ridotto. Libere riscritture del cinema amatoriale

2012

Regia: Antonio Bigini, Claudio Giapponesi, Paolo Simoni (Home Movies); *soggetto e sceneggiatura*: Enrico Brizzi, Ermanno Cavazzoni, Emidio Clementi, Ugo Cornia, Wu Ming 2; *fotografia* (16mm, 8mm, 9.5mm, Super8mm, HD, colore e b&n, 4:3): Home Movies-Archivio Nazionale del Film di Famiglia, *immagini raccolte nell'ambito dei progetti*: Una città per gli archivi (Fondazione Carisbo, Fondazione del Monte di Bologna e Ravenna), Film di Cassetto (Cineteca di Rimini), Cinema di Famiglia (RelabTv, Università di Modena e Reggio Emilia); *sound design*: Diego Schiavo; *musiche originali*: Massimiliano Amatruda, Massimo Carozzi, Fabio Cimatti; *montaggio*: Claudio Giapponesi; *animazione*: Luca Magi; *produzione*: Kiné, *in collaborazione con*: Agenzia di informazione e comunicazione della Regione Emilia-Romagna; *prima proiezione pubblica*: Festival Fotografia Europea, Reggio Emilia, 12 maggio 2012; *durata*: 52'

Un film collettivo che segna l'incontro tra Home Movies e un gruppo di scrittori. Enrico Brizzi, Ermanno Cavazzoni, Emidio Clementi, Ugo Cornia e Wu Ming 2 hanno elaborato dei testi originali, trovando nelle immagini dell'Archivio Nazionale del Film di Famiglia l'occasione di sperimentare nuove tecniche narrative. Grazie ad approcci molto diversi tra loro, in un'opera unica convergono cinque episodi dagli esiti sorprendenti – singoli episodi di corta durata, di volta in volta trasfigurati in saggio, racconto, cronaca e divagazione. Forme del cinema documentario accomunate da una matrice comune: il variegato universo emiliano-romagnolo.

Episodi

Il mare d'inverno di Ermanno Cavazzoni
Perché gli umani occupano questo strano spazio che è la spiaggia? Come fa il mare a riappropriarsene? Una rilettura in chiave apocalittica della vacanza al mare.

Uomini la domenica di Emidio Clementi
Il rito della partita di calcio vissuto da un gruppo di tifosi degli anni Cinquanta, rivisitato attraverso le parole di chi oggi lo osserva a distanza.

Uomo donna pietra di Enrico Brizzi
La scalata di una montagna come rito di iniziazione alla vita amorosa in un racconto di finzione costruito su immagini documentarie.

51 di Wu Ming 2
La pellicola del cineamatore Angelo Marzadori su un festival dell'Unità del 1951 origina un piccolo saggio sul comunismo in salsa italiana.

Strade di Ugo Cornia
Un viaggio personalissimo sulle strade dell'Emilia-Romagna attraverso un turbine di camera car, ricordi e musica jazz.

Note di regia

Da 15 anni Home Movies-Archivio Nazionale del Film di Famiglia salvaguarda la memoria filmica privata. Questa missione molto complessa non avviene solo attraverso la fondamentale opera di raccolta e conservazione dei materiali filmici amatoriali ma anche con la valorizzazione di questo patrimonio.
Nel caso di *Formato ridotto* la sfida è stata quella di andare oltre (senza però tralasciare) l'attività di ricontestualizzazione storica dei documenti filmici, cercando di far emergere dalle immagini delle storie possibili, delle interpretazioni e delle letture originali del passato e del presente dei luoghi da cui provengono. Per fare questo, sono stati sollecitati lo sguardo e la penna di cinque scrittori fortemente legati al territorio, lasciando che ognuno sperimentasse, a suo modo, l'incontro con il cinema amatoriale.
Questa libertà lasciata agli autori traspare dalla differenza di linguaggio, approccio, lettura e interpretazione che ciascuno ha trovato in questo incontro. Nessun episodio nasce dal semplice accostamento di due elementi paralleli. Il lavoro di scrittura, selezione e montaggio è frutto di una ricerca profonda, anche quando un documento come il film di famiglia diventa la base per un racconto di finzione.
Il film ha dato anche modo di far convergere diversi progetti che negli anni hanno fatto crescere e maturare l'esperienza di Home Movies. Le immagini utilizzate sono state infatti raccolte, digitalizzate e catalogate

grazie a progetti realizzati in ambito regionale, come Una città per gli archivi della Fondazione Carisbo e della Fondazione del Monte di Bologna e Ravenna, Film di Cassetto, realizzato in collaborazione con la Cineteca di Rimini e Cinema di Famiglia, progetto pluriennale frutto della partnership con l'Università degli Studi di Modena e in particolare con il laboratorio audiovisivo della sede di Reggio Emilia RelabTv.
Il film è stato realizzato grazie al sostegno dell'Agenzia di informazione e comunicazione della Regione Emilia-Romagna che ha contribuito in maniera determinante alla sua realizzazione. Il risultato è un viaggio sorprendente nello spazio e nel tempo, uno sguardo originale e inedito che passa dal mare alla montagna, dallo sport alla storia di vita, percorrendo le strade e i luoghi dell'Emilia-Romagna, che racconteranno la regione da prospettive diverse.

Biografie

Antonio Bigini (Urbino, 1980) viva e lavora a Bologna. È regista e curatore indipendente. Ha curato le mostre *I vestiti dei sogni. La scuola italiana dei costumisti per il cinema*, Museo di Roma (2015), *Officina Pasolini*, MAMBO, Bologna (2015-16), *Lumière! L'invenzione del cinematografo*, Sottopasso di Piazza Re Enzo, Bologna (2016-2017), *Artisti all'opera*, Museo di Roma (2017-2018).

fuorinorma

Claudio Giapponesi (Colle Val d'Elsa, Siena, 1980) vive e lavora a Bologna. È montatore e produttore. Nel 2005 fonda insieme ad altri soci Kiné, e nel 2009 diviene responsabile della sede bolognese della società, con lo scopo di promuovere lo sviluppo di progetti documentari. È stato operatore e montatore dei film *Il nemico interno. Musulmani a Bologna* (2009, 52'), *Anita* (2012, 60') e montatore e co-autore di *Come un canto. Appunti e immagini di un regista dimenticato* (2010, 25'). Ha prodotto inoltre tutti gli altri film di Kiné fino a oggi, fra cui *Il nemico interno* (2009) di Federico Ferrone e Michele Manzolini, *J'attends une femme* (2010) di Chiara Malta, *Anita* (2012) di Luca Magi, *Vacanze al mare* (2013) di Ermanno Cavazzoni, *Il treno va a Mosca* (2013) di Federico Ferrone e Michele Manzolini, *Una nobile rivoluzione* (2014) di Simone Cangelosi, *L'ombelico magico* (2015) di Laura Cini, *L'uomo con la lanterna* (2018) di Francesca Lixi .

Paolo Simoni (Bologna, 1972, dove vive e lavora) è co-fondatore e responsabile di Home Movies-Archivio Nazionale del Film di Famiglia (homemovies.it). Dal 2002 a oggi per Home Movies si è occupato principalmente di progetti volti al recupero e al riuso del patrimonio audiovisivo amatoriale. Ha curato rassegne, come Archivio Aperto (2008-2017), mostre e installazioni. Come autore e produttore ha realizzato, a nome di Home Movies, *found footage films*, edizioni e selezioni di materiali d'archivio. Inoltre ha collaborato con la Cineteca di Bologna e il Cinema Ritrovato (1999-2004), svolto attività di ricerca e di insegnamento (Università di Modena e Reggio Emilia, 2005-2015, e Università di Padova, 2016-2017) e scritto saggi sul cinema privato.

formato ridotto. libere riscritture del cinema amatoriale

Filmografie

Antonio Bigini: *Formato ridotto. Libere riscritture del cinema amatoriale* (co-regia Claudio Giapponesi, Paolo Simoni, 2012, 52'); *Ella Maillart - Double Journey* (co-regia Mariann Lewinsky, 2015, 40'); *Le proprietà dei metalli* (in preproduzione);

Claudio Giapponesi: *L'intruso* (co-regia Francesco Corsi, 2004, 10'); *Giornaluccia* (co-regia Francesco Corsi, 2004, 9'); *Come un canto. Appunti e immagini di un regista dimenticato* (co-regia Paolo Simoni, Mirko Grasso, 2010, 25'); *Formato ridotto. Libere riscritture del cinema amatoriale* (co-regia Antonio Bigini, Paolo Simoni, 2012, 52');

Paolo Simoni: *Catherine* (co-regia Mirco Santi, 2002-2013, 40'); *Circo Togni Home Movies* (co-regia Giulio Bursi, Mirco Santi, 2006, 50'); *Come un canto. Appunti e immagini di un regista dimenticato* (co-regia Claudio Giapponesi, Mirko Grasso, 2010, 25'); *Formato ridotto. Libere riscritture del cinema amatoriale* (co-regia Antonio Bigini, Claudio Giapponesi, 2012, 52'); *Miss Cinema. Archivio Mossina* (co-regia Rinaldo Censi, Ilaria Ferretti, Mirco Santi, 2015, 50').

Gesù è morto per i peccati degli altri

2014

Regia e soggetto: Maria Arena; *sceneggiatura*: Maria Arena, Josella Porto; *interpreti*: Franchina, Meri, Marcella, Alessia, Wonder, Santo, Totino e con Fabio Liotta, Monique, Grazia e i residenti del quartier San Berillo di Catania, e con l'amichevole partecipazione di Turi Zinna, Salvo Grillo, Simone Cerio; *fotografia* (HD, colore, 16:9): Fabrizio La Palombara; *operatori*: Fabrizio La Palombara, Giuseppe Consales; *fonico*: Carmelo Sfogliano; *colonna sonora originale a cura di*: Stefano Ghittoni; *musiche*: Stefano Ghittoni, Agostino Tilotta, Cesare Basile, Uzeda, Kaballà, Turi Zinna, Giancarlo Trimarchi; *montaggio*: Antonio Lizzio; *montaggio del suono*: Thomas Giorgi; *aiuto regista*: Josella Porto; *organizzatore generale*: Andrea Salomon; *produzione*: Maria Arena, Josella Porto, Invisibile Film; *con il sostegno di*: Efesto Film, Thomas Giorgi, Postoffice Reloaded; *con il patrocinio e il contributo di*: Accademia di Belle Arti di Catania; *prima proiezione pubblica*: Festival dei Popoli (concorso Panorama), Firenze, 3 dicembre 2014; *durata:* 91'

Franchina, Meri, Alessia, Marcella, Wonder, Santo e Totino sono prostitute, transessuali e travestiti che lavorano da decenni nel quartiere San Berillo di Catania, un pugno di strette vie in rovina lasciate al degrado per cinquanta anni e oggi più che mai contese da interessi economici sempre più pressanti. Qui ricevono i clienti nei "bassi", vecchie case sulla strada, ma oggi rischiano di ritrovarsi senza un tetto dove esercitare e di finire ancora più ai margini, nella strada statale Catania-Gela, un non-luogo dove i cavalcavia sormontano la campagna catanese ai piedi dell'Etna. Queste prostitute lamentano l'assenza di una legge che regoli la loro situazione e renda lecita l'esistenza di un quartiere a luci rosse di fatto ma illegale da più di cinquant'anni. Sulla scia del cambiamento nel quartiere si presenta anche un politico che propone alle prostitute rimaste di cercare nuove strade, indirizzandole verso un corso di formazione gratuito per badanti. Questa novità, che per alcuni è una "minchiata", s'innesta ma non muta i ritmi di San Berillo, in cui il tempo è scandito dalle feste dedicate a Santi e Madonne più che dalle stagioni. Come novelle Samaritane, le *buttane* di San Berillo si raccontano attraverso aperti dialoghi tra le vie del loro quartiere, rivendicano i loro diritti, presentano l'intimità delle loro famiglie e della loro solitudine davanti alla porta in attesa dei clienti. Chi sarebbero loro dopo la riqualificazione del quartiere di San Berillo? A nessuno importa, ma per tutti è facile immaginarle accanto alle maschere troppo truccate che restano impresse al guidatore nelle strade a scorrimento veloce ai margini di ogni città.

Note di regia

Per fare un film ci vogliono i soldi, diceva Godard, e aggiungo che questo vale anche per i documentari dove non ne servono molti ma quelli necessari per pagare i professionisti coinvolti. *Gesù è morto per i peccati degli altri* è un film indipendente, la cui storia comincia nel 2008. Il film è stato girato in autoproduzione, condividendo le spese con Josella Porto (sceneggiatrice), e solo a riprese ultimate, e grazie a un rough-cut, abbiamo trovato una casa di produzione, Invisibile Film, che ci ha consentito di ultimarlo. Questo film è dedicato al quartiere San Berillo di Catania e a una parte consistente delle persone che attualmente vi vivono. Lo spettatore attraverso il film trascorre insieme alle protagoniste e protagonisti un tempo particolare fatto di attese, complicità, contrasti, dialoghi e feste. La mia intenzione era quella di far condividere allo spettatore

l'esperienza da me vissuta andando al di là delle apparenze e delle etichette per scoprire una realtà così vicina e allo stesso tempo così lontana. Con questo film non do risposte ma cerco di tenere aperte le domande che mi sono posta scoprendo la realtà che il film dà a vedere. La mia formazione filosofica, come anche la mia prospettiva, l'esercizio del dubbio, mettere tra parentesi il già noto e il "pre-giudizio", fanno parte del mio modo di fare ricerca o di pensare. Maestri: Alberto Grifi e Pier Paolo Pasolini. Come tutti i catanesi conoscevo il quartiere da sempre come zona off limits ma non c'ero mai entrata. Ci sono entrata per la prima volta perché ero sulle tracce di Goliarda Sapienza, straordinaria scrittrice che nacque nel quartiere alla fine degli anni Venti. Volevo trovare la casa di Goliarda e l'ho scoperta, nessuna traccia della memoria della scrittrice. L'attuale proprietario della casa mi ha proposto di fare un giro per il quartiere e mi ha presentato diverse persone, per la maggior parte prostituti, prostitute e trans. Sono stata catturata dall'umanità che mi è stata presentata e dall'indomani per due anni sono tornata nel quartiere da sola con la mia telecamera per prendere appunti nell'intenzione di fare un film. Ho dichiarato subito le mie intenzioni ma sono stata sempre dissuasa, c'era molta diffidenza nei miei confronti, fino a quando dopo i due anni di solitario sviluppo e ricerca sono riuscita a farmi accettare. Ho deciso sulla base di quello che avevo visto di scrivere un canovaccio insieme alla sceneggiatrice Josella Porto. Dopo tre anni di frequentazione del quartiere, non avendo vinto bandi e senza produttori che credessero nel progetto, abbiamo iniziato le riprese in autoproduzione con una piccola troupe, direttore della fotografia Fabrizio La Palombara. Il film è stato girato in tre momenti dell'anno, luglio, febbraio e aprile, stabiliti in base a cose che avevo visto accadere e che volevo scandissero il film. Abbiamo girato in totale circa un mese. La scelta dello stile di ripresa, con camera a mano, e della troupe ridotta ha reso la nostra presenza meno invadente e allo stesso tempo ci ha consentito di cogliere momenti di vita proprio grazie al fatto che le attrezzature cinematografiche si disponevano a favore di un mondo che si dispiegava e non al contrario. Il montaggio, curato da Antonio Lizzio, ha avuto tempi lunghi, circa un anno, disseminati in settimane intense e lunghe pause. Ciò mi ha consentito di rivedere il materiale costantemente durante le pause e di scoprire la possibilità di restituzione non solo di storie e fatti ma anche di una forma di tempo, un tempo esistenziale sospeso, di attesa. L'attesa infatti è la cifra nel tappeto di questo film, in seno alla storia, si tratta dell'attesa dei clienti, ma questa attesa ha un significato più ampio e il film è pervaso da un'atmosfera sospesa che riguarda una temporalità che non si riduce al tempo cronologico. L'attesa di cui parlo è quella di un riconoscimento che non è solo affettivo bisogno ma riconoscimento sociale e politico. Le protagoniste del film appartengono a due categorie sociali fragili in quanto al lavoro che svolgono e in quanto appartenenti a minoranze sessuali e di genere. Entrambe queste categorie a fatica sono incluse nella società. Come direbbe Franchina parlando delle trans: «Avete mai visto una trans autista di autobus o che lavora alla posta?». Lo spazio di apparizione delle trans, ma vale anche per le prostitute in Italia, non è contemplato nella sfera pubblica perché non sono conformi alle norme dominanti di riconoscimento. In ciò il film dà diritto di apparizione e rende condivisibili oltre che visibili queste persone, anche se loro non rivendicano verbalmente questa richiesta ma persistono e resistono nell'attesa di un riconoscimento. Il tono e lo stile del racconto rispettano e rispecchiano il carattere delle protagoniste dotate di un'ironia dissacrante e pura. Dietro ogni risata c'è una verità e questa verità spinge sempre i suoi interlocutori a riflettere sulla realtà. Franchina, Meri, Alessia, Marcella, Wonder, Totino e Santo: l'attenzione è sulla loro quotidianità, dentro e fuori dal quartiere. *Gesù è morto per i peccati degli altri* è un racconto intimo di una vita ai margini che permette allo spettatore di qualsiasi nazionalità di identificarsi, pur non perdendo la peculiarità di una storia del sud Italia, dove la natura e i luoghi non sono solo semplici suggestioni scenografiche ma protagonisti e tratti assoluti della storia. Sogni e paure, desolazione e allegria, trasgressione e preghiera, invidia e compassione sono le diverse emozioni raccolte nel quartiere di San Berillo e che il documentario cerca di restituire allo spettatore. Proprio queste suggestioni sono alla base della scelta delle musiche per la colonna sonora, curata da Stefano Ghittoni, in cui s'intende dar corpo alle diverse atmosfere con l'ausilio della collaborazione artistica di musicisti catanesi, appartenenti a diversi generi musicali, che conoscono il quartiere e hanno mostrato sensibilità per l'argomento trattato. In tutti gli anni di lavorazione il titolo che ha accompagnato il film è stato *Le belle di San Berillo* ma poi a film finito ho sentito la necessità di cambiare in base a quello che era il film reale e non il progetto. È stato Stefano Ghittoni (colonna sonora) a consigliare il titolo attuale, frase rock perché "Jesus died for somebody's sins..." è la prima strofa di *Gloria* di Patti Smith. Perfetto, perché le persone e le storie raccontate hanno un legame originale con la fede, non necessariamente con la religione cattolica ma con il Cristo e la sua parola. Molte di loro si sentono "ultimi" ma non necessariamente peggio di chi si prostituisce nei vari significati che questa parola può evocare, ad esempio per far carriera, aderendo alla corruzione per soldi, usando cariche pubbliche per interesse personale. In *Gesù* le persone raccontate nel film trovano qualcuno che parla di amore in un senso totale che le include malgrado le loro scelte e la loro diversità.

Biografia
Maria Arena (Catania, 1967) vive e lavora a Milano dove si è laureata in Filosofia e diplomata in regia alla Scuola Civica di Cinema. È autrice e regista. *Gesù è morto per i peccati degli altri* è il suo primo lungometraggio. Ha realizzato cortometraggi, videoclip, videoinstallazioni, spettacoli teatrali e performance. Docente in Digital Video, dal 2004 presso l'Accademia di Belle Arti di Catania, dal 2012 alla Scuola di nuove tecnologie dell'arte di Brera, dal 2015 all'Accademia di Belle Arti di Palermo.

Filmografia
Ania 7542 (1992, 4'); *Prima della prima* (1995, 18'); *Varagghi* (1998, 4'); *Occhi neri* (1999, 5'); *Vi(s)viva* (2000, 8'); *Catania City Blues* (2001, 5'); *Sei tu* (2001, 4'); *Il cinema degli elementi* (2001, 40'); *False Start* (2001, 4'); *Tunnel* (2003, 4'); *No Problem* (2005, 4'); *This Is What You Are* (2006, 3'); *Thank You* (2007, 5'); *Hear Us Now* (2007, 4'); *Io/la religione del mio tempo* (2007, 5'); *Stepsody* (2007, 4'); *Ceremony* (2007, 20'); *Desertogrigio* (2008, 20'); *Due o tre cose che so di lei* (2008, 20'); *Viaggiatore solitario #1* (2011, 30'); *Trasformazioni* (2012, 3'); *Perfection* (2012, 20'); *Gesù è morto per i peccati degli altri* (2014, 91'); *Franchina* (2015, 3').

The Good Intentions
Le buone intenzioni, 2017

Regia, soggetto e sceneggiatura: Beatrice Segolini, Maximilian Schlehuber; *interpreti*: Beatrice Segolini, Lorella Segolini, Stefano Segolini, Michele Segolini, Paolo Segolini; *fotografia* (HD, colore, 16:9 e 4:3 per i film di famiglia): Maximilian Schlehuber; *suono*: Aaron Beitz; *montaggio*: Beatrice Segolini; *produzione*: Zelig, Scuola di documentario, televisione e nuovi media, Bolzano; *prima proiezione pubblica*: Sguardi Altrove Film Festival, Milano, 16 marzo 2017; *durata*: 84'

Dopo sette anni passati lontano, Beatrice torna a casa con la sua film crew. La sua è una missione difficile: rompere il tabù che vige sulla violenza del padre. Ma parlarne con la madre e i fratelli maggiori non è semplice: l'argomento è delicato; tutti temono di ferire il padre assente, e presto l'intera famiglia comincia a mettere in dubbio le intenzioni di Beatrice. Ma lei continua a domandarsi: perché si continua a negare l'evidenza? Perché nessuno ha mai parlato della violenza e della manipolazione psicologica? Di cosa ci si sente in colpa? Cosa hanno fatto tutti questi anni di rimozione a questa famiglia? Sarebbe giusto incontrare il padre e confrontarlo? È possibile fare pace con il passato?

Note di regia
Dopo anni di violenza fisica e psicologica, nostro padre se ne è andato di casa per andare a vivere da solo in un camion, circondato solamente dai suoi cavalli. Poco tempo dopo me ne sono andata anche io. Mia madre e i miei due fratelli più grandi invece sono rimasti lì. Mi sono sempre chiesta se dietro la sua scelta di autoesiliarsi ci fosse la consapevolezza della sua pericolosità.
Sono passati sette anni e i contatti che ho avuto con lui e con il resto della mia famiglia sono stati pochi e superficiali. Mentre io investivo molta energia nell'elaborare e superare i traumi del passato, diventava sempre più frustrante vedere che il resto della mia famiglia si comportava ancora come se niente fosse, come se il tempo si fosse fermato. Ciò nonostante, riconoscevo chiaramente in loro la mia stessa sofferenza. Vedevo un grande e paralizzante senso di colpa nascosto sotto il tentativo di rimuovere il dolore del passato e mi faceva soffrire vedere i miei cari ancora intrappolati nelle dinamiche di allora. Non potevo lasciare i miei fratelli invecchiare inconsapevoli, schiacciati dal mai nominato spettro delle violenze subite.
Incapace di accettare tutto questo, ho deciso che era giunto il tempo di ritornare a casa, stavolta non da sola ma con la mia film crew, per iniziare finalmente un dialogo sul passato.

Biografie
Beatrice Segolini (Brescia, 1991) vive e lavora tra il Belgio e la Germania. Nel 2010 si trasferisce a Trento per studiare sociologia e focalizzarsi sulla ricerca qualitativa, sulla psicologia sociale e sull'antropologia. Negli stessi anni organizza workshop per formare la società civile alla realizzazione di piccoli documentari a tema sociale. Si laurea nel 2014 con la tesi *Compromessi in movimento: l'antropologia visuale nei documentari di Bateson & Mead*. Nel 2016 si diploma alla Scuola di Cinema Documentario Zelig di Bolzano.
Maximilian Schlehuber (Amburgo, 1990) dove vive e lavora per Arte-Geo 360°. Negli anni del liceo partecipa a uno scambio culturale di un anno in Argentina. In seguito lavora come apprendista sound recordist (Arte-Geo

360°, in Brasile e Kenya) e come assistente operatore (ufa Fiction, *Unsere Mütter, unsere Väter*; *Der Turm*). Nel 2016 si diploma in cinematografia alla Scuola di Cinema Documentario Zelig di Bolzano.

Filmografie
Beatrice Segolini: *Armami Ancora* (2014, 15'); *Really NTHNG* (2014, 10'); *The Good Intentions* (coregia Maximilian Schlehuber, 2017, 84');
Maximilian Schlehuber: *Janus* (2013, 7'); *By the End of October* (2014, 17'); *Pit u Negr* (2014, 5'); *Ananya* (2014, 17'); *Hinter dem Vorhang* (2015, 25'); *The Good Intentions* (coregia Beatrice Segolini, 2017, 84'); *Die Wassernormaden vom Sambesi* (2017, 52').

I'm in Love with my Car

Sono innamorato della mia automobile, 2017

Regia, soggetto e sceneggiatura: Michele Mellara, Alessandro Rossi; *interventi*: gli alunni della 4a elementare della scuola Marsili di Bologna, Franco La Cecla, Andreas Zapatinas, Dindo Capello, Chris Bangle; *fotografia* (HD, colore e b&n, 16:9 e 4:3 per il repertorio, talvolta con logo): Michele Mellara; *suono*: Alessandro Rossi; *montaggio del suono e mix:* Fabio Viana Coggiola; *musiche originali*: Nicola Bagnoli; *montaggio*: Marco Duretti, Michele Mellara, Alessandro Rossi; *grafica e animazioni*: Niccolò Manzolini; *produzione*: Mammut Film, Ilaria Malagutti, *con il contributo di*: Fondo Audiovisivo della Regione Emilia Romagna e del Piemonte Doc Found; *con il supporto di*: Programma Media della Comunità Europea; *prima proiezione pubblica*: Biografilm Festival, Bologna, 15 giugno 2017; *distributore internazionale:* First Hand Film; *distributore per l'Italia:* Mammut Film; *durata*: 71'/52'; parzialmente in inglese e in francese con sottotitoli in italiano

L'automobile ha segnato più di un secolo di storia umana. Il diffondersi dell'automobile ha cambiato il modo di vivere, di nutrirsi, di muoversi, di immaginare delle società umane. L'automobile più di ogni altro oggetto ha modificato antropologicamente l'essere umano, ha cambiato la sua percezione del mondo. Attraverso i Cinque Sensi entriamo in contatto con gli oggetti e la realtà che ci circonda. *Udito, olfatto, tatto, vista, gusto* non sono soltanto la risposta biologica a delle necessità fisiologiche degli uomini, sono l'essenza di ogni individuo. I cinque sensi, ossia la natura biologica umana, si sono ridefiniti, plasmati su quanto le automobili ci hanno imposto, sono stati trasformati radicalmente. L'uomo che si è modificato per adattarsi all'autovettura presto dovrà trasformarsi di nuovo. Il modello sociale fondato sull'autovettura è profondamente in crisi. Inquinamento, crisi economica, aumento dei costi dei carburanti, danni alla salute e affermazione di nuovi modelli di sostenibilità urbana basati su localismo e condivisone stanno accelerando questo processo di trasformazione sociale. Sarà un cambiamento complicato e di vastissima portata. Occorrerà ripensare interamente al modo di muoversi, di viaggiare e quindi di vivere.

Note di regia

La struttura narrativa segue l'impianto che ha caratterizzato i nostri precedenti film. Il nostro stile e la nostra curiosità privilegiano temi di vasta portata e di grande attualità trattati su scala internazionale e per un pubblico di tutto il mondo. *I'm in Love with my Car* costruisce un percorso di conoscenza e comprensione del tema centrale del film – il rapporto uomo-autovettura in un contesto urbano – sfruttando vari elementi narrativi che, combinati tra loro, rendono più coinvolgente ed efficace il racconto: accostamenti emozionali, la potenza evocativa di immagini e suoni, la suggestione tramite l'archivio (ufficiale e privato) storico e contemporaneo, l'immedesimazione con le vicende dei protagonisti nei singoli capitoli. *I'm in Love with my Car* rappresenta un importante tassello nella nostra personale ricerca sui grandi temi della globalizzazione. Ricerca che abbiamo iniziato con *Le vie dei Farmaci* e proseguito con *God Save the Green*; tutti questi sono film-documentari importanti per meglio comprendere il nostro presente.

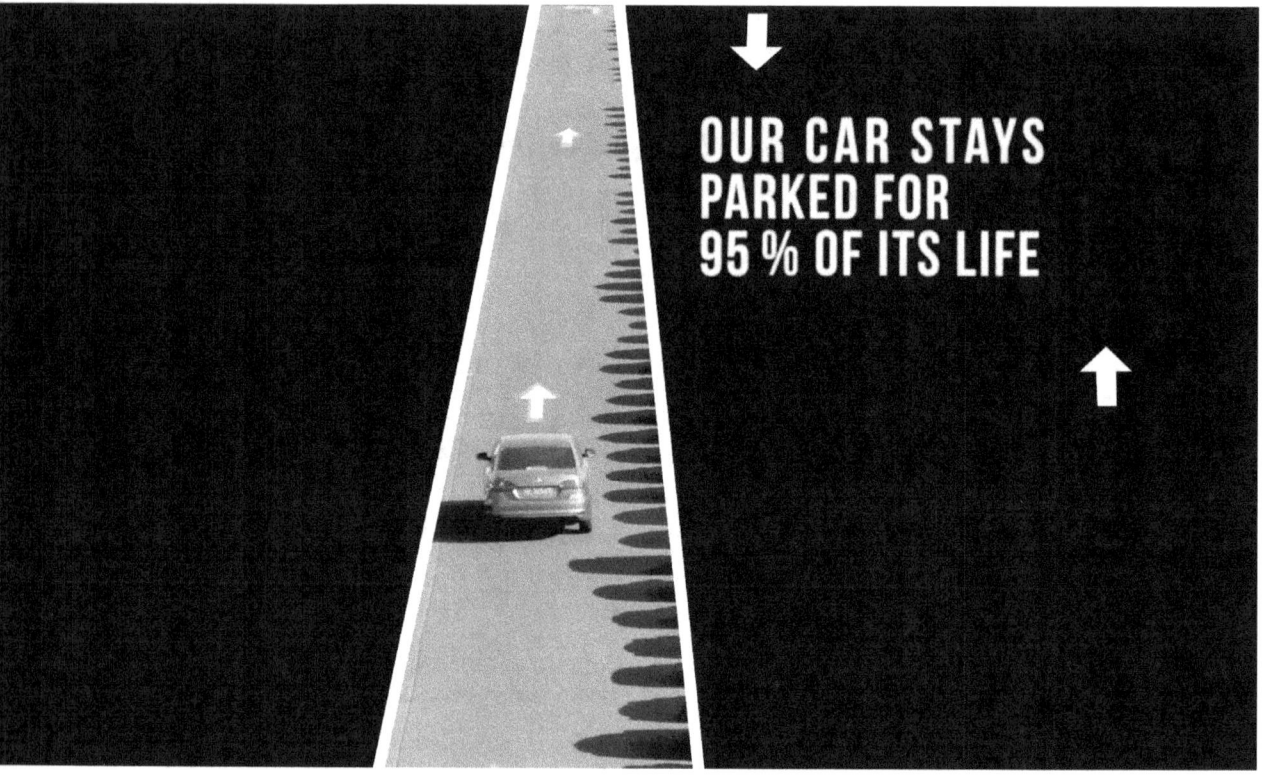

Biografie

Michele Mellara (Bologna, 1967) e Alessandro Rossi (Bologna, 1970) vivono e lavorano a Bologna. Entrambi autori, registi e ideatori di eventi culturali, lavorano insieme in un solido sodalizio artistico da circa 15 anni. Cimentandosi, con una buona dose di eclettismo, nel cinema, nel documentario creativo, nel teatro e nella creazione di eventi, il loro originale percorso artistico è stato riconosciuto dal pubblico e dalla critica sia a livello nazionale che internazionale. Si laureano entrambi con lode al DAMS di Bologna, Mellara inoltre alla LFS (London Film School).
Hanno scritto e diretto il loro film di finzione *Fortezza Bastiani*, che si è aggiudicato il Premio Solinas per la miglior sceneggiatura ed è stato selezionato nella cinquina del David di Donatello come miglior regista esordiente. Negli anni hanno scritto sia per la televisione (*La squadra* per RAI 3) che per il cinema. Per i loro progetti hanno collaborato con vari autori e scrittori, tra questi Loriano Macchiavelli, Ermanno Cavazzoni, Paolo Nori ed Emidio Clementi. Dal 2003 hanno iniziato il loro originale percorso come filmmaker nel cinema documentario. I loro film-documentari sono stati trasmessi nel mondo da emittenti televisive di oltre cinquanta paesi.
Hanno ricevuto importanti riconoscimenti e premi a numerosi festival sia in Italia che all'estero. Sono tra i pochissimi documentaristi italiani che hanno visto le loro opere avere una circuitazione cinematografica in sala. Sono stati tra i fondatori della DE-R (Associazione dei Documentaristi dell'Emilia-Romagna) e membri del direttivo di Doc/it (Associazione Nazionale dei Documentaristi Italiani). Insegnano, come Professori a contratto, all'Università di Bologna e curano laboratori e seminari per altre Università e Istituzioni culturali. Inoltre sono, insieme a Francesco Merini e Ilaria Malagutti, soci fondatori e attivi della Mammut Film.

Il loro ultimo documentario *I'm in Love with my Car* ha ottenuto il contributo Media per lo sviluppo, il supporto del Piemonte Doc Fund e quello della Regione Emilia-Romagna; è stato preso in listino – unico titolo italiano – da un prestigioso distributore internazionale, First Hand Film, ed è stato presentato in anteprima mondiale al Biografilm Festival e accompagnato dagli autori in sala in molte città italiane. Ultimamente hanno scritto il loro secondo lungometraggio di finzione, *Paradais*, progetto di co-produzione tra Mammut Film e Jole Film ora in fase di sviluppo. Si sono aggiudicati il bando Migrarti, indetto dal MiBAC, per la realizzazione di un cortometraggio di finzione, *L'incontro,* che è stato presentato alla 74a Mostra del Cinema di Venezia.

Filmografia

Fortezza Bastiani (2002, 110'); *Domà. Case a S. Pietroburgo* (2003, 27'); *Paradiso terrestre. Gente del Cilento* (2005, 30'); *Un metro sotto i pesci* (2006, 58'); *I pescatori del Delta* (2007, 27'); *Le vie dei farmaci. Health for Sale* (2007, 52'); *La febbre del Fare. Bologna 1945-1980* (2010, 83'); *Morris' Bag* (2012, 2'); *God Save the Green* (2012, 73'/52'); *Pascoliana* (2014, 30'); *Terra persa. Storie di Land Grabbing in Sardegna* (2015, 30'); *I'm in Love with my Car* (2017, 71'/52'); *L'incontro* (2017, 15'); *Vivere, che rischio. La precaria vita di Cesare Molteni* (2018, 86'); *Paradais* (in preproduzione).

El impenetrable
L'impenetrabile, 2012

Regia: Daniele Incalcaterra, Fausta Quattrini; *soggetto e sceneggiatura*: Daniele Incalcaterra, Fausta Quattrini; *interpreti*: Daniele Incalcaterra; *fotografia* (HD, 35mm, colore, 16:9): Fausta Quattrini, Daniele Incalcaterra, Cobi Migliora; *suono e sound design*: Agustín Alzueta, Luciano Bertone, Sakyo Hiraiwa, Dominique Vieillard; *musiche originali*: Pablo Gignoli; *montaggio*: Cathrine Rascon; *produzione*: Daniele Incalcaterra, Richard Copans, *in collaborazione con*: Daniele Incalcaterra Inc., Les Films d'Ici; *prima proiezione pubblica*: Mostra di Venezia (Fuori concorso), 29 agosto 2012; *durata*: 95'; in spagnolo con sottotitoli in italiano

Un vero western in una delle ultime terre vergini da colonizzare nel mondo, il Chaco paraguayano. Daniele Incalcaterra vuole creare una Riserva naturale dei 5000 ettari ereditati da suo padre, ma i suoi vicini (le compagnie di petrolio e gli allevatori di vacche che distruggono la foresta) non sembrano troppo favorevoli a questa idea…

Note di regia
El impenetrable è un documentario narrativo in cui racconteremo la storia di 5000 ettari di foresta vergine nel cuore del Chaco paraguayano che intendiamo restituire ai Guaraní-Ñandevas, il popolo originario di questa terra.
In *El impenetrable* sono contemporaneamente regista e personaggio principale del film. Quella che racconto è la mia storia, e il cinema è il mio mestiere. Si tratta di una soluzione obbligata e però molto feconda, il vero motore del film. Grazie anche al contributo della co-regista Fausta Quattrini, la storia è raccontata da un punto di vista esterno in modo da evitare scivolamenti soggettivi, e la storia è ancorata a un vero e proprio personaggio. Le sue azioni e i suoi incontri, le sue vittorie e le sue sconfitte, le sue convinzioni e i suoi dubbi contribuiscono a dare una forma drammaturgica al mio percorso personale.
La dialettica regista-attore è resa ancor più evidente dall'uso di una voce narrante che esprime le mie riflessioni. La distanza che separa un uomo solo dagli schiaccianti meccanismi economici ha una natura tragica ma è resa con un certo umorismo. Lo iato è talmente grande che non si può che sorriderne. Non si dice forse che «l'umorismo è la gentilezza della disperazione»?
In questa intenzione sono stato facilitato dalla scelta di mettere in gioco il mio corpo: ciò che accade nella realtà si riflette su di me. Apparire sullo schermo corrisponde all'assunzione di rischi molto reali, e d'altra parte la mia peculiare fisicità facilita un rapporto amichevole con lo spettatore, che ha modo di farsi un'idea propria della storia raccontata nel film e di prendere la posizione che meglio crede.
Se il senso generale della storia è chiaro, la sceneggiatura di *El impenetrable* sin dall'inizio è rimasta aperta, pronta a seguire cronologicamente gli accadimenti a cui il montaggio ha dato la loro forma finale.

Biografie
Daniele Incalcaterra (Roma, 1954) vive e lavora tra Locarno, Parigi e Buenos Aires. Dopo aver studiato ingegneria e matematica all'Università di Buenos Aires e insegnatovi matematica e fisica presso la scuola Alessandro Manzoni, si dà alla fotografia, svolgendo reportage fotografici in diversi paesi africani.

Tra il 1984 e il 1985 inizia a occuparsi di documentari presso gli Atelier Varan di Parigi, di cui diventa co-direttore nel biennio 1988-89. Nel 1991 fonda, insieme a Philippe Grandrieux, la società di produzione Voleur. Dal 1993 al 1995 è nuovamente responsabile per diversi atelier di cinema documentario, tra cui La Fémis di Parigi e sempre il Varan, e nel 1997 per l'Atelier Video di Palermo. Nel 2000 fonda a Buenos Aires la società Daniele Incalcaterra Producciones e continua la sua attività come responsabile degli Atelier Varan a Bogotá, Lisbona e Marsiglia (2000-2004). Nel 2012 ripropone un corso sul documentario alla Fémis.

Tra i suoi lavori sono: *Tierra de Avellaneda* del 1993, sui *desaparecidos* argentini e il caso di Karina Manfil; *Repubblica nostra* del 1995, che racconta da vicino il delicato passaggio dell'Italia dalla Prima alla Seconda Repubblica, soffermando la propria indagine su Tangentopoli e il primo governo Berlusconi; *FaSinPat. Fábrica sin patrón* del 2004, che indaga la realtà di una fabbrica di ceramiche nella provincia di Neuquèn in Argentina. *El impenetrable* del 2012 fa parte della selezione ufficiale fuori competizione della Mostra di Venezia e vince, tra l'altro, il premio per il miglior film al Festival de Biarritz (sezione Amérique Latine).

Nel 2015 Filmmaker di Milano gli dedica una personale con un libro, *I set della realtà. I film di Daniele Incalcaterra*, a cura di Luca Mosso.

Fausta Quattrini (Locarno, 1964) vive e lavora tra Locarno e Buenos Aires. Segue studi di danza contemporanea e si laurea in architettura nel 1991 alla ETH, la scuola tecnica superiore di Zurigo. Lavora come interprete per diverse compagnie di teatrodanza in Francia e Svizzera. È co-fondatrice dell'Atelier Video di Palermo e dal 1996 attiva come documentarista autodidatta.

Inizia una feconda collaborazione con Daniele Incalcaterra nel 2003 col documentario *Contra site*, che fa parte della selezione Nuovi Territori della Mostra di Venezia, la quale prosegue con *El impenetrable* nel 2012 e continua con la loro ultima collaborazione nel 2017: *Chaco*.

Il suo documentario *La nación Mapuce* del 2007 vince, tra l'altro, il premio per il miglior documentario italiano al Torino Film Festival.

Filmografie

Daniele Incalcaterra: *Dernier état* (1984, 27'); *Deux ou trois bières* (1984, 27'); *Tu ne sais même pas ouvrir un yaourt* (1985, 15'); *Solange Margeruite la mémoire bleue* (1986, 47'); *I rouge, U vert, O bleu* (co-regia Mariana Otero, 1987, 30'); *Portraits de Français* (1989, 40'); *Chapare* (1990, 62'); *Place Rouge. Live* (1991, 62'); *Tierra de Avellaneda* (1993, 90'); *Repubblica nostra* (1995, 78'); *Posso darle un facsimile?* (collettivo, 1996, 73'); *Solo d'amour* (2001, 52'); *Contr@site* (co-regia Fausta Quattrini, 2003, 90'); *FaSinPat. Fábrica sin patrón* (2004, 64'); *El impenetrable* (co-regia Fausta Quattrini, 2012, 95'); *Chaco* (co-regia Fausta Quattrini, 2017, 106');

Fausta Quattrini: *Posso darle un facsimile?* (collettivo, 1996, 73'); *Mandala 999* (2000, 69'); *Traces fossilisées* (2001, 26'); *Al di là* (2001, 60'); *Baiser de secours* (2002, 6'); *Locarno Sessions* (2002, 31'); *Organizaciones horizontales* (2003, 70'); *Contr@site* (co-regia Daniele Incalcaterra, 2003, 90'); *Epicentro Vallegrande* (2005, 79'); *La nación Mapuce* (2007, 96'); *El impenetrable* (co-regia Daniele Incalcaterra, 2012, 95'); *Chaco* (co-regia Daniele Incalcaterra, 2017, 106').

Io sono Tommaso

2018

Regia e sceneggiatura: Amedeo Fago; *ideazione*: Amedeo Fago e Lia Francesca Morandini; *con*: Tommaso, Giovanni e Rita; *fotografia* (HD, colore, 16:9 anche per i film di famiglia): Paolo Pisanu. Raoul Torresi; *suono*: Lucio Toma; *musica*: "Kyrie" dalla "Petite messe solennelle" di Gioachino Rossini (1863); *montaggio*: Andrea d'Emilio, Alessandro Santamaria Ferraro; *produzione*: FAMOSA S.A.S.; *prima proiezione pubblica*: Extra Doc. CityFest, Roma, 18 marzo 2018; *durata*: 80′

Tommaso è un giovane che vive il problema della tossicodipendenza. Il documentario racconta la sua storia e quella della sua famiglia attraverso interviste, momenti di vita quotidiana e brani di vecchi film di famiglia. Realizzato nell'arco di alcuni anni è il risultato di incontri, di coinvolgimenti e di vivaci discussioni nell'ambito di un'amicizia di lunga data...

Note di regia

L' intervista a Tommaso non era nata con intenti cinematografici in senso stretto. L'idea era quella di fornire a un giovane amico, figlio di amici, l'occasione per compiere un percorso di autocoscienza che lo aiutasse, attraverso la memorizzazione audiovisiva, a consolidare la consapevolezza della propria condizione di tossicodipendenza e della necessità di uscirne. Nel corso degli incontri settimanali, che si sono svolti ormai parecchi anni fa nella loro casa ai Parioli, si è manifestata la necessità di contrapporre dialetticamente la testimonianza di Tommaso con quella dei suoi genitori. E poi i momenti reali di vita quotidiana che ho avuto l'opportunità di riprendere e il ricco archivio di video e di fotografie che mi è stato messo a disposizione dal padre di Tommaso hanno portato quasi spontaneamente alla costruzione di una narrazione cinematografica.

Biografia

Amedeo Fago (Roma, 1940, dove vive e lavora) è architetto e autore di cinema e di teatro. Ha iniziato la sua carriera come scenografo, collaborando, in oltre 40 film, con Marco Bellocchio, Fabio Carpi, Emidio Greco, Carlo Lizzani, Nanni Moretti, Elio Petri, Lina Wertmüller e molti altri. Come autore ha realizzato 12 film, tra cui *La donna del traghetto*, che ha partecipato al 39° festival di Cannes nella Semaine de la Critique, e numerosi spettacoli teatrali, tra cui, nel 1978, *Risotto*, che continua a riscuotere uno straordinario successo internazionale. Ideatore e fondatore, nel 1973, del Centro Culturale "Il Politecnico" di Roma, è stato per 5 anni docente di Teoria e tecnica del linguaggio cinematografico presso la facoltà di architettura dell'Università di Roma "La Sapienza". Ha inoltre diretto, con Morando Morandini, dal 2004 al 2013, il Laura Film Festival di Levanto. I suoi lavori più recenti sono: lo spettacolo teatrale *Pouilles, le ceneri di Taranto* che ha debuttato a Parigi nel marzo 2015 e i due film documentari *Il Politecnico, una storia romana degli anni Settanta* e *Io sono Tommaso*, vincitore, come miglior documentario inedito, dell'Extra Doc. CityFest di Roma.

Filmografia

Il gorilla quadrumano (1975, 20′); *Se ho un leone che mi mangia il cuor* (1977, 50′); *La donna del traghetto* (1986, 85′); *Il '77, potere dromedario* (1987, 60′); *La pizza* (1990, 10′); *Risotto* (1991, 40′); *Tra due risvegli* (1992, 90′);

Giochi d'equilibrio (1997, 100′); *A Laura...* (2004, 45′); *Polaroid* (2005, 65′); *Ale e Vale* (2014, 50′); *Il Politecnico, una storia romana degli anni '70* (2017, 72′); *Io sono Tommaso* (2018, 80′); *Francesco Serrao, viaggio all'interno di me stesso* (in preproduzione).

Jointly Sleeping in Our Own Beds
Dormendo insieme ciascuno nel proprio letto, 2017

Regia, soggetto, sceneggiatura, fotografia (HD, colore, 16:9) *e montaggio*: Saverio Cappiello; *interpreti*: Saverio Cappiello, Pauline Vossaert; *suono*: Saverio Cappiello, Gabriele Cardullo; *produttore*: Saverio Cappiello; *produzione e distribuzione*: generazione @; *prima proiezione pubblica*: Mostra di Pesaro (Satellite), 20 giugno 2017; *durata*: 63′; in inglese con sottotitoli in italiano

È possibile ai giorni nostri innamorarsi di qualcuno che non si è mai incontrato? Per sette mesi il regista ha raccolto diversi video e materiale audio da una relazione a distanza con Pauline. Il film è la testimonianza dell'alba e tramonto di un'esperienza amorosa, cresciuta nel tempo affrontando i problemi della vita quotidiana.

Note di regia
Jointly Sleeping in Our Own Beds è un film che nasce spinto dall'urgenza di raccontare una nuova realtà che si sta dipanando davanti ai nostri occhi.
Nel film seguo il personaggio controverso e affascinante di Pauline, una modella non professionista in una storia d'amore con il regista del film stesso, un filmmaker del Sud Italia che vive a Milano. Entrambi i personaggi, all'età di ventitre anni, provano a tirare avanti con lavori saltuari, spinti sì da un'utopia e un'energia giovanile, ma ridimensionati da una condizione di precarietà e di infelicità cronica.
La peculiarità del film sta nel fatto che i due personaggi non si sono mai incontrati nella realtà e che stanno sviluppando un legame a distanza grazie a sistemi di messaggistica virtuale quali Skype, whatsapp e altri ancora. Il film, però, non è una riflessione sulla pericolosità o, al contrario, sui vantaggi che queste nuove tecnologie portano nei legami odierni ma si limita semplicemente ad assumerli come fatti reali. Piuttosto il film racconta di un'esperienza amorosa, quasi magica, che è riuscita a crescere e poi appassire in questa nuova realtà, affrontando la quotidianità, la bellezza e i problemi della vita.
Il film non poteva che essere concepito se non con un montaggio di costruzione attraverso il quale, a fondo di mesi di riprese tra l'alba e il tramonto della relazione, si è potuto dare un'onesta e completa diegesi dei due personaggi.
Personalmente mi piace pensare e vedere *Jointly Sleeping in Our Own Beds* come un film sulla magia, non solo per le circostanze che l'hanno reso possibile e nemmeno per gli strumenti che hanno annullato la distanza di migliaia di chilometri fra i personaggi. *Jointly Sleeping* è un film sulla magia perché a volte tradisce il reale e si esprime con l'anagogia, con una tensione sciocca verso quello che non è, ovvero l'universale. L'urgenza del racconto infatti non nasce solamente dalla voglia di raccontare la realtà, ma anche dalla voglia di sbarazzarsene a volte. Lo stesso contrasto che, ad esempio, si può notare quando in alcuni momenti il film, che di certo non è costruito su una buona qualità d'immagine e un'elaborata estetica, tende a diventarlo, ingenuamente, come se non si potesse fare altrimenti.
È per questo che, per me, *Jointly Sleeping in Our Own Beds* è un film sulla magia e l'inevitabile.

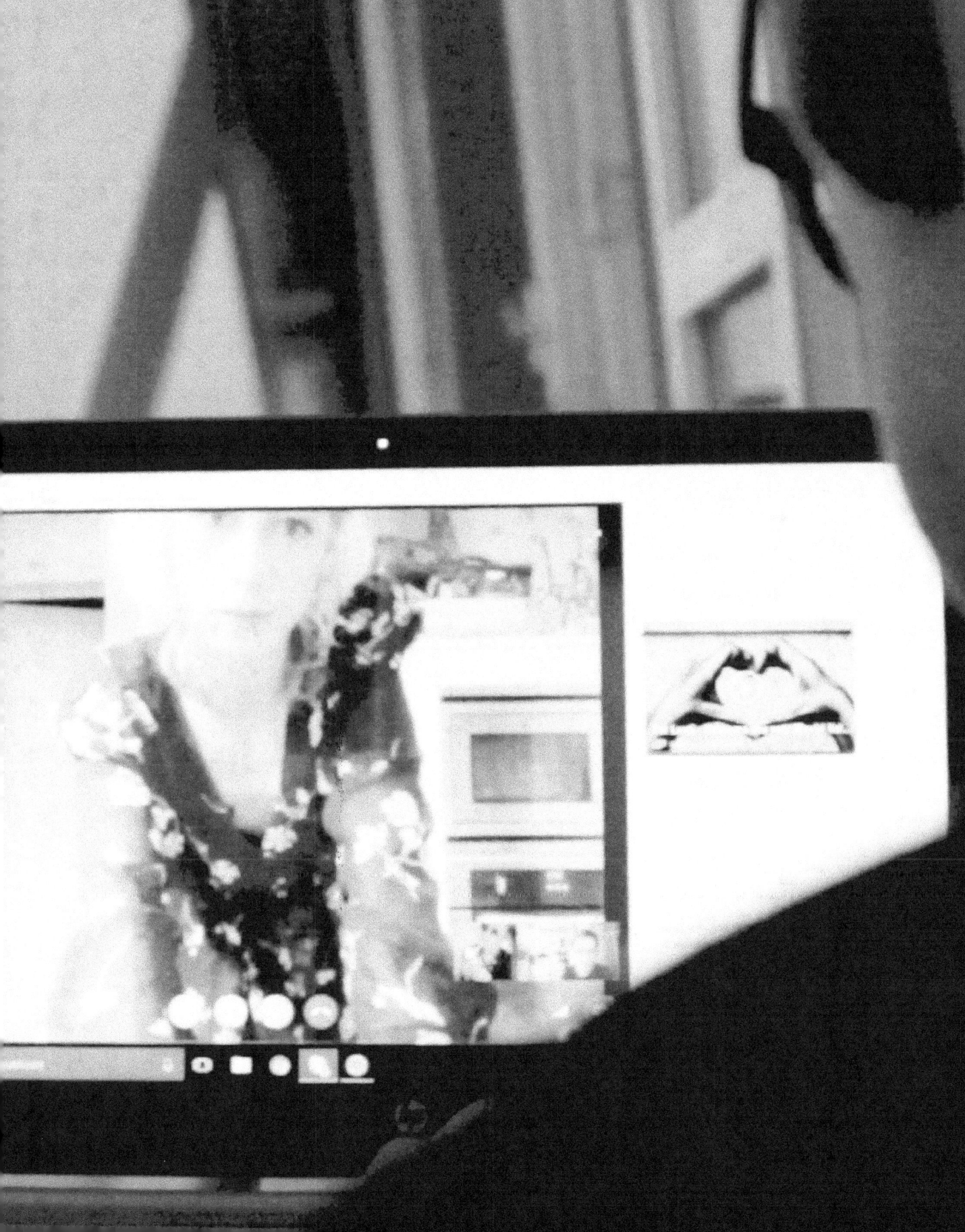

Biografia
Saverio Cappiello (Bitonto, Bari, 1992) vive e lavora a Milano, dove si trasferisce dopo aver conseguito la laurea in Lettere a Bari. Si diploma nel 2017 con una tesi in Antropologia visuale. Ha collaborato come scrittore per diverse riviste e blog di letteratura.

Filmografia
La vita mia (2016, 6′); *Jointly Sleeping in Our Own Beds* (2017, 63′); *Mia sorella* (ep. di *Enzitetto*, 2018, 15′); *Home Is Where I Am* (2019, 50').

Lepanto. Último cangaceiro

2017

Regia: Enrico Masi; *sceneggiatura*: Enrico Masi e Stefano Migliore; *interpreti*: Mike Wells, Marie Billegrav, Inalva Mendes Brito, Urutau Guajajara, Paulo Thiago de Mello, Ash Ashaninka; *fotografia* (16mm, Digital Cinema, DV, colore, 16:9): Giuliana Fantoni e Stefano Croci; *suono*: Jacopo Bonora; *musica*: Zende Music con Teresio Testa e Laura Loriga; *montaggio*: Giuseppe Petruzzellis; *produzione*: Caucaso e Università di Bologna; *prima proiezione pubblica*: Sala Trevi, Roma, 21 gennaio 2017; *durata*: 71'; in inglese e portoghese con sottotitoli in italiano

Parte della trilogia brasiliana dell'autore, a sua volta fa parte di un progetto di ricerca sull'impatto dei mega eventi condotto tra il 2011 e il 2016. La ricerca si è svolta tra Londra, Rio de Janeiro, São Paulo, Berlino e Bologna, in campi diversi come la fotografia, la ricerca accademica tra sociologia, pedagogia, geografia umana e storia, la musica, con la collaborazione di numerosi studi di registrazione e musicisti. La produzione è stata sostenuta dall'Università di Bologna e dalla società cooperativa Caucaso, centro di formazione e produzione di cinema alternativo e di ricerca. Il film si pone come strumento di riflessione sulla realtà contemporanea, muovendosi tra cronaca post-coloniale e la storia d'amore di Michael e Marie, più intima e personale. Protagonista è Michael J. Wells, già interprete del documentario precedente *The Golden Temple*. La sua voce racconta l'impatto dei giochi olimpici sul territorio della città, inteso come spazio vitale e umano. La battaglia di Lepanto, evocata nel titolo, ricorda uno scontro di civiltà epocale, in questo caso lo scontro tra movimenti di resistenza brasiliani e fautori del grande evento olimpico. Il film adotta la tecnica narrativa della fiaba e mostra la metamorfosi del protagonista in ultimo *cangaceiro*, figura mitica di brigante combattente nel Brasile della fine dell'Ottocento. Accoglie inoltre l'insegnamento della Pedagogia dell'Oppresso di Paulo Freire, importante filosofo brasiliano, costretto all'esilio durante la dittatura militare.

Note di regia

Ciò che ho tentato con questo film – che talvolta ancora mi sfugge e si rivela soltanto in brevi attimi durante la visione, quando è ancora possibile cogliere l'emozione collettiva che si sprigiona in una sala cinematografica – è mettere in discussione una volta di più il meccanismo di trasmissione narrativa. Questo tentativo provocatorio era in me una necessità di superamento di un ostacolo, di una boa, di uno spartiacque. Oltre quel punto mi sarei liberato. Devo ammettere che per quanto la nostra condizione di autori, giovani e turchi, ci abbia permesso un elevatissimo numero di ore dedicate alla discussione, all'elaborazione astratta dei concetti storici e concreti che trattavamo nel complesso della trama del film, il massimo risultato lo abbiamo raggiunto nelle relazioni umane intercorse durante questa avventura. Ora davanti a noi è un nuovo spartiacque da superare.

Biografia

Enrico Masi (Bologna, 1983, dove vive e lavora) è regista e musicista italiano. Il suo primo cortometraggio è *La situation est claire* (2007), realizzato a Parigi e montato all'interno del DAMS di Bologna. *Khalid* (2009), suo secondo lavoro documentario, riceve una menzione speciale al CNR di Roma e viene presentato in diversi festival. Nel 2012, il primo documentario di lungometraggio *The Golden Temple* viene presentato alle Giornate degli Autori. Nel 2014 il documentario *Sinai* viene presentato al Festival di Torino, mentre il documentario *Muro*

basso, sul tema dei beni confiscati alle mafie, viene trasmesso da RAI e RSI-Svizzera. Nel 2016 viene proclamato dottore di ricerca in pedagogia all'Università di Bologna, con una tesi sull'impatto sociale dei grandi eventi nel contesto urbano. Nello stesso anno esce la trilogia brasiliana, formata da *Lepanto*, *História do futuro* e *Terra sem males*. Affianca l'attività di cineasta a quella di formatore presso la struttura della cooperativa Caucaso, della quale è fondatore, e alla costante ricerca storica e fenomenologica.

Filmografia

La situation est claire (2007, 19′); *Khalid* (2009, 19′); *Giussano - Instant North Blues* (2010, 25′); *Dangerline* (2010, 6′); *Ulisse futura* (2011, 23′); *In Calabria o Del futuro perduto* (2012, 14′); *I colonnelli di Roma* (2012, 25′); *The Golden Temple* (2012, 70′); *Sinai. Un altro passo sulla Terra* (2014, 28′); *Muro basso. Se la decrescita è anche uno spazio* (2014, 53′); *Lepanto. Último cangaceiro* (71′), *História do futuro* (55′) e *Terra sem males* (16′) (2013-2016, 142′ totali); *Per legittima difesa* (2017, 20'); *Shelter. Farewell to Eden* (2019, 80'); *A proposito di Levi* (co-regia Alessandra Lancellotti, 2019, 85', in post produzione).

Love Is All. Piergiorgio Welby, Autoritratto

2015

Regia e fotografia (full HD, colore, 16:9 e 4:3 per quasi tutti i film di famiglia), *produzione*: Francesco Andreotti, Livia Giunti; *voci*: Emanuele Vezzoli (voce di Piergiorgio Welby), Marco Cappato, Mario Riccio, Mina Schett Welby, Carla Welby; *musiche originali*: Tommaso Novi; *montaggio e suono*: Francesco Andreotti; *color correction*: Vincenzo Marinese; *testi, fotografie, dipinti e disegni*: Piergiorgio Welby; *produzione*: SANTIFANTI; *prima proiezione pubblica*: Festival dei Popoli (Panorama, in concorso), Firenze, 4 dicembre 2015; *durata:* 59'

L'immagine di un uomo inerte a letto, attaccato al respiratore polmonare che con una voce sintetica chiedeva al Presidente della Repubblica di poter morire, entrò nelle case degli italiani nel settembre del 2006. Pochi mesi dopo quell'uomo, inascoltato dalla politica e dalla giustizia, decise di prendersi ciò che gli apparteneva e aiutato dai famigliari e dagli attivisti radicali morì, sottraendosi a una vita che per lui era divenuta una tortura atroce e incessante. È passato più di un decennio dall'irruzione nei palinsesti di quell'immagine che è divenuta l'icona della lotta per i diritti civili e per l'autodeterminazione dei cittadini. *Love Is All* racconta la storia dell'uomo che si cela dietro a quell'icona e lo fa attraverso gli scritti, le narrazioni, le poesie, i dipinti e le sperimentazioni fotografiche di quello stesso uomo.

Note di regia

L'idea di fare un documentario su Piergiorgio Welby è nata per puro caso.

Nell'autunno del 2006, il video di un uomo che chiedeva al Presidente della Repubblica il diritto di essere lasciato morire era entrato in casa attraverso il telegiornale. Quell'immagine però non era bastata a farci soffermare sul suo significato profondo; per quanto forte o scioccante fosse, non era riuscita a distoglierci dalle nostre occupazioni del momento.

Nuotando distratti nel mare di immagini in cui, un po' per scelta un po' perché inevitabile, eravamo immersi, avevamo classificato quella visione come la solita intrusione della tv nella vita delle persone. Vedevamo una cornice e dei colori ma senza andare oltre. Non sapevamo che dietro c'era una precisa volontà comunicativa e un impegno politico di anni.

In dicembre poi Welby aiutato dai radicali e dall'anestesista Mario Riccio ottiene di essere lasciato andare e per qualche giorno la sua icona è riproposta dai telegiornali, attenti a non rovinare le feste degli italiani, giusto il tempo di una comparsata, per poi lasciare il posto alla sarabanda delle mille altre icone destinate alla effimera ribalta televisiva, non ultima quella della pubblica esecuzione di Babbo Natale/Saddam.

Qualche tempo dopo, insieme a un amico ornitologo, stavamo facendo delle riprese ai falchi che abitano i cieli della capitale e ci siamo imbattuti in un blog di *birdwatchers* del quale Piergiorgio era stato assiduo frequentatore e acuto animatore durante l'ultimo anno della sua vita. Sul forum del sito infatti Piergiorgio, insieme a molti altri curiosi, osservava attraverso una webcam la vita dei falchi pellegrini Aria e Vento che vivono da anni sul tetto della Sapienza di Roma. È in quel momento che abbiamo iniziato a domandarci che cosa si celasse dietro quell'icona che tornava con irruenza alla nostra mente sulle ali del falco pellegrino. È stato bello a quel punto cambiare prospettiva, smettere di spiare gli uccelli con sguardo da ornitologi e cominciare a scrutare gli uomini con occhi d'uccello. E così un intero mondo ci si è rivelato in tutta la sua drammatica vitalità.

Poi è arrivata Mina che ci ha aperto le porte del tempio, perché di un tempio si tratta la vita di Piero. Pittura, fotografia, letteratura, politica, filosofia, in sintesi amore per la vita e per la libertà. Quell'immane mole di stimoli culturali e fisiologici che noi volevamo ordinare in un film però scappava da ogni parte, rifiutava di farsi incasellare, come l'ippogrifo non si voleva far prendere al lazzo e così, a mano a mano che si penetrava nell'edificio, nuove visioni scaturivano e andavano a cozzare con le vecchie trasformandole e trasformando le nostre intenzioni in un gioco di continue metamorfosi alle quali ci siamo volentieri abbandonati.

È così che il film si è trasformato in una serie di videoinstallazioni, che a loro volta hanno dato lo stimolo per un ciclo di presentazioni dei libri di Welby, per poi tornare, dopo nove anni, ad assumere l'originaria struttura di film documentario. Questa ha infine inglobato nuove installazioni, animazioni, musiche e altre forme d'arte e di rappresentazione, sulla scia dell'attitudine di Welby al collage, al gioco di semplici giustapposizioni dalle quali far scaturire irriducibile il pensiero.

Un film-ritratto dunque, che come solitamente accade si è avventurato sulle tracce del proprio soggetto e ha rischiato a tratti di perdersi in una selva piena di materiali disparati e di tranelli insidiosi. Alla fine però, come per magia, i pezzi si sono messi ad andare a posto da soli, tanto che sembrava che noi fossimo lì a eseguire un progetto già predisposto. Per questo ci è piaciuto definire il film un ritratto che tende all'autoritratto.

Biografie

Francesco Andreotti (Pisa, 1969, dove vive e lavora) è regista e insegnante di ripresa presso il corso di laurea in Discipline dello spettacolo e della comunicazione dell'Università di Pisa. Ha lavorato come operatore video e direttore della fotografia per le televisioni. Alla metà degli anni Novanta è ad Amsterdam per studiare l'opera di Joris Ivens e scrivere la tesi di laurea; nel 1996 frequenta una Masterclass di regia cinematografica con Paolo Benvenuti. Nel 1999 è stato assistente alla regia di Jem Cohen sul set del film *Amber City* e nel 2002 ha fondato la casa di produzione SantiFantiFilm. Ha realizzato documentari a tematica storica, scientifica, artistica e di indagine sociale presentati in numerosi festival. Tra questi, *L'occhio e il pendolo* (1999, coregia di Lorenzo Garzella) ha vinto i premi Primo Assoluto e Lezioni di Cinema al Backstage Festival di Bologna; *Le radici della resistenza* (2005) è stato proiettato alla Camera dei Deputati per i settant'anni dalla Liberazione; *Le armonie nascoste* (2008) ha vinto il Gran Premio della Giuria al Rome DocScient 2009 per il miglior documentario italiano di divulgazione scientifica e una menzione speciale al festival Vedere la Scienza di Milano. È cofondatore della rivista «Quaderno del Cinemareale». Il suo primo lungometraggio documentario, *Love Is All. Piergiorgio Welby, Autoritratto* (coproduzione e coregia di Livia Giunti, 2015), è stato presentato in anteprima mondiale al 56° Festival dei Popoli (sezione Panorama, in concorso) e come Evento Speciale a InVideo, 26a Mostra internazionale di cinema e video, oltre che alla Camera dei Deputati in occasione del decennale della morte di Welby nel 2016. Ha inoltre ottenuto una menzione speciale ai Nastri d'Argento 2017 ed è stato selezionato dalla FICE per i "Racconti italiani". Nel 2018 è andato in onda nella trasmissione "Fuori Orario" di RAI 3.

Livia Giunti (Livorno, 1977) vive e lavora a Pisa. Si è formata come documentarista presso gli Ateliers Varan di Parigi ed è dottore di ricerca in Storia delle Arti Visive e dello Spettacolo (PhD sull'analisi del film con strumenti digitali). Ha ideato e organizzato alcuni laboratori di videodocumentazione sociale e rassegne sul cinema documentario italiano. Nel 2011 ha partecipato al corso di alta formazione in regia cinematografica "Fare Cinema" diretto da Marco Bellocchio e ha rifondato la casa di produzione SANTIFANTI con Francesco Andreotti. È stata presidente dell'Associazione Documentaristi Toscani ed è cofondatrice della rivista «Quaderno del Cinemareale». Attualmente sta realizzando un format video sulle attività di ricerca dell'Università di Pisa (*Raccontare la ricerca*) e insegna "Cinema e territorio" presso il corso di laurea in Scienze del Turismo dell'Università di Pisa. Con il corto documentario *H d'O. Histoires d'eau* (Ateliers Varan, 2004) ha vinto il primo premio al Premio Arte Donna "Trame di futuro" 2009. Il suo primo lungometraggio documentario, *Love Ia All. Piergiorgio Welby, Autoritratto* (coproduzione e coregia di Francesco Andreotti, 2015), è stato presentato in anteprima mondiale al 56° Festival dei Popoli (sezione Panorama, in concorso)

e come Evento Speciale a InVideo, 26a Mostra internazionale di cinema e video, oltre che alla Camera dei Deputati in occasione del decennale della morte di Welby nel 2016. Ha inoltre ottenuto una Menzione Speciale ai Nastri d'Argento 2017 ed è stato selezionato dalla FICE per i "Racconti italiani". Nel 2018 è andato in onda nella trasmissione "Fuori Orario" di RAI 3.

Filmografia

Tam Tam Video. Videolettera semiseria di varia umanità di Francesco Andreotti (1995, 36'); *I Feel* di Livia Giunti (2000, 5'); *Enrico Fermi* di Francesco Andreotti (2001, 36'); *Psicoterapia* di Livia Giunti (2002, 7'); *Firenze-Auschwitz-Firenze* di Francesco Andreotti (2003, 40'); *La mia Cina* di Livia Giunti (2003, 40'); *Fibonacci, il Leonardo pisano* di Francesco Andreotti (2003, 40'); *Piccole stragi. L'estate del '44 nel padule di Vecchiano* di Francesco Andreotti e Mario Mantilli (2004, 59'); *H d'O. Histoires d'eau* di Livia Giunti (2004, 11'); *Le radici della resistenza. Donne e guerra, donne in guerra. Carrara, Piazza delle Erbe, 7 luglio 1944* di Francesco Andreotti (2005, 47'); *Livorno: due o tre cose che so di lei* di Livia Giunti (2006, 29'); *La tua invidia è la mia forza* di Livia

Giunti (2006, 14'); *Il Giardino de' Semplici. L'orto botanico a Pisa tra arte e scienza* di Francesco Andreotti (2006, 23'); *Il frutto della castagna* di Francesco Andreotti e Livia Giunti (2006, 21'); *Le armonie nascoste. Federigo Enriques nella cultura d'Europa* di Francesco Andreotti (2008, 60'); *Piergiorgio e Mina Welby: un punto di vista* di Francesco Andreotti e Livia Giunti (2008, videoinstallazione); *Gradi di coscienza* di Francesco Andreotti e Livia Giunti (2009, videoinstallazione); *Così Müller dipingeva* di Livia Giunti (2011, 13'); *Voyage au cœur de la peinture. Alfredo Müller 1869-1939* di Livia Giunti e Hélène Koehl (2013, 20'); *Love Is All. Piergiorgio Welby, Autoritratto* di Francesco Andreotti e Livia Giunti (2015, 59'); *N A T U R A L E – il Teatro delle Ariette* di Livia Giunti (2018, 57').

Macbeth neo film opera

2017

Regia, adattamento, montaggio, arrangiamenti elettronici e postproduzione: Daniele Campea; *soggetto*: da *Macbeth* di William Shakespeare; *interpreti*: Susanna Costaglione (*Macbeth*), Irida Gjergji Mero (*Lady Macbeth*), Franco Mannella (*Macduff*), Claudio Di Scanno (*Banquo*) e con la partecipazione degli allievi dell'Accademia Teatrale Arotron (Pianella) e dell'Associazione teatrale Il posto delle fragole (Popoli); *fotografia* (2K digitale, b&n, scope): Federico Deidda; *suono*: Daniela Di Placido; *musiche di repertorio*: Giuseppe Verdi da *Macbeth, Requiem, Te Deum* eseguite dall'Orchestra e coro dell'Accademia di Santa Cecilia, Roma, dir. Thomas Schippers (1964) e dalla NBC Symphony Orchestra, Robert Shaw Chorale, dir. Arturo Toscanini (1951-1954); *musiche originali*: Daniele Campea; *scenografie, costumi, trucco e oggetti di scena*: Gianni Colangelo Mad, Antonella Pal; *prodotto da*: Creatives e Fondazione Pescarabruzzo; *direttore di produzione*: Teresa Di Viesti; *prima proiezione pubblica*: 63° Festival di Taormina, 6 luglio 2017; *uscita nelle sale*: 14 giugno 2018; *distribuzione*: Distribuzione Indipendente; *durata*: 49'

Dalla tragedia di William Shakespeare. Macbeth ascolta la profezia delle tre streghe che gli annunciano l'imminente conquista del trono di Scozia, precipitandolo in una spirale di violenza, solitudine e follia senza ritorno. Una nuova visione del capolavoro di Shakespeare, in un incontro tra cinema, teatro e opera.

Note di regia

Il film è stato girato in un bianco e nero "espressionista", accentuando i chiaroscuri, le ombre, le ambientazioni allucinate e ponendo l'attenzione sui volti degli interpreti prima ancora che sui loro corpi. I primi piani, che scrutano la psiche dei personaggi, si alternano a immagini della natura di ampio respiro, per sottolineare la provvisorietà dell'uomo e delle sue ambizioni di fronte a ciò che lo circonda e lo sovrasta. La struttura portante del film si basa sull'uso del montaggio e dei suoni, in un rapporto inscindibile: la musica non si limita a fare da colonna sonora alle immagini ma le immagini stesse creano una "colonna visiva" per le musiche, la recitazione si basa su precise scansioni ritmiche e ogni elemento sonoro si amalgama completamente con la sua controparte visiva. Uno dei maggiori riferimenti per questa nuova interpretazione è l'antica tragedia greca, nella quale parola, musica e danza raggiungono la massima simbiosi. Questa l'essenza del Neo Film Opera.
Per la prima volta sullo schermo Macbeth è interpretato da una donna, l'attrice teatrale Susanna Costaglione, che plasma un personaggio androgino, sospeso in un mondo da incubo, divorato dalla sua solitudine. Nel cast anche l'attore e doppiatore Franco Mannella nel ruolo di Macduff, la musicista e attrice Irida Gjergji Mero in quello di Lady Macbeth e il regista teatrale Claudio Di Scanno in quello di Banquo. Le scenografie, i costumi e gli oggetti di scena sono opera dell'artista Gianni Colangelo Mad e di Antonella Pal, che si sono ispirati all'immaginario steampunk anche con l'ausilio di materiali di risulta.
Il film è stato realizzato in maniera indipendente e con un budget ridotto, girato nel 2016 per la maggior parte in una ex fabbrica abbandonata nel comune di Popoli e in varie location all'interno dei parchi naturali d'Abruzzo, in soli otto giorni di riprese, mentre il montaggio ha richiesto oltre sei mesi di lavoro. All'infuori dei personaggi principali, il resto del cast è composto da attori non professionisti alla loro prima esperienza cinematografica.

Il film ha ricevuto una recensione entusiastica su «Filmcritica», è stato inserito dal critico cinematografico Alessandro Cappabianca nella classifica dei 10 migliori film del 2016 ed è citato nel nuovo libro di Cappabianca *Metamorfosi dei corpi mutanti* edito da Timìa. «Al suo primo lungometraggio, Daniele Campea affronta il tema/Macbeth, già trattato da una serie di giganti del cinema (Welles, Kurosawa, Polanski, Béla Tarr) e dei suoi dintorni (Carmelo Bene), arrivando a un risultato di assoluta originalità. Prima cosa che viene in mente, di fronte al suo *Macbeth neo film opera*: non ha niente a che fare col cinema italiano corrente, anzi, non ha niente a che fare con le pratiche correnti del fare cinema oggi, in Italia e fuori. È un oggetto speciale, che sembra provenire da un altro mondo, o da un altro tempo» Alessandro Cappabianca (estratto).

Biografia

Daniele Campea (Popoli, Pescara, 1982) vive e lavora a Sulmona. È un regista, compositore e sceneggiatore. È laureato in filosofia contemporanea e ha realizzato cortometraggi presentati e premiati in numerosi festival internazionali, oltre a video installazioni, videoclip e documentari. Inizia fin da bambino ad appassionarsi di musica e cinema, crescendo con la consapevolezza che questi due mondi hanno un legame strettissimo tra loro. Il suo lavoro si basa sull'unione di linguaggi diversi ma complementari, tra i quali cinema, teatro e opera, con una forte predominanza della musica e del montaggio come elementi caratterizzanti. *Macbeth neo film opera* è il suo primo lungometraggio e al tempo stesso il manifesto di un nuovo genere, il *neo film opera*, fondato sull'esaltazione dei rapporti tra musica e immagine e sulla ricerca di un potente impatto emotivo.

Filmografia

Ritratto dal vero (2011, 15'); *La vittima* (2012, 12'); *Baùll* (2014, 15'); *Macbeth neo film opera* (2017, 50'); *Le Baccanti* (2019, in preproduzione).

Mancanza-Purgatorio

2016

Regia, soggetto, fotografia (HD, Super8, b&n e colore per l'inquadratura finale, 16:9), *art director, body painting e acquerello*: Stefano Odoardi; *interpreti*: Angélique Cavallari (*l'Angelo*) e 17 abitanti del quartiere Sant'Elia di Cagliari (*gli Abitanti della Terra*); *voce narrante*: Sebastiano Filocamo; *suono in presa diretta abitanti della terra*: Giovanni Corona; *sound design*: Kamila Wójcik; *musiche originali*: Andrea Manzoli (*violoncello*: Fernando Caida Greco); *missaggio*: Jan Willem van den Brink; *montaggio*: Gianluca Stuard; *direttrice di produzione*: Tiziana Forte; *prodotto da*: Stefano Odoardi e Gianluca Stuard; *produttore associato*: Jan Willem van den Brink; *produzione*: O film, Strike FP, con il sostegno di Fondazione Sardegna Film Commission, Comune di Cagliari, Regione Autonoma della Sardegna; *prima proiezione pubblica*: cinema Odissea, Cagliari, 25 ottobre 2016; *durata*: 84'

Mancanza-Purgatorio è il secondo film della trilogia *Mancanza*. È un film non scritto. In un ipotetico Purgatorio contemporaneo un Angelo naviga su un cargo che trasporta container in un viaggio verso l'ignoto mentre un gruppo di esseri umani si trova in un non luogo in attesa della possibile salvezza. È un film sull'Errare inteso nel suo doppio significato di Sbagliare e Vagare.

Note di regia
Volevo collocarmi come regista in un contesto indefinito, privandomi di punti di riferimento. Ho deciso quindi di muovermi solamente sulla base dell'intuizione e ricorrendo a tutte le limitazioni del dubbio per poter creare un'opera di cinema di linguaggio (Stefano Odoardi).
Per questo capitolo il regista ha dipinto degli acquerelli astratti che sono diventati l'effettiva scrittura per immagini del film. Gli acquerelli sono stati utilizzati durante le riprese e poi anche nella fase di montaggio curato da Gianluca Stuard e per la scrittura delle musiche composte da Andrea Manzoli. Sono stati esposti a Cagliari in occasione della mostra "Il Di/Segno del Cinema Italiano" curata da Giona A. Nazzaro e nel 2017 in una mostra personale a Milano.

Biografia
Stefano Odoardi (Pescara, 1967), regista e artista visivo, vive e lavora tra l'Italia e l'Olanda. Ha realizzato diversi cortometraggi e lungometraggi premiati in vari festival internazionali. Nel 2007 realizza il suo primo lungometraggio, *Una ballata bianca*, presentato nella selezione ufficiale del 36° Rotterdam International Film Festival e distribuito in Olanda e in Italia. Ha diretto nel 2010 il mediometraggio *Tunnel Vision*, prodotto dalla Tv olandese VPRO. Nello stesso anno riceve dal Jenjou International Film Festival (Sud Corea) il premio come migliore work in progress per il suo film *Mancanza-Studio*. Nel 2014 gira a L'Aquila *Mancanza-Inferno* presentato nella selezione ufficiale del 42° Rotterdam International Film Festival e alla Biennale di Venezia 2014, settore Musica. Nel 2014 gira a Parigi il film breve *La pluie*. Nel 2016 gira a Cagliari *Mancanza-Purgatorio*, seconda parte della trilogia. Il suo nuovo film *Dark Matter*, prodotto dalla neonata Superotto Film Production SRL, fondata da Gianluca Stuard e Stefano Odoardi nel 2017, è attualmente in fase di preproduzione. È in preparazione la terza parte della trilogia, *Mancanza-Paradiso*. Sul suo cinema sono state organizzate varie retrospettive in Italia e all'estero. La critica nazionale e internazionale si è spesso occupata del suo cinema.

Filmografia

Cortometraggi: *Nel nostro primo mondo* (1998, 8'); *Ad occhi chiusi* (1999, 9'); *La terra che non è* (2000, 18'); *Storia di b.* (2002, 24'); *La Terra nel cielo* (2003, 14'); *Esilio della bellezza* (2005, 9'); *Utopia concreta della Terra* (2005, 18'); *La pluie* (2014, 11'); *La nuit* (in produzione);

Mediometraggi: *Tunnel Vision* (2010, 50'); *Mancanza-Studio* (2011, 57');
Lungometraggi: *Una ballata bianca* (2007, 78'); *Mancanza-Inferno* (2014, 73'); *Mancanza-Purgatorio* (2016, 84'); *Mancanza-Paradiso* (in produzione); *Dark Matter* (in preproduzione).

Il mattino sorge ad est

2014

Regia: Stefano Tagliaferri; *soggetto*: Antonio Bellati; *sceneggiatura*: Antonio Bellati, Stefano Tagliaferri; *interpreti*: Benedetto Codega (*Menàl*), Albrina Pomoni (*Catina, detta ól Catòi*), Antonio Bertoldini (*Colcìne*), Giovanni Bellati (*Basamüür*), Nicola Pomoni (*Saràche*), Nicola Fazzini (*Mortadèle*), Bebo Fazzini (*Mòro, l'oste*), Giovanni Sanelli (*Tòni*), Scolastica Pomoni (*Bète*), Marilena Berera (*Meneghìne*), Maria Grazia Bellati (*Rita*), Amedeo Gianola (*Nècio*), Clara Tenderini (*Martìne*), Marzia Gianola (*Lüzìe*); *fotografia* (full HD, Canon 5D Mark II, colore, scope [2.25:1]) *e montaggio*: Angelo Guarracino; *suono*: Ivano Gianola; *musica*: Francesco Sacchi; *produzione*: Associazione Culturale Il Corno; *prima proiezione pubblica*: Premana (Lecco), 18 luglio 2014; *durata*: 89'; in dialetto premanese con sottotitoli in italiano

Nella tarda primavera del 1895 Domenico Ruffoni, detto Menàl, giunge a Premana dalla Val Gerola. Rimasto vedovo da un anno, è spinto in quei luoghi dalla sua professione di bergamino e dalla speranza di trovare una donna con cui risposarsi. Il Menàl è famoso in paese per essere una persona molto facoltosa. Il consistente gruzzolo di denaro che porta sempre con sé attira l'attenzione di un gruppetto di muratori che, assetati dalla voglia di smettere di lavorare e dedicarsi all'eterna baldoria, preparano un piano per cercare di derubarlo. Nella faccenda viene coinvolta una donna brusca e solitaria, ól Catòi, che durante la sua permanenza estiva sull'alpeggio ha il compito di avvicinare l'uomo, proporsi in moglie e, una volta ammansito, agevolare la rapina. Inizialmente la donna vede nella parte di bottino spettante la possibilità di sopravanzare nella comunità, ma inaspettatamente l'incontro con quell'uomo risveglia in lei nuovi sentimenti, orientando la vicenda verso un dramma inevitabile.

Note di regia e fotografia

La realizzazione di un film ambientato nella Premana di fine Ottocento ha dovuto affrontare diversi ostacoli che ne hanno fortemente condizionato l'aspetto e lo stile. In primo luogo, la naturale scomparsa di un paesaggio conforme con l'epoca ha costretto a condensare la storia all'interno di scenari delimitati. Una sequenza di quadri che suggeriscono l'atmosfera di un tempo attraverso il richiamo degli ultimi angoli conservati, lasciando la libertà allo spettatore di completare quelle vedute e immaginare quel mondo anche oltre la cornice dell'inquadratura. La sceneggiatura da cui si è partiti ha subito poche modifiche rispetto all'impianto originale, rispettando l'intenzione dell'autore nel dare risalto ai dialoghi nel caratteristico dialetto premanese, vero e proprio fulcro del lavoro nel suo complesso. Gli interpreti principali sono stati scelti da Antonio Bellati tra i suoi compaesani, individuando in loro quelle caratteristiche umane e comportamentali che più si avvicinavano a quelle dei personaggi dell'epoca. Il mio approccio con gli attori è stato mirato a ricercare non tanto una loro interpretazione, quanto piuttosto ad accompagnare la loro immedesimazione nei ruoli ricercando la loro semplice e naturale spontaneità. La scelta di utilizzare un montaggio non lineare delle sequenze è stata essenziale per rendere omogeneo il racconto e soprattutto per favorire le emozioni che si susseguono, dando così risalto non tanto alla rievocazione fine a se stessa del passato, ma piuttosto all'interpretazione di un'atmosfera generata dai ricordi, universalmente condivisa. (Stefano Tagliaferri)

Uno degli aspetti più interessanti e delicati nell'affrontare la realizzazione delle immagini di un film ambientato in un'epoca storica così lontana dalla nostra è sicuramente quello di riuscire a rendere sensazioni ed emozioni attraverso un vero e proprio affresco visuale. È stato molto affascinante provare a dimenticarsi di un tipo di illuminazione artificiale come quella dei giorni nostri e immaginare invece di dover ragionare con quei pochi elementi di luce propri di una società contadina di fine Ottocento. Lo studio di come la luce naturale fosse preziosa e fondamentale per scandire il ritmo delle giornate e della vita di quegli uomini mi ha condotto ad approfondire tutto un tipo di pittura ottocentesca, fatta di vedute e interni domestici, dove la luce racconta, disegna e dialoga con i protagonisti dei dipinti. La stessa forza espressiva e narrativa dei colori di una luce naturale ho voluto trasmetterla agli ambienti utilizzati per il film: luoghi in cui tutto ciò che è in scena o che è invece assente e viene suggerito e anticipato dall'assenza della luce ha un ruolo ben preciso in funzione della storia. Così tutte le inquadrature e le scelte compositive si spogliano del loro aspetto meramente estetico per diventare funzionali a questo modo di raccontare le

forme e la luce nel film, un modo più lento, più statico, più concettuale, sicuramente più simile alla pittura e a come si possono leggere i quadri. (Angelo Guarracino)

Biografia
Stefano Tagliaferri (Lecco, 1978, ma cresciuto a Pagnona, in Alta Valsassina) vive e lavora a Milano. Dopo il diploma in fotografia all'Istituto Europeo di Design, lavora come assistente e postproduttore in studi fotografici e agenzie pubblicitarie. Durante un seminario di sceneggiatura scopre il piacere per la scrittura e nel 2012 si diverte a fondere le sue due passioni, autoproducendo il mediometraggio *Ora cammina con me*, premiato con la menzione speciale al xix Film Festival della Lessinia e selezionato in concorso al Babel Film Festival 2013 di Cagliari.

Filmografia
Ora cammina con me (2012, 45′); *Il mattino sorge ad est* (2014, 89′).

Memorie. In viaggio verso Auschwitz

2014

Regia, fotografia (HD, colore, 16:9), *suono e montaggio*: Danilo Monte; *interpreti*: Roberto Monte, Danilo Monte, Salvatore Monte, Irma Mucci, Tullio Monte, Jessica Serioli, Gabriel Monte, Lorena Grigoletto, Laura D'Amore, Simona Tilenni, Famiglia Marinello; *postproduzione audio*: Sergio Longhitano; *musica*: Massimo Arvat; *produzione*: Laura D'Amore, Danilo Monte; *prima proiezione pubblica*: Torino Film Festival (Concorso Italiana.Doc), 23 novembre 2014; *durata:* 76'

Roberto è appassionato di storia, in particolare del periodo della Seconda guerra mondiale. La sua vita è stata segnata dalla droga, dalla comunità e dal carcere, ma anche dai film e dalla lettura. Per il suo trentesimo compleanno suo fratello gli regala un viaggio lento, in treno, verso una meta diversa dai soliti percorsi turistici. Un viaggio verso Auschwitz, un cammino a ritroso per ritrovare le radici del loro legame.

Note di regia
Cercando di interpretare il pensiero del mio maestro Alberto Grifi, potrei dire che il film non conta in quanto opera finita, ma solo come processo di relazione umana messo in moto durante la sua realizzazione. In quest'ottica, *Memorie* è un film terapeutico, personale. Scaturisce dal rapporto controverso e sofferto tra me e mio fratello e rappresenta una possibilità che mi sono dato per ritrovare un dialogo che manca da anni. Il linguaggio del film è scarno e minimale, in fase di ripresa ho lavorato istintivamente senza curare le inquadrature, pensando semplicemente a confrontarmi con mio fratello. Questa attitudine ha preso ancora più corpo durante il montaggio dove, accostando semplicemente le inquadrature una all'altra separate da un "nero", ho rifiutato qualsiasi artificio linguistico. Inoltre, le immagini d'archivio, montate all'interno del film in ordine cronologico decrescente, aprono delle finestre sul passato e ci accompagnano nel viaggio verso Auschwitz e dentro noi stessi.

Biografia
Danilo Monte (Napoli, 1976) vive e lavora a Torino. Si è laureato al DAMS di Bologna ed è un cineasta con forte vocazione realista e autobiografica. A 13 anni suo padre gli regala una videocamera e da allora non smette di guardare il mondo attraverso di essa. Inizia a occuparsi di audiovisivo alla fine degli anni Novanta, quando nasce il video digitale. All'inizio del 2000 partecipa al progetto Indymedia come video-attivista e nello stesso periodo ha la fortuna di conoscere Alberto Grifi e di collaborare con lui. Ritiene Grifi un maestro e in particolare il film *Anna* ispira tutto il suo lavoro. Non fa cinema per vivere ma vive per fare cinema e ritiene che la settima arte rappresenti una grande possibilità per attivare processi radicali di trasformazione individuale e sociale.

Filmografia
Komak (2002, 30'); *Siamo fatti così* (2004, 50'); *Sabato sera* (2005, 22'); *Heroes and Heroines* (2011, 50'); *Ottopunti* (2014, 55'); *Memorie. In viaggio verso Auschwitz* (2014, 76'); *Vita nova* (2016, 80'); *Il viaggio di nozze* (2017, 17'); *Nel mondo* (2019, 70', in postproduzione).

Metamorfosi napoletane

2017

Metamorfosi napoletane – dittico appartenente ai percorsi di cinema tracciati dalla marechiarofilm nell'ambito del progetto di diffusione della cultura cinematografica «Noi e gli altri» – è l'unione del primo ritratto realizzato da Antonietta De Lillo nel 1993, *Promessi sposi*, e del suo ritratto più recente, *Il signor Rotpeter*. Due conversazioni profondamente diverse, una con personaggi realmente esistenti e una con un personaggio inventato, ma unite dalla necessità dei loro protagonisti di effettuare una trasformazione radicale su se stessi, una metamorfosi.

Promessi sposi
Regia: Antonietta De Lillo; *fotografia* (Betamax, b&n, 4:3) *e direzione artistica*: Cesare Accetta; *suono:* ?; *musica:* ?; *montaggio:* Giogiò Franchini; *coordinamento:* Francesca Doria; *producer:* Paola Capodanno; *produzione:* Megaris; *distribuzione:* Marechiaro Film; *prima proiezione pubblica:* 11° Festival Internazionale Cinema Giovani di Torino (sez. Spazio Italia, non fiction); *durata:* 21'

La storia d'amore di una coppia in cui lui, prima, era una lei.
Una testimonianza della forza dell'amore che lega due persone, due Promessi sposi dei nostri giorni. Il racconto avanza come un thriller in cui i due protagonisti nascondono un mistero: tracce visive, cicatrici su un braccio, dettagli s'insinuano nella loro storia, fino a svelare l'enigma. Lui prima era una lei. Una metamorfosi contemporanea resa possibile dal loro amore.

Il signor Rotpeter
Regia: Antonietta De Lillo; *soggetto*: Antonietta De Lillo, ispirato al racconto *Una relazione per l'Accademia* (1917) di Franz Kafka; *sceneggiatura*: Antonietta De Lillo, Marcello Garofalo; *allestimento del testo per le aule universitarie* Marina Confalone *con la collaborazione artistica di* Carlo Cerciello (2017); *interpreti*: Marina Confalone *(Rotpeter)*, Aglaia Mora *(la voce dell'intervistatrice); fotografia (*HD, colore, 16:9 e b&n 4:3 sul repertorio dei titoli di coda): Cesare Accetta; *suono*: Alessandro Farese; *musiche*: Gianfranco Plenizio; *scenografia*: Luigi Ferrigno, Mauro Rea; *costumi*: Francesca Del Monaco, Martina Picciola; *montaggio*: Pietro D'Onofrio; *direzione artistica, trucco e acconciatura*: Aldo Signoretti; *produzione*: marechiarofilm; *produttore esecutivo*: Alice Mariani; *in collaborazione con*: Film Commission Regione Campania, Università degli Studi di Napoli Federico II; *prima proiezione pubblica*: 74a Mostra Internazionale d'Arte Cinematografica di Venezia (Fuori concorso), 9 settembre 2017; *distribuzione*: marechiarofilm; *uscita in sala*: 9 marzo 2018; *durata*: 36'

Sulle pagine di una rivista, nel 1917, appare un racconto firmato da Franz Kafka. Il racconto, *Una relazione per l'Accademia*, è una lezione universitaria tenuta dal signor Rotpeter, una scimmia diventata uomo, nella quale si ripercorrono le fasi della sua metamorfosi. Il ritratto immaginario di Antonietta De Lillo si muove su due piani: da una parte i frammenti della lezione universitaria kafkiana, come fossero la messinscena del suo passato, dall'altro il suo presente. La regista crea un personaggio cinematografico che porta in sé istanze senza tempo quali libertà, sopravvivenza, via d'uscita, e ne fa un ritratto immerso nella nostra contemporaneità.

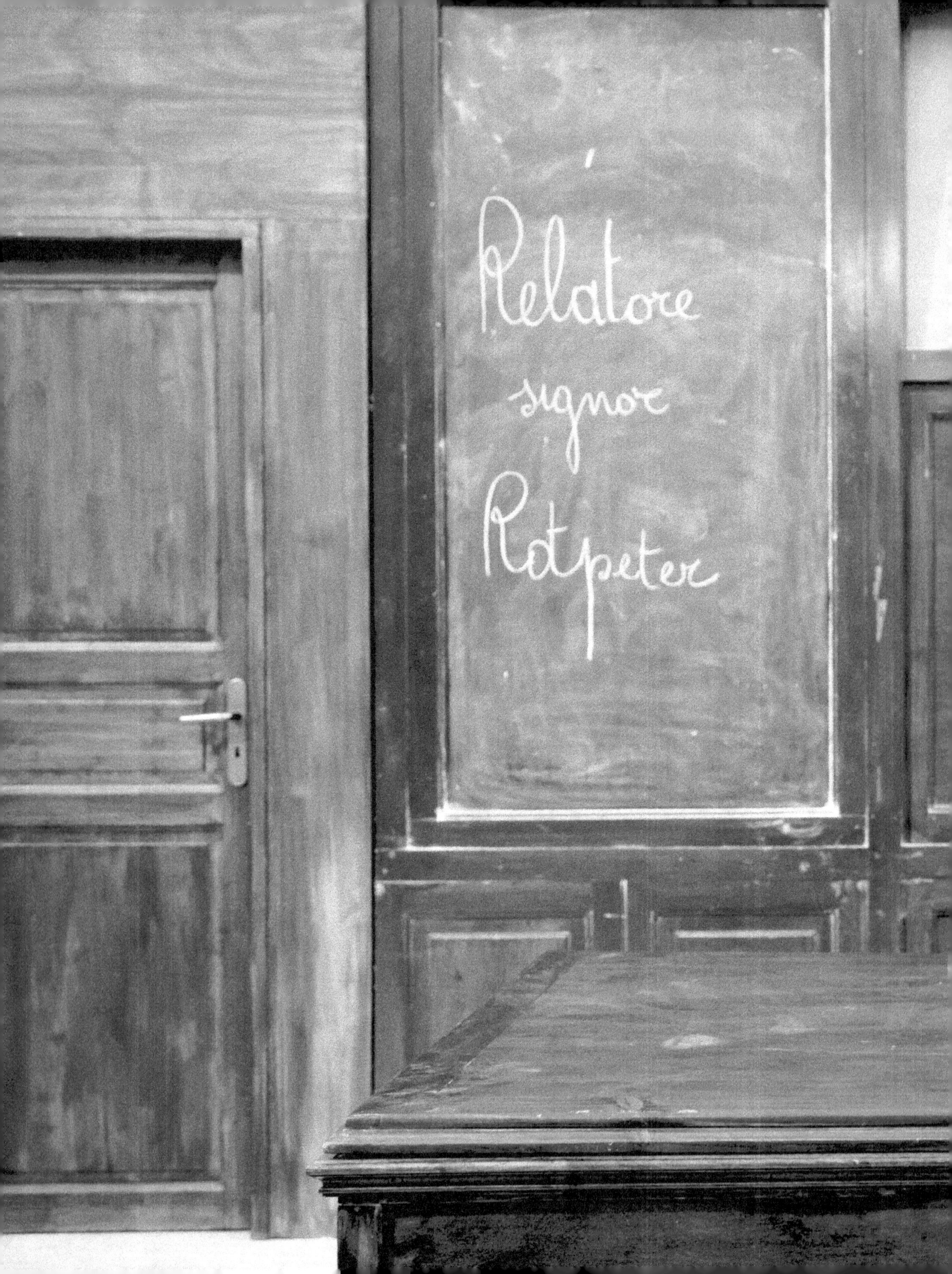

Relatore
signor
Rotpeter

Attraverso questa narrazione inedita Antonietta De Lillo dà vita a un Rotpeter "napoletanizzato": cammina per le strade di Napoli, nei giardini comunali di Molosiglio, percorre le scale dell'Università Federico II, osserva le famiglie che trascorrono la domenica nel bosco di Capodimonte, e infine concede a una invisibile giornalista una lunga intervista. Nonostante il signor Rotpeter sia una figura frutto dell'immaginazione, in bilico tra animale e uomo, la grandezza del cinema è di riuscire a dargli consistenza reale, a renderlo un essere che ciascuno di noi potrebbe incontrare un giorno qualsiasi uscendo di casa.
L'incontro con il signor Rotpeter e le sue riflessioni sui nostri tempi e sul suo sentire mettono lo spettatore di fronte a uno specchio e lo portano a riconoscersi in questo strano individuo e nella sua metamorfosi.

Note di regia

Quello che prima di tutto mi ha spinto a immaginare di fare un film a partire dalla performance di Marina Confalone, curata con la collaborazione di Carlo Cerciello, è stata la paura che un'opera così intensa potesse svanire. Il testo di Kafka è sorprendentemente significativo per la sua contemporaneità ed è interpretato e messo in scena in maniera magistrale da una della più importanti attrici del nostro cinema e del nostro teatro. Il primo istinto quindi è stato quello di voler fissare questa emozione e metterla a disposizione di un pubblico più vasto possibile.
L'aspetto che più mi premeva raccontare era l'incontro tra il signor Rotpeter, nato dalla penna di Franz Kafka, e gli studenti dell'Università Federico II. Ho immaginato che il personaggio potesse uscire dalla sua performance, prendere vita, camminare per le strade della città sotto gli occhi stupefatti e incuriositi dei passanti. Attraverso questo cortocircuito tra realtà e finzione mi interessa raccontare il sentire di tutti noi che al cospetto del signor Rotpeter prendiamo coscienza della nostra natura, umana ma non troppo, e in un gioco di rispecchiamento della metamorfosi che anche noi come lui ci siamo dovuti imporre per sopravvivere. Il testo ironico e pungente di Kafka ci trascina in un gioco dialettico emozionante e struggente, facendoci intravedere una possibile via d'uscita e un attimo dopo privandoci di ogni possibile risoluzione. Il signor Rotpeter siamo tutti noi, bestie umane messe di fronte ai nostri conflitti più profondi e all'abdicazione della nostra più intima natura. Questo breve lavoro, interamente napoletano come la gran parte della mia produzione artistica, è l'opportunità di lavorare per la prima volta con Marina Confalone, attrice che conosco e stimo da molti anni, con collaboratori storici quali Cesare Accetta, Giogiò Franchini, Carlo Cerciello e con collaboratori più giovani e di talento.

Biografia

Antonietta De Lillo (Napoli, 1960) vive e lavora a Roma. Consegue la laurea in Spettacolo al DAMS di Bologna. Lavora come giornalista pubblicista e fotografa per importanti quotidiani e settimanali. Poi si trasferisce a Roma dove presta la sua attività in qualità di assistente operatore in produzioni televisive e cinematografiche. Nel 1985 dirige il suo primo lungometraggio, *Una casa in bilico*, vincitore del Nastro d'Argento quale migliore opera prima; nel 1990 è al suo secondo film, *Matilda*, entrambi realizzati insieme a Giorgio Magliulo.
Tra il 1992 e il 1999 firma numerosi documentari e videoritratti, tra i quali: *Angelo Novi fotografo di scena*, *La notte americana del dr. Lucio Fulci*, *Ogni sedia ha il suo rumore*, *Promessi sposi*, selezionati e premiati in diversi festival internazionali.
Nel 1995 dirige *Racconti di Vittoria* (Premio FEDIC e del Sindacato Critici Cinematografici alla 52a Mostra Internazionale d'Arte Cinematografica di Venezia), nel 1997 *Maruzzella*, episodio del film collettivo *I Vesuviani* e, nel 2001, *Non è giusto*, presentato al 54° Festival del Cinema di Locarno. Ultimo lungometraggio diretto è *Il resto di niente*, evento speciale alla Mostra di Venezia 2004, film che ha ricevuto numerosi riconoscimenti e premi, tra cui tre David di Donatello e cinque candidature ai Nastri d'Argento. Con marechiarofilm, società di produzione e distribuzione da lei fondata, prosegue idealmente l'esperienza maturata prima con la Angio Film e poi con Megaris (insieme allo stesso Magliulo, Giogiò Franchini e Paola Capodanno). Nel 2011

realizza con marechiarofilm il primo film partecipato in Italia, *Il pranzo di Natale*, presentato al Festival Internazionale del Film di Roma, in qualità di ideatore e curatore del progetto, sperimentando i valori di una nuova piattaforma produttiva in grado di miscelare linguaggi diversi, riunendo immagini amatoriali e video realizzati da professionisti. Nel 2013 realizza il film documentario *La pazza della porta accanto*, prodotto da marechiarofilm in collaborazione con RAI Cinema e presentato al 31° Torino Film Festival.

Sempre in collaborazione con RAI Cinema, nel 2014 realizza il film documentario *Let's Go* presentato al 32° Torino Film Festival. Nel 2015 presenta al 33° Torino Film Festival il secondo film partecipato *Oggi insieme domani anche*, in occasione del quale le viene assegnato il Nastro d'Argento speciale 2016 per il suo percorso nel cinema del reale.

Nel 2017 realizza il suo primo ritratto fantasy, *Il signor Rotpeter*, presentato alla 74a Mostra di Venezia e Nastro d'Argento speciale a Marina Confalone per la sua interpretazione nei panni del signor Rotpeter.

Filmografia

Una casa in bilico (coregista Giorgio Magliulo, 1985, 80'); *Matilda* (coregista Giorgio Magliulo, 1990, 82'); *Angelo Novi fotografo di scena* (1992, 25'); *Promessi sposi* (1993, 21'); *La notte americana del Dr. Lucio Fulci* (1994, 30'); *Ogni sedia ha il suo rumore* (1995, 27'); *Racconti di Vittoria* (1995, 97'); *Viento 'e terra* (1996, 38'); *Maruzzella* (episodio di *I vesuviani*, 1997, 18'); *Hispaniola* (1997, 22'); *Saharawi, voci distanti dal mare* (1998, 60'); *'O solemio* (1999, 39'); *'O cinema* (1999, 13'); *Il faro* (2000, cm); *Non è giusto* (2001, 90'); *Pianeta Tonino* (2002, 50'); *Il resto di niente* (2004, 103'); *Art. 20* (ep. di *All Human Rights for All*, 2008, 5'); *Il pranzo di Natale* (film partecipato, 2011, 50'); *La pazza della porta accanto, conversazione con Alda Merini* (2013, 52'); *Let's Go* (2014, 54'); *Oggi insieme, domani anche* (film partecipato, 2015, 85'); *Il signor Rotpeter* (2017, 36'); *Metamorfosi napoletane* (1993-2017, *Promessi sposi* + *Il signor Rotpeter*, 57').

Montedoro

2015

Scritto, prodotto e diretto da: Antonello Faretta; *interpreti*: Pia Marie Mann (*Porziella*), Joe Capalbo (*tassista*), Caterina Pontrandolfo (*Corvo*), Luciana Paolicelli (*altro Corvo*), Domenico Brancale (*banditore*), Anna Di Dio (*locandiera*), Mario Duca (*pastore di anime*), Aurelio Donato Giordano (*amico di Porziella*), Joan Maxim (*pastore*) e gli abitanti di Craco; *fotografia* (Super16, colore, scope): Giovanni Troilo; *suono*: Stefano Sabatini; *suono e missaggio*: Marcos Molina; *musica originale*: Vadeco e una canzone di Enrico Caruso; *scenografia*: Nunzia Decollanz; *costumi*: Federica Groia; *montaggio*: Maria Fantastica Valmori; *produzione esecutiva e organizzazione generale*: Adriana Bruno; *produttori*: Antonello Faretta, Adriana Bruno, Pia Marie Mann; *produzione*: Antonello Faretta e Adriana Bruno per Noeltan Film Studio in collaborazione con Todos Contentos y Yo Tambien, Rattapallax Films USA, Astrolabio Brazil, Fest Basilicata 2007-2013, Unione Europea, Regione Basilicata, Repubblica Italiana, con il supporto di APT Basilicata, The Craco Society; *prima proiezione pubblica*: Atlanta Film Festival, USA, 28 marzo 2015; *distribuzione*: Noeltan Film Studio; *prima proiezione italiana*: Meeting internazionale del cinema indipendente, Matera, 9 marzo 2016; *durata*: 84'

Una donna americana di mezza età scopre inaspettatamente le sue vere origini solo dopo la morte dei genitori. Profondamente scossa, e in preda a una vera e propria crisi di identità, decide di mettersi in viaggio sperando di poter riabbracciare la madre naturale mai conosciuta. Si reca così in un piccolo e remoto paese dell'Italia del Sud, Montedoro. Al suo arrivo viene sorpresa da uno scenario apocalittico: il paese, adagiato su una maestosa collina, è completamente abbandonato e sembra non ci sia rimasto più nessuno. Grazie all'incontro casuale con alcune persone misteriose, quelle che non hanno mai voluto abbandonare il paese, la protagonista compirà un affascinante e magico viaggio nel tempo e nella memoria ricongiungendosi con gli spettri di un passato sconosciuto ma che le appartiene, è parte della sua saga familiare e di quella di un'antica e misteriosa comunità ormai estinta che rivivrà per un'ultima volta.

Note di regia

Il film è un road movie dell'anima, un viaggio della protagonista alla ricerca della propria storia che, come in *Spoon River*, assume i connotati di un viaggio di ri-costruzione dell'identità e della memoria di una comunità oramai estinta. Un viaggio di trasformazione dunque, del paesaggio (Stati Uniti vs Italia meridionale) e della consapevolezza della protagonista. Una traiettoria popolata di fantasmi e di strane figure incuranti della Storia, di dimenticati che attendono solo l'ultimo testimone del luogo, Porziella, per consegnarsi definitivamente a una sepoltura collettiva. Mi piace considerare Montedoro (questo l'antico nome di Craco, dato da qualche monaco eremita giunto su questa collina immersa nel grano alla ricerca della pace e della contemplazione) come una etno-finzione di poesia e fantascienza che poggia le basi sulla realtà delle vicende narrate edulcorata con la *mise en scène* della finzione, dove il confine tra il reale e l'immaginario è davvero misterioso. Dal punto di vista visivo, ho lavorato con una macchina da presa Super16 e con pellicole leggermente virate nei colori in modo da "cancellare" il tempo e lo "spazio" del film e restare fedele alla luce del reale che solo la pellicola sa impressionare. Il materiale da me filmato deve "confondersi" in alcuni momenti con i tanti filmati di archivio che ho ritrovato (tra gli archivi della Craco Society e della famiglia di

Pia Mann) in cui il passato si confonde con il presente in un continuo cortocircuito. In definitiva in questo film mi piace pensare al Tempo, uno dei fattori centrali del cinema, e questa storia è senza tempo: filmata "qui e ora" ma potrebbe essere accaduta in qualsiasi altra parte del mondo e in qualsiasi altro tempo, tra oggi, gli anni cinquanta o un prossimo futuro.

Biografia

Antonello Faretta (Potenza, 1973) vive e lavora tra la Basilicata e Roma. Regista, sceneggiatore e produttore. Tra le sue opere *Lei lo sa*, *Venti*, *Da dove vengono le storie?*, *Il vento, la Terra, il grasso sulle mani*, *Silenced Thoughts*, *Nine Poems in Basilicata* (distribuita dal Netherland Media Art Institute di Amsterdam e dall'austriaca Sixpack Films), *Transiti*, *Il giardino della speranza*, tutte presentate in numerosi festival, musei e gallerie d'arte internazionali, tra i quali festival di Toronto, Berlino, Cannes, Rotterdam, Atlanta e New York, i musei Centre Pompidou di Parigi, il Museo di Arte Contemporanea di Barcellona e la Galerie du Jour di Agnès B. a Parigi. Nel 2002 fonda lo studio di produzione indipendente Noeltan con il quale realizza tutti i suoi lavori e produce opere prime di nuovi autori internazionali. Dal 2004 è fondatore e direttore dell'Atelier del Cinema e del Potenza Film Festival per il quale nel 2006 riceve la Targa per meriti culturali dal Presidente della Repubblica Giorgio Napolitano. Tra il 2005 e oggi ha ideato e organizzato numerose attività di alta formazione in Basilicata tra cui i workshop *Da dove vengono le storie?* con Abbas Kiarostami, *Finger Prints* con Babak Payami, *Verità e bellezza* con Artur Aristakisjan, *La natura delle immagini* con Michelangelo Frammartino e il "Master di alta formazione" in Management della Produzione e Distribuzione Cinematografica. Nel 2012 cura la supervisione artistica per il documentario collettivo *La Basilicata nel cellulare* (realizzato con i telefoni cellulari dagli studenti delle scuole della Basilicata e prodotto dall'Osservatorio Permanente sul Dopo Sisma), film vincitore del Premio Libero Bizzarri (sez. Mediaeducazione). Dal 2012 è il presidente di Rete Cinema Basilicata. Nel 2015 dopo sette anni vissuti nel paese fantasma di Craco porta a termine il suo primo lungometraggio *Montedoro* presentato in anteprima mondiale all'Atlanta Film Festival e tra gli altri al Montréal Festival des Films du Monde e Annecy Cinéma Italien.

Filmografia

Il vento, la Terra, il grasso sulle mani (2002, 42'); *I buoni scrittori toccano spesso la vita* (2002, 40'); *20 venti* (2003, 20 microfilm da 1'); *Il rock ci ha salvato la vita* (2003, 38'); *Un posto tranquillo, illuminato bene* (2003, 25'); *Da dove vengono le storie?* (2003, 7'); *Nine Poems in Basilicata* (2007, 55'); *Transiti* (2009, 30'); *Il giardino della speranza* (2011, 23'); *La Basilicata nel cellulare* (2012, 27'); *Nessun sole sorge senza l'uomo* (2013, 18'); *Montedoro* (2015, 84').

Moravia Off

Moravia fuori campo, 2017

Regia: Luca Lancise; *sceneggiatura*: Luca Lancise da un'idea di Luigi Athos De Blasio e Luca Lancise; *interventi*: Bernardo Bertolucci, Alexander Keyserlingk, Jina Kim, Andrea Andermann, Lara Maamoun, Julia Kempa, Citto Maselli, Werner e Rocco Waas, Wei Ji (Gioia), Shen E Mei, Mohsen Makhmalbaf, Ralf Meyer-Ohlenhof (e Alberto Moravia); *fotografia e suono* (HD, colore e b&n, 16:9 e 4:3 per alcune riprese e per il repertorio): Francesco Di Fortunato, Luca Lancise, Paolo Modugno, Gianluca Rame; *musiche*: "Gli indifferenti", colonna sonora originale composta da Giovanni Fusco per il film di Francesco Maselli (1964) e repertorio; *montaggio*: Maurizio Pecorella, Enzo Pompeo; *montaggio del suono e mix*: Ignazio Vellucci; *produttori*: Donatella Palermo, Luca Lancise; *produzione*: Stemal Entertainment, Lanciluc SRLS, Istituto LUCE-Cinecittà; *con il patrocinio di*: Roma-Lazio Film Commission; film riconosciuto di interesse culturale dal MIBACT; *prima proiezione pubblica*: Festa del Cinema di Roma (preapertura), 22 ottobre 2017; *distribuzione*: Istituto LUCE-Cinecittà; *durata*: 75'; versione plurilingue con sottotitoli in italiano

Moravia Off utilizza la poetica di un grande scrittore italiano per generare racconti in giro per il mondo, dall'Africa "nera" all'Egitto, dalla Polonia alla Cina, dalla Germania all'Iran, dalla Francia alla Corea del Sud, attraverso persone qualunque e personaggi noti che trasformano la propria relazione con l'autore o con la sua opera nel pretesto per raccontare frammenti di un luogo, di un vissuto, di una condizione, con immagini, parole, silenzi. Si snoda, così, un filo intimo ed emotivo che, seguendo il flusso dell'immaginazione, permette a un'opera letteraria "straniera" di trasformarsi in una lente attraverso cui guardare lo spazio di mondo in cui si vive, che sia la claustrofobica stanza di una ragazza o i palazzi anonimi di una città "estranea"; confessare i propri fantasmi nel tragitto in macchina con un figlio o esplorare i luoghi della banalità quotidiana come se fossero piccoli regni fantastici. Si compone, in questo modo, un paesaggio visivo fatto di sguardi in soggettiva e racconti in prima persona, di frammenti d'archivio dell'Istituto LUCE e repertori cinematografici, televisivi e teatrali, attraversato "a vista" sfruttando il linguaggio degli smartphones e della web-cam, delle camere amatoriali e del discorso diretto, per sperimentare il senso del vedere e l'impulso umano a raccontare.

Note di regia

Il film procede per "finestre di racconto" che si aprono e chiudono come in una staffetta, attraverso l'analogia con le parole di uno scrittore ma senza cercare la divulgazione della sua opera né la presentazione della sua biografia. Al contrario, gli spunti forniti da Moravia, sempre in prima persona, sono utilizzati per creare una tensione tra "punti di vista": l'autore diventa una sorta di deus ex machina ma davanti, invece che dietro le quinte. La scommessa è stata quella di raccontare e far raccontare, attraverso immagini e parole, persone straniere e in vari paesi del mondo scelte soltanto in base a una relazione pre-esistente con l'opera di Moravia (una traduzione, un'ispirazione, un'identificazione, un adattamento), spingendole e guidandole a utilizzare loro stesse, in modo amatoriale, un mezzo di ripresa che restituisse anzitutto una dimensione soggettiva, diretta, di nuovo in prima persona. Si è cercato, in questo modo, di produrre un nuovo racconto, di re-inventare una storia "vera", partendo da una realtà esistente, sebbene ancora inespressa. Tramite sia la regia che la "tele-regia" (guidando in parte a distanza i vari protagonisti lungo settimane di lavoro), il documentario – invece

di "osservare" persone o situazioni – "crea" la situazione stessa che documenta: la potenzialità del vedere, il ruolo dell'immaginazione, il bisogno di raccontare storie, la disposizione alla meraviglia, anche per la banalità del quotidiano, come premessa di ogni narrazione. Con un costante riferimento anche al rapporto profondo tra cinema e scrittura. Insieme alla voglia di raccontare l'universalità della letteratura e dell'immaginazione nonostante le distanze di tempo e di spazio, lo spunto è stato anche quello di valorizzare la tendenza planetaria a filmare o fotografare se stessi e tutto, grazie alla diffusione degli smartphones, provando a incanalarli in un racconto, in un percorso soggettivo che guardasse anche "fuori", che fosse antidoto all'indifferenza o alla mera apparenza. Le "finestre di racconto" sono anche questo: praticando volutamente il mescolamento dei linguaggi, compresa la forma "amatoriale" e spontanea, sebbene guidata, e procedendo attraverso "frammenti", il film lavora su finestre di immagini, sfruttando il formato degli smartphones e intrecciandolo con i formati in 4:3 del repertorio LUCE e dell'archivio RAI: l'effetto è quello di un continuo rimando tra sequenze di repertorio e sequenze originali, con un gioco di specchi tra immagine filmica e immagine filmata qui e ora, tra documento audiovisivo e film documentario.

Biografia

Luca Lancise (Roma, 1974, dove vive e lavora) ha scritto e diretto documentari e serie documentaristiche per la televisione e realizzato reportage come free-lance in Italia e all'estero. Si è diplomato all'Istituto di Stato per la cinematografia e televisione Roberto Rossellini di Roma e laureato in Filosofia all'università La Sapienza, ha seguito i corsi avanzati per operatori dei media in aree di crisi alla Scuola Superiore Sant'Anna di Pisa e ha seguito i corsi a numero chiuso della Rogue Film School con Werner Herzog a Los Angeles e il corso avanzato di sceneggiatura con i docenti A. Mazzoleni e M. Buscemi (Centro Sperimentale di Cinematografia e RAI Script). Partendo dall'ennesimo caso di una prostituta nigeriana uccisa nella periferia di Roma, nel 2003 realizza il suo primo documentario auto-prodotto, *Luccioli* (menzione speciale della giuria al Roma Doc Fest 2004), dedicato a tre ragazzi italiani innamorati di tre prostitute africane e al loro tentativo di portarle via dal marciapiede. Ha poi collaborato quasi dieci anni (2003-2012) con Magnolia Doc. Da qui è iniziata la sua attività per la televisione: tra i suoi numerosi lavori, il suo cortometraggio *Una giornata particolare* (2009), dedicato al Ferragosto degli immigrati, è stato scelto dalla RAI per rappresentare l'Italia al Prix Europe di Amsterdam nel 2010. Lo stesso anno ha realizzato per RAI 3 *Mamma Africa*, un viaggio nei villaggi

dell'Africa sub-sahariana tra le madri dei giovani dispersi in mare nelle migrazioni clandestine verso l'Europa e ha scritto e diretto *Bianca neve*, un docu-film prodotto da Magnolia Doc e Claudio Canepari per Sky. Nel 2011 ha girato *Mille e una notte. La macchina del sesso*, con la stessa produzione, dedicato al "lato oscuro" della mondanità romana; nel 2013 ha scritto e realizzato (con Paolo Santolini) *Sepolta viva*, un reportage sui luoghi inaccessibili e in pericolo dell'archeologia romana; nel 2014 ha prodotto e realizzato per la RAI *Fantasmi siriani*, raccontando il viaggio anonimo e invisibile dei profughi siriani dalla Sicilia al Nord Europa e la rete clandestina di solidarietà dei giovani italiani musulmani di seconda generazione, e il cortometraggio *Open the Door* nella sezione femminile del carcere di Rebibbia. Nel 2015 ha scritto le puntate della serie *De gustibus* (History channel) con lo storico John Dickie, dedicata alla storia d'Italia raccontata attraverso la storia dell'alimentazione. Tra 2016 e 2017 ha realizzato in coproduzione con RAI Storia Il *terrore dimenticato*, su un decennio di attentati di matrice mediorientale in Italia (1972-1985), il corto *Parole di carta* (premio del pubblico al Festival della memoria e della storia, Roma) e scritto come co-autore la serie per RAI Cultura sulla vita e l'opera di Dario Fo e Franca Rame con la produzione della Compagnia Teatrale Fo-Rame. *Moravia Off*, il suo primo lungometraggio documentario prodotto per il cinema, ottiene la Menzione speciale della giuria ai Nastri d'Argento Documentari 2018.

Filmografia
Luccioli (2003, 58'); *Il mandato* (2006, 2x12'); *Exit* (reportage tv, 2007-2009, durate varie); *Una giornata particolare* (2009, 30'); *Voglia di destra* (2009, 2x12'); *Bianca neve* (codiretto con Fabrizio Lazzaretti, 2010, 90'); *Mamma Africa* (2010, 30'); *Le mille e una notte. La macchina del sesso* (codiretto con Fabrizio Lazzaretti, 2011, 94'); *Il ritorno dell'eroina* (codiretto con Fabrizio Lazzaretti, 2012, 75'); *Il rumore del pane* (2012, 52'); *Vite a Termini* (2013, 52'); *Fantasmi siriani* (2014, 52'); *Pietralata* (2015, 52'); *Parole di carta. Per non dimenticare* (2015, 10'); *Il terrore dimenticato* (2016, 52'); *Moravia Off* (2017, 75').

Morire di lavoro

2008

Regia, soggetto, sceneggiatura e montaggio: Daniele Segre; *collaborazione alla sceneggiatura*: Antonio Manca; *interpreti*: Ciro Giustiniani, Luca Rubagotti, Seck Bamba; *testimonianze*: lavoratori e famigliari di lavoratori morti nel settore costruzioni in Italia; *riprese e fotografia* (HDV, colore, 16:9): Marco Carosi, Iacopo De Gregori; *suono*: Fabio Minciguerra, Davide Pesola, Mirko Guerra, Gianni Valentino; *relazioni sindacali*: Francesco Mancuso; *produzione e distribuzione*: I Cammelli SAS; *con il sostegno di*: Piemento Doc Film Fund; *con la collaborazione di*: Sindacato Costruzioni CGIL; *prima proiezione pubblica*: Camera dei Deputati (Sala del Cenacolo), Roma, 11 febbraio 2008; *durata*: 89'

Morire di lavoro è un film documentario che indaga la realtà del settore delle costruzioni in Italia, protagonisti i lavoratori e i famigliari di lavoratori morti sul lavoro. La trama narrativa si sviluppa attraverso i racconti e le testimonianze dei protagonisti, ripresi in primo piano, che guardano in macchina. Altro elemento espressivo sono le voci di tre attori, due italiani e un senegalese, che interpretano ciascuno il ruolo di un lavoratore morto in cantiere. Nel film si parla di incidenti mortali nei cantieri edili, dell'orgoglio del lavoro, di come si è appreso il mestiere, della sicurezza e della sua mancanza, di lavoro nero, di caporalato.

Note di regia

Il film è il risultato di un anno di incontri: un viaggio doloroso per portare un sostegno alla solitudine drammatica e vergognosa che da troppo tempo vivono i lavoratori e le loro famiglie. In un 2007 che ha visto la delibera da parte ONU, grazie all'impegno dell'Italia, della moratoria sulla pena di morte, nei luoghi di lavoro si è continuato a morire tutti i giorni: un operaio ogni sette ore, come condannati alla pena capitale o vittime di una guerra civile dove il "dio denaro" batte il tempo delle "non" regole. Un inferno in uno scenario di guerra civile che conta i suoi morti, i nostri morti, ogni giorno. I protagonisti di *Morire di lavoro* sono edili e famigliari di edili morti in Italia. Dal Nord al Sud la dignità delle lavoratrici e dei lavoratori è calpestata ogni giorno, la tristezza per questa condizione s'intravede nell'espressione degli occhi, velati di frustrazione; nei cantieri i lavoratori non hanno il diritto di parola e vivono l'angoscia di perdere il posto di lavoro. Per me questa umanità sconfitta e dolente rappresenta la vera Italia, quella che lavora e fa figli tra mille difficoltà. Tra l'altro nella maggior parte si tratta di famiglie numerose che dovrebbero essere premiate per la capacità di vivere e resistere con pochi soldi; per non parlare dei sopravvissuti agli incidenti, molti dei quali non sono più in grado di lavorare o di svolgere al meglio le proprie funzioni professionali; e per non parlare delle vedove e degli orfani.

Biografia

Daniele Segre (Alessandria, 1952) vive e lavora a Torino. È autore di "cinema nella realtà", film di finzione e spettacoli teatrali. Esordisce come fotografo a Torino negli anni Settanta; i suoi primi film si focalizzano su problemi delle realtà giovanili disagiate (*Perché droga*, 1976; *Il potere dev'essere bianconero*, 1978; *Ragazzi di stadio*, 1980) e sulla dignità di vite difficili (*Vite di ballatoio*, 1984; *Ritratto di un piccolo spacciatore*, 1984). Produce e realizza i lungometraggi *Testadura* (1983), *Manila Paloma Blanca* (1992), *Vecchie* (2002), *Mitraglia e il verme* (2004) e il film documentario *Morire di lavoro* (2008), sugli incidenti nei cantieri edili in Italia. Nel

fuorinorma

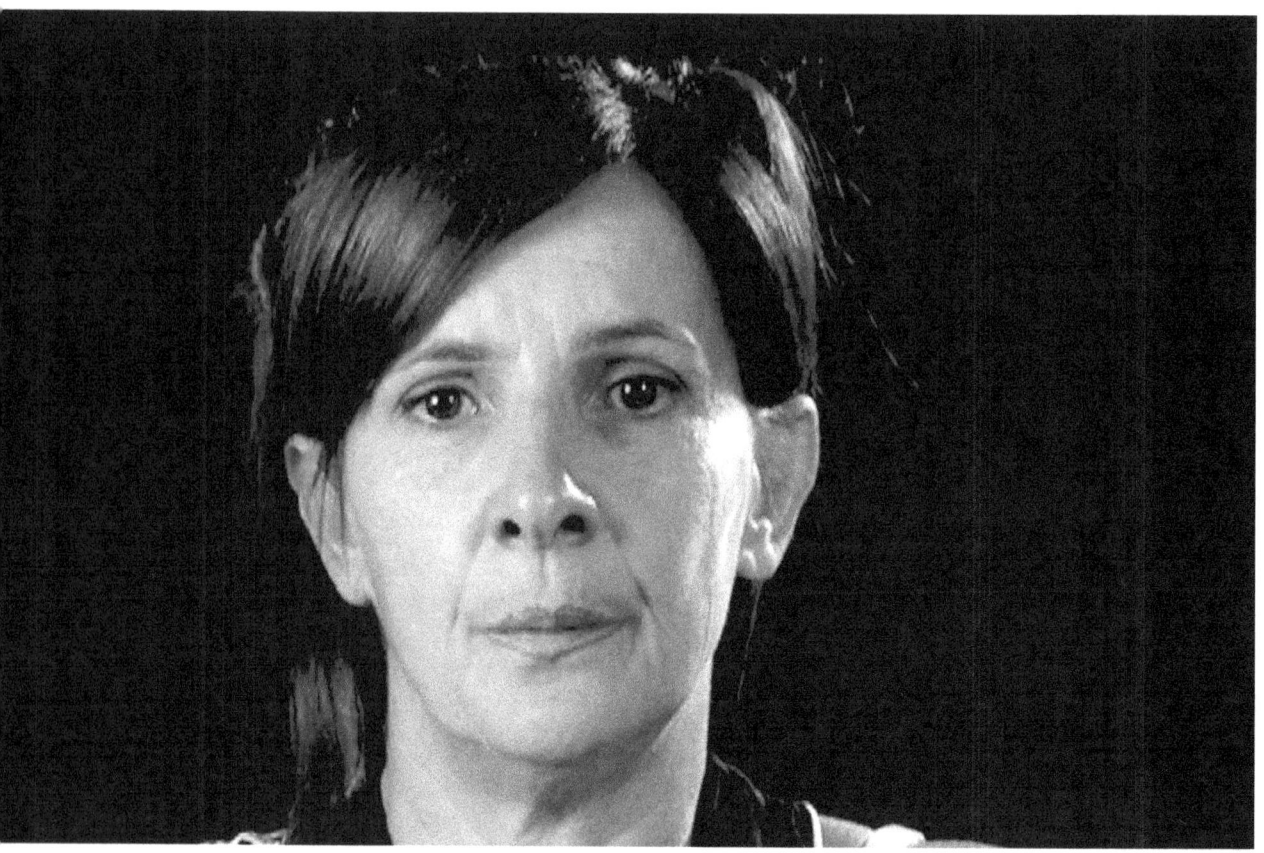

2005 realizza in alta definizione un video sulla collezione di Arte Moderna e Contemporanea della Fondazione CRT di Torino. Le sue opere sono quasi sempre trasmesse dalle reti pubbliche e presentate alla Mostra d'Arte Cinematografica di Venezia e in diversi festival nazionali e internazionali, ricevendo vari riconoscimenti, tra cui il premio Giuliani De Negri al Festival di Venezia, il Tulipano d'oro al Festival Internazionale di Istanbul, il premio CICAE al Festival del Cinema Italiano di Annecy, il premio Filmmakers, il premio NICE a New York. Fonda nel 1981 la società di produzione I Cammelli e nel 1989 l'omonima Scuola Video di Documentazione Sociale (1989-1997). Dal 1996 è docente di regia al Centro Sperimentale di Cinematografia-Scuola Nazionale di Cinema di Roma e dal 2004 all'Università di Pisa. Nel 2010 realizza tre film documentari: il ritratto della fotografa genovese Lisetta Carmi (*Lisetta Carmi, un'anima in cammino*, 2010), quello del critico cinematografico Morando Morandini (*Je m'appelle Morando. Alfabeto Morandini*, 2010) e quello dell'editore pisano Luciano Lischi (*Luciano Lischi, editore*, 2010). Nel 2011 realizza *Sic Fiat Italia*, nel 2012 *È viva la Torre di Pisa* e *Luciana Castellina, comunista*. Nel 2013 *Michelangelo Pistoletto* e *76847 Giuliana Tedeschi*. Nel 2014 cura il laboratorio per il Centro Sperimentale di Cinematografia che realizza *Sbarre* sulla condizione delle carcerate e dei carcerati e della polizia penitenziaria del carcere di Sollicciano (Firenze) prodotto da CSC production e RAI Cinema trasmesso dallo Speciale TG1. Nel novembre 2012 al Quirinale gli viene consegnato il Premio Solinas – Premio Documentario per il cinema – medaglia del Presidente della Repubblica Giorgio Napolitano; sempre nel novembre 2012 riceve il premio alla carriera Maria Adriana Prolo. Nel luglio del 2014 viene nominato direttore didattico del corso di Reportage audiovisivo della sede Abruzzo del Centro Sperimentale di Cinematografia. Nel giugno 2015 gli viene conferito il diploma Honoris Causa dal Centro Sperimentale di Cinematografia per il "Reportage Storico d'attualità". Nel 2015 realizza *Morituri* che completa la trilogia composta da *Vecchie* e *Mitraglia e il verme*. *Morituri* viene invitato al Torino Film Festival nel novembre 2015 e nell'aprile 2016 debutta al Teatro Nobel per la pace di San Demetrio ne' Vestini (L'Aquila). Nel 2016 realizza *Nome di battaglia donna*, protagoniste donne partigiane che hanno partecipato alla Resistenza contro i fascisti e i nazisti tra il 1943 e il 1945. Il film è stato invitato al Torino Film Festival nel novembre 2016.

Filmografia

Perché droga (1976, 40'); *Il potere dev'essere bianconero* (1978, 14'); *Torino, mercati generali* (1980, 50'); *Il ciocco è relativo* (1980, 60'); *Carnevale in quartiere* (1980, 30'); *Tempo di vacanze* (1980, 30'); *Ragazzi di stadio* (1980, 60'); *Marco Cipollino, pugile* (1981, 30'); *Rock* (1981, 60'); *Torino cronaca, quattro quadri* (1981, 120'); *Ritratto di un piccolo spacciatore* (1982, 38'); *Torino si diverte* (1983, 50'); *Testadura* (1983, 90'); *Cinzia* (1984, 27'); *Vite di ballatoio* (1984, 60'); *Una serata in casa* (1985, 10'); *Giaglione la festa della nostra terra* (1986, 60'); *Sarabanda finale* (1988, 13'); *Non c'era una volta* (1989, 30'); *Occhi che videro* (1989, 50'); *Cose da matti* (1990, 30'); *Tempo di riposo* (1991, 44'); *Partitura per volti e voci. Viaggio tra i delegati CGIL* (1991, 74'); *Ospedalizzazione a domicilio* (1991, 22'); *Manila Paloma Blanca* (1992, 88'); *Crotone Italia* (1993, 53'); *Dinamite, Nuraxi Figus, Italia* (1994, 53'); *Non ti scordar di me* (1995, 50'); *Come prima, più di prima, t'amerò...* (1995, 60'); *Roma dodici novembre 1994* (1995, 33'); *Un solo grido lavoro* (1996, 45'); *Quella certa età* (1996, 45'); *Diritto di cittadinanza* (1996, 45'); *Sei minuti all'alba* (1996, 45'); *Parévem furmighi* (1997, 35'); ADI. *La medicina del futuro* (1998, 50'); *Sto lavorando?* (1998, 55'); *Sinagoghe, ebrei del Piemonte* (1999, 53'); *A proposito di sentimenti...* (1999, 35'); *Via Due Macelli Italia. Sinistra senza Unità* (2000, 90'); *Protagonisti: i diritti del '900* (2000, 60'); *Asuba de su serbatoiu* (2000, 60'); *Tempo vero* (2001, 78'); *Un mondo diverso è possibile* (doc. collettivo, 2001, 125'); *Volti, viaggio nel futuro d'Italia* (2002, 6x45'); *Vecchie* (2002, 83'); *Mitraglia e il Verme* (2004, 77'); *Conversazione a Porto* (2006, 80'); *Il Progetto Arte Moderna e Contemporanea della Fondazione CRT* (2006, 52'); *Morire di lavoro* (2008, 89'); *Dimmi la verità* (2008, 45'); *Luciano Lischi, editore* (2010, 55'); *Lisetta Carmi. Un'anima in cammino* (2010, 54'); *Je m'appelle Morando. Alfabeto Morandini* (2010, 53'); *Sic Fiat Italia* (2011, 57'); *Luciana Castellina, comunista* (2012, 78'); *È viva la Torre di Pisa* (2012, 70'); *Michelangelo Pistoletto* (2013, 55'); *76847 Giuliana Tedeschi* (2013, 41'); *Morituri* (2015, 61'); *Nome di battaglia Donna* (2016, 60'); *Ragazzi di stadio, quarant'anni dopo* (2018, 82').

My Sister Is a Painter

Mia sorella è una pittrice, 2014

Regia, soggetto, fotografia (HD, colore e b&n, scope), *suono e montaggio*: Virginia Eleuteri Serpieri; *voce narrante, dipinti e disegni*: Lisa Eleuteri Serpieri; *intervista audio*: Filippo Farneti; *mix suono*: Giuseppe D'Amato, Marco Saitta; *postproduzione e titoli*: Gianluca Abbate; *prima proiezione pubblica*: Festa del Cinema di Roma, Auditorium del MAXXI (sezione Wired Next Cinema), 23 ottobre 2014; *durata*: 37'

Ci sono molti modi per raccontare gli altri. Virginia Eleuteri Serpieri ha scelto uno sguardo interno. Per lei è stato semplice, visto che ha scelto di raccontare sua sorella Lisa. Per prima cosa ha individuato una parola pensando al suo lavoro di pittrice: corpo. E da lì è partita per intraprendere il suo viaggio di conoscenza.

Note di regia
«Se vedo ricordo». Questa frase, estratta da un celebre detto di Confucio, è stata la base di partenza di questo film. Tutti i miei lavori precedenti sono figli di questo stesso concetto. Il vedere e il ricordare. In *My Sister Is a Painter* questo tema viene riproposto attraverso una riflessione sull'arte. Nel film cerco di capire, con l'aiuto di testi come *L'occhio e lo spirito* di Merleau-Ponty e *Il corpo utopico* di Foucault, le peculiarità dello sguardo di una sorella pittrice («vedere è avere a distanza») e le motivazioni profonde dietro il suo bisogno di dipingere corpi femminili (il corpo utopico). Al contrario dei lavori precedenti, qui l'illusione di poter rivedere/ricordare si realizza grazie all'opera pittorica di mia sorella che, ancora più delle immagini video, permette di aprire un varco nel tempo, assolvendo un compito dell'Arte, quello di ricucire la distanza tra noi e gli altri, tra i vivi e i morti, contro «l'emorragia del tempo».

Biografia
Virginia Eleuteri Serpieri (Roma, 1974, dove vive e lavora) si è diplomata in tecnica del suono al Centro Sperimentale di Cinematografia e laureata in Storia del cinema presso l'Università degli Studi di Roma La Sapienza. È regista di film e documentari sperimentali che hanno partecipato a diversi festival come la Festa del Cinema di Roma, Pesaro Film Festival, Arte Fiera di Bologna, Now&After, Exis, Videoformes. Nel 2015 con *My Sister Is a Painter* ha ricevuto il premio Casa Rossa Art Doc alla 33a edizione del Bellaria Film Festival.

Filmografia
Piccoli naufragi (2004, 5'); *Home* (2007, 10'); *Io non sono così* (2009, 21'); *Perduta visione* (2009, 5'); *Cuore* (2012, 10'); *Microbioma* (2013, 5'); *My Sister Is a Painter* (2014, 37'); *New World* (2017, 3'40); *Amor* (in produzione).

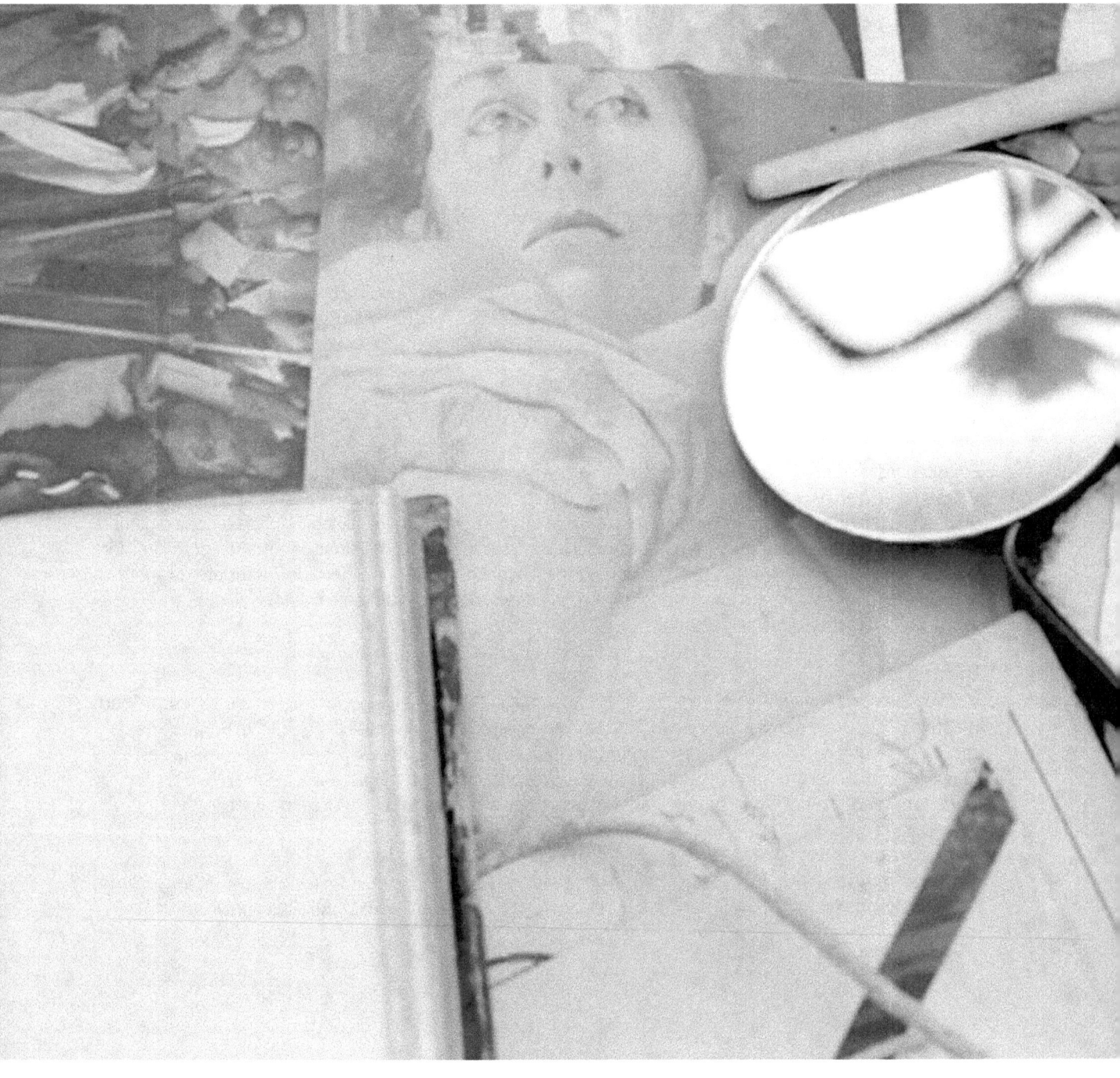

La natura delle cose

2016

Regia e fotografia (HD e Super8, colore e b&n, 16:9 e 4:3 per il repertorio): Laura Viezzoli; *sceneggiatura*: Laura Viezzoli, Enrica Gatto, Sergio Borrelli, Angelo Santagostino; *interpreti*: Angelo Santagostino, Luis Huaman, Alicia Rivas, Harold Preciado, Marco D'Onofri, Sara Santagostino e la voce di Laura Viezzoli; *voce di Santagostino*: Roberto Citran; *suono*: Massimo Mariani, Tommaso Barbaro; *musica originale*: Giorgio Giampà; *montaggio*: Enrica Gatto; *produttori*: Lorenzo Cioffi per Ladoc e Laura Viezzoli per Bicchieri di Pandora; *coproduttore*: Giorgio Giampà; *produzione*: Ladoc SRL, Associazione "I Bicchieri di Pandora", in collaborazione con Home Movies-Archivio Nazionale del Film di Famiglia, Fondazione Marche Cinema Multimedia, Milano Film Network, Lombardia Film Commission, Filmmaker e Fondazione Cariplo, Eppela crowdfunding; *distribuzione internazionale*: Widehouse; *prima proiezione pubblica*: Festival di Locarno (Fuori concorso), 10 agosto 2016; *durata*: 67'

Un'immersione emotiva e filosofica in quel prezioso periodo di vita che è il fine vita, attraverso un anno di incontri e dialoghi tra l'autrice e il protagonista, malato terminale di SLA. Un roadmovie sull'amore, il dolore e il bisogno di libertà.

Note di regia

La natura delle cose è un viaggio cinematografico nel fine vita, una storia italiana che esplora un tema universale: l'ascolto del malato terminale e del suo diritto a definire il limite tra il vivibile e l'invivibile. Il film si sviluppa intrecciando tre linee visive.

La dimensione della realtà, Angelo e la SLA
Poche inquadrature, semplici, quadri larghi e lunghi, all'interno dei quali la malattia è mostrata così com'è, nella sua straordinaria lentezza e solitudine: il sollevamento dal letto alla carrozzina, il badante che gli fa la barba, il fisioterapista che gli muove braccia e piedi, il posizionamento del comunicatore e la calibrazione del puntatore oculare, un primo piano sui suoi occhi che tentato di scrivere ma fanno sempre più fatica. Uno sguardo che contiene l'amore per la vita e il dolore per doverla perdere, e che pone lo spettatore davanti alla paura più grande di Angelo, filo drammaturgico dell'intero film: «E se I miei occhi si bloccheranno prima che io muoia? E se scompaio prima di morire?». Un approccio visivo essenziale, che incornicia la silenziosa solitudine della SLA all'interno della quale Angelo si lascia riprendere dall'autrice e spostare dai suoi badanti, apparentemente estraneo e impassibile. Il suo corpo è il pendolo che tiene il tempo.

La dimensione dell'avventura estrema, il viaggio astronauta
Angelo diventa uomo a tutto tondo nel dialogo, bastano poche battute per dimenticare la SLA e lasciarsi trasportare in un altrove ampio, vasto e vivace. Nel confronto dialettico Angelo non è il malato di cui avere pietà ma è l'astronauta in missione che esplora i limiti dell'umano. Una dimensione potente e affascinante, che permette di vedere oltre l'esteriore immobilità della malattia e di toccare la bellezza interiore del protagonista. La vita astronauta diventa trasposizione visiva delle inquietudini e delle continue trasformazioni che un corpo

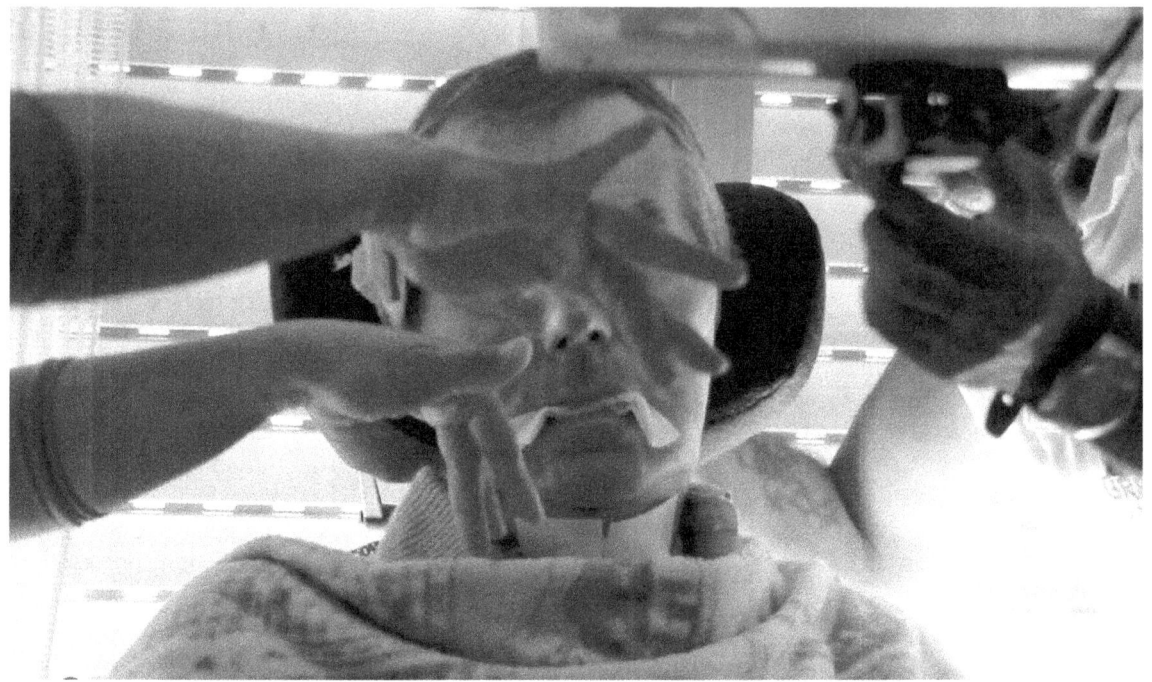

malato deve imparare ad affrontare, un repertorio ricco di suggestioni e metafore che vanno dalle goffe fasi di addestramento in piscina alla straordinaria lentezza dei movimenti dentro la tuta spaziale, l'avventura del volo, la dolcezza dei corpi in assenza di peso, lo spettacolo dello Spazio osservato dall'oblò. L'intento è quello di far dialogare la malattia che paralizza con la dolcezza del corpo in assenza di gravità, la presa di coscienza del protagonista con il viaggio spaziale degli astronauti. Missioni estreme, parallele e speculari. Si tratta in entrambi i casi di persone, e corpi, la cui vita è resa possibile esclusivamente dalla tecnologia. Se da una parte però essa spinge a superare se stessi, a volare, a realizzare un sogno, dall'altra, per Angelo, diventa infine gabbia da cui scappare.

La dimensione mentale del fine vita, un viaggio nostalgico e umano
Nella dimensione del fine vita tutto diventa terribilmente importante, e non c'è distinzione tra presente, passato e futuro. La vita appare come un flusso unico di immagini, ricordi, avventure, paure e passioni. «È troppo facile fuggire dalla vita senza accorgersi del suo concatenarsi» dice Angelo, ed è attraverso queste parole che si lascia andare a un fluido e non cronologico racconto del suo essere uomo, contemporaneamente anziano, bambino, giovane, adulto. I racconti di vita di Angelo sono vividi e sfumati, proprio come la grana del Super8 con cui vengono accompagnati. Il Super8 diventa specchio della vita e della sua magica imperfezione, il formato ideale per dipingere e raccogliere alcune delle tappe fondamentali comprese tra il venire al mondo e l'andarsene. Paesaggi umani e passaggi stagionali che accarezzano lo sguardo dello spettatore e ricamano quel labirinto temporale tanto intimo e prezioso che è il fine vita del protagonista.

Biografia
Laura Viezzoli (Ancona, 1979) vive e lavora a Milano. Si laurea al DAMS di Bologna, per poi specializzarsi in regia e produzione di documentari alla Scuola del Documentario di Milano. Collabora con il gruppo Sky,

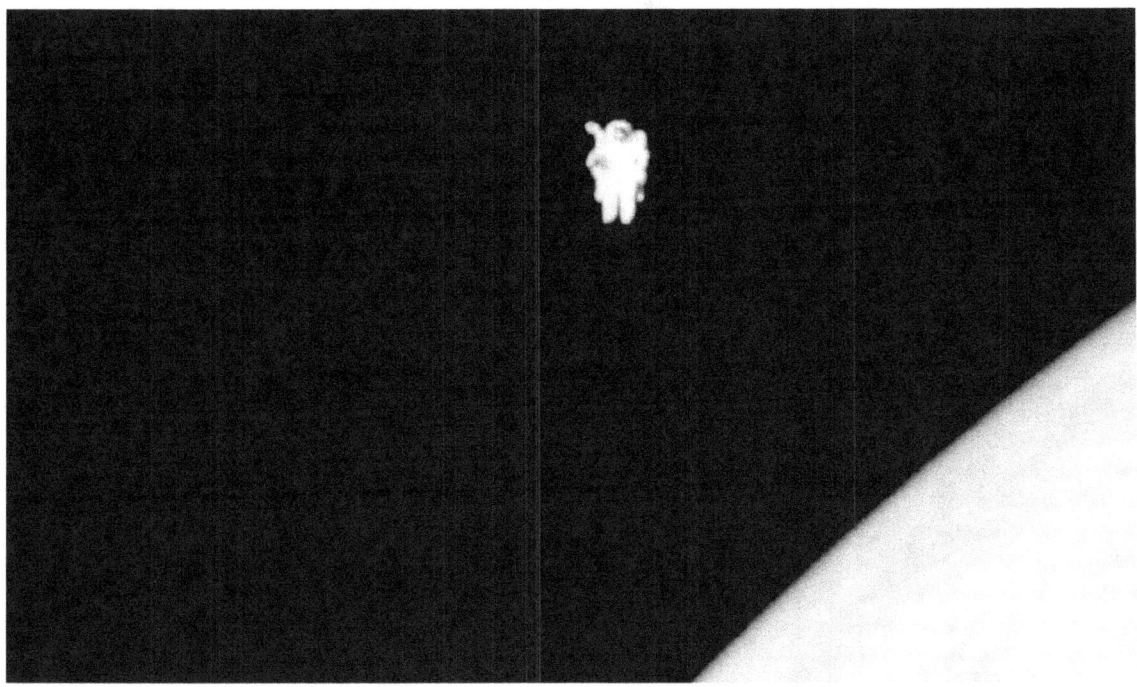

Fondazione Cinemovel, Festival Corto Dorico, Enece Film e il Centro televisivo dell'Università Statale di Milano. Nel 2010 fonda, con il regista Roberto Nisi, l'Associazione culturale I Bicchieri di Pandora. Insieme realizzano due edizione del corso di alta formazione in cinema documentario Conero Doc Campus, il percorso di formazione cinematografica CineResidenze, il documentario *Live in Sferisterio*. *La natura delle cose* è il suo primo lungometraggio documentario. Il film viene presentato in anteprima al Festival di Locarno 2016, partecipa a diversi festival nazionali e internazionali ricevendo diversi riconoscimenti tra cui l'Emerging Cinematic Award al Camden International Film Festival, il Premio Corso Salani al Trieste Film Festival e la nomination come miglior film e miglior montaggio al Premio Doc/It.

Filmografia
Si vola (2007, 25'); *74 Miles* (2009, 40'); *La natura delle cose* (2016, 67'); *Il sorriso ai piedi della scala* (2019, 70', in produzione).

Il Negozio

2017

Soggetto e regia: Pasquale Misuraca; *sceneggiatura*: Pasquale Misuraca, Alexandra Zambà; *interpreti*: Alessandro Isidori (*se stesso*), Angelo Volpe (*l'ossessivo compulsivo*), Daniele Canavacci (*se stesso*), Domenico Pesce (*il pittore quasi cieco*), Emerico Giachery (*il ladro*), Francesca Ceccherini Silberstein (*l'amica*), Franco Chiarini (*il cliente che non voleva vedere troppo*), Gabriele Parrillo (*se stesso*), Giuliano Cabrini (*il fotografo di insegne*), Ida De Santis (*la cliente*), Julia Schmid (*l'adolescente*), Mara Misuraca (*la cieca per gioco*), Massimiliano Andreozzi (*il filorusso*), Michele Traetta (*il cliente*), Noemi Paolini (*la ladra*), Nuccio Fava (*il pensionato*), Pasquale Misuraca (*se stesso*), Valerio Pella (*l'amico*), Vincenza Fava (*la mangiatrice di uomini*); *fotografia* (digitale, colore, 16:9) *e suono*: Alessandro Isidori; *musica*: Gustavo Savino; *montaggio*: Alessandro Isidori, Nefeli Misuraca; *produzione*: Alexandra Zambà per LaVitaNuovaFilm; *prima proiezione pubblica*: YouTube, 5 gennaio 2017; *durata*: 78'

Il Negozio affronta due questioni. (1) La questione linguistica della nascita del cinema androgino come arte che fonde l'elemento documentario e filmico, distinti nel cinema fin dalle origini. (2) La questione sociale della reazione creativa alla moltiplicazione dei sistemi e dei mezzi di sorveglianza che registrano ogni nostro movimento. Sotto lo sguardo delle videocamere di sicurezza di un negozio romano di ottica si succedono storie che, attraverso il montaggio, compongono un mosaico oggettivo-e-soggettivo sulla crisi che stiamo vivendo, la crisi della intera civiltà moderna.

Biografia
Pasquale Misuraca (Siderno, Reggio Calabria, 1948) vive e lavora a Roma. Ha insegnato Educazione Artistica e Sociologia della Conoscenza, e storia e teoria della televisione, del cinema, del video nelle università italiane, cipriote, cilene. Ha lavorato altresì come consulente, autore, sceneggiatore, regista per il teatro, la radio, la televisione, il cinema. Ha pubblicato libri, ebook e saggi in riviste come «Rassegna Italiana di Sociologia», «Critica Marxista», «Prospettive Settanta», «L'Astrolabio», «Società di Pensieri», «Il Caffè Illustrato», «Mastro Pulce», «Close Up» e «Alias».

Filmografia
Film: *Angelus Novus* (1987, 80'); *Non ho parole* (1993, 72'); *Prin tin arxi/Prima di cominciare* (1997, 90'); *Vissi d'arte* (2005, 72'); *Videodiario di un Re prigioniero* (2006, 74'); *Il Negozio* (2017, 78');
Cortometraggi: *La bobina dell'occhio ferito* (1990, 25'); *Vita e morte di* (1991, 10');
Critofilm: *Le ceneri di Pasolini* (1994, 87'); *Autoritratti vagabondi. Kafka, Gramsci, Hitchcock, Pasolini* (1995, 12'); *Vittorio De Sica. Autoritratto* (2001, 27'); *Con questa mia vengo a dirti* (2011, 180'); *Il secolo dell'Ebbrezza. 1914-2014* (2015 -2018, 70'); *Critofilm de "Il Negozio"* (2017, 85'); *Buster Keaton Autoritratto* (2019, 102'); *Adriano Aprà Autoritratto* (2019, 160');
Documentari: *Vita all'incontrario di Mimmo Pesce* (1994, 60'); *Ciprioti* (1995, 35'); *Amorosa Caterina* (1995, 25'); *Nostalgia delle città proibite* (1996, 26'); *Santarielli d'Amantea* (1998, 26'); *Fe y controversia en Yumbel* (1999, 42'); *Retrato del Padre Pedro Campos* (1999, 42'); *Retrato del Padre Esteban Gumucio* (1999, 52'); *Leonardo*

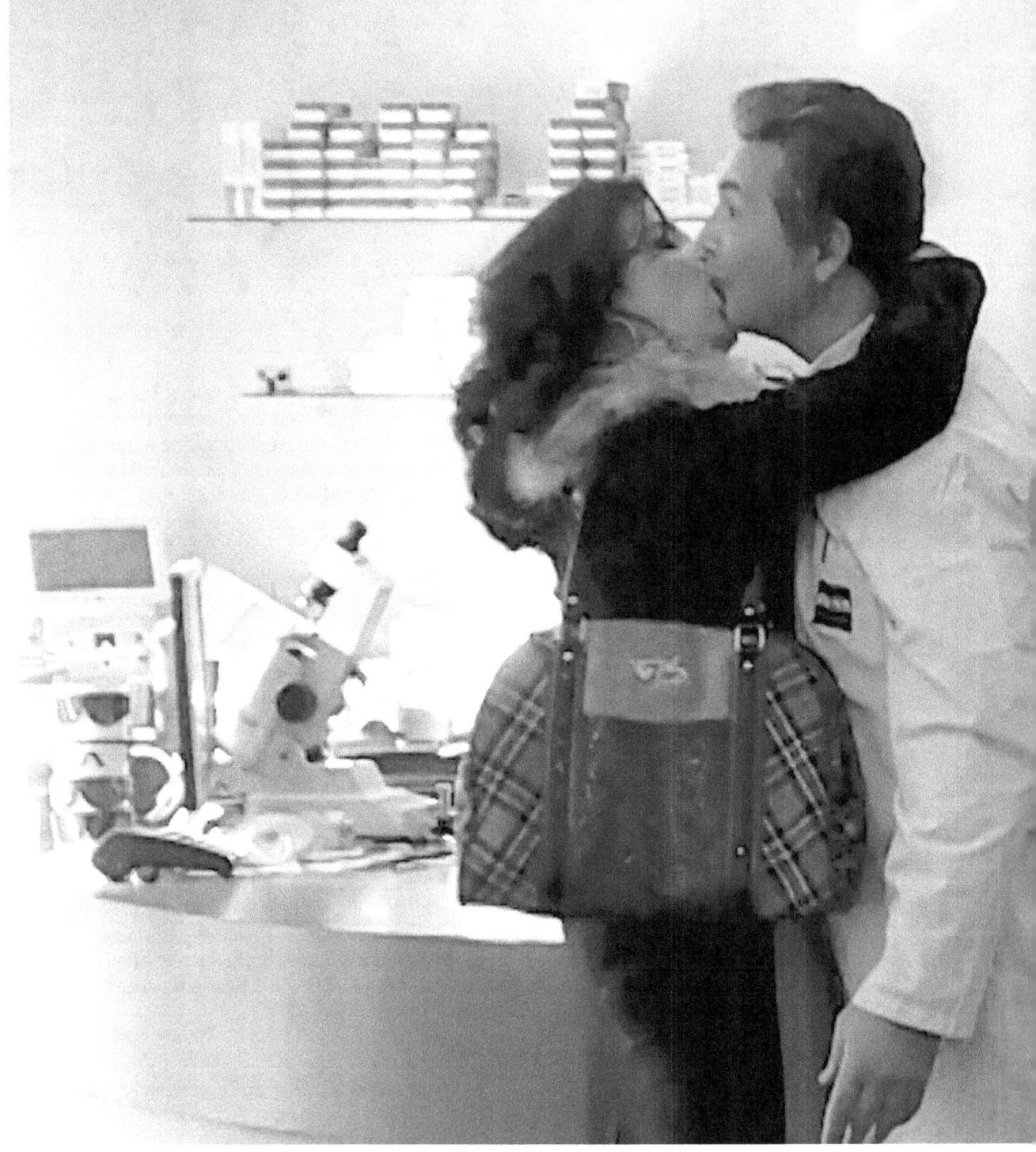

Sciascia. Autoritratto (2001, 27'); *Francesco psichiatra a domicilio* (2007, 54'); *Franca antropologa delle possedute* (2007, 54', *Lino Angiuli poeta del vegetalesimo* (2018, 27'); *Umit Inatci ritratto autoritratto* (2018, 28'); *Poesie e ombre dalla frontiera* (2019, 106'); *Guido Oldani ritratto autoritratto* (in postproduzione); *Giuseppe Donnaloia ritratto autoritratto* (in postproduzione);
Programmi televisivi: *La Politica di Aristotele, Il Principe di Machiavelli, Quaderni del carcere di Gramsci, Rilievi*

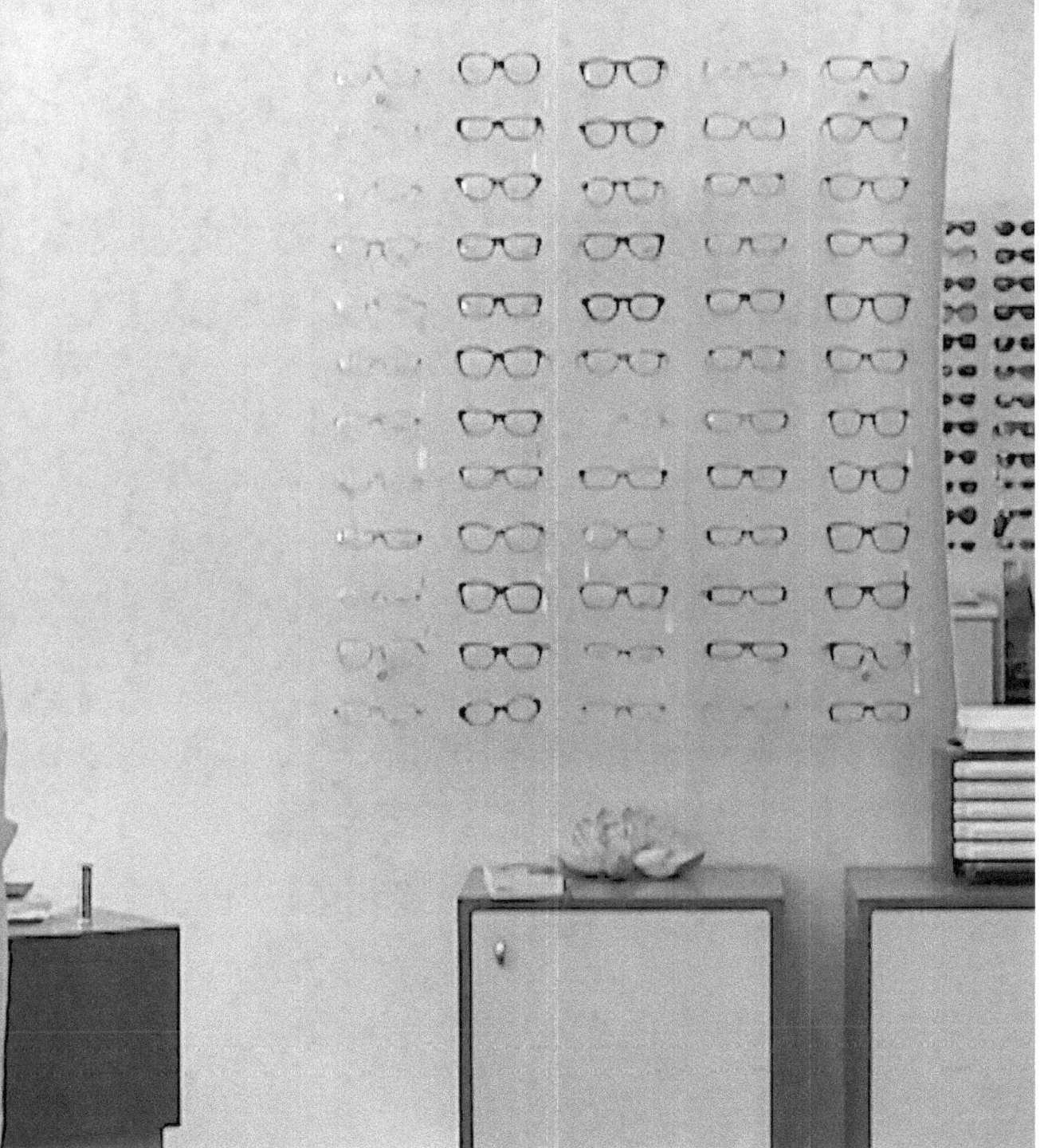

del Duomo di Modena del Wiligelmo, Morte della Vergine di Caravaggio, Accattone di Pasolini (RAI-Tv, 1983, sei programmi di 27′ ciascuno);
Home video: *I sofisti* e *L'etica di Aristotele* (Enciclopedia Multimediale delle Scienze Filosofiche, RAI-TV/Treccani, 1988-89, 60′ ciascuno); *Progetto Poesia: Saffo, Kavafis, Montale, Leopardi, Ungaretti, Eliot, Dickinson, Celan, Baudelaire, Quasimodo* (1993, complessivamente 5′); *San Sebastián en Yumbel* (1999, 27′);
Video-documenti: *Vita breve di Eftimios* (2006, 58').

263

Ofelia non annega
2016

Regia, sceneggiatura, montaggio, color grading, sound design: Francesca Fini; *performer* (in ordine alfabetico): Giulio Bianchini, Daniela Cavallini, Marzia De Maria, Sylvia Di Ianni, Francesca Fini, Marco Fioramanti, Alessia Latorre, Letizia Lucchini, Alessandro Parise, Simona Sorbello, Inanna Trillis; *con la gentile partecipazione di*: Ilaria Campiglia, Chiara Catalano, Marilena Di Prospero, Ivan Macera, Nunzia Picciallo, Daniele Sirotti, Dario Spampinato; *fotografia* (HD, colore e b&n, 16:9 e 4:3 per il repertorio): Roberto De Amicis e Marco Federici; *missaggio audio*: Claudio Toselli (Italia Film); *trucco*: Diletta Magliocchetti e Ilaria Castellano; *realizzato e prodotto da* Francesca Fini in associazione con Istituto LUCE - Cinecittà; *prima proiezione pubblica*: Watermill Center, New York, 23 marzo 2016; *prima proiezione italiana*: MACROAsilo, Roma, 20 giugno 2016; *durata*: 91'

Film sperimentale, *Ofelia non annega* integra linguaggi eterogenei apparentemente incompatibili: il repertorio sociologico nazionale e performance originali concepite appositamente per questo progetto. Al centro di tutto c'è un'Ofelia diversa da quella della tradizione letteraria: non l'adolescente fragile e innamorata, ma tante donne diverse per colori, fattezze ed età. Un'Ofelia moderna, dolce ma anche cinica. Un'Ofelia che non si perde nei boschi di Danimarca ma nei paesaggi del Lazio: dal Gazometro di Roma al Centro Rottami di Cisterna di Latina, dalle aride cave di tufo di Riano Flaminio alla meravigliosa Villa Futuristica della famiglia Perugini a Fregene, passando attraverso un rocambolesco giro panoramico su un bus turistico a Roma. Un'Ofelia che alla fine non annega, rinunciando al suo destino di eroina romantica per diventare una "persona".

Note di regia
Questo film, affrontato nel modo e con il taglio della videoarte, si dipana attraverso la messa in scena di videoperformance originali che dialogano poeticamente con il repertorio dell'Istituto LUCE. Il repertorio che ho individuato, dopo la visione dei film presenti in Archivio, non è solo quello che parla di arte, dei suoi personaggi e dei suoi movimenti, ma anche e soprattutto quello che, non riguardando direttamente l'arte, ha uno stile volutamente simbolico e surreale. Uno stile che fa della sperimentazione linguistica la sua forza narrativa, trascurando le esigenze di linearità e verosimiglianza del racconto cinematografico tradizionale. Un linguaggio inconscio, e quindi fluido, nomadico, misterioso e metamorfico, rappresentato metaforicamente dall'elemento dell'acqua, che è il filo rosso dell'intero racconto performativo.

Biografia
Francesca Fini (Roma, 1970, dove vive e lavora) è un'artista interdisciplinare che da anni si muove in quel territorio di confine dove le arti visive si ibridano, generando una sintesi nuova proprio nel linguaggio performativo contemporaneo. Francesca Fini ha performato ed esibito il suo lavoro al MACRO di Roma, al Manege Museum di San Pietroburgo, al Schusev State Museum of Architecture di Mosca, alle Tese dell'Arsenale di Venezia, a Toronto per Fado Performance Art Festival, a Chicago per Rapid Pulse Festival, a Belo Horizonte per Fad Festival de Arte Digital, a São Paulo e a Rio de Janeiro per File Electronic Language International Festival, a Madrid per Ivham e Proyector Festival, a Mumbai per Kala Ghoda, al Guggenheim

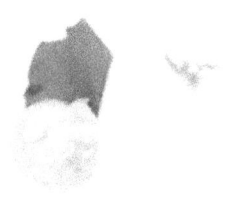

di Bilbao e a Tokyo per il Japan Media Arts Festival. A Venezia ha preso parte alla prima Venice International Performance Art Week, nei suggestivi spazi di Palazzo Bembo, e presentato i suoi video su invito di Carlo Montanaro presso la galleria AplusA, padiglione della Slovenia alla 55ª Biennale di Venezia. Nel 2014 e nel 2016 è stata selezionata da Bob Wilson per partecipare alla residenza artistica presso il Watermill Center di New York. Nel febbraio del 2016, dopo un anno di lavorazione, ha ultimato il lungometraggio sperimentale *Ofelia non annega*. I suoi video e le sue performance sono distribuite da Video Out Vancouver, Vivo Media Art Center Canada e Vertex Art Gallery UK, e dal 2019 sulla piattaforma italiana Teyouto.

Filmografia

Immortali (2006, 50'); *Donne/Born to Be Kings* (2009, 50'); *Cry Me* (2009, 3'); *Latin Lover* (2009, 4'); *The Mirror* (2010, 7'); *Duchamp Spinning Glass* (2010, 3'); *Oasi nel deserto* (2010, 5'); *War* (2010, 5'); *Note Off* (2010, 4'); *Little Pill Blues* (2011, 10'); *Blood* (2011, 5'); *Mediterraneo* (2011, 7'); *Parnasus* (2011, 10'); *Virus* (2011, 5'); *Wombs* (2012, 6'); *Liszt* (2012, 6'); *White Noise* (2013, 5'); *White Sugar* (2013, 13'); *Touchless* (2014, 5'); *Mother Rythm* (2014, 11'); *A Love Letter* (2015, 6'); *Dadaloop* (2015, 10'); *Ofelia non annega* (2016, 91'); *Gold/Looking for Oz* (2016, 60'); *The Burning* (2016, 8'); *Ritratti* (2017, 30'); *Hippopoetess* (2018, 53'); *Skinned* (2018, 7'); *Self-Defence* (2019, 4'43"); *Miss America & the Paperwall* (2019, 10').

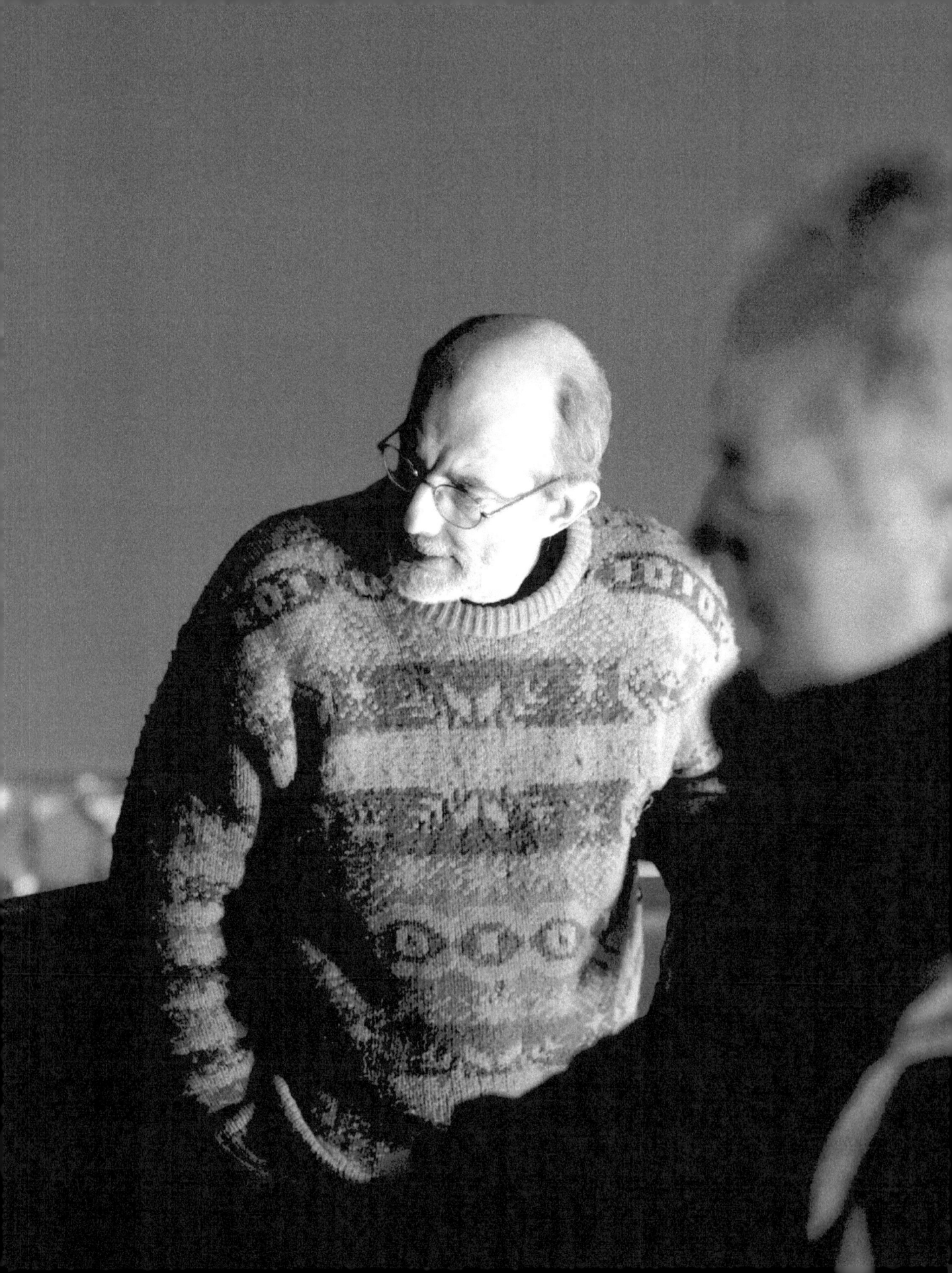

Patria

2014

Regia: Felice Farina; *soggetto*: ispirato a *Patria 1978-2008* di Enrico Deaglio (Il Saggiatore, 2009); *sceneggiatura*: Beba Slijepcevich, Luca D'Ascanio, Felice Farina; *interpreti*: Francesco Pannofino (*Salvo Brogna*), Roberto Citran (*Giorgio Bettenello*), Carlo Giuseppe Gabardini (*Luca Ottolenghi*), Andrea Fazzani (*giornalista tg3*), Arturo Di Tullio (*commissario*), Orsetta Borghero (*segretaria*); *fotografia* (Red 5.3 K, colore e b&n, scope anche per il repertorio): Roberto Cimatti; *suono*: Maricetta Lombardo; *musiche originali*: Valerio C. Faggioni; *montaggio*: Esmeralda Calabria; *produttore esecutivo*: Eduardo Rumolo; *produzione*: Felice Farina per Nina Film con il sostegno di Film Commission Torino Piemonte e con il contributo di MIBACT-Direzione Generale per il Cinema; *prima proiezione pubblica*: Mostra di Venezia (Giornate degli Autori), 5 settembre 2014; *distribuzione*: Istituto LUCE-Cinecittà; *prima proiezione in sala*: Roma, 6 marzo 2015; *durata*: 89'

La fabbrica chiude e licenzia, l'ennesima nel torinese. Addio posti di lavoro, addio identità, addio certezze. Salvatore Brogna, operaio, si arrampica sulla torre della fabbrica, per protesta o forse solo per rabbia cieca, minacciando di buttarsi giù. Giorgio, operaio rappresentante sindacale, di carattere e fede politica del tutto opposti, arriva per salvarlo dalla caduta. Il terzo, ipovedente e autistico, custode assunto come categoria protetta, si aggiunge scalando eroicamente la torre per fare loro compagnia. Nell'arco di una notte, abbandonati da tutti, nella disperata attesa che arrivi qualche giornalista, questi tre punti di vista così diversi sul mondo ripercorrono gli ultimi trent'anni della vita del Paese, gli anni che li hanno portati su quella torre pericolosa. Anni di occasioni sprecate, di speranze tradite, di crimini e stragi, di ribaltoni e giochi di potere. Li rivediamo anche noi questi anni attraverso il montaggio del materiale d'archivio e, come contraltare di questa danza perversa degli eventi, quasi a rimarcarne l'assurdità, rimane il semplice buon senso di tre uomini senza alcun potere, appesi in cima a una torre, che aspettano qualcuno, chiunque, mentre senza accorgersene costruiscono un'amicizia.

Note di regia

Il libro da cui è nata l'idea del film l'ho comprato appena uscito, citato in un'ennesima serata di discussioni sull'anomalia politica berlusconiana. Le perplessità si stavano facendo universali, così come la sensazione di un cambiamento ormai irrimediabile; molti riflettevano su cosa fosse successo. Il bisogno di raccontare in qualche modo il Paese si è condensato d'istinto nelle emozioni della lettura, nel racconto di trent'anni di turbinosi cambiamenti che cercano di rispondere alla domanda che i due protagonista si pongono all'inizio del film: «Come siamo finiti così?». Un arco di tempo così denso di fatti importanti non si può raccontare nel tempo di un film: questo era l'ostacolo da superare. Ho tradito le forme del documentario con un esperimento, inseguendo la memoria di un film amato, che è *Hiroshima mon amour* di Resnais: quel modo di legare i frammenti di repertorio allo svolgersi di un racconto presente, quel fonderli in una sola cosa sincronizzando le emozioni della Storia a quelle dell'azione scenica. Il risultato è indefinito, come indefinito è l'oceano di ombre e luci della memoria. Durante il montaggio abbiamo scelto di affidarci sempre più a questo movimento, evitando di attribuire ai personaggi ricordi o evocazioni, e ricercando invece le emozioni possibili perché fossero queste ultime a rivelare il racconto.

Biografia

Felice Farina (Roma, 1954, dove vive e lavora) si è occupato di cinema d'animazione, effetti speciali, multivisione, e continua a coltivare la passione per l'elaborazione dell'immagine praticandola personalmente su basi digitali. Inizia l'attività di regista con alcuni cortometraggi e documentari industriali; tra gli anni Ottanta e i Novanta realizza e cura alcuni programmi per RAI 2 e RAI 3. È tornato di recente al documentario con una società di produzione indipendente, la NinaFilm, con cui ha realizzato per Geo&Geo (RAI 3) diversi documentari e alcuni lavori su arte e architettura, tra cui *Costruttori di macchine* sugli artisti cinetici e *Mounds of Mud* su Paolo Soleri e la sua architettura utopistica.

Il suo primo lungometraggio, *Sembra morto... ma è solo svenuto* è del 1986. Interpretato da Sergio Castellitto e Marina Confalone, è stato presentato alla Settimana della Critica di Venezia. Seguono nel 1987 *Sposi* (prod. Duea, distr. Medusa), film a episodi con Pupi Avati e altri, e *Affetti speciali* (prod. Tip, distr. Mikado) con i Gemelli Ruggeri e Sabina Guzzanti. Nel 1990 gira *Condominio* (prod., distr. IIF) con Ottavia Piccolo, Ciccio Ingrassia, Roberto Citran e altri; nel 1992 *Ultimo respiro* (prod. Clemi, distr. CDI) e nel 1996 *Bidoni* (prod.

Compact, distr. LUCE) con Angela Finocchiaro e Daniele Liotti. Nel 2008 realizza *La fisica dell'acqua* con Paola Cortellesi, Stefano Dionisi e Claudio Amendola. Ha realizzato inoltre alcuni film e serie per la tv: *Felipe ha gli occhi azzurri* (1992, RAI 1) con Silvio Orlando, *Il caso Bozano* (1997, RAI 1) con Giorgio Tirabassi e Lorenza Indovina, *Oscar per due* (1998, RAI 1) con Claudio Bisio e Amanda Sandrelli, la serie *Nebbia in Valpadana* (2000, RAI 1) con Cochi e Renato.

Filmografia
Sembra morto... ma è solo svenuto (1986, 85'); *Affetti speciali* (1987, 89'); *Sposi* (terzo ep., 1988, 95'); *Condominio* (1990, 100'); *Felipe ha gli occhi azzurri* (1991, 3x90'); *Ultimo respiro* (1992, 105'); *Bidoni* (1995, 95'); *Il caso Bozano* (1996, 90'); *Oscar per due* (1998, 85'); *Nebbia in Val Padana* (2000, 12x50'); *Mounds of Mud* (2002, 52'); *La fisica dell'acqua* (2009, 76'); *Monicelli. La versione di Mario* (2012, 83'); *Patria* (2014, 89'); *Conversazioni atomiche* (2018, 85').

Il peggio di noi

2006

Regia, soggetto, sceneggiatura, voce narrante, fotografia (Beta SP, colore, 4:3), *musica e montaggio*: Corso Salani; *produzione*: Corso Salani-Balaton Film; *vendite estere*: Vivo Film; *prima proiezione pubblica*: Festival di Locarno (A Propos du Cinéma), 12 agosto 2006; *durata*: 88'

Dopo aver girato *Palabras* (lavoro di finzione del 2003), Corso Salani firma un atto d'accusa contro la sua troupe. Accompagnato dalle immagini del casting, delle prove, del set, si dipana un lungo monologo che mette alla sbarra l'attrice protagonista (Paloma Calle) e tutta la troupe, colpevoli di non aver compreso il profondo valore che quei momenti avevano per lui, l'intenso rapporto artistico e personale che lo legava a Paloma, contribuendo così ad allontanarla da lui. Il film è finito, ma le emozioni e i sentimenti che sono stati spesi non riescono a sfumare. I fotogrammi diventano lo sfondo di una lettera d'amore violenta e disperata, le parole il segno del tempo sciupato, dell'amarezza di ciò che poteva essere e non è stato. Dietro le immagini, sotto al monologo, nasce una riflessione sul cinema e sui diversi modi di "vivere di cinema".

Note di regia

«Per me i film sono la vita che ho scelto, voi non ve lo potete immaginare quanto costi, quanto mi costi girare anche una singola scena, un singolo fotogramma, tutto quello che c'è dietro, tutte le rinunce che faccio volentieri, tutta la vita che preferisco non vivere perché tanto posso vivere quello che metto nei film. Io il film lo penso e prima ho già vissuto tutto, quindi lo devo osservare, pensare, ricordare, modificare, mettere in scena, poi devo trovare il modo di farlo, poi lo devo realizzare, lo devo finire. Voi vi limitate a durare fatica, se poi la durate, per un breve periodo, per qualcosa che avete scelto di fare, tutti, in posti dove non siete mai stati e dove molto difficilmente avrete modo di tornare: un breve periodo della vostra vita che non avreste vissuto se io non vi avessi chiesto di viverlo e se voi non aveste accettato di viverlo, pieni di entusiasmo, di attesa, di convinzione, e vi permettete di essere stanchi, a volte di essere distratti, vi permettete di avere bisogno di smettere di pensare a quello che state facendo, parole vostre. Vi scordate tanto facilmente che è l'unico motivo per cui siete lì in quel momento».

Biografia

Corso Salani (Firenze, 1961-Roma, 2010) ha conseguito nel 1984 il diploma presso l'Istituto di Scienze Cinematografiche di Firenze. Dal 1985 è vissuto a Roma. Nel 1995 ha tenuto un corso sul cinema a basso costo presso la Universidad del Cine di Buenos Aires. Nel 1999 ha insegnato lingua italiana all'Accademia Italiana di Varsavia. Viaggiatore instancabile, ha alternato l'attività di attore e quella di regista. Tra le sue interpretazioni ricordiamo *Il muro di gomma* (1991) di Marco Risi, *Il Conte di Montecristo* (1997) di Ugo Gregoretti per la tv, *Il vento di sera* (2004) di Andrea Adriatico. Tra i suoi film *Occidente* (2000), *Palabras* (2003), *Il peggio di noi* (2006), la fortunata serie di sei documentari *Confini d'Europa* (2006-2007), *Le vite possibili* e, da ultimo, *Mirna*. Nel giugno 2008 ha anche esordito come narratore, pubblicando il racconto *Pochi metri d'occidente* per Donzelli, ispirato dal terzo dei documentari della serie *Confini d'Europa*, *Imatra*. Ci ha lasciati nel giugno 2010.
Nel novembre 2017 è stato edito da ArtDigiLand il DVD e relativo libro di *Mirna*.

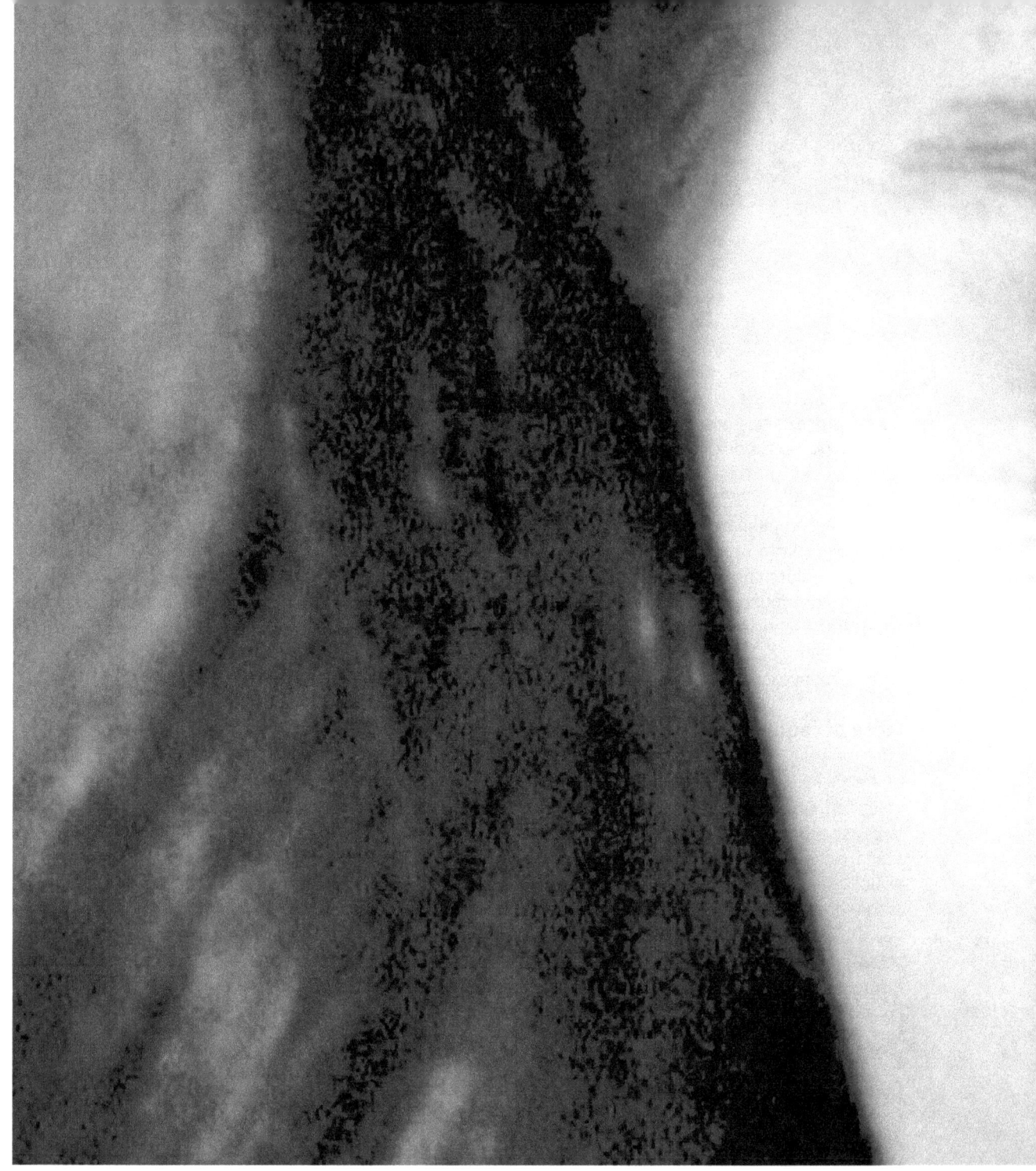

Filmografia
Zelda (1984, 11′); Guerra (1984, 5′); Danilo (1985, 18′); Voci d'Europa (1989, 90′); Eugen si Ramona (1989, 25′); Gli ultimi giorni (1991, 85′); Gli occhi stanchi (1995, 95′); Cono sur (1998, 109′); Occidente (2000, 95′); Corrispondenze private (2002, 100′); Palabras (2003, 92′); Tre donne in Europa (2004, 59′); C'è un posto in Italia

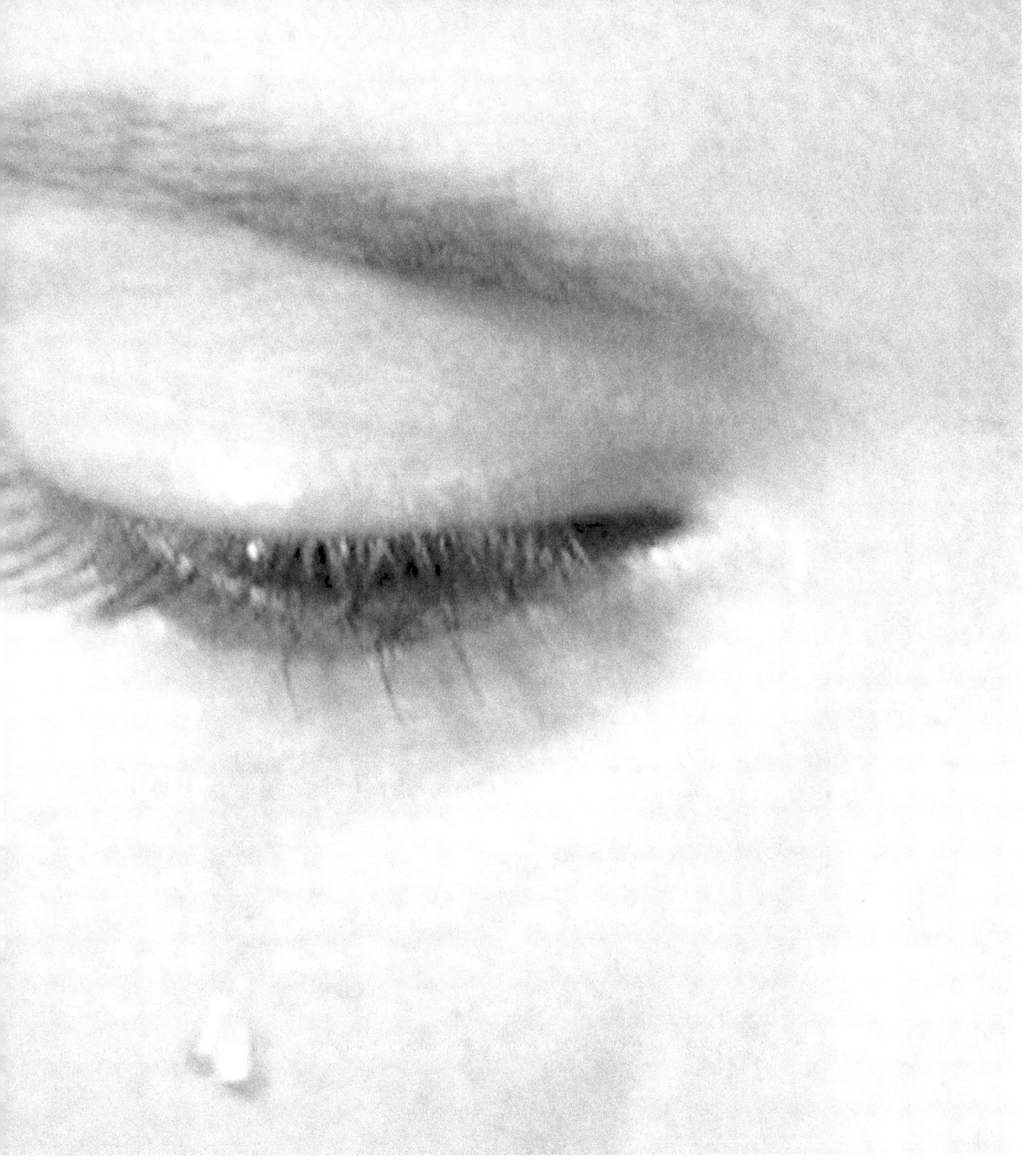

(2005, 58′); *Il peggio di noi* (2006, 88′); *Confini d'Europa. Ceuta e Gibilterra* (2006, 54′); *Confini d'Europa. Rio de Onor* (2006, 54′); *Confini d'Europa. Imatra* (2007, 53′); *Confini d'Europa. Talsi* (2007, 53′); *Confini d'Europa. Chisinau* (2007, 52′); *Confini d'Europa. Yotvata* (2007, 52′); *Tracce* (2007, 13′); *Le vite possibili* (2008, 50′); *Mirna* (2009, 75′); *I casi della vita* (2010, 85′).

Per amor vostro

2015

Regia e sceneggiatura: Giuseppe M. Gaudino; *sceneggiatura*: Giuseppe M. Gaudino, Isabella Sandri, Lina Sarti; *interpreti*: Valeria Golino (*Anna Ruotolo*), Massimiliano Gallo (*Gigi Scaglione*), Adriano Giannini (*Michele Migliaccio*), Elisabetta Mirra (*Santina Scaglione*), Edoardo Crò (*Arturo Scaglione*), Daria D'Isanto (*Cinzia Scaglione*), Salvatore Cantalupo (*Ciro*), Rosaria De Cicco (*dirigente studio tv*), Virginia Da Brescia (*madre di Anna*), Roberto Corcione (*padre di Anna*), Massimo De Matteo (*Salvatore Ruotolo*), Simona Capozzi (*Assunta Amoroso*), Alfonso Postiglione (*don Vincenzo*), Sara Tancredi (*Anna bambina*); *fotografia* (2K con Alexa, b&n e colore, scope): Matteo Cocco; *musica*: Epsilon Indi; *production design*: Flaviano Barbarisi e Antonella Di Martino; *costumi*: Alessandra Torella; *montaggio*: Giogiò Franchini; *produzione*: Buena Onda, Eskimo, Figli del Bronx, Gaundri, Bea Production Company, Minerva Pictures Group, con RAI Cinema; *prima proiezione pubblica*: Mostra di Venezia (Concorso), 11 settembre 2015; *distribuzione*: Officine Ubu; *durata*: 112'

Anna è stata una bambina spavalda e coraggiosa. Oggi, è una donna "ignava", nella sua Napoli. Da vent'anni ha smesso di vedere quel che accade nella sua famiglia, preferendo non prendere posizione, sospesa tra Bene e Male. Per amore dei tre figli e della famiglia, ha lasciato che la sua vita si spegnesse, lentamente. Fino a convincersi di essere una "cosa da niente". La sua vita è così grigia che non vede più i colori, benché sul lavoro – fa la "suggeritrice" in uno studio televisivo – sia apprezzata e amata, e questo la riempia di orgoglio. Anna ha doti innate nell'aiutare gli altri, ma non le adopera per se stessa. Non trova mai le parole né l'occasione per darsi aiuto. Quando finalmente, dopo anni di precariato, riesce a ottenere un lavoro stabile, inizia il suo affrancamento da questo stato. Anche dal marito, del quale decide finalmente di liberarsi. Da quel giorno affronta le tante paure sopite negli anni, come quella di affacciarsi al balcone di fronte al mare... Perché sa che quel mare è per lei un oracolo. Il mare, unico elemento ancora non contaminato dal suo sguardo grigio.

Note di regia
Ho sempre visto Napoli come una metropoli che si sviluppa su due livelli: uno sotterraneo, pieno di catacombe, cimiteri, ipogei; un altro sopra il livello del mare, agitato da rara vitalità. Tra questi due mondi, combattuto tra forze contrapposte, il mio personaggio, Anna, donna fragile e forte, si trova a dover rivoluzionare la propria vita. Negli anni ha accettato, per amore degli altri, talmente tante cose che la sua vera natura si è "appannata", fino a smarrirsi. E a tramutarsi in quell'Inferno che le è accanto ogni giorno e che lei non sa vedere. La storia del film è la storia di questo ritorno all'origine, un percorso verso il disvelamento delle cose. Verso la luce.

Biografia
Giuseppe Gaudino (Pozzuoli, Napoli, 1957) vive e lavora a Roma. Si diploma in scenografia presso l'Accademia delle Belle Arti di Napoli e in regia al Centro Sperimentale di Cinematografia. Nel 1983 esordisce con il documentario *Antrodoco, una storia per due battaglie*, mentre il film sperimentale *Aldis* è presentato al Festival Giovani di Torino nel 1984 e poi l'anno dopo al Festival di Berlino (sezione Forum). Nel 1992 realizza *Joannis Amaelii, anima vagula blandula*, backstage di *Il ladro di bambini* di Gianni Amelio. *Giro di lune tra terra e mare* del 1997 è il suo primo lungometraggio a soggetto, presentato in concorso alla Mostra del Cinema di

Venezia. Dal 1988 collabora con Isabella Sandri. Nel 2001 firma il documentario *O' ciuna!*, sul problema dei minorenni albanesi in Italia, mentre del 2003-2004 è *Materiali a confronto, Albania 1994*. Dal 2003 al 2008 Gaudino e Sandri sono stati impegnati in Afghanistan per *Storie d'armi e di piccoli eroi*, sulla vita di un orfano delle "bombe intelligenti" salvato grazie alla scrittura e ai libri. Dal 2007 al 2010 realizza un lavoro – sempre con Sandri – in Terra del Fuoco, in Cile e Argentina, sulla vita di Alberto Maria De Agostini e sugli ultimi indios sopravvissuti alle stragi dei colonizzatori, dal titolo *Per questi stretti morire* in concorso nella sezione Orizzonti alla 64ª Mostra Internazionale di Arte Cinematografica di Venezia. È produttore e cosceneggiatore del nuovo film di Isabella Sandri *Un confine incerto* (in postproduzione).

Filmografia

In una notte di luna piena (1981, 12'); *Antrodoco, una storia per due battaglie* (1983, 44'); *Aldis* (1984, 43'); *Giro di lune* (1988, 12'); *0567. Annotazioni per un documentario su Pozzuoli* (1988, 69'); *Calcinacci* (co-regia di I. Sandri, 1990, 50'); *Per il rione Terra* (1990, 60'); *Joannis Amaelii, animula vagula blandula* (1992, 36'); *Giro di lune tra terra e mare* (1997, 125'); *La casa dei limoni* (co-regia di I. Sandri, 1999, 50'); *"Scalamara"* (ep. di *I diari della Sacher*, 2001, 33'); *Gli amori di Aldis, Amore 101, 102, 103* (2001, 18'); *O' ciuna!* (2001, 22'); *Materiali a confronto. Albania 1994* (2003-2004, 108'); *Scalo a Baku* (co-regia di I. Sandri, 2003, 72'); *Maquilas* (co-regia di I. Sandri, 2005, 120'); *Storie d'armi e di piccoli eroi* (co-regia di I. Sandri, 2008, 98'); *Per questi stretti morire (ovvero Cartografia di una passione)* (co-regia di I. Sandri, 2010, 95'); *Per amor vostro* (2015, 112').

Le porte regali

Tre ipotesi sulla natura esoterica dell'immagine, 2015-2018

Soggetto, regia, fotografia (HD/Super8, colore, 16:9), *suono, montaggio*: Morgan Menegazzo, Mariachiara Pernisa; *musica*: Sottosuono (*Psicopompo*); *prime proiezioni pubbliche*: *Le porte regali* (trilogia): Teatro dei Dioscuri, Roma, 11 novembre 2018 (nell'ambito di Fuorinorma 2)/*Iconòstasi*: 52ma Mostra del Nuovo Cinema di Pesaro (Satellite), 7 luglio 2015/*Psicopompo*: No Fest 2016, Piove di Sacco (Padova), 28 maggio 2016/ *Dagadòl*: 35° Torino Film Festival, 29 novembre 2017; *distribuzione*: Tao Films; *durata*: 61' (16'+34'+11')

Ispirato, in parte, alle riflessioni su arte e sogno di Pavel Florenskij e al saggio omonimo sull'icona apparso nel 1922, *Le porte regali* è il personale tentativo di evocare una metafisica delle immagini e della luce, richiamando arbitrariamente la struttura divisoria interposta fra la zona presbiteriale e quella riservata ai fedeli nel rito cristiano ortodosso.

Protagonisti assoluti di questa epica dello sguardo sono gli occhi e la loro capacità di farsi impressionare, assistiti da demiurghi capricciosi in bilico tra il mondo sensibile e il sovrasensibile: un traghettatore di anime (*Psicopompo*), un leviatano (*Dagadòl*) e un tramezzo dipinto munito di tre porte (*Iconòstasi*). Accompagnati da queste guide ultraterrene, espedienti di un dipingere che si fa strumento di conoscenza sovrannaturale, possiamo varcare le "porte regali" dell'iconòstasi, lo squarcio che mette in contatto cielo e terra, la corda tesa tra la veglia e il sonno, il luogo in cui le cose si manifestano per quello che sono: prodotti della luce.

Note di regia
Le porte regali è un lavoro complesso e stratificato, realizzato a più riprese tra il 2015 e il 2018 e con supporti diversi – pellicola e digitale – che cerca d'indagare la natura della luce attraverso la tecnica del foro stenopeico. Quest'ultima, utilizzata per le parti più meramente pittoriche, si manifesta con interventi manuali su piani sequenza in assenza di postproduzione.
Composto da *Iconòstasi*, *Psicopompo* e *Dagadòl*, opere già presentate singolarmente, *Le porte regali* è una trilogia sul potere esoterico dell'immagine e sugli stati di consapevolezza dello sguardo.
Un invito ad abbandonarsi, a sprofondare, a disobbedire ai sensi intorpiditi dall'horror pleni, dalla bulimia visiva e dall'inquinamento immaginifico.

Biografie
Morgan Menegazzo (Lendinara, Rovigo, 1976), regista, autore e coordinatore editoriale e Mariachiara Pernisa (Lugo, Ravenna, 1981), autrice e montatrice, si occupano di audiovisivo al confine tra cinema e videoarte. Attualmente vivono e lavorano tra Rovigo e Cesena. Nel 2001, dal loro incontro, nasce *Hankgefmobility*, progetto multidisciplinare indipendente. Le loro opere sono state distribuite in sala, presentate alla Cineteca Nazionale di Roma, alla Biennale di Hannover Up and Coming e al MART di Rovereto, trasmesse da emittenti televisive e network satellitari come RAI, Al Jazeera e Russia Today, e selezionate da festival cinematografici nazionali e internazionali, tra cui Torino Film Festival, Mostra del Nuovo Cinema di Pesaro, Haverhill Experimental Film Festival ed Experiments in Cinema.

Filmografia

Flores para los muertos (2001, 14'); *Lo stato d'imbarazzo* (2001, 4'); *The Catcher in the Rye* (2002, 14'); *L'acqua che pesa non viene dal cielo* (2003, 3'); *L'AMEN* (2003, 4'); *La Terra quadrata* (2005, 14'); *Radioes at an Exhibition* (2007, 6'); *Warology-Operazione l'Altra Guerra* (2011, 89'); *Merci de me répondre* (2015, 65'); *Rothkonite* (2009-2015, 3'); *Iconòstasi* (2015, 16'); *Obsolescenza programmata* (2016, 19'); *Psicopompo* (2016, 33'); *Prima che l'ora cambi* (2017, 13'); *Dagadòl* (2017, 11'); *Le porte regali* (2018, riunisce *Iconòstasi*, *Psicopompo* e *Dagadòl*); *Coma Berenices* (2018, 5'40").

Puccini e la fanciulla

2008

Regia: Paolo Benvenuti; *direzione artistica e progetto musicale*: Paola Baroni; *sceneggiatura*: Paola Baroni e Paolo Benvenuti da una ricerca storica degli allievi della Scuola di Cinema "Intolerance" coordinati da Giulio Marlia; *interpreti*: Tania Squillario (*Doria Manfredi*), Riccardo J. Moretti (*Giacomo Puccini*), Giovanna Daddi (*Elvira, moglie di Puccini*), Debora Mattiello (*Fosca, la figlia di Elvira*), Federica Chezzi (*Giulia Manfredi, cugina di Doria*), Gianfranco Toce (*Salvatore, il marito di Fosca*), Chiara Armonico (*Franca, la figlia di Fosca*), Sofia Chiantelli (*Bicchi, la figlia di Fosca*), Giancarlo Susini (*Nicche, l'autista di Puccini*), Monica Mazzeo (*Beppina, la cameriera anziana*), Morena Tigli (*Emilia, la madre di Doria*), Pietro Andrea Terraglia (*Rodolfo, il fratello di Doria*), Paolo Biancalani (*Emilio, il padrone della Terrazza*), Dario Marconcini (*il pievano*), Lorna Ruth Windsor (*Sybil, l'amica inglese di Puccini*), Marcello Bartolomei (*il direttore dell'Ansaldo*), Francesco Cappello (*Guelfo Civinini, l'amante di Fosca*), Andrea Zei (*l'ombra*); *fotografia* (35mm, colore, 4:3): Giovanni Battista Marras; *sound designer*: Mirco Mencacci; *suono in presa diretta*: Alberto Amato; *scenografia*: Paolo Benvenuti, Aldo Buti; *costumi*: Simonetta Leoncini; *montaggio*: César Augusto Meneghetti; *produzione*: Arsenali Medicei; *distributore internazionale*: Adriana Chiesa Enterprises; *prima proiezione pubblica*: cinema Mexico, Milano, 10 settembre 2008; *durata*: 78′

Nel 1908 Giacomo Puccini sta componendo una nuova opera, tratta dal dramma di Belasco *The Girl of the Golden West*, nella sua villa di Torre del Lago. Proprio dinanzi all'abitazione del musicista emerge dall'acqua, sospesa su palafitte, la "Terrazza Emilio", un rustico chalet frequentato da borghesi, pescatori e cacciatori di frodo. Dietro il banco, a dispensare vino e sorrisi, c'è Giulia, la bella figliola di Emilio Manfredi. Da qualche tempo il Maestro ha preso a frequentare assiduamente il locale: beve un bicchiere, gioca alla morra, fuma una sigaretta, poi torna come rigenerato alla sua musica. Giulia è la cugina di Doria Manfredi, la giovane cameriera di casa Puccini. Un giorno di fine estate, quando i padroni sono assenti, Doria sorprende Fosca, la figliastra del musicista, a letto con il suo amante, il giovane librettista di Puccini, Guelfo Civinini. Da quel momento Fosca, preoccupata che la serva riveli quanto ha visto, non cessa di controllare i movimenti di Doria. Questa costante attenzione permette a Fosca di cogliere, non vista, inequivocabili cenni d'intesa tra la cameriera e il patrigno. Informata sua madre Elvira della tresca, la donna segue di soppiatto il marito fuori dalla villa. Puccini s'incontra nel buio con una giovane ma, insospettito da un rumore improvviso, si dilegua con lei su una barca. Certa d'aver sorpreso il marito con la cameriera, Elvira, pur non avendo visto la giovane in volto, non ha dubbi e, l'indomani, caccia Doria da casa. Mentre Puccini è totalmente preso dalla composizione della sua opera (*La fanciulla del West*) e usa ogni sotterfugio per coltivare in segreto la relazione con Giulia (sua vera amante e modello incarnato di Minnie, l'eroina dell'opera che sta componendo), Elvira, istigata dalla figlia, coglie ogni occasione per distruggere la reputazione di Doria spingendo la sua persecuzione fino alle estreme conseguenze. La poveretta, rea d'aver svolto soltanto come "umile ancella" il ruolo di *messaggera d'amore* fra il maestro e la cugina, schiacciata dalle accuse infamanti di Elvira, troverà nel suicidio la sua unica possibilità di riscatto.

Note di regia

Paola Baroni e io non abbiamo fatto un film su Puccini ma sulla sua cameriera Doria Manfredi. La giovane, accusata dalla moglie del Maestro di esserne l'amante, si suicidò per la vergogna nel gennaio del 1909. La memoria collettiva, condizionata dal film *Puccini* di Carmine Gallone del 1951 e dallo sceneggiato omonimo di Sandro Bolchi del 1972, era stata manipolata al punto da trasformare quella oscura vicenda nel gesto di una sconsiderata che, delusa dal rifiuto d'amore di Puccini, si era affogata per disperazione nel lago di Massaciuccoli. I ragazzi della Scuola di Cinema del Comune di Viareggio "Intolerance", dove Paola e io insegnavamo, poco convinti di tale versione, decisero di scoprire la verità. Dopo sei anni di ricerche, scrissero con il nostro aiuto le vere ragioni di quel suicidio. Il film è nato da quella ricerca e dal desiderio di ristabilire la verità storica.

Biografia

Paolo Benvenuti (Pisa, 1946, dove vive e lavora) già molto giovane si dedica alla pittura diplomandosi al Magistero d'Arte di Firenze nel 1966. Nello stesso anno ottiene il I Premio per la grafica Città di Volterra; nel 1967 il 1° Premio per la grafica Provincia di Pisa e nel 1969 il 1° Premio per la pittura Città di Taormina. Nel 1968 si avvicina al cinema d'avanguardia e abbandona la pittura per il cinema. Nel 1972 è assistente di Roberto Rossellini nel film *L'età di Cosimo de' Medici* e nel 1974 aiuto regista di Jean-Marie Straub e Danièle Huillet nel film *Moses und Aaron*. Fra il 1973 e il 2014 ha al suo attivo anche 9 regie teatrali. Dal 1979 al 1981 progetta, costruisce e apre a Pisa il Cineclub Arsenale. Sul suo cinema sono state prodotte Tesi di Laurea e di Dottorato nelle Università di Torino, Milano, Pavia, Bologna, Parma, Firenze, Siena, Pisa, Roma, Napoli, Bari, Catania. Attualmente insegna Produzione cinematografica e Tecnica del documentario cinematografico all'Università degli Studi di Firenze. Ha in progetto un film, *Il segreto di Caravaggio*, di cui esiste una sceneggiatura dettagliata e che riguarda in particolare il metodo di lavorazione per *Il seppellimento di Santa Lucia* conservato a Siracusa.

Filmografia

Il balla-balla (1968, 3'); *Fuori gioco* (1969, 17'); *Del Monte pisano* (1971, 24'); *Medea - Un Maggio di Pietro Frediani pastore e poeta di Buti (1775-1857)* (1972, 48'); *Frammento di cronaca volgare. La guerra fra Pisa e Firenze (1494-19)* (1974, 77'); *Pasolini, morte di un poeta* (1975, 9'); *Il Cantamaggio. Viaggio con Dario Fo nella tradizione dei Maggi* (1978, 40'); *Bambini di Buti* (1978, 13'); *Il cartapestaio* (1979, 11'); *Il giorno della regata* (1983, 23'); *Il bacio di Giuda* (1988, 78'); *Fame* (1991, 11'); *Confortorio* (1992, 83'); *Tiburzi* (1996, 83'); *Gostanza da Libbiano* (2000, 92'); *Segreti di Stato* (2003, 85'); *Puccini e la fanciulla* (2008, 78'); *Il volto del Santo* (2011, 20'); *Made in Italy* (2014, 20').

Radio Singer

2009

Regia, soggetto e voce narrante: Pietro Balla; *sceneggiatura*: Pietro Balla, Marcella Filippa, Enrico Miletto; *consulenza storica*: Marcella Filippa, Enrico Miletto; *interpreti*: Erika di Crescenzo (*Maddalena*), Salvatore Merola (*pensionato, ex operaio Singer, membro del Consiglio di fabbrica*), Guerino Babbini (*pensionato, ex operaio Singer, membro del Consiglio di fabbrica*), Eugenio Pregnolato (*skipper, ex operaio Singer*), Bruno Brancaleoni (*pensionato, ex operaio Singer, poi fotografo*), Dario Fo, Franca Rame, Pietro Fassino (*politico, ex responsabile fabbriche a Torino per il PCI*), Salvatore Tropea (*giornalista*), Adriano Serafino (*pensionato, ex dirigente sindacale CISL*), Luigi Ciullo (*pensionato, ex operaio Singer, voce di Radio Singer*), Ettore Boffa (*pensionato, ex direttore personale Singer, ferito dalle BR*), Benito Quaglia (*pensionato, ex operaio Singer*), Vittoria Capone (*pensionata, ex operaia Singer*), Agnese Cappelletto (*pensionata, ex operaia Singer*), Rosaria Gigantiello (*pensionata, ex operaia Singer*); *fotografia* (DV Cam, colore e b&n, 4:3) *e suono*: Pietro Balla, Francesca Frigo, Andrea Parena; *musica*: da registrazioni originali di Radio Singer su audiocassetta; *montaggio*: Cristina Flamini; *montaggio del suono*: Silvia Moraes; *immagini di repertorio dagli archivi privati di*: Bruno Bracaloni, Guerino Babbini, Dario Fo e Franca Rame, Salvatore Merola, Eugenio Pregnolato; *produttori esecutivi*: Monica Repetto, Marcella Filippa, Enrico Miletto; *produzione*: Deriva Film; *coproduzione*: Fondazione Vera Nocentini ONLUS; *realizzato con il supporto di:* Piemonte Doc Film Fund, Comitato Provinciale per la valorizzazione degli ideali della Resistenza, dei principi della Costituzione della Democrazia, Comune di Leinì (Torino), FIM CISL, FNP CISL Torino; *prima proiezione pubblica:* Torino Film Festival (Italiana.Doc), 15 novembre 2009; *distribuzione*: Piattaforma internazionale On the Docks; *durata*: 53'

Torino, 1977. La multinazionale statunitense Singer chiude la fabbrica di Leinì, vicino a Torino, lasciando per strada oltre duemila operai che decidono di organizzare una protesta. Alla lotta partecipa anche Maddalena, che la mattina del primo ottobre conduce l'ultima trasmissione di Radio Singer, una delle prime radio libere. Nello stesso momento un corteo si muove verso la sede universitaria di Palazzo Nuovo a Torino. Tutto accade in poche ore. Alle 13:10 la radio chiude definitivamente e il corteo è finito. Ma sono state lanciate delle molotov contro il bar Angelo Azzurro e un ragazzo che si trovava suo malgrado all'interno del locale è rimasto gravemente ustionato.

Note di regia
La prima proiezione pubblica di *Radio Singer* terminò. Applausi di circostanza. Alcune persone si avvicinarono. La signora mi guardò e scosse la testa. La signora, settanta anni, veste in maniera semplice, i capelli che cercano di nascondere l'età, il volto di chi nel passato ha lavorato, sudando. Sapevo quello che stava per dirmi. Non mi andava di sentirlo. Ma dovevo restare e ascoltarla. Non per educazione, nemmeno per gratitudine. Dovevo restare perché avevo scelto di raccontare una storia di lotte operaie privilegiando l'umano. Accanto a me arrivò un uomo, mi strinse il braccio come ad allontanarmi e mi parlò, non ricordo cosa mi disse, quello che ricordo è che non mi spostai e che la signora aspettò che terminassi la conversazione. Anche se avrei preferito svignarmela, non potevo. Sapevo di dover spiegare alla signora perché avevo raccontato la storia di una ragazza, studentessa universitaria, operaia nella fabbrica di frigoriferi Singer e a tempo perso

conduttrice radiofonica, invece di richiamare alla memoria unicamente le lotte per conservare il posto di lavoro e la radio germinata da quelle lotte. Perché raccontare una storia di lotte operaie nella prima metà degli anni Settanta in un paese della provincia di Torino, quindi ricordare eventi del passato remoto, utilizzando una storia d'amore intinta, bagnata, dentro un'autobiografia fin troppo sbandierata? Che c'entra la verità della dura lotta del posto di lavoro con un'autofinzione finita pure male? Che c'entra una storia d'amore con una storia di lotte operaie? Perché sporcare, inquinare, edulcorare quei meravigliosi giorni di solidarietà, di sensazioni elettrizzanti, di frasi urlate, di pacche sulle spalle e rassicurante certezza della sconfitta? E poi perché, forzando la storia, far coincidere l'ultima trasmissione con l'attentato al bar Angelo Azzurro di Torino, giorno molto infelice, in cui morì un ragazzo di 22 anni, figlio di operai, di nome Roberto Crescenzo? Cosa c'entravano gli operai che difendevano il posto di lavoro alla Singer con le Squadre Armate Proletarie che (dalle risultanze processuali) assaltarono e incendiarono il bar? E perché enfatizzare quel primo ottobre 1977 come una data storica, l'atto finale del movimento del 1977, fine della fase di lotta politica e inizio della lotta armata e del terrorismo? La frase che uscì dalle labbra della signora fu secca e prevedibile: «Cosa c'entra la storia d'amore con la lotta della Singer?». La signora non aspettò la risposta che mi accingevo a darle, girò i tacchi e se ne andò. Rimasi a guardarla allontanarsi dalla sala messa a disposizione dal comune di Leinì, piccolo paese nell'hinterland torinese, sede della ex fabbrica di frigoriferi Singer fino al 1977. La data certa della chiusura dello stabilimento non era e non è recuperabile. Per il semplice fatto che una fabbrica non muore

in un giorno preciso, si spegne nell'arco di mesi. Lenta tribolazione di donne, uomini e acciaio. Ecco: la cosa che più mi turbava quella sera era attribuire una precisa data di morte a uno stabilimento industriale. Avevo forzato la Storia e inventato una storia. Utilizzando personaggi più o meno veri. Avevo mentito sull'unico elemento sicuro. In un mare di indeterminatezza quale la vita umana è. La signora sapeva che era inutile attendere una risposta che non avrei saputo dare. Per questo aveva girato i tacchi.

Biografia

Pietro Balla (Poirino Torino, 1956), vive e lavora tra Torino e Roma; è regista, autore televisivo, critico cinematografico (per «Filmcritica» e «Segnocinema»). Dopo la laurea in Scienze Politiche, dividendosi tra il lavoro di capostazione e il cinema, negli anni Ottanta ha realizzato documentari e programmi per la tv italiana (*Publimania* su RAI 3, *Supergiovani* su RAI 2). Ha diretto le docufiction *Campioni di Olimpia* (Arte, History Channel) e *Casa Pappalardo* (RAI 2); per Fox International Channels Italia ha ideato e prodotto la serie sui fotoreporter *Scatti di nera* con Michele Placido. Nel 2002 ha creato con Monica Repetto la società di produzione indipendente Deriva Film. Tra il 2007 e il 2008 ha codiretto e prodotto il documentario *Operai* (RAI 3), oltre a curare i film documentari *Cocaina* e *La vittima e il carnefice*, prodotti da H24 film per RAI 3. Nel 2008 ha partecipato alla 65a Mostra Internazionale d'Arte Cinematografica di Venezia, sezione Orizzonti, con *ThyssenKrupp Blues*, film diretto e co-prodotto con Monica Repetto, vincitore del Mediterraneo Film Festival. Nel 2009 al 27° Torino Film Festival ha presentato in concorso *Radio Singer*. Nel 2010 ha prodotto *Perché il cane si mangia le ossa*, uno spin-off teatrale di *ThyssenKrupp Blues*, con successo di critica. Nel 2012 è invitato in concorso con *Nitro* al 30° Torino Film Festival. Ha completato lo sviluppo e la sceneggiatura del suo film di lungometraggio *La vita incerta*, con il sostegno del MIBACT. Dal 2011 è membro del board editoriale della piattaforma di distribuzione internazionale On The DOCKS.

Filmografia
Ai confini della realtà (1985, 57'); *3 febbraio 1960* (1986, 26'); *Videolettera a Italo Zilioli* (1989, 15'); *Mortus est mai pi barbota* (1990, 3'); *Kamikaze bum bum* (1990, 3'); *Zilioli blues* (1990, 18'); *Agricoltura non solo* (1991, 8x24'); *Ladro di biciclette* (1991, 16'); *Costanza* (1992, 24'); *Illibatezza* (1994, 32'); *Falso per davvero* (1995, 30'); *Mariano Laurenti: l'occhio ridens vede nudo* (1995, 30'); *Camerini ardenti* (1996, 40'); *Fiat c'eravamo tanto amati* (1996, 52'); *Amateurs* (1997, 11'); *Cara Giovanna* (1998, 12x3'); *Cyclo* (1998-99, regia di studio, 26' a puntata); *Gabetti e Isola a Palazzo Reale* (1999, 24'); *Biennale di fotografia* (1999, 23'); *Paesaggi rubati* (1999, 6 contributi da 9'); *Agathae, 3 giorni di fuoco e devozione* (1999, 23'); *Panico Jodorowsky* (1999, 60'); *Amateurs 2* (2000, 13'); *1949. Nelle terre di Dio* (2000, 62'); *Dérive Gallizio* (2000, 58'); *Pagine di pietra* (2001, 23'); *Per un pugno di libri* (2001, 8 copertine di 3' ciascuna); *Star rom, donne spaziali di Voyager* (2001, 60'); *Amori in fiamme* (2002, serie tv, 30x10'); *Ballando nel fumo* (2002, 50'); *Guarda che luna!* (2002, 100'); *Honduras Trip* (2002, 58'); *Casa Pappalardo* (2003, serie tv, 6x45'); *Torino-Vanchiglia. Storie di ieri* (2003, 50'); *I campioni di Olimpia* (2004, reality, 10x25'); *L'odore della gomma* (2005, 30'); *Scatti di nera* (2006, serie tv, 4x25'); *Operai* (2008, 50'); *ThyssenKrupp Blues* (2008, 73'); *Radio Singer* (2009, 53'); *Impromptu* (2012, 1'23"); *Nitro* (2012, 32'); *Un centimetro alla volta* (2015, 22'); *Forget It! A l'è mac cine* (2015, 46'); *Il devoto* (2016, 23'); *Pietro Gaudenzi e le modelle di Anticoli Corrado* (2017, 25'); *A nord ovest di Rigopiano* (2018, 54'); *Ragazzi selvatici* (2018, 27'); *La settimana enigmistica* (2019, 46'); *Una cosa mai provata prima* (tit. prov., 2019, 46').

La ragazza Carla

2015

Regia: Alberto Saibene; *soggetto e sceneggiatura*: Luca Bigazzi, Carla Chiarelli, Carlotta Cristiani, Gianfilippo Pedote, Simone Pera, Alberto Saibene; *interpreti*: Carla Chiarelli (*Carla*), Stefano Belisari (*Elio*); *testi per Elio*: Renato Gabrielli; *fotografia* (HD, colore, b&n, 16:9 e 4:3 per il repertorio): Luca Bigazzi, Simone Pera; *sound design*: Massimo Mariani; *musiche originali*: Pietro Dossena; *montaggio*: Maria Chiara Piccolo, Carlotta Cristiani; *disegni*: Gabriella Giandelli; *prodotto da*: Gianfilippo Pedote; *produzione*: MIR Cinematografica, RAI Cinema, *con il contributo di*: Lombardia Film Commission-Lombardia Film Fund, *in collaborazione con*: Fondazione Archivio Audiovisivo del Movimento Operaio e Democratico (AAMOD), Fondazione Cineteca Italiana, *in associazione con*: Start, *con il patrocinio di*: Comune di Milano, *con la sponsorizzazione di*: Canon Italia; *prima proiezione pubblica*: Milano Film Festival, 18 settembre 2015; *distribuzione*: CDV-Casa delle Visioni; *uscita in sala*: 7 novembre 2015; *durata*: 59'

Carla è la figlia minore della vedova Dondi, donna della più piccola borghesia che fa pantofole per sostenere il magro bilancio famigliare. La ragazza viene iscritta a una scuola di formazione professionale per dattilografe. A scuola fa quello che deve fare, senza una vera passione o una convinta determinazione. In testa ha altri pensieri, altri sogni e una gran paura di buttarsi nella mischia.
Finita la scuola, Carla trova lavoro presso la Transocean Limited Import Export Company, piccola ditta in piazza del Duomo. La dirige il misterioso signor Praték, che non sembra avere grandi riguardi per i suoi dipendenti e che addirittura fa delle esplicite avances alla povera Carla; la quale scappa inorridita dalla mamma per dirle che non vuole più saperne di quel lavoro. Ma la madre le dice chiaramente che trovare un lavoro non è facile di questi tempi e la figlia non può permettersi di perderlo.
La storia si chiude con Carla pronta ad affrontare una nuova giornata di lavoro, sospesa tra rifiuto della società e apertura verso la vita. Il poema nasce dalla forte impressione che la metropoli suscitò nel romagnolo Pagliarani, approdato diciottenne a Milano nell'immediato dopoguerra. In un primo momento pensò di scrivere un soggetto da affidare a De Sica e Zavattini (sono gli anni di *Sciuscià* e *Ladri di biciclette*), poi elaborò nel corso di un decennio il poema, che fu pubblicato dapprima da Vittorini sul Menabò alla fine degli anni Cinquanta. Il film spera di realizzare l'ambizione del ragazzo Pagliarani.
«Milano è ben più di un'avventura dello spirito: è il nostro tempo ambiente, la condizione attuale, di volta in volta accettata o combattuta, testimoniata pagando sempre di persona». (Elio Pagliarani)

Note di regia
Esiste un'anima della città? Un suo carattere, una personalità, un tratto distintivo che si riconosce nel tempo e che finisce per connotare anche i comportamenti dei suoi abitanti? Questo film vuole mostrare la città con una proiezione in profondità, per dare valore all'identità, al tempo e alla memoria che permettono a un luogo di offrirsi al presente con una sua fisionomia unica.
Il film nasce dal poema di Elio Pagliarani *La ragazza Carla*, uno dei capolavori misconosciuti della letteratura italiana del XX secolo, ambientato nella Milano del dopoguerra e ancora incredibilmente attuale. L'impalcatura del film è costruita sulla recitazione dei passaggi più significativi del poema da parte dell'attrice Carla

Chiarelli. Il progetto prende spunto dal suo lavoro sul testo, dopo che per anni ne ha tenuta viva la memoria proponendolo al pubblico. Con lei Elio (Stefano Belisari del gruppo Elio e le Storie Tese), sorta di redattore-psicologo di un immaginario giornale, che legge la "piccola posta del cuore" delle ragazze di oggi e risponde alle loro domande, spesso in modo fulminante e surreale. I temi delle lettere sono gli stessi del poema di Pagliarani ed esprimono il disagio delle ragazze di oggi, che si affacciano per la prima volta alla realtà che la città mette davanti ai loro occhi.

Pagliarani ha scritto sotto l'impulso di un'esperienza personale della città e ha scavato a fondo per individuarne i tratti che nel tempo si riconoscono come "segni caratteristici" di Milano e ne definiscono il carattere. Una città segnata dal ritmo del lavoro (con l'incubo del lunedì), dall'alienazione dell'individuo nella società di massa, da una periferia che diventa sempre più anonima. Prepotente nell'espressione di chi comanda, crudele nel suo richiamo ai principi di funzionalità a cui ognuno si deve piegare, ma anche percorsa di vita e di umanità, intelligente, inquieta, curiosa, passionale.

Il film ripropone l'opera di Pagliarani e cerca le corrispondenze tra la città di allora e quella di oggi, confrontandosi con la sua forma poetica e con la forza della sua lingua, cui dà voce Carla Chiarelli. Un documentario, un film sperimentale, un film di montaggio che trova il suo punto di equilibrio nell'uso di linguaggi diversi: il poema recitato, i contrappunti di Elio, i repertori filmati della Milano di allora, la città che vive nelle immagini di oggi, i disegni di Gabriella Giandelli, le fotografie della Milano in bianco e nero prima dell'avvento della società dei consumi.

Il film è stato concepito per la Milano dell'Expo e nasce dall'iniziativa di un gruppo di "milanesi del cinema" che, in un momento in cui è sotto all'occhio dei media di tutto il mondo, hanno voluto mostrare Milano al di là dei luoghi comuni e hanno voluto dire che a questa città vogliono bene, soprattutto nei suoi aspetti più nascosti: quelli che racconta *La ragazza Carla*.

Biografia
Alberto Saibene (Varese, 1965) vive e lavora a Milano. Opera in campo editoriale come consulente della casa editrice Hoepli ed è fondatore, con Giovanna Silva, di Humboldt Books. Si occupa di storia della cultura italiana del Novecento. In particolare è curatore degli scritti di Adriano Olivetti ed è autore del libro *L'Italia di Adriano Olivetti* (Edizioni di Comunità, 2017). Autore di una ventina di documentari di divulgazione culturale per RAI, RTSI, Classica, FAI, è al primo film come regista, anche se si sente soprattutto il coordinatore di un gruppo di amici che hanno aderito a un progetto.

Filmografia
La ragazza Carla (2015, 59').

I ricordi del fiume

2015

Regia, soggetto e sceneggiatura: Gianluca e Massimiliano De Serio; *fotografia* (HD, colore, 16:9): Gianluca e Massimiliano De Serio, Andrea Grasselli; *suono*: Tommaso Bosso, Giovanni Corona; *sound design*: Giorgio Ferrero, Mirko Guerra; *montaggio*: Stefano Cravero; *produzione*: La Sarraz Pictures; *prima proiezione pubblica*: Mostra di Venezia (Selezione ufficiale, fuori concorso), 10 settembre 2015; *durata*: 96'

Il Platz, una delle baraccopoli più grandi d'Europa, sorge lungo gli argini del fiume Stura a Torino da tanti anni. Un progetto di smantellamento si abbatte sulla comunità di più di 1000 persone che lo abita. In una labirintica immersione, *I ricordi del fiume* ritrae gli ultimi mesi di esistenza del Platz, tra lacerazioni, drammi, speranze, vita.

Note di regia

Nel Platz, la baraccopoli protagonista di *I ricordi del fiume*, avevamo ambientato alcune scene del nostro film di finzione *Sette opere di misericordia* e in un altro luogo avevamo ricostruito parte del Platz cercando di astrarlo, di renderlo più "universale" e simbolico. Con il passare degli anni abbiamo visto il Platz crescere, a poche centinaia di metri da casa nostra, dietro la fitta boscaglia che lo separava dalla strada, dalla città. Stretta tra il fiume Stura e, dall'altra parte della strada, il gigantesco complesso industriale della Fiat Iveco, la baraccopoli si stende per circa due chilometri nascosta da collinette di rifiuti, arbusti e piante. Questa porzione di città invisibile è il nucleo del racconto, che poi s'irradia, a seguire di volta in volta i percorsi quotidiani delle persone che affollavano la baraccopoli, lungo la strada tagliata dal continuo passaggio delle automobili. Per noi, entrare dentro, conoscere le persone che lo abitavano, voleva dire filmarle. E viceversa: filmare era come conoscerle. Ma questa volta filmare il vero, o almeno quello che a noi si offriva. Quando abbiamo saputo dell'avvio del processo di smantellamento del Platz abbiamo deciso di addentrarci nel quotidiano dell'ultimo anno e mezzo di vita di questo labirinto di baracche. Nel percorso di conoscenza e di riprese abbiamo compreso che non si trattava tanto di documentarne la cronaca, quanto piuttosto di raccoglierne i ricordi e salvarne le impressioni come in un impossibile atto di resistenza, di trattenimento delle immagini, della dignità, delle parole e dei gesti. A mano a mano che diventava anche il nostro luogo, e che al contempo si svuotava, si distruggeva e moriva, abbiamo innanzitutto trovato persone. Anziani, giovani e bambini. Famiglie in una continua lotta per la sopravvivenza. Abbiamo trovato tanta vita, e tanta morte. Nel corso di un anno e mezzo di riprese sono molte le persone che sono morte, come Gabo e Petru. E tanti i neonati venuti alla luce: il ciclo della vita, nel passare delle stagioni, era per noi raccolto, racchiuso in quell'intrico di baracche costruite una sull'altra su più livelli fino al loro degradare verso il fiume. La prima volta in cui siamo entrati, con telecamera e microfono, è stata una notte di febbraio. Subito ci hanno accolto i ragazzi, più o meno nostri coetanei, in qualche modo già incrociati nel quartiere in cui viviamo anche noi. Era forse la prima volta che qualche non abitante del Platz vi entrava di notte. E da quel momento non abbiamo smesso di filmare, di vivere con loro. Molti abitanti, ormai ex abitanti del Platz, sono rimasti amici. Spesso li incontriamo per caso, per strada tra i bidoni alla ricerca di oggetti e rifiuti da rivendere al mercato, oppure al mercato stesso: ogni weekend sono i primi ad arrivare nelle varie piazzole e i primi ad andare via quando ormai gli affari più grossi sono terminati,

in tarda mattinata. Spesso andiamo a trovarli agli angoli dove mendicano o nelle loro nuove case dove hanno ricreato, in moderni monolocali tutti uguali, le dinamiche e la vita del Platz, seppure con le dovute differenze, non sempre positive. La maggior parte delle famiglie che abitavano il Platz provengono da tre zone della Romania: Bacau e i villaggi attorno, Hunedoara e la sua regione di vecchie miniere ormai dismesse e il Caras Severin. Parte del nostro lavoro di realizzazione di *I ricordi del fiume* si è svolto in quest'ultima regione, il Caras Severin. Nelle scelte di montaggio alla fine nessuna immagine girata in Romania è rientrata nel film, a malincuore. Ma restano vivi in noi gli incontri "nell'al di là" romeno: i villaggi di Greoni, Oravita, Gradinari, puntellati di case un po' più confortevoli delle baracche torinesi, ma in altrettanta se non peggiore situazione di povertà e precarietà della vita. Minimi i mezzi di sussistenza, spesso basati sul poco racimolato in Italia. Nulla da coltivare, nulla da comprare o vendere, nulla da mendicare. Per loro la vita vera è qua, a Torino. E il Caras è un angolo che parla italiano. Una sera stavamo bevendo una birra al caldo di un bar, nella periferia di Oravita, per riposarci dalla giornata di riprese. Mentre parlavamo, in italiano, tre ragazzi più o meno coetanei ci hanno chiesto se venivamo da Torino. Loro erano là per "vacanza", in visita ai vecchi. Ma la loro vita era a Torino, al Platz o in altre situazioni abitative altrettanto provvisorie, un altro campo. Tra coloro che abbiamo deciso di filmare per diversi mesi, un po' per maggiore disponibilità, un po' per naturale corso della vita, per gli incroci quotidiani o per il caso, ci sono alcuni che sono stati rimpatriati e ora sono nei loro villaggi di origine, ma forse sono già ripartiti: tornati in Italia, magari non più a Torino. Come Ion, che nel film ha solo una scena, ma di cui abbiamo ore e ore di film. In Romania non c'era più, lo abbiamo trovato nella periferia di Milano, in uno stabile occupato da famiglie Rom, romeni poveri e italiani in rovina. Siamo andati con la videocamera, volevamo filmarlo: alla fine lo abbiamo solo abbracciato. «La revedere» (in rumeno significa "arrivederci") ci siamo detti sorridendo, un po' tristi tutti.

Non siamo diventati invisibili. Questo non si può dire. Semplicemente c'è stato uno scambio: fare questo film, per noi (come del resto fare qualunque documentario), voleva dire trattenere i ricordi, dare un'opportunità in più alla vita di essere ricordata. Voleva dire presentare un luogo vittima di pregiudizi, come è nella realtà, o almeno più vicino alla sua realtà, rispetto all'immagine stereotipata dei giornali, dei politici in continua propaganda. Questo luogo simbolico e cruciale delle nostre periferie, ora destinato a dissolversi nel nulla, di volta in volta è stato il capro espiatorio delle nostre mancanze, o carne pronta per il macello delle campagne elettorali, per inutili e dannosi interventi "di emergenza". Il cinema può andare oltre questa immagine comune, viziata dai vari opportunismi. Il cinema documentario, grazie alla costanza, alla presenza, alla vita, alla compassione, può davvero riscattare l'immagine degli ultimi. Anche solo per il fatto che ha l'ambizione, quando riesce a restituirne la dignità, di raccontarne la vita con sguardo libero e vicino. Filmare il Platz per noi è stato un tentativo di andare in questa direzione. Con il passare delle stagioni, ai nostri occhi il Platz si faceva sempre più metafora dell'esistenza stessa, della sua caducità e della sua bellezza. La raccolta di questa specie di found footage di vite è un insieme di specchi frammentati e sospesi che lottano insieme per ricostruire questa comunità invisibile. Il film è costruito come un accumulo di "ricordi". Nel labirinto dalle strane e sghembe asimmetrie, nelle drammatiche fughe prospettiche create per caso dalle costruzioni fai-da-te, si affacciano e si aprono mondi, volti, storie potenzialmente infinite. Parole, suoni, televisori, grida di bambini e confessioni intime, sussurrate. Il documentario vuole essere questo racconto epico e intimo, violento per la natura stessa del soggetto (un luogo in via di sparizione) e dolce e affettuoso per la confidenza che, piano piano, abbiamo creato con i ragazzi e le famiglie incontrate. Teso tra la nostalgia, l'incertezza e la paura del futuro, *I ricordi del fiume* è anche un ritratto che gli stessi abitanti faranno di sé, un autoritratto catartico che ha, passo dopo passo, il loro volto e il loro sguardo. Il film ha una struttura "rizomica": una rete intrecciata di vie, in cui ogni punto è connesso ad altri, dove si possono costantemente creare nuove linee di fuga, nuovi punti di tangenza, d'identità e di storie.

Al centro del tessuto iconografico e narrativo è la casa, come focolare e "fuoco" del guardare, del senso di avere e perdere del quotidiano, del vicinato. E poi ci sono madri, figli, amori giovani e vecchi, ascolti, pettegolezzi e voci, protezioni e pericoli, legami e affetti, preghiere. Si è tentato di raggiungere una "profondità di campo", sonora e visiva, di volta in volta claustrofobica e infinita, dal microcosmo della baracca agli squarci di prospettiva che danno sulla città, lontana, al di là del fiume e coronata dalle montagne e dalla riconoscibile collina di Superga. Il film scorre attraverso i volti, sdentati e segnati da rughe, sporchi e bellissimi, alle nature morte che prendono forma proprio fuori (dal) campo, tra le macerie e i rifiuti, nell'ordine sghembo ma affettuoso delle case. Da questa sorta di *horror vacui* che ci ha accolto fin dal primo sopralluogo, si arriva imprescindibilmente alla "vacuità", al vuoto della baraccopoli rasa al suolo, al deserto del terreno sgombrato, appiattito, strappato.

L'immersione nella vita del campo, delle sue famiglie, dei suoi oggetti e dettagli, dei suoi gesti e dei suoi sguardi, delle sue preghiere e delle sue risate non può che registrare la violenza della sua sparizione. Ma lo sguardo dei protagonisti su loro stessi e sul Platz ci sorprende con un atteggiamento ludico e ironico: il Platz è una palla che si illumina di colori a intermittenza, nel buio; è una piccola morale impartita da un bambino a un adulto uscito da poco dalla prigione; è una fiaba raccontata da una trasmissione radio, ascoltata da un vecchio che fa le valigie nel momento in cui le ruspe stanno distruggendo tutte le baracche; è una canzoncina della buonanotte cantata da una giovanissima madre al suo bambino.

Biografie

Gianluca e Massimiliano De Serio (Torino, 1978, dove vivono e lavorano) dal 1999 hanno prodotto vari film brevi, lungometraggi e documentari che hanno partecipato ai più importanti festival di cinema nazionali e internazionali, aggiudicandosi numerosi premi, tra cui il Nastro d'Argento per il miglior cortometraggio nel 2004 a *Maria Jesus*, nel 2005 a *Mio fratello Yang* e nel 2007 il premio speciale della giuria al Torino Film Festival a *L'esame di Xhodi*. Il documentario *Bakroman* ha vinto il concorso dei documentari italiani al Festival di Torino del 2010. Hanno esordito nel lungometraggio per il cinema con *Sette opere di misericordia* nel 2011, presentato in anteprima nel concorso internazionale del Festival di Locarno; l'ultimo lavoro per il cinema, il documentario *I ricordi del fiume*, è stato presentato in anteprima nella selezione ufficiale della 72a Mostra Internazionale d'Arte Cinematografica di Venezia e ha vinto il premio Doc/it per la migliore fotografia di un documentario 2017. Dal 2015 sono anche registi teatrali, con i lavori *Dissolvenze* per il Festival Teatro a Corte e *Stanze/Qolalka. Studio* (2016) e *Stanze/Qolalka* (2017) per il Festival Internazionale delle Colline Torinesi.

Protagonisti dei lavori dei gemelli De Serio sono identità sradicate, alle prese con una continua ridefinizione di sé o identità collettive, inedite e interstiziali, in un percorso ibrido tra messa in scena, memoria e performance, dove il lavoro filmico diventa luogo di scambio e strumento per emergere dall'invisibilità. Dal 2005 partecipano anche a diverse mostre personali e collettive, con film e videoinstallazioni. Nel 2017 il loro film-installazione *Stanze* viene esposto al Quirinale nella mostra *Da io a noi (Nessuno è mai solo)*. Hanno insegnato regia cinematografica per due anni (2015-2017) presso il dipartimento di Studi umanistici, DAMS, dell'Università degli Studi di Torino, Videoscultura presso la NABA di Milano e narrazione del reale per Il Politecnico di Torino e la Scuola Holden. Hanno fondato nel 2012 Il Piccolo Cinema, Società di mutuo soccorso cinematografico.

Filmografia

Poche cose (2001, 15'); *Il giorno del santo* (2002, 17'); *Maria Jesus* (2003, 12'); *Mio fratello Yang* (2004, 15'); *Zakaria* (2005, 15'); *Lezioni di arabo* (2005, 14'); *Dialoghi del Lys* (2005, 44'); *Tanatologia, 14 maggio 1958* (2006, 11'); *Raige e Shade* (2006, 45'); *Rew e Shade* (2006, 35'); *Ensi e Shade* (2006, 58'); *Neverending Maria Jesus* (2006, 18'); *L'esame di Xhodi* (2007, 62'); *Gru, variazione per coro di 6 gru e altoparlanti* (2007, loop); *Come l'acciaio* (2008, 30'); *Sestetto* (2008, 6'); *Leo* (2009, 6'); *Stanze* (2010, 60'); *Oriente* (2010, 6'); *Bakroman* (2010, installazione: Ritratti, 4x15', Dialoghi, 75', Riunioni, 2x40'); *Bakroman* (2010, 75'); *No Fire Zone* (2010, installazione); *Sette opere di misericordia* (2011, 100'); *Looking for Luminita* (2012, due film da 80' ciascuno); *Un ritorno* (2013, 30'); *I ricordi del fiume* (2015, 96'), *Rovine* (2016, loop).

Sangue

2013

Regia e sceneggiatura: Pippo Delbono; *soggetto*: Pippo Delbono, Giovanni Senzani; *interpreti*: Pippo Delbono, Margherita Delbono, Giovanni Senzani, Anna Fenzi, Bobò; *fotografia* (Iphone e telecamera Canon 5D, colore, 16:9): Fabrice Aragno, Pippo Delbono; *suono e montaggio*: Fabrice Aragno; *musica*: Camille, Victor Deme, Stefan Eicher, Pietro Mascagni; *produzione*: Casa Azul Films-Compagnia Pippo Delbono, in coproduzione con Cinémathèque Suisse, RSI Radiotelevisione Svizzera, Vivo Films e RAI Cinema; *prima proiezione pubblica*: Locarno Film Festival (Concorso), 13 agosto 2013; *durata*: 90'

Fine 2011. Pippo Delbono e Giovanni Senzani, ex leader delle Brigate Rosse recentemente uscito di prigione, decidono insieme di tornare sul loro rapporto con la violenza, con i sogni di rivoluzione, con il mondo di oggi e l'Italia in rovina. Per un libro, o un film... Ma quasi che la realtà si facesse beffe dei loro progetti, la morte li sorprende. Pippo accorre al capezzale della madre malata, fervente cattolica nonché ex maestra elementare che detestava i comunisti... Mentre Anna, dopo aver pazientemente atteso che il marito Giovanni scontasse i suoi 23 anni di carcere, si ammala a sua volta. Le due donne muoiono a tre giorni l'una dall'altra. Pippo e Giovanni si ritrovano improvvisamente orfani, indifesi, smascherati. Intanto L'Aquila, la città sfigurata dal terremoto e svuotata dai suoi abitanti, la città delle promesse e delle campagne politiche, oggi solitaria e anch'essa orfana, abbandonata, attende che qualcuno la riporti in vita.

Note di regia

Su *Sangue* hanno scritto persone che non lo avevano nemmeno mai visto. Contestandolo a priori. Perché c'è Senzani, ex leader delle Brigate Rosse, mai "pentito", per loro un assassino e basta... È uscita fuori la mediocrità del nostro paese, che ha paura di vedere quella storia e preferisce non conoscerla o raccontarsela solo per quello che gli torna comodo. Il paese della menzogna. Ma questo non è un film sulle Brigate Rosse, è un film dove oltre a mia madre c'è un ex brigatista. È un film che guarda la morte per parlare della vita. E credo che parlare della morte, della verità della morte, è come parlare degli anni di piombo, nel nostro paese un grande tabù...

Biografia

Pippo Delbono (Varazze, Savona, 1959), autore, attore, regista. Vive dove lo conduce il suo lavoro. Negli anni ottanta inizia gli studi di arte drammatica in una scuola tradizionale che lascia per andare in Danimarca e unirsi al gruppo Farfa, diretto da Iben Nagel Rasmussen, attrice storica dell'Odin Teatret. Inizia così un percorso alternativo alla ricerca di un nuovo linguaggio teatrale. Si dedica allo studio dei principi del teatro orientale che approfondisce con soggiorni in India, Cina, Bali. Nel 1987 crea il suo primo spettacolo, *Il tempo degli assassini*, e nello stesso anno incontra Pina Bausch che lo invita a partecipare a uno dei lavori del suo Wuppertaler Tanztheater. Gli anni Novanta vedono la creazione di numerosi allestimenti rappresentati in vari teatri italiani ed europei: *Il muro*, *Enrico V*, *La rabbia*, un omaggio a Pier Paolo Pasolini, creato nel 1995, *Barboni* (1997), vincitore del premio Ubu. Segue *Guerra* (1998). Nel luglio 2000 debutta nel comune siciliano di Gibellina *Il silenzio*, ispirato al terremoto del Belice del 1968. Nel 2002 è la volta di *Gente di plastica*. Nel 2003

la Compagnia Pippo Delbono va in tournée in Palestina e in Israele con lo spettacolo *Guerra*. Ne nasce un film documentario dal titolo omonimo. L'anno seguente *Guerra* conquista il David di Donatello come miglior film documentario. Nel 2006 viene presentato alla Festa del cinema di Roma il suo secondo lungometraggio, *Grido*. Nel 2009 realizza il suo terzo lungometraggio, *La paura*, interamente girato con un cellulare; presentato nella sezione principale del festival di Locarno riceve il Boccalino d'Oro 2009 da parte della Critica indipendente. Nel 2010 la giuria internazionale del 32° festival del cortometraggio di Clermont Ferrand assegna il Grand Prix a *Blue sofa*. Nel 2011 presenta a Venezia, girato con un cellulare, *Amore carne* e nel 2013 *Sangue* arriva al

Festival di Locarno dove vince il premio Don Quixote. *Vangelo* è presentato al Festival di Venezia 2016 nelle Giornate degli autori. La Compagnia Delbono ha fatto tappa in più di cinquanta paesi al mondo.

Filmografia
Guerra (2003, 62'); *Grido* (2006, 75'); *Il silenzio* (2006, 86'); *Blue sofa* (2009, 20'); *L'India che danza* (2009, 36'); *La paura* (2009, 69'); *Questo buio feroce* (2009, 75'); *Amore carne* (2011, 75'); *Sangue* (2013, 90'); *La visita* (2015, 22'); *Vangelo* (2016, 85'); *Appunti sul Vietnam* (2016, 10'); *Où en êtes-vous Pippo Delbono?* (2018, 22').

Sassi nello stagno

2016

Regia, soggetto e sceneggiatura: Luca Gorreri; *interpreti*: Adriano Aprà, Patrizia Pistagnesi, Enrico Ghezzi, Luciano Recchia, Christa Lang Fuller, Samantha Fuller, Roberto S. Tanzi, Andrea Villani, Adriano Grolli, Marilena Cantarelli, Claudio Varani, Giuliana Davolio, Paco Marega; *voce narrante*: Paolo Rossini; *fotografia* (full HD, colore e b&n, 16:9 e 4:3 per il repertorio): Luca Gorreri; *suono*: Fausto Tinello; *musica*: Simone Manuli; *montaggio*: Stefania Pioli; *produzione*: Luca Gorreri; *prima proiezione pubblica*: Lecce Film Fest, 27 dicembre 2016; *durata*: 88′

Quando il clima culturale appare stagnante, quando risulta faticoso per il pubblico cinefilo vedere film che si discostino dai pochi generi e stili che prevalgono nelle sale cinematografiche, un festival e un documentario possono creare una perturbazione in questa situazione. Per quanto le onde sull'acqua tenderanno a smorzarsi, il dibattito avrà provocato riflessioni che potranno causare altre onde.
Da un'idea di Giuseppe Bertolucci, dal fermento culturale del Filmstudio 70 di Roma, alle prime due edizioni degli Incontri Cinematografici di Monticelli Terme (1977 e 1978), attraverso i quattro anni degli Incontri Cinematografici di Salsomaggiore Terme (1980-1983), fino al Salso Film & TV Festival (dal 1984 al 1989) e alle due ultime, stanche edizioni (Emilia Romagna terra di cineasti e Cinema Art Festival), il documentario narra la storia di un festival dimenticato. Dalla voce dei protagonisti, il racconto della programmazione delle varie edizioni del festival delinea il carattere intensamente originale dell'evento. Con ironia e autoironia ricorrenti nel film, vengono messe in evidenza alcune delle cause della chiusura del Salso Film e TV Festival, proponendo riflessioni sul ruolo culturale dei festival in generale.

Note di regia

Sassi nello stagno è la mia opera prima, nata per ricordare uno dei festival più innovativi e sperimentali degli anni Settanta-Ottanta: il Salso Film & TV Festival di Salsomaggiore Terme. Al suo culmine era il terzo festival italiano per importanza dopo Venezia e Pesaro. Questo festival ha visto, nelle varie edizioni, tra i suoi protagonisti numerosi registi e attori di fama internazionale come Bernardo Bertolucci, Jean-Luc Godard, Samuel Fuller, Jim Jarmusch, Pedro Almódovar, Aki Kaurismäki, Otar Ioseliani, Amos Gitai; inoltre al Festival hanno partecipato molti registi esordienti, ora noti al pubblico, come Silvio Soldini, Marco Tullio Giordana, Florella Infascelli, Marco Bechis.
Attraverso immagini e video di repertorio, documenti, interviste ai maggiori protagonisti e omaggi a Marco Melani, mostro la genesi e lo sviluppo di questo importante festival cinematografico, fino alla sua chiusura nel 1991. *Sassi nello stagno*. Perché *Sassi nello stagno*? Un titolo difficile per un documentario che non tratta di una gara di lancio di pietre, ma il festival di Salsomaggiore fu davvero un sasso nello stagno. Una grande pietra miliare che scosse le acque placide e oscure dei festival e della città termale che lo ha ospitato. Il secondo sasso vuole essere questo documentario. Un secondo sasso, a 25 anni di distanza dal primo, che vuole smuovere le acque torbide dell'oblio in cui sono caduti questo innovativo festival e lo spirito di Salsomaggiore, spirito di un'epoca che difficilmente tornerà. Lo stile di questo documentario, oltre alle classiche interviste dovute, in quanto lo scopo del documentario è quello di ripercorrere la storia e la genesi del festival, vuole essere un po' "Fuori Orario" (trasmissione di RAI 3), un po' Monte Hellman, un po' Jean-Luc Godard. Accostamenti a prima vista senza senso o senza legami ma con un filo conduttore profondo, (in)visibile. Fuori Orario per l'accostamento delle immagini con denominatori comuni

sullo sfondo, nella matrice, nelle origini dell'immagine stessa. Da Monte Hellman, soprattutto dal suo *Road to Nowhere*, quell'idea di film nel film, realtà nel film e film nella realtà. Da Jean-Luc Godard e il suo *Scénario de "Passion"* (proiettato a Salsomaggiore insieme al film *Passion* e il video *Troisième état du scénario du film "Passion"*) per l'autore e il film nel film. Dal festival stesso, festival "Frankenstein", promotore di accostamenti originali e mai proposti prima, il vecchio e il nuovo, il passato e il futuro, laboratorio e non solo vetrina o passerella. Omaggi, riferimenti, citazioni. Scene girate per ricordare i grandi "ospiti", fisici e metafisici, del festival e i grandi maestri del cinema: Fuller, Antonioni, Godard.

Biografia

Luca Gorreri (Parma, 1970, dove vive e lavora) fin da piccolo dimostra una predilezione per il disegno e una spiccata introversione, fattori che non lo aiuteranno per niente in seguito. Da ragazzo aiuta suo padre a riprendere

matrimoni e cerimonie grazie alle quali impara a usare le prime videocamere e sfrutta queste competenze per realizzare insieme ai suoi amici del tempo alcuni "film" amatoriali. Ma purtroppo la vita in tempesta lo porta al largo, lontano dai suoi interessi e dalle sue passioni. Quando la tempesta si placa, frequenta alcuni corsi della Scuola di Cinema Mohole di Milano, effettua riprese di eventi, concerti e per videoclip, ma la strada che desidera percorrere è quella del documentario. Attualmente collabora alle riprese di un documentario di Stefania Pioli sul periodo della Resistenza nel parmense. Adora i film sperimentali e la Nouvelle Vague: Godard, Truffaut, Bressane. Gli piacciono le figure dei "perdenti" animati da passioni inestinguibili come Ed Wood. Gli piace la fantascienza anni Cinquanta e i fumetti tra cui spiccano quelli di Magnus e Jack Kirby. È per le visioni insolite e particolari.

Filmografia
Sassi nello stagno (2016, 88'); *Il fiume e il Re* (in produzione, 31').

Le scandalose

2016

Regia: Gianfranco Giagni; *soggetto e sceneggiatura*: Silvana Mazzocchi, Patrizia Pistagnesi; *voci*: Sonia Bergamasco (*le voci delle scandalose*), Claudio Santamaria (*le voci dei giornalisti*), Daniela Di Giusto (*Camilla Cederna*); *fotografia* (full HD, b&n e colore, 16:9 anche per il repertorio): Aniello Grieco; *musiche*: Riccardo Giagni; *montaggio*: Luca Onorati; *montaggio del suono*: Marco Furlani; *mixage*: Andrea Malavasi, Sound on Studios; *produzione e distribuzione*: Istituto LUCE-Cinecittà; *prima proiezione pubblica*: Festa del Cinema di Roma (sezione Riflessi), 15 ottobre 2017; *durata*: 58′

Come le "donne delinquenti" da streghe, fattucchiere, pazze nel migliore dei casi, acquistino il diritto di essere considerate semplicemente delle criminali. Al pari dei loro uomini. Decennio dopo decennio. Da Leonarda Cianciulli che nel 1939 trasformava le sue vittime in sapone e prelibati pasticcini, a Rina Fort, Lidia e Franca Cataldi, Pia Bellentani, Pupetta Maresca, assassine nel dopoguerra per passione, avidità, umiliazione, onore, ma anche per un desiderio di vita, di affermazione, un "volevo tutto" che entra in tragico conflitto con la ricostruzione postfascista; dal "divorzio all'italiana" al femminile di Luigina Pasino negli anni Sessanta, alla strage famigliare senza un vero motivo ("Volevo fare la bella vita") di Doretta Graneris del 1975, che apre su scenari che giungono fino ai nostri giorni, quelli dei delitti senza movente, dei delitti del "vuoto".
Tutto questo attraverso le confessioni delle stesse donne assassine e i resoconti giornalistici di grandi inviati e scrittori, le immagini di repertorio del LUCE e le immagini originali girate in quello che è oggi l'ex manicomio criminale di Aversa, il Museo del Crimine e il Palazzo della Cassazione di Roma.

Note di regia

Le scandalose è un documentario che non ha una voce narrante. La prima scelta che abbiamo fatto è stata quella di far parlare le confessioni delle donne assassine e i resoconti di grandi giornalisti e scrittori (Dino Buzzati, Tommaso Besozzi, Oreste Del Buono, Camilla Cederna, Hans Magnus Enzensberger, Stefano Malatesta...) che hanno seguito quei crimini. Ci siamo accorti subito che l'impatto di quelle parole era più forte di qualsiasi commento "terzo", di qualsiasi retorica, il che ci ha permesso di stare ben lontani dai tanti programmi televisivi che si occupano di delitti in modo tanto sensazionalistico quanto superficiale. Quei testi ci mostrano come, nel corso dei decenni, sia cambiato il linguaggio delle assassine nel raccontare i propri delitti, e questo nonostante l'apparente fredda, asettica lucidità tipica dei verbali delle confessioni, e come giornalisti e scrittori abbiano affrontato la cronaca nera sostituendo progressivamente al concetto di follia, destino, mistero nei moventi dei delitti quello della ricerca di motivazioni che vanno aldilà del mero fatto di cronaca, cercando spiegazioni che coinvolgono una certa sociologia del delitto oltre che la psicologia di carnefici e vittime, arrivando in certi casi a un'empatia non solo con queste ultime.
Ma anche la scelta che ho fatto di come usare il materiale di repertorio – poiché questo è un documentario essenzialmente di montaggio – è stata in qualche modo diversa, lontana da un uso museale, funereo. Non volevamo che quelle pellicole e quei file conservati fossero come dei cadaveri in un obitorio, da estrarre e far vedere al visitatore interessato per poi riporli nell'oscurità. Piuttosto ho immaginato che quello straordinario materiale che avevo sotto gli occhi, dagli anni Trenta agli anni Settanta (comprese sequenze di documentari

di Luigi Comencini, Emmer, Zurlini, Maselli, Franchina, Cerchio, Marcellini, Francisci, Mario Chiari...), fosse stato girato apposta per il mio documentario. Una enorme quantità di materiale vergine a mia disposizione da montare e smontare, da usare in modo incongruo, liquido, da affidare all'occhio dello spettatore che deve trovare il filo che leghi il tutto.

Volevamo che chi avesse guardato *Le scandalose* non pensasse di aver visto un assemblaggio di immagini girate da altri in funzione di altro, ma che stesse vedendo qualcosa di nuovo, materiale vivo, nato dal nostro tradimento, dalla nostra manipolazione di quel materiale originale.

A tutto questo si sommano le immagini originali che ho girato nell'ex manicomio criminale di Aversa (dove vennero rinchiuse Leonarda Cianciulli, Rina Fort, la contessa Bellentani) e nel Palazzo della Cassazione a Roma. Espressione concreta di istituzioni, ma anche teatro non ultimo di quei delitti. Luoghi che ho scelto di mostrare vuoti, desolati, senza vita; luoghi che nella loro miseria e all'opposto nella loro grandiosità *pompier* avevano lo stesso scopo: incutere timore. Ma anche in questo caso luoghi che ho cercato di manipolare. Così le celle, i corridoi di Aversa ritornano a vivere attraverso il sommarsi di immagini di repertorio e di quelle che ho girato, provando a mostrare cosa significava, per chi in quelle celle, in quei corridoi ci stava davvero, vedere scorrere inerte la propria vita, decennio dopo decennio, avendo davanti a sé gli stessi muri.

Tutto questo per provare, con *Le scandalose*, a parlare di crimini, ma soprattutto di altro.

Biografia

Gianfranco Giagni (Roma, 1952, dove vive e lavora) è stato aiuto regista di Mauro Bolognini nel cinema e di Alberto Negrin in televisione. Ha realizzato videoclip per cantanti italiani e stranieri (Vasco Rossi, Loredana Bertè, Miguel

Bosè, Madness). Ha scritto e diretto vari documentari, molti dei quali hanno come protagonisti il cinema e i suoi mestieri: su Orson Welles in Italia; sulla famosa sartoria cinematografica «Tirelli» raccontato da Isabella Rossellini per la versione italiana e da Claudia Cardinale per quella francese; sullo scenografo Dante Ferretti; sull'attore e regista Carlo Verdone. Con Luca Ronconi ha diretto la versione televisiva dell'*Orfeo* di Monteverdi. È stato regista di programmi e serie televisive tra le quali *Valentina*, tratta dai fumetti di Guido Crepax. Per il cinema ha diretto due lungometraggi: *Il nido del ragno* (1988) con Stéphane Audran, Roland Wibenga, William Berger e *Nella terra di nessuno* (2001) con Ben Gazzara, Maya Sansa, Gianfelice Imparato.

Filmografia
Documentari: *Rosabella: la storia italiana di Orson Welles* (con Ciro Giorgini, 1993, 56′); *Luca Ronconi prova Cocktail Party* (1997, 60′); *Un mondo a parte: i Mercati Generali* (2002, 54′); *Un cinese a Roma* (2004, 54′); *Sartoria Tirelli* (2006, 56′); *Dante Ferretti scenografo italiano* (2010, 55′); *Carlo!* (con Fabio Ferzetti, 2012, 77′); *Le scandalose* (2016, 58′); *Sogni, sesso e cuori infranti* (2018, 55′);
Lungometraggi: *Il nido del ragno* (1988, 90′); *Nella terra di nessuno* (2001, 90′);
Serie TV: *Valentina* (1989, 6 x 30′); *Donna* (1996, 6 x 100′);
Programmi TV: *Mister Fantasy* (RAI 1, 1981-1983); *Immagina* (RAI 1, 1986); *Divini devoti* (RAI 5, 2014); *Nel nome del popolo italiano. Marco Biagi* (RAI 1, 2017).

Seguimi

2017

Regia e soggetto: Claudio Sestieri; *sceneggiatura*: Patrizia Pistagnesi, Claudio Sestieri, Nicola Molino; *interpreti*: Angélique Cavallari (*Marta Strinati*), Maya Murofushi (*Haru*), Pier Giorgio Bellocchio (*Sebastian*), Antonia Liskova (*Muriel, sorella di Marta*), José Maria Blanco (*Adriano*), Marina Esteve (*Vera*), Yu Sun Huang (*Anna*); *fotografia* (5K con Red Dragon, colore, scope): Gianni Mammolotti; *suono*: Mario Iacquone; *musica*: Marco Werba; *con la partecipazione di*: Tina Guo; *scenografia*: Nunzia Decollanz; *costumi*: Lia Morandini; *montaggio*: Erika Manoni; *dipinti*: Gianni Dorigo; *visual fx*: Giampaolo Rende, Stanislao Cantono di Ceva; *coordinamento postproduzione*: Fabrizio Mambro; *organizzatore generale*: Giorgio Voyatzakis; *prodotto da*: Bruno Tribbioli, Alessandro Bonifazi, Maurizio Santarelli, Angelo Orlando, Efthimia Zymvragaki, Augusto Flagiello per Blue Film, Eur Film, Grismedio Green Film; *con il contributo di*: MIBACT-Direzione Generale Cinema; *prima proiezione pubblica*: Umbrialand Festival di Terni, 11 dicembre 2017; *distribuzione internazionale*: TVCO; *durata*: 91'

Un villaggio medioevale perso in una natura selvaggia (Matera), un pittore che confonde vita e arte, una modella giapponese abituata a giocare con il proprio corpo, una tuffatrice che non ha ancora fatto i conti con il proprio passato. Tre vite in gioco, una passione che si trasforma in ossessione, l'assurdo che irrompe nella realtà.

Note di regia

Nella vita, a volte, ci troviamo di fronte a dei punti di svolta che ci costringono improvvisamente a rimettere in discussione i nostri stessi desideri. È quello che accade alle protagoniste del nostro film. Due giovani donne colte in una fase di particolare fragilità e destinate a iniziare insieme un percorso tanto affascinante quanto ignoto, in direzione di una sempre più invasiva e rischiosa identità incrociata. Un viaggio interiore, dunque, attraverso il quale ho tentato di riprendere e sviluppare tre temi ricorrenti nel mio cinema: le relazioni tra arte e vita, il confronto tra spazi e personaggi, il ruolo dell'assenza nella ridefinizione dei sentimenti. Questa volta, però, il discorso sull'identità non è solo esistenziale ma anche culturale (si incrociano qui i destini di una donna occidentale e di una orientale) e il linguaggio non è più quello di una vicenda interpersonale, piuttosto quello di un itinerario ipnotico e audace in cui il reale slitta sempre più verso l'assurdo, in bilico sino alla fine tra la soluzione fantastica e quella analitica.

Seguimi ha avuto una lunga, elaborata gestazione creativa e un'altrettanto lunga e complessa storia produttiva. Ma è rimasto comunque fedele alla sua aspirazione originaria. Quella di voler essere un'opera che accetta il rischio e che cerca di lanciare in qualche modo una sfida: alle narrazioni standard di tanto nostro cinema, alla sua troppo frequente mancanza di coraggio, al facile rigore che non conosce il gusto dell'ibridazione tra autorialità e suggestioni del genere e alla sempre più frequente prevalenza del tema nobile sul linguaggio. Quasi si stesse ormai perdendo la consapevolezza che le scelte morali di un regista dovrebbero risolversi più nel Come che nel Cosa. Nelle ragioni, dunque, della messa in scena più che in quelle di quanto deve essere messo in scena.

Biografia

Claudio Sestieri (Roma, 1948, dove vive e lavora). Tutto nasce con *Il vuoto* (1965), un lungometraggio sperimentale girato con Gianni Aringoli, suo compagno di scuola, durante la primo liceo. Un film che è stato poi restaurato e

digitalizzato nel 2013 e ripresentato al pubblico della Sala Trevi e del Filmstudio. Seguono, sempre con Aringoli, tre corti professionali in 35mm, *Hanno detto il tuo nome* (1968), una parabola sulla Resistenza incompiuta in concorso a Locarno, *Per Giuliano* (1969), un docu-film sul calcio come ideologia, e *Del sesso, materiali per un discorso politico* (1970), ancora un docufilm su rivoluzione sessuale e politica. Dopo una tesi in Lettere e Filosofia su Antonioni, scrive di cinema su «Tempo Illustrato», «Spettacoli e Società», «Avanti!», come vice di Lino Miccichè. Inizia a lavorare per la RAI, girando filmati, inchieste, documentari, scrivendo e realizzando programmi e radiodrammi. Lavora poi con la RAI 3 di Angelo Guglielmi, scrivendo e realizzando in particolare il docufilm *Una notte a Roma* e la serie *Indagine su sentimenti*, ultima apparizione di Ubaldo Lay nel ruolo di Sheridan. Dal 1989 al 1994 lavora come autore, regista e produttore per il Settore Sperimentale di Massimo Fichera, realizzando special, corti, docufilm, sviluppando la ricerca sull'alta definizione e le nuove tecnologie digitali e creando serie come *Notti d'Europa* e *Collezione privata*. Tra il 1996 e il 1997 lavora a programmi culturali per RAI 1, girando documentari d'arte e ritratti d'autore (Klinger, Soldati, Zavattini) e alla riduzione televisiva di vari spettacoli teatrali per RAI 2. Alla fine del 1997 lascia la RAI e continua a lavorare come sceneggiatore e regista.

Ha scritto e diretto sei lungometraggi, due per la tv e quattro per il cinema. Per la tv, *Infiltrato* (1996), un social-drama con Valerio Mastandrea e Barbora Bobulova, e *La strada segreta* (1999), un thriller psicologico con Irene Ferri e Toni Bertorelli. Per il cinema, *Dolce assenza* (1986), scritto con Sandro Petraglia, con Sergio Castellitto e Jo Champa, in concorso a Locarno, *Barocco* (1991) con Cristina Marsillach e Ottavia Piccolo (Panorama Italiano a Venezia, Primo premio a Villerupt), *Chiamami Salomè* (2008), una versione contemporanea del celebre dramma di Wilde con Ernesto Mahieux ed Elio Germano, in concorso al XXX Festival del Cairo e, ultimamente, *Seguimi*.

Con Giovanni Fasanella e Giovanni Pellegrino ha scritto *Segreto di Stato: la verità da Gladio al caso Moro* (Einaudi 2000, Premio Capalbio, 2001) e *Segreto di Stato, verità e riconciliazione sugli anni di piombo* (Sperling

& Kupfer, 2008). Nel novembre del 2010 ha poi pubblicato con Editori Riuniti il suo primo romanzo, *Le seduzioni del destino,* un quasi giallo cinefilo sulle tracce di un mistero legato a Fritz Lang. Ha fatto politica culturale prima nell'ANAC, poi nell'API, e in seguito è stato tra i soci fondatori dei 100Autori e membro dell'EFA.

Filmografia

Il vuoto (1965/2013, 90'/57'); *Hanno detto il tuo nome* (1968, 12'); *Per Giuliano* (1969, 20'); *Del sesso, materiali per un discorso politico* (1970, 40'); *La Roma di Edmund Purdon* (1980, 30'); *Una notte a Roma* (1981, 60'); *Un sacco Verdone* (1981, 2x60'); *La visita* (1982, 60'); *Il caso neutrino* (1983, 60'); *Indagine sui sentimenti* (1984/2013, 4x60'/90'); *Dolce assenza* (1986, 105'); *Rifarsi una vita* (1987, 6x30'); *Frassica contro Ercole* (1989, 77'); *Il cielo in una stanza* (1989, 60'); *Lisbona: cuore d'Africa* (1990, 30'); *Barocco* (1991, 99'); *Strasbourg, Europe* (1992, 8'); *I Corsini, le ragioni della memoria* (1993, 30'); *Return* (1994, 6'); *Venice, le regard* (1995, 20'); *Infiltrato* (1996, 96'); *Klinger* (1996, 30'); *In casa di Mario Soldati* (1996, 30'); *Il segno di Za* (1997 30'); *La strada segreta* (1999, 93'); *Chiamami Salomè* (2006, 95'); *Seguimi* (2017, 91').

Senza di voi

2015

Regia: Chiara Cremaschi; *soggetto* e *sceneggiatura*: Chiara Cremaschi, Carlo Cremaschi; *interpreti*: Manuel Carbognin, Davide Cremaschi, Umberto Ruggeri, Chiara Cremaschi, Sara Agostinelli, Greta Albrigoni, Nicola Tuli Bertoli, Pietro Pito Bianchi, Irene Balaguer, Chiara Carminati, Karletto Capitanio, Fabrizia Carbognin, Giulio Ciccia, Andrea Cremaschi, Michele Cremaschi, Sara Luraschi, Valentina Martinoli, Dulco Mazzoleni, Neve Mazzoleni, Claudia Anita Radaelli, Luca Radaelli, Davide Ruggeri, Andrea Rovelli, Andrea Salimbene, Andrea Zambelli; *fotografia* (HD e 16mm, colore e b&n, 16:9 e 4:3 per il repertorio e altro): Stefano Canapa, Andrea Zanoli, Chiara Cremaschi, Carlo Cremaschi; *suono*: Stefano Agnini, Ana Pau Alcaraz; *musiche*: Carlo Cremaschi; *montaggio*: Dounia Sicov; *montaggio aggiunto*: Silvia Poeta Paccati; *montaggio suono*: Carlo Cremaschi; *produzione*: Pascaline Saillant per 25 Films; *coproduzione*: Cristina Sardo per Rossofuoco, Sergio Visinoni per Lab80 Film, Carlo Cremaschi; *distribuzione*: Insolence; *prima proiezione pubblica:* Les Ateliers Varan, Parigi, 16 dicembre 2015; *prima proiezione italiana*: Trieste Film Festival (Premio Corso Salani), 24 gennaio 2016; *durata:* 52'

Chiara chiede ai suoi cugini, Davide e Manuel, di aiutarla a traslocare. Ha deciso di partire, di lasciare l'Italia. Il loro viaggio diventa lo spunto per l'autobiografia di una generazione nata negli anni Settanta, che ha visto crollare i suoi sogni a Genova nel 2001, durante il G8.
Chiara costruisce un racconto nel tempo, che parte dai suoi nonni per soffermarsi a immaginare una vecchia fuga nel 1994 dei suoi due cugini in Spagna. Le storie si incrociano, i protagonisti sono gli stessi. Per ognuno di loro, partire significa non arrendersi.

Note di regia

Se sono qui adesso è perché quando avevo sette anni ho visto in tv Sandokan e Yanez in mezzo al mare, su una chiatta. Avevano perso la battaglia, Sandokan era vivo per miracolo e Yanez ferito gravemente. I tigrotti di Mompracem erano morti tutti. Anche Marianna, l'amore di Sandokan, era morta. Non c'era più un futuro possibile.
Erano vivi ma avevano perso. Tutto quello in cui avevano creduto, la loro stessa idea di amicizia era fallita. Perché era evidente che era soprattutto grazie all'affetto tra loro due che tutto era stato possibile: la lotta di Mompracem, l'amore, l'avventura.
E io ero lì, davanti a quella chiatta e a quel mare infinito e vuoto. Ed ero disperata per Sandokan e Yanez, che riuscivano a malapena a guardarsi, perché avevano paura di quello che avrebbe letto l'uno negli occhi dell'altro.
Improvvisamente, in quel mare vuoto erano apparse delle presenze: qualche chiatta, altre, sempre di più. Di colpo tantissime. Erano dei nuovi tigrotti. Tanti, molti di più di quelli che erano stati feriti e uccisi. E tutti volevano partecipare alla lotta, ricominciare.
Sandokan e Yanez si erano guardati intorno e, dalle chiatte sempre più vicine, i nuovi tigrotti avevano urlato e alzato le braccia e gridato: Mompracem! Sandokan e Yanez si erano guardati, fieri: non avevano sbagliato, era valsa la pena di tutto, dovevano andare avanti e lottare, insieme.

fuorinorma

Nel ricordo io sono in montagna, seduta davanti alla tv di mio nonno con i miei fratelli e i miei cugini. Non so se il ricordo è vero, è poco probabile, non tornano i tempi e le età, ma ho sempre avuto la sensazione che la mia vita sia iniziata in quel momento e che quell'immagine – Sandokan e Yanez in mezzo al mare, e tutti i nuovi tigrotti che arrivano – fosse una delle immagini fondamento di tutto quello che ho fatto dopo. Certo, lì c'era già tutto: la mia eterogenea famiglia riunita, che incitava a Mompracem come a ogni possibilità di rivoluzione, i miei fratelli e i miei cugini con cui sono cresciuta, un ideale grande e condiviso da una storia famigliare, e la televisione, che riduceva tutto questo e Sandokan stesso al suo tempo, quello cioè in cui la rivoluzione della nostra Storia e del nostro quotidiano stava diventando altro, e gli amici dei miei genitori sparivano: o non c'erano più, o erano all'estero, o erano cambiati. Quello che a noi rimaneva però era un imprinting difficile da dimenticare, anche se era quello che ci veniva richiesto: il mondo intorno non voleva più sentire niente di tutto ciò, tantomeno la parola "rivoluzione".
A un certo punto però è successo qualcosa, sotto forma di un altro felino, non una tigre ma una pantera. È stato un breve momento politico per noi che a quel punto eravamo al liceo o all'università, ma ci sembrava dovuto. Non

è cambiato niente, se ne sono accorti in pochissimi. È stato in quel periodo, però, che due dei miei cugini e un loro amichetto, 48 anni in tre, sono scomparsi. Non erano solo fuggiti, ma proprio scomparsi, con un piano ben preciso di dispersione delle tracce e con una meta ben definita, che permettesse loro di provare a essere liberi.

Ora che sono fuggita anche io, e che questa storia ha incrociato la mia di nuovo, per caso o per destino, vi trovo un percorso coerente, in cui la fuga non è altro che la ricerca di Mompracem, che non è un luogo isolato e protetto al mondo, ma la possibilità di incontro e scambio per provare a non pensare mai che sia inutile e limitata a un tempo la ricerca di libertà e felicità.

Biografia

Chiara Cremaschi (Bergamo, 1970) lavora tra l'Italia e Parigi, dove vive. Inizia a occuparsi di cinema collaborando al Bergamo Film Meeting e lavorando sui set come segretaria di edizione e assistente alla regia per Davide Ferrario e Enrico Verra. Si laurea in Filmologia con la tesi *Il problema dell'attrice nel cinema italiano* al DAMS di Bologna. Frequenta il corso di sceneggiatura dell'Agis/cinema Anteo a Milano con Enzo Monteleone e Lara Fremder. In seguito frequenta l'Arista Development Workshop a Roma e quindi lo stage agli Ateliers Varan, Paris, Réalisation de films documentaires.

Con la prima sceneggiatura *Il cielo stellato dentro di me* ottiene la menzione speciale al Premio Solinas 1998 e il premio Film Made in Italy di RAI-International. Poi i due soggetti originali: *Senza di voi* e *Archiviato come ordinario*, segnalati al Premio Solinas; il soggetto di adattamento *Quando avevo cinque anni mi sono ucciso* è finalista al Premio Solinas, con *Un'altra vita* ha vinto la menzione speciale al Premio Solinas–documentario per il cinema 2010, *Senza di voi* è finalista al Premio Solinas-documentario per il cinema 2012. Firma le sceneggiature di puntate delle serie televisive *Compagni di scuola*, *Raccontami* e *Squadra Narcotici*, della serie di animazione *Milo* e del mediometraggio di animazione *Penny X*. Scrive il soggetto cinematografico di *Tutto parla di te* di Alina Marazzi e i documentari *L'uomo che corre* di Andrea Zambelli, *Rino-La mia ascia di guerra* di Andrea Zambelli, *Ninna Nanna prigioniera* di Rossella Schillaci. Dirige numerosi cortometraggi, tra cui *Parole per dirlo – dalla parte delle bambine* (premio miglior regia femminile Festival Internazionale Cinema Giovani 1997, secondo premio Valsusa Video Film Festival, secondo premio Libero Bizzarri, segnalazione Fano Film Festival, menzione speciale Corto In Bra), *La verità*, *Dolce attesa* (miglior film Spazio Italia Fiction, premio Holden–Fandango, premio Kodak Torino Film Festival 1999, rappresentante dell'Italia al Kodak Showcase for European New Talents al 53° Festival di Cannes) e documentari, tra cui *Quella cosa incredibile da farsi* (vincitore Spazio Italia Festival Sguardi Altrove, Milano 2003), *Indesiderabili* e *Senza di voi* (vincitore dell'Euroconnection 2012, finalista al Premio Corso Salani 2013, menzione speciale della giuria al Modena Film Festival). Formatrice presso Cesvi ONLUS, cura con Gaia Giani la mostra fotografica "Me, You and Everyone We Know". Nel 2017 ha ottenuto l'Etoile de la SCAM come autrice di *Les enfants en prison* di Rossella Schillaci.

Filmografia

Parole per dirlo – dalla parte delle bambine (1997, 10'); *La verità* (1998, 7'); *Rave – Storie di provincia* (1998, 10'); *Dolce attesa* (1999, 10'); *Quella cosa incredibile da farsi* (2003, 40'); *Indesiderabili* (2009, 52'); *Partir* (2010, 10'); *Senza di voi* (2015, 52'); *Sans autre lieu que la vie* (scrittura e regia, in preproduzione); *Un paese ci vuole* (coscrittura con Carlo Cremaschi e regia, in preproduzione).

'77 No Commercial Use
'77 Nessun uso commerciale, 2017

Regia e montaggio: Luis Fulvio; *interpreti*: Lucrezia Ercolani, Damiano Roberti; *fotografia* (video, b&n e colore, 16:9 e 4:3): Luca Toni, Andrea Gadaleta Caldarola; *sound mix*: Christian Saccoccio; *produzione*: Abelmary, Trop Tot Trop Tard; *realizzato con la complicità di*: scs, Luca Toni, Dario Cece, Anomalia. Centro di Documentazione Anarchica, Lucrezia Ercolani, Østile; *con la solidarietà di*: Radio Onda Rossa, Sergio Bruno, Luca Caroppo; *prima proiezione pubblica*: Torino Film Festival (Doc/Italiana), 25 novembre 2017; *durata*: 127'

È il '77, finalmente il cielo (rosso) è caduto sulla terra. WOW. (A) Soffiare sul fuoco, a/traverso la zizzania, la gioia (armata), rivolta (di classe) e cospirazione, senza tregua, è uno strano movimento di strani studenti, congiura dei pazzi senza famiglia, senza galere. La prateria è in fiamme, la rivoluzione è finita abbiamo vinto.

Note di regia
'77 e *No Commercial Use*, iniziamo dal secondo. È un film che nasce dall'otium e che quindi ha nel negotium la sua negazione; è stato fatto con compagni, amici, colleghi di lavoro sulla base di relazioni non commerciali e al di fuori di qualsiasi dinamica lavorativa, fatto per amore e senza spirito di sacrificio. *'77 No Commercial Use* è un film potlatch, fedele al motto «è l'azione l'ideale», è il suo stesso esistere ad affermare che un altro mo(n)do non solo è possibile ma c'è. Non è un film indipendente ma autoprodotto, più precisamente "do it yourself", fatto con brani, sbrani, brandelli di immagini, libri, scritte e suoni del 1977, diversi per formati, forme, qualità e "natura", dalla provenienza più disparata.

Tutto questo potrebbe far pensare a un'opera collettiva, corale, invece '77 è molto personale, unico e individualista nelle accezioni stirneriane, che nasce dalla necessità di uscire da diverse situazioni e provare a entrare in contatto con i propri demoni interiori. Per me il 1977 è innanzitutto il mio anno di nascita, ma in questo si addensano e si manifestano fenomeni, idee, energie che hanno segnato tanta parte del mio vissuto. L'esatta presentazione di *'77 No Commercial Use*, a Milano ancor più, è *In controluce* dei Wretched, dalla prima all'ultima parola, non la riporto per motivi di spazio ma mentre leggete queste righe ascoltatela, si trova facilmente in rete. Perché voler mostrare una cosa che si vuole così intima? Innanzitutto per condividere una ricerca durata due anni, portata avanti con ostinato rigore, a partire dalle centinaia di pagine di fanzines, giornali, fogli autoprodotti del 1977 fotografati nel centro di documentazione anarchica Anomalia di Roma. In secondo luogo per mostrare il tentativo di approfondire un metodo di ricerca e riuso dei materiali imparato e praticato a "Fuori orario cose (mai) viste" così come un diverso approccio al film e al cinema vissuto quotidianamente presso l'archivio della Cineteca Nazionale.

L'intento non è mai stato quello di spiegare il '77, uno dei momenti a cui l'aggettivo epocale può quasi essere accostato in modo proprio, quando i nodi di trent'anni di repubblica, e nove di lotta di classe e di liberazione intensa, vengono al pettine. Pretendere di raccontare o approfondire questo con un film non credo sia possibile, il tentativo è piuttosto di far emergere, attraverso l'accostamento e il presente assente propri del cinema, quelle forze e quelle tante immagini, facce, espressioni che sono apparse e scomparse in quell'anno e non esistono più. Sono parole di Tano D'Amico, il più grande fotografo del '77 a Roma, che aggiunge: «Sono scomparse forse perché la faccia ognuno se la fa con le domande che si pone, e quelle domande non esistono

Oggetto a pezzi o a sbrani?

più, almeno formulate in quel modo». In questo momento non posso dire se '77 sia riuscito da questo punto di vista, è ancora troppo vicino e troppo forte è ora la necessità personale di liberarmi da queste immagini e facce e parole che mi ossessionano da mesi, penso a quanto non sono riuscito a metterci, penso che manca questo e quello anche se spesso mi dico: ma chi l'ha detto che non c'è?

Biografia
Luis Fulvio [Baglivi] (Perito, Salerno, 1977) vive e lavora a Roma. Ha un classico percorso di studi e da anni collabora con l'archivio film della Fondazione CSC e con "Fuori Orario cose (mai) viste". Scrive saltuariamente di cinema, ha curato libri e rassegne e collaborato con diversi festival.

Filmografia
Coda (2014, 11'); *Il futuro di Era* (2016, 24'); *'77 No Commercial Use* (2017, 127').

Sezione femminile
2018

Regia: Eugenio Melloni; *soggetto e sceneggiatura*: Eugenio Melloni, sulla base dell'esperienza e del materiale prodotto in seno a un laboratorio cinema della Sezione femminile del carcere Mario Gromo di Bologna; *interpreti*: Donatella Allegro (*attrice*), detenute della Sezione femminile, Irene Guadagnini (*ex detenuta*), Giada Pieroni (*lettrice della lettera*), Stefania Ferri, Alessandra Bettini, Romina Carla Pucci (*tre volontarie*); *fotografia* (HD, colore, 16:9 e 4:3 per il repertorio) *e suono*: Eugenio Melloni, Riccardo Badolato con un contributo di Roberto Mezzabotta; *musiche originali*: Danusha Waskiewicz, con un contributo di Andrea Poltronieri, Paolo Marzocchi e Andrea Rebaudengo; *scenografia*: Eugenio Melloni, Gianni Pirani, Lenina Barducci; *costumi e trucco per Donatella Allegro*: Lenina Barducci; *montaggio*: Eugenio Melloni; *prodotto* da R2Production di Riccardo Badolato; *in collaborazione con* MEG, Associazione Medicina Europea di Genere, CoBa New Vision, Sigem SRL, Asa Audiovisivi, Studio Architettura Gianni Pirani; *prima proiezione pubblica*: Cinema Orione, Bologna, 22 novembre 2018; *durata*: 82′

Un'attrice traduce le parole di una detenuta straniera; poi, in campo o fuori campo, altre storie, altre parole: quelle di Amanda (seduta fuori dalla cella, la valigia sul grembo, sta per uscire) per un'altra detenuta, la giovane Denise, appena entrata in carcere dove deve scontare 22 anni, che smozzica risposte. Amanda le racconta di una tossica, Martina, di *La metamorfosi* di Kafka, delle lettere d'amore che riceve Betty dalla sezione maschile; di una macchia di luce bianca che si aggira in certe notti nelle celle. Un camerone che era un ospedale e poi un auditorium, metafora istruttiva di una prigione. Poi materiale di repertorio degli anni Settanta, a seguire due donne che si domandano perché fanno le volontarie dentro al carcere. E una ex detenuta che aspetta fuori Amanda, che forse non verrà. Infine la discussione libera su come scrivere la lettera alla figlia di una madre in carcere che non le ha ancora detto dove si trova. E Giada della produzione che si offre di leggerla, nella speranza che la figlia un giorno veda il film e che possa capire di più la madre.

Note di regia
Il film è nato da un laboratorio di cinema da me diretto nella Sezione femminile di un carcere italiano, quello di Bologna, durato quasi due anni a cui è seguito un anno e più di lavorazione e postproduzione. Non racconta direttamente questa esperienza ma ne è il risultato. Un risultato che, come era nelle mie intenzioni, mostrasse principalmente il recupero di una capacità immaginativa tramite la possibilità di fare cinema. Una capacità, fin dal mio primo contatto con le detenute del laboratorio, palpabilmente arenata nei meandri di una tragica e stordente esperienza che le aveva portate in prigione. La stessa capacità che permette poi a ciascuno di noi di elaborare il senso e molte altre cose a cominciare dal dolore e dalla perdita. Fino a che, dopo aver attraversato finzione e realtà e le sue possibili rappresentazioni, fosse possibile guardare più serenamente a quest'ultima, la realtà, come quella che poi si è offerta concretamente, segno che eravamo sulla buona strada, e trovando la collaborazione di agenti donne su questo problema: quello di una ex detenuta, ma sono tante, che ha nascosto alla figlia di essere stata in prigione, ipotecando potenzialmente, in termini drammatici, il futuro del loro rapporto. È un percorso rieducativo con le sue conseguenze quello che ci racconta il film, un percorso che però si completa nella visione del film stesso. Lo è stato anche per me: mi ha permesso di capire

meglio cosa sia un carcere, la sua complessità, umana, sociale, reale e immaginata, senza dimenticare la sua necessità ovviamente nel segno di quello che dice la Costituzione italiana. Spero che lo sia anche per chi vedrà il film.

Biografia

Eugenio Melloni (Pieve di Cento, Bologna, 1951, dove vive e lavora) ha un diploma in regia teatrale e ha collaborato a vario titolo con progetti teatrali e cinematografici. Per conto della Cineteca di Bologna, in collaborazione con l'ASP Città di Bologna, coordina il progetto di ricerca sperimentale "Il memofilm, a memoria di uomo" sull'uso del cinema nei confronti di malati di demenza, avviato nel 2007 con la collaborazione di Giuseppe Bertolucci. È autore del soggetto con Maurizio Carrassi e co-sceneggiatore di *L'accertamento* (1999, 90') di Lucio Lunerti. È autore del soggetto e co-sceneggiatore con Stefano Incerti di *Prima del tramonto* (1999, 95') di Incerti; è co-sceneggiatore di *La vita come viene* (2003, 118') e *Complici del silenzio* (2009, 100') di Incerti; è autore del soggetto e co-sceneggiatore di *Il volo* (2010, 32') di Wim Wenders, mediometraggio in 3D.

Filmografia

Alla ricerca della musica classica (2007, 16', serie memofilm); *Assunta* (2007, 17', serie memofilm); *La zia Marta* (2007, 14', serie memofilm); *Aldina, esercizi di memoria* (2007, 10', serie memofilm); *I fiori di Paola* (2008, 19', serie memofilm); *Per il compagno Azzalin* (2008, 14', serie memofilm); *La casa è una parola grande* (2009, 17', serie memofilm); *Dedicato ad Adriana* (2009, 9', serie memofilm); *700 anni per vedere il mare* (2011, 53'); *Margini allo specchio* (2011, 25', serie memofilm); *Un film per Arduino* (2012, 16', serie memofilm); *Una sarta al Giovanni XXIII* (2012, 22', serie memofilm); *Sergio S.* (2012, 28', serie memofilm); *Verbana* (2015, 19', serie memofilm); *MemoLina* (2017, 18', serie memofilm); *Elizabeth è scomparsa* (2017, 25'); *Per Francesca Campanini* (2018, 17', serie memofilm); *Sezione femminile* (2018, 82').

Shadowgram

Grammo/Grafia d'ombra, 2017

Regia, fotografia (full HD, colore e b&n, 16:9 e 4:3 per il repertorio): Augusto Contento; *sceneggiatura*: Kênya Zanatta, Augusto Contento; *interventi*: Darrell Cannon, Margaret Caples, George Manning, Cristelle Bowing, Jitu Brown, Carl Bell, Frank Deboise, Timuel Black, Aysha Butler, James Deal; *suono*: Alessandro Cellai, Paolo Segat; *musica*: Spring Hell Jack, Shabazz Palaces, Rex, Andy Stott, Mountains, DJ Spooky, Clipping, Plastikman, Ekkehard Ehlers, Kill The Vultures, Chicago Underground, Madlib, Glissandro 70, Demdike Stare, James Chance & The Contorsions, Jel, Rob Mazurek; *produzione*: Cineparallax (Giancarlo Grande); *prima proiezione pubblica*: festival Visioni dal Mondo, Milano, 7 ottobre 2017; durata: 94', in inglese con sottotitoli in italiano

Questo film racconta i desideri, i sogni e le battaglie quotidiane dei cittadini afroamericani del South Side di Chicago. Sentiamo la loro voce direttamente, senza passare attraverso il filtro della voce delle istituzioni. Il cuore dell'America nera ha così tanto da dirti, ma che ne sappiamo davvero di questa immensa comunità se non da finti reportage su violenza, sport, musica? Gli attuali cambiamenti sociali in Italia e in tutto il mondo, l'Europa che dimostra che la questione dell'integrazione sociale e della parità di diritti sta diventando una chiave di comprensione della nostra società, gli sbarchi di esseri umani dal sud del mondo.
Shadowgram è uno strumento perfetto per analizzare la nostra contemporaneità.

Note di regia

Il South Side di Chicago è una città fantasma, da me ribattezzata Ghostwood. Camminando lungo le strade dei suoi principali quartieri, Bronzeville, Woodlawn, Englewood, ha scoperto per la prima volta di essere un "bianco". Un colore puro e semplice, privo di individualità. Bianco inteso in quanto minaccia. Indesiderato paternalismo. Ero di un'altra specie. Provenivo da un altro pianeta. Vivevo in un universo parallelo. Lo spazio fisico, urbano, di Ghostwood si riduce a pochi angoli, i corner dei liquor, a pochissimi metri quadri di desolazione e abbandono. Le strade sono sempre vuote, nessuno circola a piedi e non s'incontrano quasi mai americani bianchi. I pochi passanti sono spesso venditori di fumo e derelitti incapucciati, identici a viandanti medievali.
La Chicago cosmopolita, dall'architettura futurista, i diner raffinati, la gastronomia moderna, è lontana anni luce e neanche un'astronave riuscirebbe a raggiungerla. Non si tratta solo di una distanza geografica, bensì economica, culturale, e specchio di una politica pubblica assente e di una scarsa mobilitazione civile. Un paradosso se si pensa che Chi-town, oltre a essere la città di Obama, è sempre stata governata dal partito democratico, caso praticamente unico negli Stati Uniti. Tuttavia le ragioni di una divisione così profonda e ancora oggi apparentemente incolmabile derivano dalla fine dell'American Civil War e da una vittoria mal gestita da parte degli unionisti. Tre ondate migratorie di afro-americani abbandonarono il sud degli USA, per fuggire dalle leggi razziali, le Jim Crow, con l'illusione di trovare nella Windy City la tanto agognata libertà. Purtroppo l'abolizionismo lincolniano si rivelò un bluff da imbonitori, concepito soltanto per creare manodopera a basso costo, priva di diritti, e in grado di soddisfare i bisogni dell'economia industriale, che cresceva e devastava a ritmi vertiginosi.

Biografia

Augusto Contento (Lanciano, Chieti, 1973) vive e lavora a Parigi dal 2000, dove ha creato col produttore Giancarlo Grande la società di produzione indipendente Cineparallax nel 2004. Il suo primo documentario, Ônibus, ha vinto la Vela d'Oro al Bellaria Film Festival, miglior regia e miglior film al Sulmona Film Festival ed è stato premiato come miglior documentario all'Ischia International Film Location Festival.
Tramas vince il premio Région Île de France pour la Production Argentique, viene presentato a Locarno, al BAFICI di Buenos Aires e a Denver, come anche il successivo Strade trasparenti, che viene mostrato inoltre al Leeds and York Contemporary Music Festival.
Parallax Sounds vince la Menzione speciale della giuria UCCA al 30° Torino Film Festival. Rosso cenere è stato presentato ai festival di Locarno, IndiLisboa, Jeonju, Yamagata e alla Viennale.
Shadowgram, censurato presso l'Alto Commissariato dei Diritti dell'Uomo di Ginevra dall'amministrazione Trump, esordisce al Festival du Nouveau Cinéma di Montréal e vince il premio per il Miglior Documentario al Festival Visioni dal Mondo di Milano e il premio RAI Cinema allo stesso festival. L'Arlington Film Festival di Boston lo seleziona e l'UNESCO gli attribuisce l'Alto Patrocinio-La Via degli Schiavi per il suo impegno politico e legato ai diritti umani.

Filmografia

Ônibus (2007, 55'); Tramas (2008, 103'); Strade trasparenti (2008, 90'); Strade d'acqua (2009, 115'); Parallax Sounds (2012, 95'); Journal de bord d'un bateau fantôme (2012, 120'); Rosso cenere (coregia Adriano Aprà,

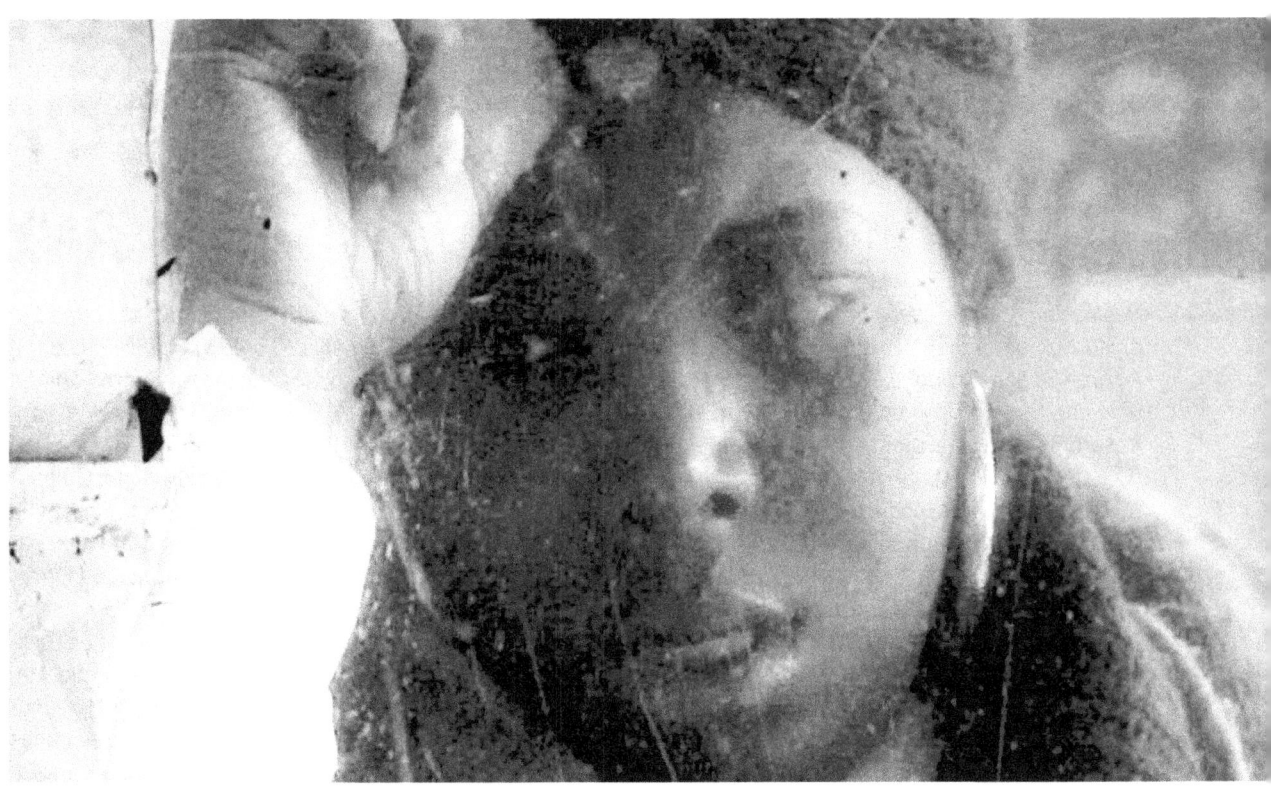

2013, 59'); *La stella oltre il mulino* (2017, 90'); *Shadowgram* (2017, 94'); *Strade della Malerba* (in produzione); *Uno spazio bianco* (in produzione); *L'antichissima galassia del futuro* (in produzione); *L'eroe omicida* (in produzione); *Occhi in rivolta* (in produzione).

Sicilian Ghost Story
Storia di fantasmi siciliana, 2017

Regia, soggetto e sceneggiatura: Fabio Grassadonia e Antonio Piazza; *interpreti*: Julia Jedlikowska (*Luna Conigliaro*), Gaetano Fernandez (*Giuseppe il ragazzo sequestrato*), Corinne Musallari (*Loredana, amica di Luna*), Andrea Falzone (*Nino*), Federico Finocchiaro (*Calogero*), Lorenzo Curcio (*Mariano*), Vincenzo Amato (*il padre di Luna*), Sabine Timoteo (*Saveria, la madre di Luna*), Filippo Luna (*U' Nanu*), Baldassare Tre Re (*Venatura*), Rosario Terranova (*Scannacristiani*), Gabriele Falsetta (*Giufà*), Vincenzo Crivello (*il Tedesco*), Corrado Santoro (*Chiodo*), Nino Prester (*il nonno di Giuseppe*); *fotografia* (DCP 4K, colore, 2.39:1): Luca Bigazzi; *suono*: Guillaume Sciamà; *musiche originali*: Soap&Skin e Anton Spielmann; *scenografia*: Marco Dentici; *costumi*: Antonella Cannarozzi; *montaggio*: Cristiano Travaglioli; *montaggio del suono*: Emanuela Di Giunta; *fonico di mixage*: Paolo Segat; *produzione*: Indigo Film, Cristaldi Pics con RAI Cinema; *coproduzione*: Mact Productions, Jpg Films, Ventura Film, *con il sostegno di*: RSI-Radiotelevisione Svizzera/SRG SSR, Eurimages, Creative Europe Programme, MIBACT-Direzione Generale Cinema, Regione Siciliana-Assessorato Turismo Sport e Spettacolo-Ufficio Speciale per Il Cinema e l'Audiovisivo-Sicilian Film Commission Programma Sensi Contemporanei Cinema, Sundance Institute Feature Film Program, Fondo Bilaterale per lo sviluppo di coproduzioni di opere cinematografiche Italo-francesi, Aide aux Cinémas du Monde, CNC; *prima proiezione pubblica*: Festival de Cannes (Semaine de la Critique, apertura), 18 maggio 2017; *distribuzione*: BIM; *uscita italiana*: 18 maggio 2017; *durata*: 126'

All'uscita da scuola Luna pedina furtivamente Giuseppe, suo compagno di classe, tenendo in mano la lettera d'amore che ha scritto per lui. Giuseppe imbocca un sentiero che s'inoltra in un bosco montano. Luna decide di seguirlo ma nel folto della vegetazione lo perde di vista. Giuseppe la sorprende alle spalle e le sfila di mano la lettera. Luna tenta invano di riaverla e si allontana da lui furibonda. Un feroce cane nero le si para davanti, Giuseppe corre in suo aiuto e con coraggio e astuzia la salva. Il ragazzino le restituisce la lettera e la convince ad accompagnarlo al campo di equitazione dove si allena.
Luna guarda incantata Giuseppe impegnato nel salto degli ostacoli. Alla fine dell'allenamento, Luna chiama Giuseppe e gli dà la lettera. Giuseppe sigilla quella dichiarazione d'amore con un bacio e si avvia verso la scuderia.
Luna aspetta Giuseppe, il cuore in subbuglio, lo sguardo volto alla fuga di colline del fondovalle, cinto a una estremità da un lago scuro verso cui digrada il bosco montano. Giuseppe non viene più fuori dalla scuderia. Luna va a cercarlo al suo interno. Si avvicina al box dentro il quale il cavallo di Giuseppe si agita. Giuseppe è scomparso.
Il silenzio da parte della famiglia di Giuseppe e l'indifferenza del mondo che li circonda concorrono nel celare il motivo della misteriosa sparizione alla quale Luna non si rassegna. Anche quando dopo mesi emerge la verità di quanto accaduto – Giuseppe è stato sequestrato da dei mafiosi – Luna non si arrende e continua ostinatamente a cercarlo. Giuseppe resiste all'avanzare della devastazione fisica e morale cui è sottoposto aggrappandosi alla lettera d'amore che ha con sé. È la lettera d'amore a permettere una segreta comunicazione fra i due ragazzini, comunicazione che da inconsapevole si fa consapevole e permette il loro misterioso ricongiungimento nel mondo nel quale Giuseppe è imprigionato e che ha nel lago scuro una misteriosa via d'accesso.

Un mondo dal quale è impossibile per Luna tornare indietro. Solo grazie a una straziante e miracolosa corsa contro il tempo, Giuseppe trova nel lago l'insperata via di fuga da quel mondo di morte, riuscendo così a salvare Luna e a riconsegnarla al luminoso spazio aperto della vita.

Note di regia

«Con questo film volevamo una favola in una Sicilia mai esplorata prima, una Sicilia sognata. Un mondo dei fratelli Grimm di foreste e orchi, che collide con il piano di realtà di cui la nostra terra è inevitabilmente portatrice». Sicilian Ghost Story è ispirato a un fatto realmente accaduto.

Il 23 novembre 1993 Giuseppe Di Matteo, figlio del "pentito" di mafia Santino Di Matteo, viene prelevato da uomini vestiti da poliziotti nel maneggio che frequenta. Lo convincono a salire in macchina con loro dicendogli che lo vogliono portare dal padre che sta collaborando con la polizia in un luogo segreto. Giuseppe, che non vede il padre da mesi, non se lo fa ripetere due volte. Ha così inizio il sequestro di un ragazzino di 12 anni. Giovanni Brusca, il capomafia che ha ideato e realizzato il sequestro, è sicuro che Santino Di Matteo, per salvare il figlio, interromperà la collaborazione e ritratterà quanto già verbalizzato nei processi in corso contro di lui, pluriomicida e autore della strage Falcone. Brusca quel bambino lo ha visto crescere essendo amico e boss di Santino Di Matteo. Santino Di Matteo continua però a collaborare con la polizia.

Giuseppe resta per 779 giorni e notti in mano ai suoi carcerieri mafiosi, che lo spostano da un covo all'altro, bendato, incatenato in trasferimenti di chilometri e chilometri per tutta la Sicilia. Una prigionia disperata, senza via d'uscita, che si conclude in un bunker sotterraneo in una campagna a 2 chilometri dal paese natale di Brusca e a 20 chilometri dal paese natale del ragazzino. La notte dell'11 gennaio 1996 Giuseppe, ridotto a una larva di una trentina di chili, viene strangolato, il suo corpo dissolto nell'acido.

Siamo entrambi palermitani e questa storia perseguita la nostra coscienza. Giuseppe è un fantasma che rinnova il dolore per l'abominio di cui è stato vittima e la rabbia contro quel mondo all'interno del quale l'abominio si è realizzato. Un fantasma imprigionato dentro una storia senza possibile redenzione.

Un fantasma intrappolato nel buio delle nostre coscienze. Un fantasma da liberare.

La possibilità si è schiusa grazie alla lettura del racconto *Un cavaliere bianco* di Marco Mancassola. Nel racconto Giuseppe Di Matteo morendo si trasforma, nella fantasia di una compagna di scuola, in un cavaliere immaginario, una presenza soprannaturale che la protegge. L'intuizione di una collisione fra un piano di realtà e un piano fantastico del racconto ci ha fatto riconoscere gli elementi che da tempo avevamo davanti agli occhi: un fantasma e la colpa di un mondo che sopprime bambini. Elementi per una ghost story.

Una ghost story siciliana e, in quanto tale, sul piano di realtà, favola nera. Una ghost story siciliana e, in quanto tale, sul piano fantastico, favola d'amore. Come diceva Leonardo Sciascia, «la Sicilia è tutta una fantastica dimensione e non ci si può star dentro senza fantasia».

Una favola che si muove costantemente fra due piani: quello di realtà, la verità antropologica e storica dei fatti, e quello fantastico che, nell'ostinata relazione fra i due protagonisti, dischiude la possibilità del miracolo d'amore che trascende la morte e salva la loro umanità.

Protagonista della nostra favola è Luna, personaggio immaginario. Coprotagonista è Giuseppe, personaggio immaginario, ispirato al vero Giuseppe Di Matteo.

Luna è compagna di classe di Giuseppe, da tempo segretamente innamorata di lui. La storia ha inizio nel giorno in cui Luna trova il coraggio di dichiarare il suo amore a Giuseppe. Poche ore dopo, Giuseppe sparisce. Il silenzio da parte della famiglia e l'indifferenza del mondo che li circonda concorrono nel celare il motivo della sua misteriosa sparizione, alla quale Luna non si rassegna.

La storia risponde all'esigenza interiore di Luna di ritrovare e salvare Giuseppe. È un suo "sogno". A mano a mano però che la storia procede, capiamo che non sempre siamo dentro la sua immaginazione. Luna è anche il "sogno" di Giuseppe. C'è una segreta comunicazione fra i due ragazzini, resa possibile dalla lettera d'amore che Luna ha dato a Giuseppe, una comunicazione che da inconsapevole si fa consapevole e permette il loro

ricongiungimento. Un ricongiungimento che svela alla fine una dimensione altra che sopravanza i sogni, gli incubi, la realtà di morte che li circonda, una dimensione grazie alla quale i due ragazzini salvano la propria umanità, la concretissima e indistruttibile realtà delle loro anime.
È nell'amore per Giuseppe che Luna salva la propria umanità. È nell'amore per Luna che Giuseppe, salvando la propria umanità, le salva la vita. Nel nostro film il fantasma di un ragazzino intrappolato nel buio delle nostre coscienze può finalmente sfondarle e liberarsi nel luminoso spazio della vita.

Biografia
Fabio Grassadonia (Palermo, 1968) e Antonio Piazza (Milano, 1970) vivono e lavorano a Palermo e a Roma. Il loro primo lungometraggio, *Salvo*, è stato presentato al Festival di Cannes nel 2013 dove ha vinto il Gran Prix e il Prix Révélation della Semaine de la Critique. Il film è stato poi distribuito in una ventina di Paesi, inclusi gli Stati Uniti, e ha partecipato a prestigiosi festival internazionali. In Italia *Salvo* ha vinto il Nastro d'Argento per la miglior fotografia, il Globo d'Oro per la migliore attrice e ha inoltre ricevuto quattro candidature ai David di Donatello e tre ai Nastri d'Argento.
Nel 2010 Fabio Grassadonia e Antonio Piazza hanno scritto e realizzato il cortometraggio *Rita*, loro debutto alla regia, con cui hanno ottenuto importanti riconoscimenti in Italia e all'estero.
Entrambi continuano a lavorare anche come script consultants per importanti istituzioni europee quali Berlinale Residency, Locarno Open Doors, POWR Baltic Event, Torino FilmLab, Semaine de la Critique-Next Step, Nisi Masa ESP.
Fabio Grassadonia e Antonio Piazza sono docenti di sceneggiatura e regia presso la Faculty of Arts dell'Università di Malta.

Filmografia
Rita (2009, 19'); *Salvo* (2013, 104'); *Sicilian Ghost Story* (2017, 126').

Il sol dell'avvenire

2008

Regia: Gianfranco Pannone; *soggetto e sceneggiatura*: Giovanni Fasanella, Gianfranco Pannone; *testimonianze di*: Alberto Franceschini, Roberto Ognibene, Loris Tonino Paroli, Adelmo Cervi, Corrado Corghi, Annibale Viappiani, Paolo Rozzi; *fotografia* (Digital HD, colore e b&n, 16:9 anche per il repertorio): Marco Carosi; *suono*: Angelo Bonanni; *musiche*: Offlaga Disco Pax, Rudy Gnutti; *montaggio*: Erika Manoni; *prodotto da*: Alessandro Bonifazi, Bruno Tribbioli per Blue Film con Emilia Romagna Film Commission; *prima proiezione pubblica*: 61° Festival di Locarno (Ici et Ailleurs), 7 agosto 2008; *prima italiana*: Locarno a Milano, 20 settembre 2008; *durata*: 77′

Reggio Emilia, 1969. Un gruppo di ragazzi lascia la locale Federazione Giovanile Comunista per dar vita, insieme ad altri coetanei di provenienza anarchica, socialista, cattolica, all'Appartamento, una comune sessantottina che insegue il sogno rivoluzionario e che vede nel partito comunista al governo della città il tradimento degli ideali partigiani e antifascisti appartenuti ai loro padri e nonni durante e dopo la Seconda guerra mondiale. Dall'esperienza dell'Appartamento, di lì a due anni, usciranno alcuni tra i più duri brigatisti rossi degli anni di piombo: Alberto Franceschini, Tonino Loris Paroli, Prospero Gallinari, Roberto Ognibene, Renato Azzolini.

Oggi, a ricordare quei giorni, in un ristorante che fu il luogo in cui si riunirono quelle che sarebbero diventate le Brigate Rosse, sono tre di loro, tornati alla vita normale: Franceschini, Paroli e Ognibene. E a incontrarli ci sono altri tre protagonisti di allora, che brigatisti, invece, non lo diventarono: Paolo Rozzi, Annibale Viappiani e Adelmo Cervi, tutti più o meno impegnati nella politica e nel sindacato.

Con uno sguardo rivolto al quotidiano di questi testimoni del tempo e coinvolgendo altre figure interne al PCI e al mondo cattolico di quarant'anni fa, il film, liberamente tratto dal libro-intervista *Che cosa sono le BR* (2004) di Giovanni Fasanella e Alberto Franceschini, ricostruisce una vicenda politica poco conosciuta, in cui si confrontarono e scontrarono alcuni giovani che poi scelsero la lotta armata o il Partito comunista. Un PCI sempre più lontano dall'orbita sovietica e, dunque, meno ideologicamente rigido, al quale, un po' per volta, quei giovani rivoluzionari reggiani che inseguivano i padri e i nonni partigiani, sfuggirono di mano.

Note di regia

Da molti anni ormai seguo con passione le vicende della storia recente d'Italia, specialmente attraverso le testimonianze della gente comune. Sono convinto che non sempre il nostro paese abbia fatto i conti con il proprio complesso passato e che questa vera e propria rimozione delle pagine più scomode della storia nazionale provochi il ritorno di tanti fantasmi colmi di irrazionalità. Me ne sono occupato in particolare con il fascismo, ma anche con il secondo dopoguerra, il boom economico, gli anni Settanta. Ed è con *Il sol dell'avvenire* che, insieme a quel prezioso compagno di viaggio che è Giovanni Fasanella, ho avvertito il peso di una responsabilità maggiore. Qui ho dovuto fare i conti con la famiglia politica a cui appartengo, conscio che le rimozioni e i tabù al suo interno sono ancora tanti e in gran parte da districare. Perché la verità è che nella sinistra italiana è ancora difficile ammettere che le Brigate Rosse, con la loro drammatica parabola, siano figlie dell'idea socialista di un mondo migliore per tutti.

Evidentemente il sogno di palingenesi che è nel DNA della sinistra, non le permette di liberarsi da una visione tutta virtuosa del proprio credo ideologico. Non solo c'era questa necessità di fare un po' di conti in casa, ma con Giovanni ho pensato che fosse giusto soffermarsi sul microcosmo di Reggio Emilia, la città che prima fra tutte esprime un orgoglio, anche giusto, di appartenenza politica, ma che comunque ha dato i natali a un discreto numero di brigatisti rossi. Come affrontare questo complesso microcosmo sul piano registico? Prima di girare bisognava conoscere la città e la sua gente da dentro, anche con affetto e, al momento giusto, con la necessaria distanza. Bisognava permettere, alle persone che si erano rese disponibili, di esprimersi liberamente, affidando al montaggio il momento dell'interpretazione. È per questo che, sempre con Giovanni, ho proposto ai testimoni di riunirsi intorno a un tavolo, proprio nel ristorante in cui si cominciò seriamente a discutere di lotta armata. Ho deciso di pensare ad alcune "finestre" che, scaturendo dal tavolo, permettessero allo spettatore di meglio comprendere l'orizzonte degli eventi. Si è trattato, allora, di affidarsi a un non facile lavoro di montaggio, girando cose anche molto diverse con modalità diverse, nella consapevolezza di trovarsi di fronte a testimonianze in gran parte inedite e godendo del privilegio di una particolare fiducia da parte dei nostri testimoni. All'inizio è stato anche importante decidere con Giovanni di non intervenire in prima persona durante le riprese, laddove non condividevamo il punto di vista dei nostri testimoni, convinti che fosse meglio lasciar spazio al pensiero dello spettatore piuttosto che costringerlo in un discorso a tesi. Tutte queste cose messe insieme hanno fatto sì che questa volta la mia regia dovesse essere meno avvolgente, più distaccata. Una necessità dettata soprattutto dalla delicatezza del tema.

Biografia

Gianfranco Pannone (Napoli, 1963) vive e lavora a Roma. Si è laureato in Lettere con indirizzo cinematografico alla Sapienza di Roma nel 1988 e diplomato in regia al Centro Sperimentale di Cinematografia nel 1990. Allievo di Guido Aristarco, Beppe De Santis, Carlo Lizzani e István Szabó (suo docente all'European Summer School, Belgrado 1989), dopo alcune esperienze da aiuto regia per il cinema e il teatro e da programmista-regista in RAI, a partire dai primi anni Novanta ha realizzato diversi film documentari e cortometraggi, presentati in festival e rassegne nazionali e internazionali e andati in onda sulle televisioni italiane ed europee. Tra i suoi ultimi film documentari, *Lascia stare i santi*, presentato alla Festa del Cinema di Roma 2016, *L'esercito più piccolo del mondo*, presentato alla Mostra del Cinema di Venezia 2015 e Nastro d'Argento speciale 2016, *Sul vulcano*, fuori concorso al Festival Internazionale del Cinema di Locarno 2014 e nominato nelle cinquine dei David di Donatello e dei Nastri d'Argento 2015, *Ma che Storia...*, presentato nell'edizione 2010 del Festival del Cinema di Venezia, finalista nella rassegna romana Visioni.doc, ha vinto il primo premio come film documentario al Festival del Cinema italiano di Madrid e *Il sol dell'avvenire*, presentato come evento speciale al Festival Internazionale del Cinema di Locarno. Del 2012, inoltre, sono *Scorie in libertà*, film documentario nel concorso internazionale dell'edizione 2012 del Festival Cinemambiente di Torino e, come evento speciale, alla Mostra del Nuovo Cinema di Pesaro, e *Ebrei a Roma*, evento Speciale al Festival del Cinema di Roma 2012. Tra gli altri film documentari da lui diretti e prodotti figurano *Piccola America* (1991), *Lettere dall'America* (1995), *L'America a Roma* (1998), che insieme compongono una trilogia sulla storia d'Italia del Novecento raccontata dalla gente comune. Il corto *Kelibia/Mazara* è stato premiato nel 1998 al Torino Film Festival e l'anno successivo allo Young Film

Festival di Teheran. *Ferie: gli italiani e le vacanze*, primo episodio della serie *Gli italiani e...*, ideata dallo stesso Pannone, è stato presentato alla Mostra Internazionale del Cinema di Venezia nel 2000. *Latina/Littoria*, in concorso nel 2002 al Festival International du Documentaire di Marsiglia, è stato premiato come miglior film documentario al Torino Film Festival del 2001, al Maremma doc Festival (Pitigliano 2002) e al festival Mediterraneo del documentario (Siracusa 2003), oltre ad aver partecipato ai festival di Sheffield, Annecy e São Paulo in Brasile. Nel dicembre del 2005 Pannone ha portato in scena al Valle di Roma lo spettacolo teatrale *Il frutto amaro* (tratto dal saggio fotografico *Guerra civile, 1943-1945-1948* di Pasquale Chessa), poi ripreso in forma più ampia al Festival dei Due Mondi di Spoleto. Nel 2006, in co-regia con Marco Puccioni, ha diretto il film-documentario *100 anni della nostra storia*, realizzato in occasione del centenario della CGIL, presentato ai festival di Venezia e di Annecy, oltre che finalista ai David di Donatello. Nel 2018 ha messo in scena al Teatro Due di Parma *Morte di Galeazzo Ciano* di Enzo Siciliano (Einaudi, 1998).

Da insegnante e saggista, Pannone dal 2003 è docente al DAMS dell'Università Roma Tre, ricoprendo nei primi due anni la cattedra di Storia del documentario, negli altri nove la responsabilità del laboratorio di cinema documentario. È inoltre stato docente di regia di fiction e di documentario alla ACT-Multimedia (Accademia del cinema e della televisione) di Roma, dove per quattro anni ha ricoperto l'incarico di responsabile del corso di regia del documentario. Ha poi collaborato per sette anni con l'Accademia dell'Immagine dell'Aquila. Tra il 2003 e il 2005 ha diretto seminari sulla scrittura del documentario al Centro Sperimentale di Cinematografia. Collabora tuttora con la Scuola Zelig di Bolzano e insegna regia del documentario al Centro Sperimentale di Cinematografia di Roma e di Palermo. Attualmente è anche docente-coordinatore di regia al master di Cinema e Televisione dell'Università Suor Orsola Benincasa di Napoli. Nel 2003, con Marco Bertozzi, ha curato il libro *L'idea documentaria*, edito da Lindau. Del 2009 l'uscita per Chiarelettere di *Il sol dell'avvenire, diario di un film politicamente scorretto*, abbinato all'omonimo film ideato e scritto con Giovanni Fasanella. Ha scritto con Mario Balsamo *L'officina del reale. Fare un documentario: dalla progettazione al film* (CDG, 2010). Ha pubblicato, inoltre, diversi articoli e saggi riguardanti il documentario su periodici e pubblicazioni, in particolare sugli *Annali* dell'Archivio Audiovisivo del Movimento Operaio e Democratico, fondazione di cui è uno dei garanti. Dal 2001 al 2012 è stato curatore della rubrica Docbox sulla rivista online Ildocumentario.it, poi diventata Docdoc. Gli articoli di ildocumentario.it sono ora raccolti in un unico libro dal titolo *Docdoc. Dieci anni di cinema e altre storie* (Cinemasud, 2011). Ha collaborato inoltre ad altre pubblicazioni tra le quali *L'alba della nazione. Risorgimento e brigantaggio nel cinema italiano* (aa. vv., Mephite, 2013) e, di prossima uscita, *Pasolini, tracce e percorsi* (aa.vv.). Pannone è socio fondatore di Doc/It (di cui è stato anche vice-presidente) e tra gli animatori del Movimento Centoautori, costituitosi nel 2009 in associazione, dove per due anni è stato membro del Consiglio direttivo in rappresentanza dei documentaristi italiani.

Filmografia

La giostra (1989, 18'); *Vacanze d'Egitto* (1990, 20'); *Lettera da Roma* (1990, 8'); *Piccola America* (1991, 59'); *Bambini a Napoli* (1993, 10'); *Lettere dall'America* (1995, 54'); *Kenya* (1996, 30'); *Ritorno a Littoria* (1997, 10'); *Ombre del Sud* (1997, 77'); *Le leggi dimenticate* (1997, 27'); *L'America a Roma* (1998, 78'); *Kelibia/Mazara* (co-regia con Tarek Ben Abdallah, 1998, 12'); *Gli ultimi giorni di Ciano* (1998, 26'); *Il Tempio di Venere e Roma* (co-regia con Antonio Pettinelli, 1999, 25'); *Pomodori* (1999, 52'); *Così vicini, così lontani* (co-regia con Tarek Ben Abdallah, 1999, 27'); *Anna delle saline* (1999, 26'); *Viaggio intorno alla mia casa* (2000, 32'); *Ferie: gli italiani e le vacanze* (2000, 26'); *Sirena operaia* (2000, 54'); *Venezia, la città che affonda* (co-regia con Marco Visalberghi, 2001, 52'); *Latina/Littoria* (2001, 75'); *Cerimonie: gli italiani, la Chiesa, lo Stato* (2002, 26'); *Toscana: lungo il fiume* (2002, 30'); *Pietre, miracoli e petrolio* (2004, 60'); *Io che amo solo te* (2005, 80'); *Dal dagherrotipo al digitale* (2005, 15'); *Bienvenue chez Casetti* (2006, 26'); *100 anni della nostra storia* (co-regia con Marco Piccioni, 2006, 88'); *Cronisti di strada* (2006-2007, 45'x3); *Una questi...one poco privata*

(2007, 16'); *Il sol dell'avvenire* (2008, 77'); *Immota manet* (2009, 10'); *Linee di confine* (2010, 25'); *Agnelli, l'America a Torino* (2009-2010, 54'); *Ma che Storia...* (2010, 78'); *Aprilia, 75 anni di vita 150 anni di Storia* (2011, 30'); *Scorie in libertà* (2011-2012, 73'); *Ebrei a Roma* (2012, 56'); *Le pietre sacre della Basilicata* (2012, 14'); *Graziano e le sue donne* (2014, 8'); *Trid cmè la bula-Triti come la segatura* (2014, 45'); *Sul vulcano* (2014, 90'); *L'esercito più piccolo del mondo* (2015, 86'); *Con Ugo* (2016, 31'); *Lascia stare i santi* (2016, 75'); *Se 80 anni vi sembrano pochi* (2016, 25'); *Mondo Za* (2017, 80'); *Gli altri* (2018, 18'); *Scherza con i fanti* (2019, 76'); *I percorsi della croce* (2019, in postproduzione).

Spira mirabilis
2016

Regia, soggetto e sceneggiatura, montaggio: Massimo D'Anolfi e Martina Parenti; *interpreti*: Marina Vlady (*la lettrice*), Leola One Feather, Felix Rohner e Sabina Schärer (*i musicisti*), Shin Kubota (*il biologo*), Joe, Coco, Seth, Brett Brings Plenty, Friederike Haslbeck, Moses Brings Plenty; *fotografia* (2K ProRes 4444, DVC-pro hd,1920x1080, colore, 16:9): Massimo D'Anolfi; *suono*: Martina Parenti, Massimo Mariani (sound design, mixer); *musica*: Massimo Mariani; *produzione*: Montmorency Film, RAI Cinema, Lomotion, SRF Schweizer Radio und Fernsehen/SRG SSR; *prima proiezione pubblica*: Mostra di Venezia (Concorso), 4 settembre 2016; *distribuzione*: I Wonder; *durata*: 122′; versione plurilingue con sottotitoli in italiano

Il fuoco: una donna sacra e un capo spirituale e la loro piccola comunità Lakota da secoli resistenti a una società che li vuole annientare. La terra: le statue del Duomo di Milano sottoposte a una continua rigenerazione. L'aria: una coppia di musicisti inventori di strumenti/scultura in metallo. L'acqua: uno scienziato cantante giapponese che studia la Turritopsis, una piccola medusa immortale. L'etere: Marina Vlady che, dentro un cinema fantasma, ci accompagna nel viaggio narrando *L'immortale* di Borges. Questi sono i protagonisti di *Spira mirabilis*, un film girato in diversi luoghi del mondo, una sinfonia visiva, un inno alla parte migliore degli uomini, un omaggio alla ricerca e alla tensione verso l'immortalità.

Note di regia
Non abbiamo una scuola del documentario di riferimento. Ci siamo nutriti di film belli e necessari siano essi documentari, finzioni, film sperimentali: film di grandi registi, di perfetti "sconosciuti", di autori accantonati. Siamo due artigiani del cinema: scriviamo, giriamo, montiamo da soli i nostri film. Da 10 anni, cioè da quando lavoriamo insieme, l'unico collaboratore esterno di cui ci siamo avvalsi è Massimo Mariani, musicista e montatore del suono. Questa modalità di lavoro non nasce dalle ristrettezze economiche ma è il modo che preferiamo e che più assomiglia alla nostra indole profonda. *Spira mirabilis* ha una struttura narrativa che combina pensiero razionale ed emotivo e dà vita a un affresco poetico che racconta la parte migliore di noi, mostrando la responsabilità, la debolezza e la forza che gli uomini hanno nei confronti del mondo in cui nascono, crescono, vivono e di cui sono semplicemente ospiti passeggeri.

Biografie
Massimo D'Anolfi (Pescara, 1974) e Martina Parenti (Milano, 1972) vivono e lavorano a Milano. Nel 2007 hanno realizzato insieme *I promessi sposi*, presentato al Festival di Locarno nella sezione Ici & Ailleurs e premiato al Festival dei Popoli di Firenze e a Filmmaker Film Festival a Milano. Nel 2009 *Grandi speranze* è stato presentato al festival di Locarno. Nel 2011 *Il Castello*, selezionato in numerosi festival internazionali (Cinéma du Réel, Nyon, Hot Docsa, Toronto, EIDFA, Seoul, RIDMA, Montréal e altri), è stato premiato agli Hot Docs, Toronto, con il Premio Speciale della Giuria e agli EIDFA, Seoul, con lo stesso riconoscimento, agli IDA Awards di Los Angeles con il premio per la miglior fotografia, al Torino Film Festival con il premio speciale della giuria Italiana.doc e premio Avanti, e in molti altri festival ancora. Nel 2013 *Materia oscura* vince il Premio Corso Salani per il Miglior Work in Progress e viene presentato alla Berlinale (Forum). Nel 2015 *L'infinita Fabbrica*

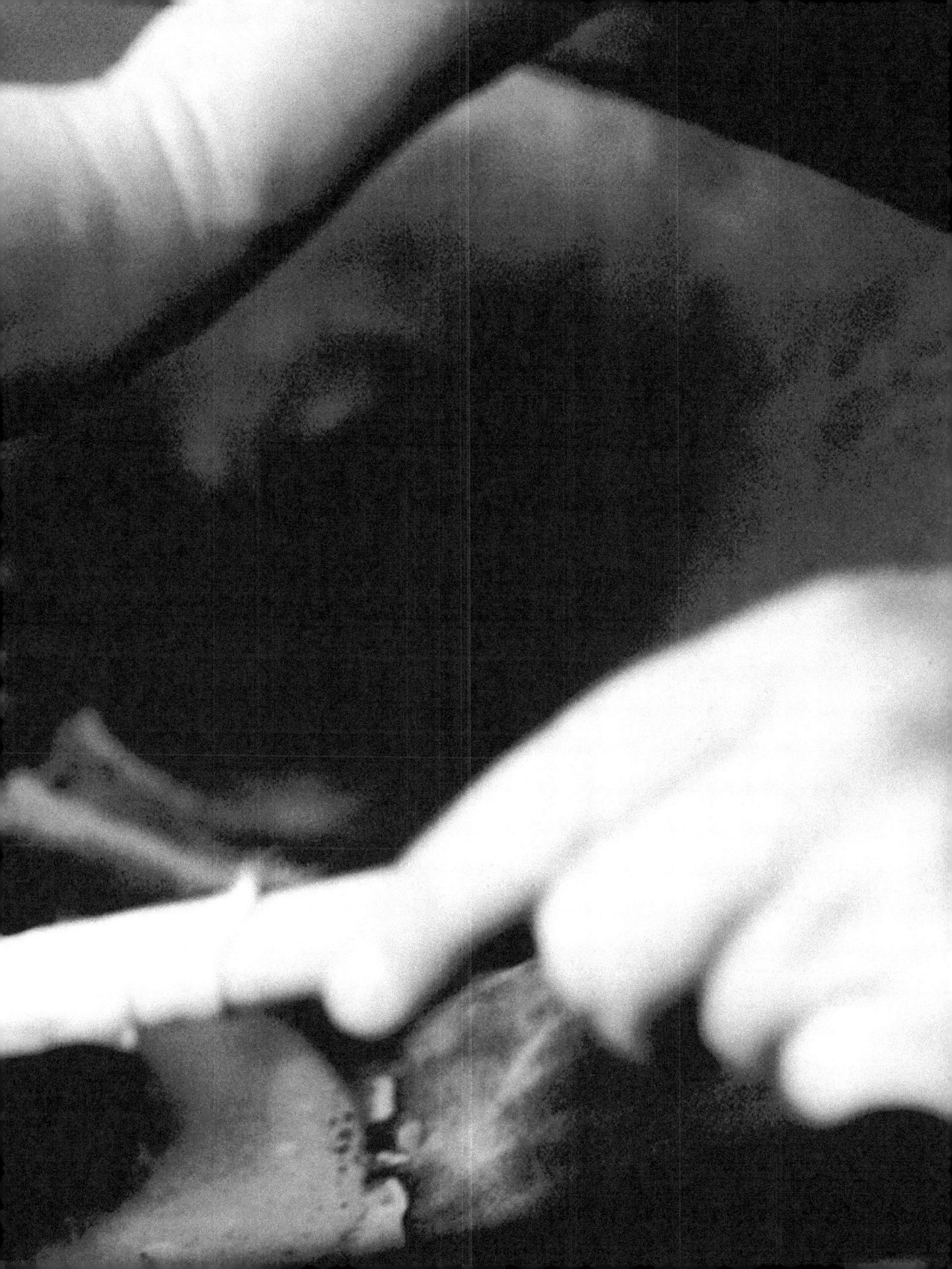

del Duomo viene presentato in anteprima al Festival di Locarno. Il progetto *Spira mirabilis* è vincitore del Primo premio al Milano Film Network. Il film è stato presentato in concorso alla Mostra Internazionale d'Arte Cinematografica di Venezia 2016 dove vince il Green Drop Award.

Filmografia
I promessi sposi (2007, 73'); *Grandi speranze* (2009, 77'); *Il castello* (2011, 90'); *Materia oscura* (2013, 80'); *L'infinita Fabbrica del Duomo* (2015, 74'); *Spira mirabilis* (2016, 122'); *Blu* (2018, 20'); *Guerra e pace* (in produzione).

Storia di una donna amata e di un assassino gentile

2009

Regia, soggetto e sceneggiatura, fotografia (HD Panasonic, colore, 4:3) *e suono*: Luigi Faccini; *interpreti*: Marina Piperno, Carlo Prussiani, Anna Nikiel-Filapek, Kararzina Parafiniuk; *musica*: Oliviero Lacagnina, Riccardo Joshua Moretti; *montaggio*: Sara Bonatti; *produzione*: Bubul&Co.; *prima proiezione pubblica*: Torino Film Festival, 15 novembre 2009 (Cinema e Cinemi, primi 3 capitoli), La Spezia, cinema Il Nuovo, e Sarzana, cinema Moderno (completo), dicembre 2009; *distribuzione*: Ippogrifo Liguria Associazione Culturale; *durata*: 201'

In questo film Marina Piperno è una donna e allo stesso tempo un sogno. Una donna reale che scrive al computer, cucina e invita a cena, dipinge, viaggia, e nello stesso tempo è il sogno del cinema come avrebbe potuto e dovuto essere. La sua bella faccia espressiva racconta di origini romane, ebraiche e borghesi, mentre esplora la verità del cinema da lei prodotto: un documento d'amore per la libertà, di sofferenza e lotta per la giustizia su tutta la terra. La poetica della caméra stylo portata alle estreme conseguenze. (Sandro Bernardi)

Note di regia

Mai avremmo immaginato che ci portassero così lontano la musica di un vecchio grammofono a manovella e il fruscio dei dischi a 78 giri scoperti nei detriti del tempo che ogni casa conserva come cuore segreto. Fu ballando al suono di *Singin' in the Rain* che Marina si è immersa nel secolo breve ricercando i frammenti dispersi della sua identità: umana, etica e professionale. Birkenau, fabbrica di morte, è diventato passaggio obbligato di quel viaggio a ritroso. Ce ne ammalammo fino all'afasia, ma senza esserne svuotati, proiettandoci nel futuro come unica risposta possibile all'orrore escogitato da chi somigliava a esseri umani. *Storia di una donna amata e di un assassino gentile* è un film che non insegue la nostalgia e non si rifugia nella malinconia. È un film in sette capitoli che inventa cinema e che nel cinema ripone l'antica speranza della modificazione e del divenire. Capitoli: I. Il cinema prima che io nascessi; II. Nel ventre nero della Storia; III. Il mio sogno americano; IV. Per amore della vita; V. Muovere il tempo...; VI. Se non ora quando?; VII. Per quelli che verranno.

Non vengo da scuole canoniche o accademie cinematografiche, vengo dalla immersione nelle relazioni di cui è fatta la realtà, con l'ausilio di strumenti che di volta in volta sono state le 8 e le 16mm, il nastro a ¼ di pollice, il ½ pollice e il ¾ BVU, il 35mm, l'uno e il due pollici, qualsiasi fosse lo strumento che i miei percorsi di ricerca o narrativi richiedessero. Senza sudditanze per la categoria sacrale della pellicola a 35 o 70mm, fuori da qualsiasi mitologia: il grande schermo e il ventre nero della sala cinematografica. Ho agito (e agisco) a imitazione di chi fa ricerca antropologica e storica, mescolando vita e finzione, ibridando stimoli e forme per inseguire risultati non codificati. Sento di essere figlio del documentarismo canadese. Il grande Pierre Perrault di *Pour la suite du monde* è un vicino a cui sono affezionato, come sono vicino all'anarchismo polilinguistico di Cesare Zavattini e alla teorizzazione della *caméra stylo* che Alexandre Astruc gettò tra i piedi già claudicanti del cinema francese, nel 1948, e di quella che sarebbe diventata la Nouvelle Vague, presto prigioniera delle proprie pose. *Caméra stylo* è per me simbiosi con lo strumento che da ingombro tecnico si fa protesi attiva, complice e partecipe delle pulsioni erotiche che mi portano dentro la realtà e le sue auto-rappresentazioni suggestionanti, che assumo e vivo diventando il corpo conducente e danzante della macchina cui chiedo di non staccarsi mai da me, succube incolpevole di errori e soluzioni felici. *Caméra stylo* è la convivente che prolunga il mio erotismo,

capace di illuminare percorsi inaspettati, dentro i quali, per sue virtù, io posso gettarmi. *Caméra stylo* fissa segnali iconici e, a suo modo, scrive, consentendomi aree di improvvisazione inimmaginabili prima. *Caméra stylo* è macchina a mano, è ritmica di ripresa, è montaggio in macchina (breve, breve e breve – breve, lunga, breve, lunghissima – ho abolito la panoramica). *Caméra stylo* sono io e la vita che diventiamo cinema e, reversibilmente, il cinema che diventa vita. *Caméra stylo* è il nome della libertà espressiva.

Biografia
Luigi Monardo Faccini (Lerici, La Spezia, 1939) vive e lavora con Marina Piperno, dal 1977, tra Roma, il Levante ligure e il versante maremmano dell'Amiata. Laureato in Economia e Commercio si accosta al cinema scrivendo per «Filmcritica» e «Nuovi Argomenti». Nel 1966 è tra i fondatori di «Cinema & Film». Nel 1968 esordisce nella regia per le trasmissioni di punta della RAI: *Almanacco*, *Tv-7*, *A-Z un fatto come e perché*. Il suo primo film di finzione è *Niente meno di più* (1970), il suo ultimo *Giamaica* (1998). Nel 2000 ha inizio la fase, tutt'ora in corso, del suo cinema digitale. Ha scritto romanzi, racconti e saggi: *La baia della torre che*

vola (1997), *Il castello dei due mari* (2000), *C'era una volta un angelo di nome Willy* (2001), *Un poliziotto perbene* (2002), *La storia come identità* (2003), *Trafficanti di sogni* (2004), *L'uomo che nacque morendo* (2004), *Ama e fa ciò che vuoi* (2014).

Filmografia

«Tra il centinaio dei suoi titoli ama ricordare: *Il libro bianco: caso Siniawskij-Daniel* (1969, 31'); *Gli ultimi giorni di Mussolini* (1969, 45'); *La puttananna* (1969) e *Tommy Littlebell* (1972), sceneggiature non realizzate; la video-ricerca nell'ospedale psichiatrico di Arezzo diretto dal basagliano Agostino Pirella (1972-1974); le inchieste su *Taranto* (1974, 30' x 2), *Matera* (1974, 30' x 2) e *Cassino* (1974, 30' x 2); *Garofano rosso* (1975 110', versione ridotta di 23'); la sceneggiatura non realizzata *Notte mediterranea* (1976); *Una scelta di vita: Giorgio Amendola* (1977, 55'); *Un autore una città: Moravia e Roma, Volponi e Urbino, Bernari e Napoli, Testori e Milano, Bassani e Ferrara, Bevilacqua e Parma* (1978, 30' x 6); *Storie allo specchio* (1978-1980, 30' x 6); *Nella città perduta di Sarzana* (1980, 122'); *La nuvola in pantaloni* (1980, 58'); i ritratti dei due quotidiani *La Repubblica* (1980, 59') e *Corriere della Sera* (1980, 58'); *Banco del Mutuo Soccorso, dal vivo* (1981, 68'); *Sassalbo provincia di Sidney* (1981, 62'); *L'Amiata è anche un fiume* (1983, 60'); *Immaginando cinema* (1984, 60'); *Inganni* (1985, 99'); *C'era una volta gente appassionata: viaggio nella Resistenza toscana* (1986, 30' x 4); *Sarzana: Un Teatro una Città, laboratorio antropologico-teatrale basato sui racconti di Cechov* (1987-88); *Donna d'ombra* (1988, 90'); *Villa Glori: Viaggio nelle risposte possibili all'Aids* (1989, 60'); la ricerca-laboratorio nel carcere minorile di Roma (1989-1990); *Ladro di voci* (1990, 65'); il laboratorio di formazione psicologica e cinematografica nel Centro di Integrazione Sociale di Tor Bella Monaca (1990-1991); *Notte di stelle* (1991, 89'); *Attenti alle parole vuote!*, laboratorio di formazione storiografica e cinematografica nel territorio amiatino (1992-1993); *Canto per il sangue dimenticato* (1997, 85'); *Giamaica* (1998, 83'); *Sguardi* (2000, 16'); *Andrea dicci chi sei* (2003, 62'); *Le mani raccontano* (2005, 61'); *Il pane della memoria* (2008, 62'); *Storia di una donna amata e di un assassino gentile* (2007-2009, 201'); *Nel ventre nero della storia* (2009, 71'); *Burri* (2009, 23'); *Rudolf Jacobs, l'uomo che nacque morendo* (2011, 95'); *Fiore pungente* (2011, 54'); *Morando's Music* (2012, 44'); *Giovanni Enriques, che seppe immaginare il futuro* (2013, 105'); *Nel fiume della musica* (2013, 45'); *Via Lumière angolo Méliès* (2013, 51'); *C'è oro in Toscana* (2012-2014, 180'); *Diaspora, ogni fine è un inizio* (2013-2016, 240'); *Giro di boa* (2018, 85'); *Radici* (2019, 75'); *Cantiere Europa* (in produzione); *Manuale di resistenza sconsigliabile, autobiografia di un libertario impenitente* (in produzione); *Mare di orizzonte mare di costa* (in produzione).

Indimenticabile è la collaborazione con i musicisti che hanno attraversato la mia vita creativa: Vittorio Nocenzi e Banco di Mutuo Soccorso (*Garofano rosso* e *Nella città perduta di Sarzana*), Luis Bacalov (*Inganni*, *Donna d'ombra* e *Notte di stelle*), Otto & Barnelli (*L'Amiata è anche un fiume* e *C'è oro in Toscana*), Egildo Simeone, Livio Bernardini e Antonio Lombardi (*Giamaica* e i reading con musica live dei miei libri), Riccardo J. Moretti (*Il pane della memoria* e il capitolo su Auschwitz di *Storia di una donna amata e di un assassino gentile*), Oliviero Lacagnina (per tutto il mio cinema digitale, da *Sguardi* a *Diaspora, ogni fine è un inizio*). Dei montatori, con i quali ho sperimentato il mistero dei ritmi pari e dispari, mi piace ricordare: Gianni Lari per *Nella città perduta di Sarzana*, Gino Bartolini per *Inganni*, Angelo Musciagna per *Radici*. Uno speciale tributo riservo ai miei maestri della fotografia: Arturo Zavattini per *Garofano rosso* e Marcello Gatti per *Inganni*. A Franco Lecca devo la corporeità dei miei strumenti di ripresa in *Niente meno di più*, *Immaginando cinema*, *Donna d'ombra*. A Marina Piperno devo le libertà e le sperimentazioni praticate insieme».

Storie del dormiveglia
2018

Regia: Luca Magi; *sceneggiatura*: Luca Magi, Michele Manzolini; *testimonianze*: David Stavros Onassis, Paul Harriber, Leonardo Santucci, Alexandru Ionel Lungu, Fabio Fugazzaro, Umberto, Gennarino, Gennaro, Ktheri Kamarizamen, Assunta Jessica Romito, Pasquale Raguseo, Andreij, Marian, Emil, Blessing Omobude, Roxana Renate Rovila, Alexandru Rovila; *fotografia* (HD, colore, 16:9): Luca Magi, Andrea Vaccari; *musica e sound design*: Simonluca Laitempergher; *montaggio*: Jaime Palomo Cousido; *produzione*: Kiné; *in associazione con*: Piazza Grande; *in collaborazione con*: Vezfilm, Antoniano Bologna; *con il contributo di*: Emilia Romagna Film Commission; *prima proiezione pubblica*: Visions du Réel, Nyon, Svizzera, 16 aprile 2018; durata: 67′

Il Rostom è una struttura di accoglienza notturna per senzatetto, situata nell'estrema periferia di una grande città. Appare come una base lunare fantasma in mezzo alla campagna, in cui fasci di luce al neon disegnano i profili degli insonni, che nel cuore della notte si alzano ed escono a fumare o per scambiare due chiacchiere. Figure che nella semioscurità si avvicendano e si raccontano, uomini e donne con disagi psichici, problemi di salute, di dipendenza, ex carcerati, che per un periodo della loro vita, come meteore, arrivano per poi scomparire di nuovo nel nulla. Alcuni di loro stanziali, altri solo di passaggio. A tessere le fila dei loro racconti è David, un inglese che da sette anni vaga per il mondo ed è approdato al Rostom esausto e desideroso di rimettersi in piedi e raccontarsi. Con un registratore a cassette tiene un diario della sua vita sui propri sogni, sull'aldilà e sugli incontri con gli altri ospiti del dormitorio. Le notti sono cadenzate da attese, silenzi, centinaia di sigarette e accompagnate da sfoghi, lacrime, risate, discussioni surreali, racconti di incubi e speranze.

Note di regia
Da anni alterno la mia attività di regista a quella di operatore sociale e da quattro lavoro al Rostom di Bologna. Ho avuto modo di conoscere e condividere aspetti intimi della vita di centinaia di persone ospitate nel centro. L'impatto con questa realtà è stato violento: i suoi ospiti sono perlopiù persone emarginate, disadattate e sole. Sono sempre rimasto molto colpito da come dietro questa fragilità di uomini e donne, dietro la loro solitudine si nascondesse una grandezza: un senso di rivolta, qualcosa di inutile e spesso distruttivo, ma al contempo capace, se visto da vicino come nel mio caso, di trasmettere l'essenza delle cose, di attraversare gli altri con qualcosa di pulsante, vitale e capace di emozionare. Questo impulso ha generato la mia voglia di raccontare ciò che ho vissuto e vivo tuttora, per rendere partecipe lo spettatore di un'esperienza diretta che lo trascini nella vita e nelle emozioni di queste persone.

Non sono interessato a raccontare la storia dei personaggi attraverso una costruzione drammaturgica classica. Non mi metterò in scena in prima persona, se non come confessore silenzioso. A introdurci nel dormitorio e a essere il filo conduttore di tutte le storie sarà la voce narrante di David, grazie all'intimo diario vocale che tiene da anni.

Ho in mente un film corale dalla struttura aperta, in cui le vicende dei protagonisti saranno orchestrate come strumenti musicali con un flusso emotivo di accadimenti spesso minimi, tra solitudine, allegria, dramma e tenerezza. La sfida sarà raccontare l'evoluzione interiore dei protagonisti, accompagnare lo spettatore nella loro progressione emotiva: qualcosa che somigli a un riscatto degli ultimi, un'invocazione

al cielo e alla natura in favore degli emarginati e degli invisibili. Per tradurre la drammaticità e il surrealismo delle situazioni che si andranno via via presentando, la mia ricerca visiva cercherà di valorizzare la plasticità delle figure dei protagonisti, i quali ogni notte emergono dalla semioscurità in cui è avvolto il dormitorio, appena illuminati dalle luci al neon. Un tentativo di fissarli in uno sguardo di luci e ombre caravaggesco, che valorizzi il loro universo emotivo. La costruzione delle inquadrature e la resa fotografica dovrà partire dal presupposto di massima valorizzazione umana dei protagonisti del racconto, mantenendo parallelamente un alto livello di astrazione.

Vorrei trattare i momenti diurni e della memoria come se fossero espressione dell'incosciente, e quindi del sogno: il prolungamento onirico delle confessioni notturne. Questa alternanza di giorno e notte, luce e ombra, sogno e realtà sarà la cifra del racconto.

Il dormitorio si presenta visivamente simile a una base lunare e alle scenografie di molti film di fantascienza. L'idea di collocare i corpi e i volti dei suoi ospiti in un immaginario metafisico permetterà di valorizzare il mondo interiore di queste stesse persone in rapporto allo spazio fisico e, in senso più ampio, all'universo. Il richiamo alla fantascienza permetterà di sondare i concetti di "oltre" e di "aldilà" nelle accezioni di alterità (comunicazione con gli altri e solitudine) e soprattutto di rapporto con la fede (sia essa confessionale o laica). Una fede vissuta come una sorta di abbandono totale al flusso dell'esistente e, contemporaneamente, un riscatto dalla dimensione terrena in nome di una ricerca di ascesi e di purezza.

Biografia

Luca Magi (Urbino, 1976) vive e lavora a Bologna. È diplomato in Progettazione multimediale all'Accademia di Belle Arti di Urbino. In qualità di disegnatore, animatore e illustratore ha collaborato con importanti case editrici italiane. Il suo percorso artistico si è sviluppato in particolare nel campo della videoarte. I suoi lavori sono apparsi in diversi festival e manifestazioni artistiche nazionali, come il Torino Film Festival, il Flash Art Museum di Trevi e la collettiva After Urban di New York. *Anita* (2012) è il suo primo film. *Storie del dormiveglia*, il suo ultimo lavoro, nasce dalla sua esperienza come operatore in una struttura di accoglienza per senza tetto.

Filmografia

Sovrappensiero (2003, 1'); *lool* (2004, 3'); *Passi a tempo* (2005, 45'); *Il buco* (2005, 6'); *Urbino paesaggio umano* (2007, 10'); *Almeisan* (2007, 6'); *Anita* (2012, 55'); *Storie del dormiveglia* (2017-2018, 67').

Su Re

Il Re, 2012

Regia, montaggio, produzione: Giovanni Columbu; *soggetto e sceneggiatura*: Giovanni Columbu, Michele Columbu; *interpreti:* Fiorenzo Mattu (*Gesù*), Pietrina Mennea (*Maria*), Tonino Murgia (*Caifa*), Paolo Pillonca (*Ponzio Pilato*), Antonio Forma (*Giuda Iscariota*), Bruno Petretto (*Giuseppe d'Arimatea*), Giovanni Frau (*l'apostolo Giovanni*), Luca Todde (*l'apostolo Pietro*), Simonetta Columbu (*Maria giovane*); *fotografia* (Red One Camera, colore, 2:1): Emilio Della Chiesa, Massimo Foletti, Leone Orfeo, Uliano Lucas; *operatori alla macchina*: Giovanni Columbu (prima unità) e Paolo Negro (seconda unità, diretta in modo autonomo e libero da Uliano Lucas); *suono*: Maximiliano Angelieri, Marco Fiumara, Enrico Medri, Andrea Sileo, Elvio Melas; *montaggio del suono*: Marcos Molina, Bruce Morrison, Paolo Segat (*re-recording mixer*); *musica*: Arvo Part; *costumi*: Elisabetta Montaldo; *produzione*: Luches, in collaborazione con RAI Cinema, con il contributo della Regione Autonoma della Sardegna; *prima proiezione pubblica*: Torino Film Festival (Concorso), 27 novembre 2012; *distribuzione*: Sacher; *durata*: 76'; in sardo con sottotitoli in italiano

La passione di Cristo è trasposta in Sardegna, in un luogo diverso da quello storico, come nelle opere dei pittori rinascimentali che rappresentavano gli episodi narrati nel Vangelo ambientandoli nel loro tempo, nei loro paesi e con i loro costumi, senza mai mostrare la Palestina. Il racconto inizia e finisce nel sepolcro dove Maria piange sul corpo del figlio. Tutto è già accaduto, ma gli antefatti si riaffacciano come ricordi e come sogni. Il Cristo corrisponde all'unica descrizione che precede i Vangeli, quella di Isaia: «Non ha apparenza né bellezza per attirare i nostri sguardi, non splendore per potercene compiacere». La sua immagine rimanda alla dimensione interiore visibile solo ai "puri di cuore".

Note di regia

Nella realizzazione di *Su Re* ho utilizzato sempre la videocamera a mano, senza cavalletto, accogliendo ogni perturbazione dell'ambiente e i tremiti dovuti al mio respiro o al mio polso non del tutto fermo. E sebbene abbia sempre dato molta importanza alla composizione dell'inquadratura ho esplorato una nuova disciplina per me molto stimolante. Orientare semplicemente la videocamera verso il soggetto da riprendere, così come potrebbe fare un operatore del tutto ignaro dei principi compositivi. Ho adottato questa modalità di ripresa, che non so se userò in futuro, per il disagio che mi suscitano le "belle" inquadrature con le loro composizioni palesemente volute e misurate e per esplorare un altro modo di inquadrare, più naturale, forse più vicino al nostro modo di vedere. L'esperienza del vedere non si articola per inquadrature. Il nostro sguardo si adagia su visioni che non trovano riscontro nella grammatica del cinema. Eppure ogni nostra visione ha una ragione e un senso, corrisponde a un'azione o a una sospensione delle azioni, a uno stato d'animo, a un pensiero o a una temporanea assenza di pensieri. Una bella inquadratura dovrebbe essere invisibile. Tutti i singoli fattori che concorrono a un film dovrebbero essere invisibili. Musica, recitazione, costumi e regia non si dovrebbero percepire come tali. Se suscitano nello spettatore apprezzamenti specifici è probabile che non vadano bene. Dire di un film che ha delle belle musiche o delle belle inquadrature è come dire di un romanzo che ha belle frasi o di un quadro che ha bei colori. Apprezzamenti che suonano come gentili stroncature.

Biografia

Giovanni Columbu (Nuoro, 1949, dove vive e lavora), laureato in architettura, disegnatore e pittore, è stato assessore alla cultura a Quartu Sant'Elena (CA). Ha lavorato alla RAI di Cagliari realizzando diversi documentari tra cui *Visos, sogni, visioni, avvisi*, Prix Italia, *Dialoghi trasversali*, premio alla sceneggiatura Equinoxe e Sundance Institute, e *Villages and Villages*, Prix Europa. Con la casa di produzione Luches ha realizzato il suo primo lungometraggio, *Arcipelaghi*. Nel 2012 ha realizzato *Su Re*, rilettura della Passione di Cristo trasposta in Sardegna e parlata in sardo, premio della Critica e il premio Signis al Buenos Aires Festival Internacional de Cine Independiente.

Filmografia
Dialoghi trasversali (1981, 45'); *Visos, sogni, visioni, avvisi* (1985, 45'); *Villages and Villages* (1990, 7 puntate di 60' l'una); *Arcipelaghi* (2001, 90'); *Ritratto di Pablo Volta* (2004, 37'); *Storie brevi* (2005, 33'); *Ricordando Nivola* (2009, 30'); *Su Re* (2012, 76'); *Surbiles* (2017, 73').

Terceiro andar

Terzo piano, 2016

Sceneggiatura e regia: Luciana Fina; *interpreti*: Fatumata Baldé, Aissato Baldé; *fotografia* (HD/DV, colore, 16:9 e 4:3): Helena Inverno, Luciana Fina, Rui Xavier; *suono*: Olivier Blanc, Miguel Cabral, Emanuele Costantini; *montaggio*: Luciana Fina, Cláudia R. Oliveira; *mix suono*: Tiago Matos; *produttrici*: Luciana Fina, Luisa Homem; *produzione*: Terratreme/lafstudio; *con il supporto di*: Direcção Geral das Artes, Instituto do Cinema e Audiovisual (PT), Câmara Municipal de Lisboa; *distribuzione*: Terratreme Filmes; *prima proiezione pubblica*: DocLisboa, 23 ottobre 2016; *prima italiana:* 34° Torino Film Festival, 22 novembre 2016; *durata*: 62'; in portoghese, fula, kriol, inglese, italiano con sottotitoli in italiano per il portoghese e l'inglese

Na kal lingu ke n na kanta storias ke n kontado?
Na kal lingu ke n na skirbi ña diklarasons di amor?

In che lingua raccontare le storie che ci hanno raccontato?
In che lingua scrivere una dichiarazione d'amore?

Lisbona, Bairro das Colónias (quartiere delle colonie).
Nel palazzo, alle sette di sera, un suono regolare e sempre uguale, come il battito del cuore, riverbera dal terzo al mio quinto piano. Fatumata e Aissato, madre e figlia maggiore della famiglia originaria della Guinea-Bissau vicina del terzo piano, parlano di amore e felicità. Nel susseguirsi di un poema, un racconto, una lettera e una preghiera, le parole viaggiano da una lingua all'altra, da un'interlocutrice e una voce all'altra.

Note di regia
Nella città di Lisbona, in un palazzo in pieno centro storico, convivono universi apparentemente molto distanti, ma il cinema apre un'ipotesi di rapporto. Il dialogo con le due donne originarie della Guinea-Bissau articola generazioni, memorie, linguaggi ed esperienze che hanno modellato le nostre vite e i nostri sentimenti. La sera, quando rientro a casa, in tutto il palazzo risuona un suono regolare, sempre uguale, come il battito del cuore. Il suono sale per le scale e i pianerottoli, attraversa le pareti, le porte e i corridoi, occupa le case e i balconi, dal terzo piano percorre l'intero edificio. Fatumata, al mortaio, prepara la cena, mentre al quinto piano io ascolto la radio.
Terceiro andar non nasce per raccontare la vita e il quotidiano di due donne musulmane di origine africana. Più che prefiggersi una rappresentazione dell'altro, si iscrive in uno spazio comune e una riflessione sull'amore e l'educazione sentimentale. È un film interamente girato all'interno del palazzo, nello spazio della parola, del dialogo e della traduzione. Il cinema per sua natura mette a fuoco, seleziona, capta, ingrandisce o avvicina. E produce immagini non solo per raccontare, ma per creare legami, ammettendo il compatibile e l'incompatibile, l'incontro sensibile di diversi universi. In sintonia con la mia pratica cinematografica, *Terceiro andar* è nato come un progetto sviluppato in due forme distinte, un film e un'installazione in forma di dittico, per spazi espositivi. Differenti nel trattamento del tempo e del montaggio, nella struttura narrativa e formale, le due forme istituiscono un diverso rapporto con lo spettatore.

Biografia

Luciana Fina (Bari, 1962) vive e lavora a Lisbona dal 1991. Dopo gli studi di Letteratura e Lingue Romanze e una lunga collaborazione con la Cinemateca Portuguesa come programmatrice indipendente, ha esordito come regista nel 1998. Cineasta e artista visiva, si muove tra la sala cinematografica e lo spazio d'esposizione, insegna e ricerca il rapporto tra il cinema e le arti. Dal 2003 realizza una serie di ritratti filmici riuniti nel progetto *O tempo de um retrato*. Il suo lavoro, film e installazioni, è regolarmente presentato in festival e mostre internazionali ed è rappresentato nelle collezioni del Museu Calouste Gulbenkian e del Centre Georges Pompidou, Nouveaux Médias.

Filmografia

A audiência (co-regia Olga Ramos, 1998, 76'); *Jérôme Bel, le film* (1999, 55'); *24h e outra terra* (co-regia Olga Ramos, 2001, 45'); *Taraf, três contos e uma balada* (co-regia Olga Ramos, 2003, 42'); *O encontro* (2004, 61'); *Le réseau* (2006, 68'); *Portraire, apontamentos* (2009-2012, 22' + 20'); *In medias res* (2013, 72'); *Terceiro andar* (2016, 62').

Installazioni: *Histórias dos ciganos entre nós* (1999-2001, mixed media); *JBEL 3 Planos em montagem horizontal* (2002, dittico); *CHANT portraits* (2003, trittico); *MOUVEMENT portrait* (2004, dittico); *REFLECTION portrait* (2005, dittico); *VUE portraits* (2009, trittico); *HORS SUJET portrait* (2009, dittico); *CCM a máquina do medo, posto 1-7* (con Moritz Elbert, 2001-2010, CCTV); *A casa e o tempo* (2014, site specific); *Être ici* (2014, site specific); *Terceiro andar* (2016, dittico).

Terra

2015

Soggetto, sceneggiatura, regia, fotografia (HD, colore, 16:9 e 4:3 per parte del repertorio), *suono, montaggio*: Marco De Angelis e Antonio Di Trapani; *consulenza artistica*: Junko Mori; *interpreti*: Hal Yamanouchi (*lo Starec*), Angela Carbone (*la ragazza*), Luigi Iacuzio (*l'uomo*), Andrei Shchetinin (*l'astronauta*), Banchiayehu Girma (*la donna*), con la cortese partecipazione di Julio Bressane, Lou Castel, Franco Nero, Hélène Sevaux; *produzione*: Solaria Film, Centro Produzione Audiovisivi-Università Roma Tre; *prima proiezione pubblica*: Mostra di Pesaro (Concorso), 26 giugno 2015; *durata*: 64'; versione plurilingue con sottotitoli in italiano

Una misteriosa forza cosmica minaccia di porre fine alla vita sulla Terra. Solo un viaggiatore da altri mondi conosce il destino dell'umanità. Egli ci conduce, come in un viaggio, attraverso testimonianze del passaggio dell'uomo sulla Terra: rovine del passato e dimensione contemporanea, fasti lontani e attualità tecnologiche, voli spaziali, bellezze perdute, volti antichi e presenti si susseguono sinfonicamente nell'alternarsi di immagini documentarie, materiali d'archivio, foto d'epoca. E mentre i sogni degli uomini vengono alterati, varie storie si intrecciano, unite nell'attesa di un destino che forse può ancora essere cambiato.

Note di regia
Tutte le nostre opere hanno come movente principale – forse sarebbe più giusto dire pretesto – il tentativo di incrociare i ferri con la bellezza e in tal modo rallentare la caduta a cui siamo condannati. In questo caso intendevamo realizzare una sorta di poemetto visuale, nostalgico di un'umanità che probabilmente non è più.

Biografie
Marco De Angelis (Roma, 1970) segue un corso di avvicinamento all'immagine tenuto dal regista Silvano Agosti. Con due cortometraggi, *Senza titolo*, trasmesso da Fuori Orario-RAI 3, e *Pilgrims*, partecipa alle edizioni 2000 e 2001 del Festival Anteprima di Bellaria. È autore del documentario *Estate* (Mostra di Pesaro, 2003) e del cortometraggio *Il cuore sospeso*, realizzato insieme ad Antonio Di Trapani (Torino Film Festival, 2003, Festival Anteprima di Bellaria, 2004). Ha collaborato con il video-artista Antonello Matarazzo alla realizzazione dei video *Astrolite* (2002) e *Miserere* (2004). Nel 2008 ha realizzato, insieme ad Antonio Di Trapani, il cortometraggio *Voci di rugiada*, selezionato al Festival Arcipelago (Roma, 2009) e trasmesso da Fuori Orario. Esordisce nel lungometraggio, coregia con Antonio Di Trapani, con *Tarda estate* (2010), anch'esso messo in onda da RAI 3 e selezionato alla 67ª Mostra Internazionale del Cinema di Venezia (Controcampo italiano), al Bergen International Film Festival, al Tirana Film Festival (vincitore del Public Award) e all'Ischia Film Festival. Nel 2015 *Terra*, coregia di Antonio Di Trapani, viene selezionato in concorso alla Mostra Internazionale del Nuovo Cinema di Pesaro dove riceve una menzione speciale, oltre a partecipare all'European Fantastic Film Festival di Murcia, all'IVAHM Film Festival (Madrid) e al Festival Internazionale di Ferrara.
Antonio Di Trapani (Partinico, Palermo, 1980) si è laureato in DAMS all'Università Roma Tre, con cui ha collaborato per la realizzazione di alcuni documentari sulla storia del cinema e dove tiene dei laboratori di filmmaking. Ha realizzato i cortometraggi *La rosa* (1998), *Io* (1998, Festival Anteprima Anno Zero di

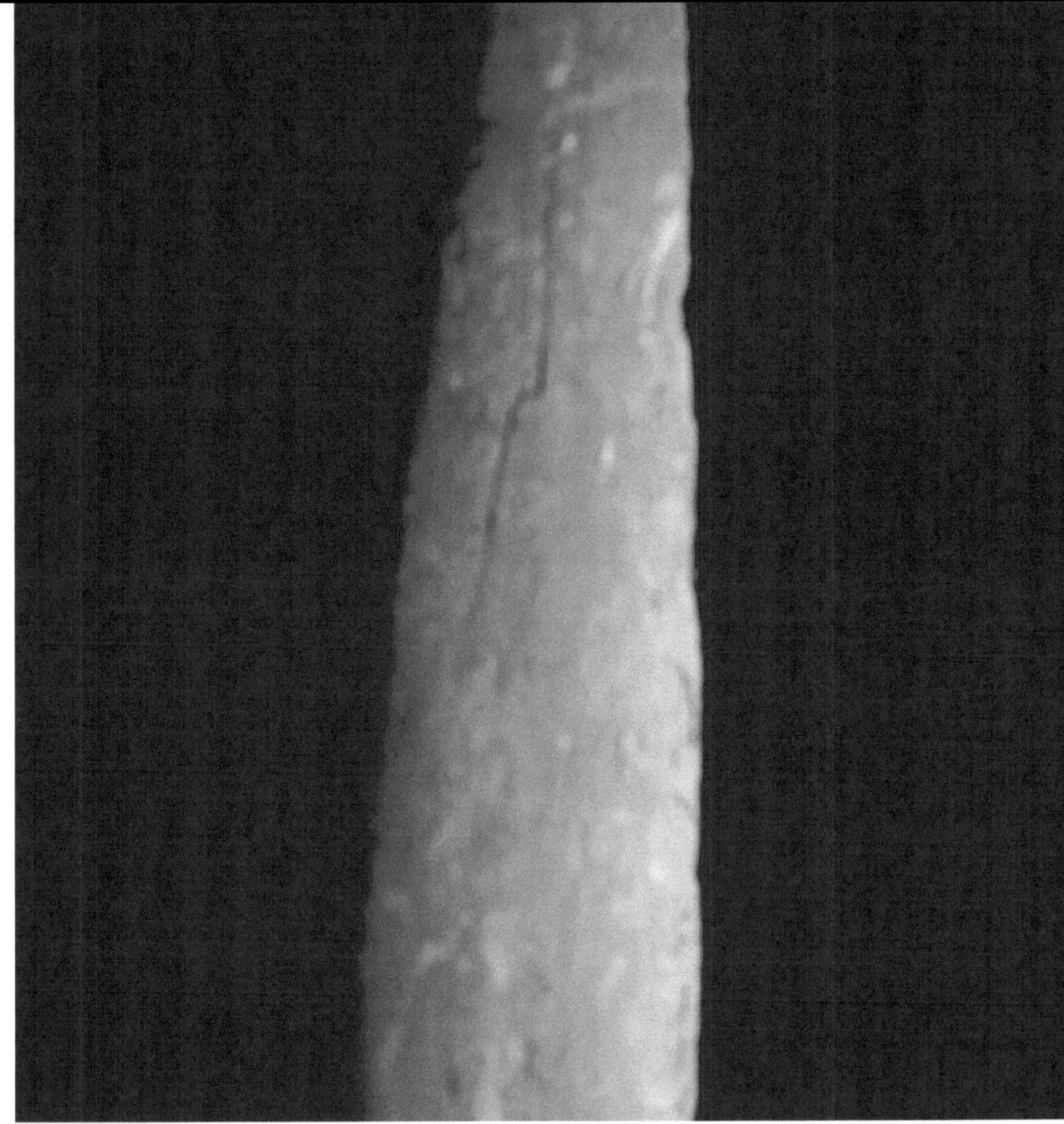

Bellaria, Arcipelago), *Morte dell'eroe in due tempi* (2000, Festival Anteprima Anno Zero di Bellaria, Costa Iblea Film Festival), messi in onda nel corso di Fuori Orario, e *Lampàra* (2002, Festival Internazionale del Corto Universitario). Insieme a Marco De Angelis ha realizzato i cortometraggi *Il cuore sospeso*, *Voci di rugiada*, *Tarda estate* e *Terra*.
Vivono e lavorano a Roma.

Filmografie
Marco De Angelis: *Senza titolo* (1999, 18'); *Pilgrims* (2000, 22'); *Blossom* (2001, 14'); *Estate* (2002, 20'); *Il cuore sospeso* (2002, 13'); *Suite* (2003, 9'); *Voci di rugiada* (2008, 32'); *Tarda estate* (2010, 85'); *Yuki* (2013, 82'); *Terra* (2015, 64'); *White Flowers* (2019, 126');
Antonio Di Trapani: *La rosa* (1998, 8'); *Io* (1998, 5'); *Morte dell'eroe in due tempi* (2001, 20'); *Lampàra* (2002, 10'); *Il cuore sospeso* (2002, 13'); *Voci di rugiada* (2008, 32'); *Tarda estate* (2010, 85'); *Yuki* (2013, 82'); *Terra* (2015, 64'); *White Flowers* (2019, 126').

Terramatta;

2012

Regia: Costanza Quatriglio; *soggetto*: Costanza Quatriglio, Chiara Ottaviano, liberamente ispirato al romanzo *Terra Matta*, Einaudi 2007, di Vincenzo Rabito; *sceneggiatura*: Costanza Quatriglio, Chiara Ottaviano; *voce narrante*: Roberto Nobile; *interpreti*: Turi Rabito, Tano Rabito, Giovanni Rabito, abitanti di Chiaramonte Gulfi; *fotografia* (HD Cam, colore e b&n virato in seppia, 16:9 anche per il repertorio): Sabrina Varani; *suono*: Antonio Dolce (*presa diretta*), Vito Martinelli (*montaggio del suono*), Andrea Malavasi (*mix*); *musica*: Paolo Buonvino; *montaggio*: Letizia Caudullo; *produttore*: Chiara Ottaviano; *produzione*: Cliomedia Officina, Istituto LUCE; *in collaborazione con:* Stefilm International; *prima proiezione pubblica*: Mostra di Venezia (Giornate degli Autori), 12 settembre 2012; *distribuzione*: LUCE; *durata*: 75'

Una sinfonia di paesaggi di oggi e di ieri, filmati d'archivio e musiche elettroniche, terre vicine e lontane. Una lingua inventata, né italiano né dialetto, musicale ed espressiva come quella di un cantastorie. Nato nel 1899, l'analfabeta siciliano Vincenzo Rabito racconta il Novecento attraverso migliaia di fitte pagine dattiloscritte raccolte in quaderni legati con lo spago. Dall'estrema povertà al boom economico, è un secolo di guerre e disgrazie, ma anche di riscatto e lavoro. Il punto di vista inedito è quello di un "ultimo" che, scrivendo la propria autobiografia, rilegge la storia d'Italia in una narrazione appassionata e travolgente che emoziona e commuove, obbligando a fare i conti con verità contraddittorie e scomode.

Note di regia
Il punto e virgola a separare ogni parola è un cratere tutto blu sulla superficie ruvida di pagine ingiallite tenute insieme con lo spago. Le lettere dattiloscritte sono gigantesche, le metto a fuoco una alla volta; sono ognuna l'esito di una battaglia e, quando la parola si compone, sembra che la guerra sia vinta, anche se il guerriero non può riposare, perché un'altra battaglia e un'altra guerra lo attende... La messa a fuoco è la nostra punteggiatura, a interpretare un ecosistema di parole storpiate, eppure coerenti ed efficacissime per la loro forza espressiva.
La lingua di Vincenzo Rabito è lingua di corpi, di sangue versato in guerra, di piedi scalzi e notti insonni e noi, accompagnati dal ticchettio della macchina per scrivere, solchiamo quel mare di parole per approdare a terre vicine e lontane: Chiaramonte Gulfi, Ragusa, ma anche la Slovenia, l'Etiopia, la Germania. Come un cantastorie, il vecchio cantoniere siciliano ha una visione epica di se stesso, paragona la propria "disonesta vita" a quella del *Guerin meschino*, chiarendo subito che quel mondo di avventure cavalleresche è il nutrimento per sé e la sua autorappresentazione. Io l'ho assecondato: la voce di Roberto Nobile narra non soltanto l'uomo, ma anche ciò di cui l'uomo è portatore, l'immaginario. È un immaginario fatto di memoria, individuale e collettiva; il timbro ci restituisce un sentimento di intima adesione offrendoci fin da subito il punto di vista univoco di chi è insieme protagonista e spettatore.
Rabito attraversa a piedi un secolo, entrando di diritto nelle pieghe dei grandi eventi collettivi con l'inchiostro sgrammaticato della sua macchina per scrivere. Così facendo, sporca la Storia con la S maiuscola e, insieme alla Storia, ci racconta la storia di una vita, di un uomo che in vecchiaia definisce la propria identità nell'urgenza del raccontare. Per questo, mettendo le mani sulla memoria visiva degli italiani, ho lavorato per contraddire

la versione ufficiale della storiografia per immagini e reinventare il significato di quei filmati in bianco e nero sporcandoli, a mia volta, d'inchiostro blu, verde, rosso, giallo. Così facendo, ho voluto restituire un sapore pop e imporre alle visioni di regime un altro significato. Rabito sapeva raccontare con ironia, sagacia e dolore. La stessa che ho voluto restituire attraverso questo lavoro di riappropriazione di senso di immagini solenni e talvolta arcinote come quelle di Mussolini. Così facendo, la relazione con lo spettatore si basa sulla dialettica tra l'immaginario e una narrazione al singolare che diventa plurale perché riguarda ciascuno di noi, la memoria di ciò che siamo stati.

La difficoltà iniziale è stata quella di trovare una chiave d'accesso per decifrare la complessità di questa straordinaria autobiografia: realizzando film documentari ho imparato quanto sia importante la relazione con il dato di realtà su cui fondare ogni scelta, a partire dalla individuazione della chiave di lettura per capire cosa narrare e, di conseguenza, come narrare. Quando ho avuto in mano il dattiloscritto di Rabito, per realizzare *Terramatta;* ho costruito la mia personalissima relazione con quel testo interrogando proprio ciò che mi produceva in termini di stupore e curiosità, persino di gioia. E così, sempre. Perché ho sempre avuto nei confronti dei documenti testuali e dei documenti tout-court lo stesso identico atteggiamento d'ascolto di quando realizzo un film su una realtà in carne e ossa, come è accaduto nei miei primi film documentari, dove la narrazione è la restituzione di un lungo processo di radicamento nella realtà e di elaborazione dell'esperienza. Posso dire che nel realizzare *Terramatta;* ho accettato la sfida di mostrare ciò che non si vede, di filmare il fuori campo, l'invisibile, per rispettare, anzi esaltare, la potenza evocativa del testo di Rabito. In questo modo ho cercato nell'oggi le tracce di ieri, filmando i luoghi come fossero abitati dal narratore. Muretti a secco e trazzere sono diventati mondi da rivestire di parole che, per il solo fatto di scorrere dentro flussi di proiezioni notturne, sembrano sbucare da una vecchia pellicola diventando esse stesse un ricordo. *Terramatta;* è quindi un film in soggettiva, che assume il punto di vista di Vincenzo Rabito: lui andava a piedi ovunque e io ho filmato le strade pensando a come le solcava lui. Strade lunghe e polverose, vicoli dolci e silenziosi. Un incedere ostinato e solitario, proprio come il ticchettio della sua macchina per scrivere.

Biografia

Costanza Quatriglio (Palermo, 1973) vive e lavora a Roma. Dopo la laurea in Giurisprudenza all'Università degli Studi di Palermo, ha frequentato il Centro Sperimentale di Cinematografia diplomandosi in regia nel 2000. Esordisce con il lungometraggio di finzione *L'isola*, presentato al 56° Festival di Cannes alla Quinzaine des Réalisateurs nel 2003, vincitore di numerosi premi nei più importanti festival internazionali (tra cui il premio CICAE, il premio FIPRESCI e il Nastro d'Argento per le musiche di Paolo Fresu) e distribuito con successo nelle sale cinematografiche francesi e in America Latina. Nello stesso anno, alla 60° Mostra d'Arte Cinematografica di Venezia porta *Racconti per L'isola*, making della preparazione degli attori non professionisti per il film *L'isola*. L'amore per il cinema del reale è chiaro fin dai suoi film precedenti (tra questi *Ècosaimale?*, premiato al Festival di Torino nel 2000, e *L'insonnia di Devi* del 2001). Tra i suoi documentari: *Il mondo addosso* (Festa del Cinema di Roma, 2006), la biografia musicale di Nada Malanima *Il mio cuore umano* (Evento Speciale al Festival di Locarno, 2009) e *Terramatta;* (Mostra di Venezia, 2012) che ha ricevuto il Nastro d'Argento per il miglior documentario 2013 dal SNGCI (Sindacato Nazionale Giornalisti Cinematografici Italiani) ed è stato nominato "film della critica" dal SNCCI (Sindacato Nazionale Critici Cinematografici Italiani), oltre a ottenere numerosi riconoscimenti in diverse rassegne internazionali. Nel 2013 torna a mescolare realtà e finzione in *Con il fiato sospeso*, mediometraggio di 35' con Alba Rohrwacher, presentato in selezione ufficiale Fuori Concorso alla 70a Mostra d'Arte Cinematografica di Venezia, dove vince il premio Gillo Pontecorvo e il premio Speciale ai Nastri d'Argento per la sperimentazione formale e la commistione dei generi. Nel 2014 con *Triangle* vince il Premio Cipputi al 32° Torino Film Festival e, per la seconda volta, si aggiudica il Nastro d'Argento per il miglior documentario 2015. Nel segno della favola e del realismo magico, nel 2015 realizza per l'ONU il corto *The Zero Hunger Challenge*, esposto al Padiglione Zero dell'Expo. Sempre nel 2015 realizza *87 ore*,

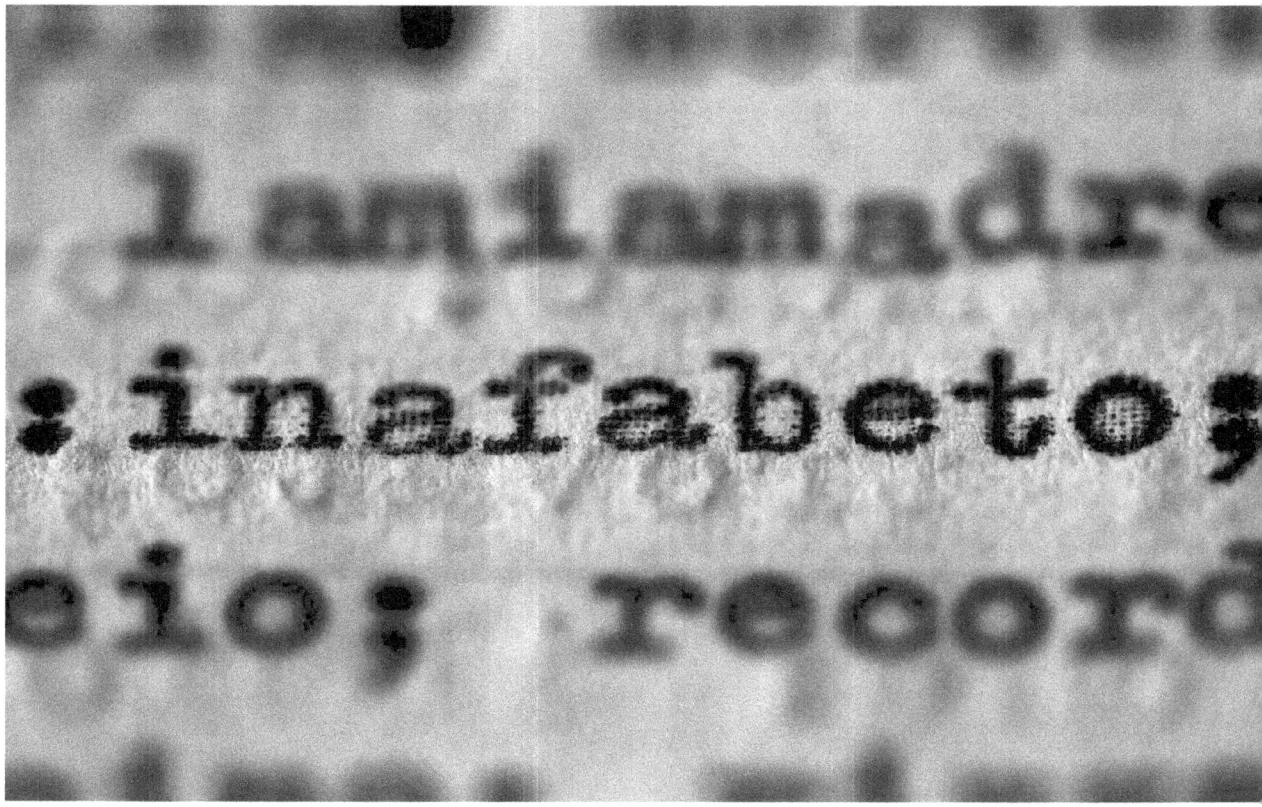

documentario in cui vi è una sperimentazione radicale nell'utilizzo delle videocamere di sorveglianza, con il quale ottiene ancora una volta un premio speciale ai Nastri d'Argento 2016. Nel 2018 presenta al Festival di Locarno il film *Sembra mio figlio*. Nello stesso anno riceve il premio Visioni dal Mondo e il premio Amnesty International. Oltre al suo lavoro da regista, nel 2007 è stata produttore creativo della nota serie TV *Un posto al sole* e dal 2004 in avanti ha insegnato regia in diverse istituzioni cinematografiche. Nel 2018 è nominata direttore artistico e coordinatore didattico della sede Sicilia del CSC, luogo deputato all'insegnamento e alla cultura del documentario.

Filmografia
L'albero (1997, 6'); *Anna!* (1998, 9'); *Il giorno che ho ucciso il mio amico soldato* (1999, 16'); *Una sera* (2000, 9'); *Ècosaimale?* (2000, 60'); *Il bambino Gioacchino* (2000, 25'); *L'insonnia di Devi, viaggio attraverso le adozioni internazionali* (2001, 68'); *La borsa di Hélène* (2002, 23'); *L'isola* (2003, 103'); *Racconti per L'isola* (making of, 2003, 25'); *Raiz* parte I, II, III (2004, 50' x 3); *Comandare una storia zen* (2004, 12'); *Metro ore 13* (2005, 5'); *Il mondo addosso* (2006, 90'); *Migranti in cammino* (2007, 35'); *"Art". 11* (ep. per il film collettivo *All Human Rights for All*, 2008, 4'); *Il mio cuore umano* (2009, 52'); *Breve film d'amore e libertà* (2010, 14'); *Io, qui* (2012, 15', web online Repubblica.it); *Terramatta;* (2012, 75'); *Con il fiato sospeso* (2013, 35'); *Lampedusani* (2014, 25'); *"Girotondo"* (ep. di *9x10=Novanta*, 2014, 10'); *Triangle* (2014, 63'); *Zero Hunger Challenge* (2015, 8'); *87 ore* (2015, 75'); *Sembra mio figlio* (2018, 102').

Tides. A History of Lives and Dreams Lost and Found (Some Broken)
Maree. Una storia di vite e sogni perduti e trovati (alcuni infranti), 2016

Regia, soggetto, sceneggiatura: Alessandro Negrini; *interpreti*: Emma Taylor (*la voce del fiume*), Javier Ross Ubeda (*bambino sul fiume*), James King (*uomo che registra i suoni del fiume*); *fotografia* (HD, colore e b&n, 16:9 e 4:3 per il repertorio): Odd Geir Saether; *suono, assistente operatore e operatore subacqueo*: Stanislaw Sleszynsky; *secondo operatore*: Fiachra O'Longain; *montaggio*: Stuart Sloan; *produzione*: William Silke, Docucity, Jill Tellez, Alessandro Negrini; *con il sostegno di*: Northern Ireland Screen e Istituto Italiano di Cultura di Edimburgo; *prima proiezione pubblica*: Palermo, Sole Luna Film Festival, 21 giugno 2016; *durata*: 45'; in inglese con sottotitoli in italiano

«Immagina un'isola.
All'interno di questa isola c'è un'altra isola.
E all'interno di questa altra isola c'è una città; una città con due nomi diversi.
Dentro questa città dai due nomi, scorre un fiume.
Questa è la sua autobiografia».
Può il racconto di un fiume rivelare il senso di una vita imprigionata dalla Storia? Nonostante la fine del conflitto, in Irlanda del Nord c'è ancora una città con due nomi diversi: Derry, per i cattolici, Londonderry per i protestanti. Nel mezzo della città, scorre un fiume: il Foyle che, separandole fisicamente, ne è divenuto suo malgrado il loro confine fisico.
Una rêverie surreale sul concetto di separazione, di confine (geografico e mentale), narrato dal punto di vista del fiume, che ne diventa il narratore e il protagonista, laddove sogno e realtà si intrecciano in una sorta di magica autobiografia del fiume-confine. Attraverso immagini oniriche e materiale d'archivio realizzato da persone comuni negli anni Cinquanta, Sessanta e Settanta, il fiume Foyle ci invita a riflettere su temi che risultano travalicare i suoi stessi limiti: che cos'è un confine? I sogni di coloro che vissero prima del conflitto sono diversi da quelli anelati oggi? E soprattutto, dove sono finiti i nostri sogni?

Note di regia
Tides è un film che amoreggia con il linguaggio del sogno. Sogno in tutte le sue accezioni linguistiche, sogno in senso onirico e sogno in senso di aspirazioni, promesse, utopie.
Il film vuole affrontare il tema del confine non narrando le vite divise, ma le vite divise narrate dal confine stesso: il fiume Foyle, divenuto suo malgrado un confine liquido, diventa così il narratore. Il film è strutturato proprio come se fosse un fiume: al suo interno si vedono, visivamente, diverse correnti, temi, pezzi di vite personali che emergono per poi ritornare nel fondale. Ogni segmento del film deve dare l'impressione di venire a galla, di essere spostato dal fiume. E come le maree che lo rappresentano, devono andare avanti e indietro così da diventare visivamente la perfetta metafora della Storia, universale o privata: come i fiumi, la Storia se ne va, restando. E nel suo fluire, attraverso le immagini di materiale d'archivio privato in Super8. Ed è come se *Tides* accadesse in due luoghi: uno fisico, geografico, l'Irlanda del Nord. Ma accade anche in un luogo che non esiste se non nella nostra sedimentata memoria: il territorio dei sogni dimenticati.

Biografia

Alessandro Negrini (Torino) vive e lavora tra l'Irlanda del Nord (Derry) e l'Italia. Si definisce un regista per caso. Ha trascorso gran parte della fine degli anni Novanta viaggiando in Europa e scrivendo e nel 2001 si è trasferito in Irlanda. È cresciuto a Torino, in Italia, dove praticava la flânerie, l'arte del passeggiare, investigare la città scoprendo luoghi, popoli e storie. Prima di diventare un regista, ha lavorato come bidello della scuola, addetto alle vendite per un circo sconosciuto, guida non autorizzata nei musei e fattorino di pagine gialle. I suoi documentari e film hanno raccolto una notevole quantità di premi internazionali in festival di tutto il mondo. Il lavoro di Negrini riguarda principalmente l'esclusione sociale, il realismo magico e la resistenza, e le sue opere sono una combinazione di documentario, finzione e poesia. Il suo documentario *Paradiso* è stato commissionato dalla BBC e ha vinto 18 premi internazionali. Il suo ultimo film *Tides* ha vinto 12 premi internazionali.

Filmografia

La casa delle frasi (2003, 7'); *Le bugie e le onde (Lies and Waves)* (2004, 32'); *Memoria del ghiaccio e del fuoco* (2007 50'); *Paradiso* (2010, 59'); *Tides. A History of Lives and Dreams Lost and Found (Some Broken)* (2016, 45'); *La luna sott'acqua* (in produzione); *Ombrelli* (in produzione).

Tre donne morali

2006

Regia, soggetto e sceneggiatura: Marcello Garofalo; *interpreti*: Marina Confalone (*Linda Mennella*), Piera Degli Esposti (*Ersilia Vallifuoco*), Lucia Ragni (*Amalia Concistoro*); *fotografia* (HD Cam, colore, 16:9): Cesare Accetta; *suono*: Emanuele Cecere; *musiche a cura di*: Radio Digital Delicatessen; *costumi e scenografia*: Daniela Ciancio; *hair design*: Aldo Signoretti; *make-up design*: Vittorio Sodano; *supervisione al montaggio*: Giogiò Franchini; *montaggio*: Stefano Cravero; *montaggio del suono*: Giovanni Provenzale; *organizzatore*: Massimo Di Rocco, Marinella Costagliola; *produttori associati*: Ernesto Faraco, Gustavo Cuccurullo; *prodotto da*: Donatella Botti; *coproduzione*: BiancaFilm, Istituto LUCE; *in associazione con*: Axis Associati, Teatro Trianon; *prima proiezione pubblica*: Festa del Cinema di Roma (sezione Extra), 21 ottobre 2006; *distribuzione*: Microcinema, Istituto LUCE; *durata:* 86'

Tre donne, una maestra, una religiosa e una pittrice, ossessionate dall'integrità del loro spirito, si impegnano per spiegarci, non senza sfumature ironiche, come mai siamo arrivati a un punto massimo di degrado morale, culturale e politico. Pian piano le singolari esperienze della loro vita espresse in forma d'intervista si intrecciano con eventi della nostra storia ed emergono così, anche attraverso la visione di frammenti documentaristici, verità scomode, insospettabili "agganci" tra responsabilità pubbliche e private.

Note di regia

Ho pensato di realizzare questo film ispirato da un fatto di cronaca. Tempo fa sono stato testimone di un'azione singolare all'interno di un programma televisivo. Il coprotagonista era uno di quei tre, quattro presentatori che si alternano di solito in tv. Questi reggeva tra le mani un vassoio con dei profiteroles al cioccolato e di fronte a lui una fila di ragazze in mutande e reggiseno: lui lanciava il bigné come si lancia un osso ai cani e le ragazze dovevano afferrarlo con la bocca, al volo. Vedendo una striscia di cioccolato rigare il volto di una di queste signorine mi è subito venuto in mente il *Salò* di Pasolini. E non perché questa esibizione fosse peggiore o più umiliante di tante altre, ma perché era sicuramente più emblematica: era metaforicamente molto ben rappresentativa della sottomissione a ogni forma che il Potere comanda e al quale ci si sottomette senza reagire. Il paradosso è che nelle intenzioni degli autori del programma questa cosa avrebbe dovuto far ridere, mentre io ho creduto che il viaggio della nuova gioventù nella società dei consumi fosse arrivato al capolinea, proprio come Pasolini aveva profetizzato trenta anni fa, e mi son chiesto: ma quali insegnanti, ma quali parametri valoriali avranno avuto quelle ragazze? Che cosa significa per loro la parola "moralità"? Avranno forse nuovi ideali che io non riesco a vedere ma che comunque esistono?

Da queste riflessioni è nato il desiderio di scrivere e dirigere *Tre donne morali* e ho immaginato che una maestra, una religiosa e una pittrice avessero la chiave segreta per spiegarci, forse con qualche sospetto di moralismo e con alcune sfumature umoristiche (i lettori di «Ciak» che da molti anni mi conoscono come esperto di "bizarro-movies" sanno bene che non potrei mai affrontare neanche l'argomento più serio senza diluirlo con una dose sufficiente di ironia), come mai siamo arrivati a un punto "Zabriskie" di degrado.

Era altresì importante per me che le testimonianze di queste donne avessero uno sfondo di verità e che a supporto della storia privata ci fosse un riflesso della nostra storia: i materiali documentaristici dell'Istituto

LUCE dagli anni Trenta agli Ottanta sono serviti allo scopo, accanto ad altri documenti cinematografici e a del "repertorio" da me stesso filmato. Con la collaborazione indispensabile di Marina Confalone, Piera Degli Esposti e Lucia Ragni ho provato a spostare il confine "vero-falso" del racconto, cercando anche alcuni frammenti di verità, oltre il testo scritto.

La stessa mescolanza di verità e finzione l'ho ricercata in campo musicale, alternando colonne sonore "vintage" di Carlo Rustichelli (*Le castagne sono buone*) e Stelvio Cipriani (*La polizia sta a guardare*, *La polizia ha le mani legate*) a brani classici (Sibelius, Von Flotow), a musica sperimentale curata espressamente per il film da Radio Digital Delicatessen. E anche una canzone (sulla guerra del Vietnam) emblematica di un'epoca (*Al bar si muore* cantata da Gianni Morandi) funziona come "porta del tempo" per costatare che dal 1971 alcune tragedie mondiali hanno cambiato forma, nome, luogo, ma non sostanza.

Un'ultima notazione riguarda il "look" delle tre protagoniste, che necessitava di una particolare creatività: è stato disegnato da Vittorio Sodano (truccatore di fama internazionale, tra i suoi lavori recenti ci sono *Apocalypto* di Mel Gibson, 2006, *The Black Dahlia* di Brian De Palma, 2006, per il quale ha realizzato gli special effects make-up) e da Aldo Signoretti, *hair designer* che ha iniziato il suo lavoro con Luchino Visconti ed è stato candidato all'Oscar per *Moulin Rouge* (Buz Luhrmann, 2001).

Una verità presentata in una cornice di menzogne spudorate, secondo le tre donne della mia storia, non ha più credito; e così anche la moralità, in un mondo dominato dall'alienazione dei soggetti e dall'assenza di riflessione finisce per essere una "categoria" priva di senso per molti. L'individualismo dominante ha indebolito e reso più fragili gli individui. Nel parlare dei problemi morali in un pianeta sufficientemente prigioniero di logiche mercantili, le tre signore sono pertanto assalite dai fantasmi insaziabili e onnivori del loro e del nostro passato ma forse non da essi dominate, convinte che i valori siano creati dagli uomini. In

passato diverse civiltà hanno vissuto organizzandosi intorno a valori molto diversi da quelli del consumo sfrenato. Almeno una di loro crede possibile che capiterà anche a noi.

Biografia

Marcello Garofalo (Napoli, 1958, dove vive e lavora) è critico cinematografico e saggista, autore di numerose pubblicazioni tra cui *Tutto il cinema di Sergio Leone* e *Bertolucci Images*. Ha realizzato il libro-favola *Little Buddha* per il film omonimo di Bernardo Bertolucci. Dal 1994 al 1996 è stato parte della Commissione della Direzione Generale per il Cinema-Ministero dei Beni e delle Attività Culturali. Dal 1997 è titolare della rubrica *Bizzarro! Movies* su «Ciak» e scrive su «Segnocinema». Ha collaborato con la regista Antonietta De Lillo per i sequenti documentari: *Angelo Novi fotografo di scena* (1992), *La notte americana del Dr. Lucio Fulci* (1994), *Il pranzo di Natale* (2011), *Il Signor Rotpeter* (co-sceneggiatura, 2017). Nel 1996 ha co-diretto con Vittorio Guida e Pietro Baldoni il film tv *Westmoreland Naples* con la partecipazione di Allen Ginsberg e nel 1999, da solo, il documentario *Angel in the Flesh. Confidential Report on Mr. Dennis Duggan a.k.a. the King of Super8*. A Parma, nel 2006, ha curato la mostra *Il gusto nell'arte di Walt Disney*, nel 2010 *Sergio Leone: "C"era una volta il West"* e tra il 2007 e il 2010 a Parma, Napoli e New York ha curato *Bertolucci Images*.

Filmografia

Westmoreland Naples (co-regia con Vittorio Guida e Pietro Baldoni, 1996, 42'); *Angel in the Flesh. Confidential Report on Mr. Dennis Duggan a.k.a. the King of Super8* (1999, 70'); *Tre donne morali* (2006, 86').

Il treno va a Mosca
2013

Regia: Federico Ferrone, Michele Manzolini; *soggetto e sceneggiatura*: Federico Ferrone, Michele Manzolini, Francesco Ragazzi, Jaime Palomo Cousido, Denver Beattie; *fotografia* (8mm, HD, b&n, virato quasi sempre in seppia, e colore, 4:3): Enzo Pasi, Luigi Pattuelli, Sauro Ravaglia, Andrea Vaccari, Marcello Dapporto; *sound design*: Diego Schiavo; *musiche originali*: Francesco Serra; *montaggio*: Sara Fgaier; *produzione*: Fondazione San Fedele-Bando Giovani Artisti, Kiné, Vezfilm, Home Movies-Archivio Nazionale del Film di Famiglia, Claudio Giapponesi, Francesco Ragazzi, Federico Ferrone, Michele Manzolini; *in associazione con*: Fondazione Cineteca di Bologna; *in collaborazione con*: Apapaja Produzioni Cinematografiche; *con il contributo di*: Fondazione Cariplo, DE-R-Associazione dei Documentaristi dell'Emilia-Romagna; *con il supporto di*: Programma Media della Comunità Europea; *prima proiezione pubblica*: Torino Film Festival (sezione Torino 31), 27 novembre 2013; *durata*: 70'

La fine di un mondo attraverso lo sguardo e i filmati 8mm del barbiere comunista Sauro Ravaglia. È il 1957 ad Alfonsine, uno dei tanti paesini della Romagna "rossa" distrutti dalla guerra. Sauro e i suoi amici sognano un mondo di pace, fratellanza, uguaglianza: sognano l'Unione Sovietica. Arriva l'occasione di una vita: visitare Mosca durante il Festival Mondiale della Gioventù Socialista. Sauro e compagni si armano di cinepresa per filmare il grande viaggio. Ma cosa succede quando si parte per filmare l'utopia e ci si trova di fronte la realtà?

Note di regia
Per Sauro, come per molti della sua generazione, l'utopia non era solo un'idea politica ma una prospettiva che quasi si poteva toccare con mano. Per noi che siamo cresciuti in un'epoca in cui non si sogna più una società ideale, fare un film come questo è un tentativo di far riaffiorare quel desiderio di utopia che, anche solo per motivi anagrafici, non abbiamo mai sentito come nostro.
Per farlo, abbiamo scelto due assi portanti: i filmati 8mm inediti che Sauro e i suoi compagni Enzo Pasi e Luigi Pattuelli hanno girato a partire dagli anni Cinquanta (conservati presso Home Movies) e il racconto dello stesso protagonista oggi. I film amatoriali sono uno sguardo unico su un'epoca, un occhio soggettivo che vale più di qualsiasi ripensamento o smentita successivi.
Il film è il risultato di un lavoro di montaggio e rielaborazione, visiva e sonora, di oltre tre anni. Abbiamo cercato di rispettare lo sguardo originario costruendo però una narrazione più fluida e stratificata, trasfigurando a volte gli 8mm laddove la narrazione lo richiedeva e recuperando registrazioni e documenti sonori dell'epoca. L'idea era quella di raccontare la nascita e la morte del grande sogno comunista in Italia, affidandosi molto di più allo sguardo di un tempo che alle parole di oggi. La traiettoria di Sauro è una parabola eccezionale della militanza, dall'utopia alla sua fine, oltre che un racconto di formazione. Eccezionale soprattutto perché la disillusione, per lui, non è stata un motivo di ritrattare gli ideali con cui è cresciuto, bensì un momento di passaggio e di maturazione, trasformatosi poi in uno stimolo a continuare a viaggiare, cosa che ha fatto per tutta la vita.
Con lo stesso materiale si sarebbero potute raccontare centinaia di storie con centinaia di punti di vista diversi. Abbiamo però la convinzione di aver fatto, se non il film migliore possibile, quello più vicino alla nostra sensibilità e, al tempo stesso, fedele alla visione del mondo dei protagonisti.

il treno va a mosca

Biografie

Federico Ferrone (Firenze, 1981) vive e lavora a Roma, Michele Manzolini (Sondrio, 1980) vive e lavora a Bologna. Hanno co-diretto nel 2007 il documentario *Merica*. In seguito hanno lavorato come registi e produttori con il network Al-Jazeera. Insieme a Francesco Ragazzi e Magdalena Szymkow hanno fondato la casa di produzione Vezfilm, con cui hanno prodotto *Anita* di Luca Magi (2012), selezionato al Torino Film Festival e a DocLisboa, così come *Il treno va a Mosca*, che a sua volta viene presentato al Torino Film Festival. Il loro nuovo film, in lavorazione, è prodotto da Kiné e Istituto LUCE.

Filmografia
Merica (co-regia Francesco Ragazzi, 2007, 65'); *Il nemico interno. Musulmani a Bologna* (co-regia Akram Adouni, 2009, 43'); *Il treno va a Mosca* (2013, 66'); *Il varco* (in postproduzione, 70').

Tutto bianco

2015

Regia, soggetto e sceneggiatura: Morena Campani, Caroline Agrati; *interpreti e contributi:* Flavio Nicolini, Clothilde Simond, Simonetta Nicolini, Massimo Arvedi, Dominique Païni, Vainer Tugnolo, Mirna Girardi, Carlo Montanaro, Elisabetta Antonioni, Angela e Lydia Cincotta, Angela Tesoriero, Federico Vitella, Francesco Cimino, Fabio Massimo Bongianni, Vera Pescarolo-Montaldo, Christine Boisson, Tonino Guerra e la voce di Fanny Ardant; *fotografia* (HD, colore e b&n, 16:9 e 4:3 per il repertorio): Paolo Muran, Roberto Beani; *suono:* Damien Froidevaux; *musica:* Philippe Eidel; *montaggio:* Véronique Holley; *produzione:* Canal+, France Télévision, Label Vidéo, Rubis Productions, Minuscule s.a., con la partecipazione di Ciné+; *prima proiezione pubblica:* Canal+ CinéCinéma, aprile 2015; *prima proiezione italiana:* SoleLuna Doc Film Festival, Palermo, 21 giugno 2015; *durata:* 54'; parzialmente in francese con sottotitoli in italiano

È la storia di una donna che scopre d'esser nata là dove Michelangelo Antonioni aveva girato *Il deserto rosso*, nella Valle del Po, tra la città di Ravenna e laguna di Venezia. Attraverso il suono delle caldaie della centrale idro-elettrica essa si immerge nell'incomunicabilità, quello stato d'animo che riflette lo squilibrio in cui vive – madre anoressica, padre alcolizzato – quelle nuove condizioni della società industrializzata.
Morena si investe nella lotta per la salvaguardia e la valorizzazione di questo luogo, la centrale, scelto da un tale maestro del cinema. Incontra le persone che parteciparono alle riprese nel 1963-1964. Un pensionato dell'Enel le offre un VHS dicendo: «Questo è il mio deserto rosso». L'assistente regista del film le mostra il diario realizzato durante le riprese, momenti intimi, aneddoti chiarificatori che, cinquanta anni dopo, hanno il peso delle leggende colorate di curiosità popolare.
Trovando tali incontri estremamente ricchi, Morena parte alla ricerca di altri luoghi, una sorta di archeologia delle riprese, dove Antonioni ha lasciato tracce indelebili sia sul terreno che sulle persone. Traccia fondamentale è quella del vuoto, processo verso la libertà, consapevolezza verso il progresso, scintilla della rivoluzione.
In quel vuoto, Morena trova l'energia creativa, spesso sostenuta e attivata dai ruoli femminili. La donna è il luogo più interessante da scoprire; Antonioni ha esplorato l'universo femminile, come uno specchio del paesaggio e della società. Nel 1960, nelle isole Eolie, Antonioni aveva girato *L'avventura*; Morena riparte alla ricerca di Anna, naturalmente, ma soprattutto delle persone che si sono occupare dell'équipe che scese all'isola a quell'epoca e della memoria di quell'episodio.
Con gli studenti dell'Università di Messina, Morena ritrova il caffè di viale San Martino, dove Antonioni aveva girato una delle scene dedicate all'erotismo collettivo in Sicilia. Di seguito, a Roma, continua la ricerca di Anna fino all'abitazione di Lea Massari, fino all'incontro di Vera Pescarolo-Montaldo, che fondò la prima compagnia teatrale con Monica Vitti e Virna Lisi, dando la possibilità di mettere in scena una pièce di Antonioni scritta, appunto, per Monica Vitti: *Scandali segreti*. È a Venezia, infine, che Morena tratta il ritorno di Antonioni in Italia. Dopo *Il deserto rosso* era partito per tornare nel 1980 e rielaborare il soggetto femminile in una sorta di manifesto: *Identificazione di una donna*. Christine Boisson, attrice nel film, rende omaggio alla grande Monica Vitti.
La poetica di Antonioni ci accompagna nella comprensione della crisi di un intero paese, un paese che resta avvolto nella nebbia con quel disagio costante che si ritrova come costante nei suoi personaggi femminili.
«Se non si è nati là, non si può capire quanto il cielo possa essere bianco!» (Morena Campani).

Note di regia

Sono nata e cresciuta nella valle del Po. Di madre depressa, che ha perso la vista da bambina a seguito di un incidente, e padre violento, alcolista. Era certamente meglio non parlare, non dire!

«L'occhio è dentro di noi!», per utilizzare un'espressione di Tonino Guerra, con cui a un certo punto ho avviato diversi progetti, ma piuttosto legati all'architettura e al suo desiderio di ambientare delle grandi opere nel paesaggio... Mi sono avvicinata al suo intimo. E in seguito quell'intimità creatrice come elemento di salvezza stimolerà le mie decisioni professionali.

Oltre all'aspetto puramente cinematografico, c'è l'umanità di Antonioni, le ombre e le luci, quell'ossessione per l'incomunicabilità, la ricerca dell'identità, non come viene intesa oggi, prettamente politica, ma nel senso di appartenenza all'essere umano, quell'energia che spinge dalle radici verso il pensiero e l'espressione dello sguardo.

Definito da alcuni «il regista delle donne», sono andata a cercare le donne cercando di avvicinarmi agli intimi di ciascuna. Sul filo dell'ombra, alla ricerca della luce, attraverso immagini d'archivio, film, documenti e interviste con le donne che hanno operato o vissuto al suo fianco, con quell'universo di testimoni privilegiati... ho cercato la sua evoluzione cinematografica e personale, ho cercato il suo sguardo per infine trovare il mio. Desidero esprimere la fragilità dello spazio fra i diversi sguardi, in una sorta di confusione fra me e gli altri, fra i due paesi in cui vivo sul confine dell'intimo.

Questa confusione tra vero e falso, tra realtà e finzione, tra carattere personale e carattere messo in scena... Questa confusione nella quale siamo calati nel quotidiano che apporta alla fragilità dell'ambiguità una certa forza, una certa personalità. I protagonisti dei film di Antonioni sono i miei protagonisti del reale.

Voglio far sentire il parallelo tra la vita del maestro come cineasta e del maestro di vita... attraverso le sue scelte, ritornando sui luoghi delle difficoltà economiche di *L'avventura*, delle scelte complicate di *Identificazione di una donna*, delle problematiche riprese dell'ultimo film *Al di là delle nuvole* già cerebroleso.

Fanny Ardant, ultima attrice scelta dal maestro, accompagna poeticamente le scelte del film, in una sorta di viaggio iniziatico per cercar di capire... cosa e come vedere!

Fanny Ardant, con la sua recitazione, sviluppa quel sentimento di pianura invasa dalla foschia che azzera i pensieri e il confine fra la parola e le genti, sotto i cieli bianchi della Romagna, spesso offuscati dalla nebbia. Sono quei cieli l'espressione del mio nascere e morire ogni giorno, cercando oltre la nebbia una luce per continuare.

Biografia

Morena Campani (Ravenna, 1968) vive e lavora a Parigi. Architetto di formazione, sviluppa una ricerca sullo spazio creativo, lo spazio come prodotto artistico nella sua antica relazione col tempo. Nel 1998 organizza "Osservatorio della città" in collaborazione con Nanni Moretti e Michelangelo Antonioni. Con quest'ultimo, l'anno successivo, s'impegna su un progetto a sostegno della centrale idroelettrica di Porto Corsini, luogo delle riprese di *Il deserto rosso*. Con Gian Luca Liverani e Guido Guidi, fotografi, realizza diversi progetti in omaggio a Luigi Ghirri, a cura di Italo Zannier. Nel 2000 progetta un primo eLearning dedicato ai personaggi della storia (sostenuto dall'Unione Europea).

Incontra diversi maestri con i quali approfondisce delle vere relazioni professionali, come Dario Fo, Ettore Sottsass, Vico Magistretti, Tonino Guerra...

Il suo sguardo è sempre più cinematografico. Segue le riprese di *Al di là delle nuvole* con Michelangelo Antonioni e Wim Wenders.

Installata dal 2003 in Francia fonda "Cabinet Projets Culturels" per la promozione degli scambi europei della cultura. Scrive progetti teatrali con lo sceneggiatore Vincenzo Cerami e progetti di documentari con Francesca Solari. Consulente della Cinémathèque Française per il cinema d'avanguardia italiano, organizza con Nicole

Brenez la programmazione "La città degli occhi". Sempre alla ricerca di espressioni aggiuntive che affrontano il tema della memoria, dei valori, dello spazio e del tempo, scrive il libretto per un'opera contemporanea sulla mitologia, con la complicità del compositore Philippe Eidel. Il progetto prevede una sezione dedicata alle nuove tecnologie virtuali e una proiezione multimediale.

L'incontro con il regista Marcel Hanoun maturerà l'idea di una produzione per il film-testamento che Marcel Hanoun voleva realizzare (2012): Cello. Crea un collettivo di coproduzione per Marcel Hanoun e realizza il suo primo film/ritratto, che sarà l'ultimo per Marcel Hanoun, scomparso qualche mese dopo.

Ha cominciato a fare cinema nel 2010 con un film autoprodotto: *Cielitude*; 2011, film nella struttura psichiatrica di Salone (Roma): *D'altro canto*; 2012, film-ritratto di Marcel Hanoun: *Face à la mèr(e)*; 2013, sopralluoghi per un film su Don Chisciotte; Giappone, sopralluoghi per *Lo sguardo altrove*, con Mieko Matsumoto; 2014-2015, film-omaggio a Michelangelo Antonioni: *Tutto bianco*; 2015, film sull'archivio della ricerca sul campo di Giovanna Marini nel sud Italia; inizia le riprese di *Partisans de la culture*, un omaggio al Congresso degli scrittori per la difesa della cultura organizzato nel 1935.

Filmografia

Cielitude (2010, 21'); *Face à la mèr(e)* (2010, 21'); *Voyage à Marico* (2012, 21'); *Les chutes de la montagne* (2012, 21'); *D'altro canto* (2012, 69'); *Tutto bianco* (2015, 54'); *Musique de chambre* (2017, 60'); *A perdita d'occhio* (2018, 75'); *Nées en 68* (2018, 52'); *In viaggio con Giovanna Marini* (in postproduzione, 75'); *Europe (Le fruit d'un rapt)* (in postproduzione, 52'); *Le temps d'après* (in postproduzione, 52'); *Shua Shua, là dov'è morta Anita* (in preproduzione, 90').

Tutto parla di te

2012

Regia: Alina Marazzi; *soggetto e sceneggiatura*: Alina Marazzi, Dario Zonta, *in collaborazione con*: Daniela Persico; *interpreti*: Charlotte Rampling (*Pauline*), Elena Radonicich (*Emma*), Valerio Binasco (*Valerio, il regista*), Maria Grazia Mandruzzato (*Dot.ssa Angela Gualtieri*), Alice Torriani (*Daniela*), Marta Lina Comerio (*Anita*), Emiliano Audisio (*Tommaso, il compagno di Emma*), Eurydice El-Etr (*Eugenia*); *fotografia* (HD, 35mm, colore e b&n, 16:9 e 1:1 per una parte del repertorio): Mario Masini; *suono*: Vito Martinelli; *sound design*: Stefano Grosso, Marzia Cordò, Vito Martinelli; *musiche originali*: Dominik Scherrer, Ronin; *scenografia*: Petra Barchi; *costumi*: Bettina Pontiggia; *montaggio*: Ilaria Fraioli; *animazione*: Beatrice Pucci; *produzione*: MIR Cinematografica, RAI Cinema, Gianfilippo Pedote, Francesco Virga, Elda Guidinetti, Andres Pfaeffli, *in associazione con*: Dario Zonta, Francesca Feder, Arnaud Louvet; *in collaborazione con*: Ventura film, RSI-Radiotelevisione della Svizzera Italiana; *in associazione con*: FIP-Film Investimenti Piemonte, Intesa San Paolo, Contrasto; *con il contributo di*: MIBAC-Direzione Generale Cinema, Eurimages, Repubblica e Cantone Ticino; *in collaborazione con*: ISA (Urbino), Film Commission Torino Piemonte; *prima proiezione pubblica*: Festa del Cinema di Roma (sezione CineMAXXI), 15 novembre 2012; *distribuzione*: BIM; *uscita in sala*: 11 aprile 2013; *durata*: 78'

Pauline, una donna sui sessanta anni, torna a Torino, la sua città natale, per la prima volta da quando aveva 10 anni. Una vecchia zia le ha lasciato in eredità il suo appartamento. A Torino Pauline è in contatto con la dottoressa Angela Gualtieri, una psicologa conosciuta all'estero qualche tempo prima che dirige un centro dedicato alla maternità, la Casa del Quartiere, a cui si rivolgono sia le mamme in attesa che quelle in crisi depressiva dopo la nascita del bambino. Perennemente bisognosa di aiuti volontari, Angela ha coinvolto Pauline nell'attività della Casa del Quartiere, chiedendole di aiutarla in una ricerca sull'archivio del centro dedicato alle madri: interviste video, diari, fotografie. Pauline divide il suo tempo tra il lavoro alla Casa del Quartiere e il tentativo di trovare un suo spazio nella casa della vecchia zia, un luogo che la riconnette in maniera potente con il suo passato. Qui trova tracce della memoria della sua famiglia e, tra i tanti oggetti, anche vecchie fotografie e alcune bobine sonore che all'ascolto la turbano molto.
Alla Casa del Quartiere Pauline conosce Emma, una giovane danzatrice da poco diventata madre, che vive con disagio la sua condizione di maternità: non vive con il padre del bambino, Tommaso, un giovane cantante in una rock band, ma è rimasta nell'appartamento che condivideva con il suo regista teatrale Valerio, per lei un punto di riferimento. Per questo cerca aiuto alla Casa del Quartiere, dove instaura una relazione particolare con Pauline, nonostante che il suo malessere la porti a essere piuttosto scostante e concentrata su di sé.
Pauline è attratta e colpita da Emma: sembra che le ricordi qualcuno. Durante il suo lavoro con l'archivio si imbatte, tra gli altri, nel diario che Emma aveva scritto prima di avere il bambino, quando già frequentava la Casa del Quartiere.
Una notte Emma lascia un messaggio preoccupante sulla segreteria telefonica della Casa del Quartiere. È angosciata, chiede aiuto: il suo bambino è caduto, lei non sa cosa fare ed è in preda al panico. Pauline è la prima ad ascoltare la sua richiesta di aiuto. La richiama senza trovarla e così, visibilmente preoccupata,

decide di andare a cercarla prima al teatro dove Emma danzava, poi a casa sua dove incontra Valerio, infine nella casa sul lago dove la ragazza potrebbe essersi rifugiata. In un doloroso gioco di rispecchiamenti, il rapporto con Emma spingerà Pauline a sviluppare un'indagine sugli aspetti più complessi e drammatici dell'essere madre, che la costringerà a fare i conti con un suo misterioso e tragico passato.

Note di regia

Un giorno di inizio primavera ero con mio figlio appena nato su una piccola spiaggia di ciottoli sulla costa ligure. Lo tenevo tra le braccia godendo con lui di quei primi tiepidi raggi di sole. A un certo punto vedo avvicinarsi una donna anziana del luogo, scesa dalle casette che si affacciano sulla piccola spiaggia. Indossava un grembiule e sembrava voler fare una pausa dal lavoro domestico.

Come spesso capita quando si ha un bambino piccolo, le persone incuriosite si avvicinano per fare complimenti e per rinnovare un sentimento di solidarietà augurale. Infatti mi ha sorriso affettuosamente, e poi mi ha detto: «Che belli i bambini, quando sono in braccio agli altri». Ha proferito queste parole con uno sguardo dolce e allo stesso tempo adombrato che mi ha fatto molto pensare, perché proveniva da una donna di un'altra generazione, sicuramente madre e nonna, che aveva probabilmente sacrificato la vita per i figli e i nipoti. Nello sguardo che questa persona mi rivolse colsi quel sentimento carico di fatica misto ad amore che è proprio dell'essere madre. Ho pensato spesso a questo strano incontro così semplice ma pieno di significato. Solo una frase, detta a una sconosciuta, per trasmettere una sensazione profonda, difficile da enunciare. Chiunque sia stato genitore può ben comprendere quell'emozione a volte confusa tra amore e rifiuto per i propri figli. Una tensione tanto dolorosa da vivere quanto spesso impossibile da confessare, perché mette in crisi nel profondo non solo la funzione sociale, ma il senso di quel legame primordiale. Questo è quello che voglio raccontare nel mio film, la misura di questa distanza, spesso indicibile, la fatica di essere madri e l'impreparazione culturale e sociale per affrontare e ammettere questo disagio.

Ho capito che il disagio della maternità rimane spesso inconfessato per paura di essere considerate "madri snaturate" e che, a volte, proprio la mancanza di una maggiore comprensione famigliare e sociale porta a casi estremi di abbandono e violenza. Avviando una lunga indagine che mi ha portato sulle rotte del film, ho seguito dapprima il metodo documentaristico della ricerca sul campo e della raccolta di testimonianze e vissuti. Poi, nel lento lavoro di elaborazione, ho capito che il documentario non era la forma migliore per entrare nel profondo di questo sentimento di ambivalenza. Allora ho elaborato una narrazione, un racconto che, partendo dal vissuto e mantenendo la presa sul reale, potesse far luce sulle zone oscure di questo malessere.

La struttura narrativa di *Tutto parla di te* si sviluppa su tre livelli, ognuno dei quali è portato dai personaggi principali della storia:

il primo livello è rappresentato da Pauline, un'etologa che ritorna a Torino, sua città natale, dopo un'intera vita vissuta all'estero. Pauline è figlia di madre italiana e padre svizzero. A Torino è chiamata dalla Dott.ssa Gualtieri, sua conoscente, a svolgere una ricerca sulla componente istintiva nella relazione materna presso la Casa del Quartiere, centro di sostegno per le madri in crisi.

Il secondo livello è rappresentato da Emma, giovane ballerina di professione colpita dalla depressione dopo la nascita del primo figlio. Emma si rivolge al Centro per chiedere aiuto e trova Pauline ad ascoltarla.

Il terzo livello è rappresentato dalla Dott.ssa Gualtieri, la direttrice del Centro e dal "coro" delle mamme, che parlano tramite reali testimonianze video. Attraverso di loro, e grazie all'indagine che avvia al fine di ritrovare Emma scomparsa improvvisamente con il bambino, Pauline arriva a conoscere i vari aspetti delle depressioni materne, compresi i casi più estremi e patologici.

Nell'articolazione dei tre piani narrativi mi sono ispirata alla struttura di un certo cinema noir, in cui il racconto è una ricostruzione a posteriori di un evento misterioso. A renderci partecipi dei fatti è un narratore-investigatore, in questo caso Pauline, che soltanto nel finale svela il coinvolgimento personale e la sua visione dell'accaduto, dandoci una nuova chiave di lettura con cui interpretare l'intera storia.

L'oggetto dell'indagine non è soltanto Emma, ma anche un trauma mai superato che riguarda il suo passato. L'intera vicenda è raccontata dal punto di vista di Pauline, che ci rende partecipi della sua "indagine" mediante i diversi materiali visivi e sonori che lei stessa ritrova, interpella ed evoca.

Pauline abita due luoghi, due dimensioni. Di giorno, su invito della Gualtieri, svolge la sua ricerca alla Casa del Quartiere; lì incontra fisicamente le madri che frequentano il Centro, sia per la preparazione al parto che nell'accompagnamento post-parto. Nella stanza archivio dove porta avanti il suo lavoro guarda e ascolta video di testimonianze reali di donne che hanno vissuto una depressione post-parto e legge i diari scritti dalle mamme in gravidanza. Tra questi diari Pauline trova e legge anche quello di Emma.

La sera Pauline si ritira nella casa della zia materna che ora ha ereditato; è un luogo appartato e sospeso, pregno di ricordi e oggetti appartenenti alla sua infanzia. Pauline lì ritrova frammenti della vita della sua famiglia e in particolare oggetti personali, fotografie e registrazioni sonore appartenenti alla madre, morta quando lei era ancora una ragazza. Nel mettere insieme questi frammenti, Pauline ricrea una rappresentazione involontaria della sua storia; e incontrando il fantasma della madre fa i conti con il proprio misterioso passato. In questo contesto carico di emotività, e su questo doppio binario, Pauline muove le fila della sua ricerca, e tenta in un suo modo personale e appassionato di ricucire i pezzi di una storia, quella di Emma, che evoca fatalmente un'altra storia, la sua.

Emma è un personaggio sfuggente ed evanescente. La sua condizione emotiva di giovane mamma e la simbiosi con il bambino fanno di lei una donna sola e fragile, non in grado di affrontare le cose del mondo. Emma si ritira dentro di sé, cerca di sfuggire al contatto, che sia quello del compagno Tommaso o alle proposte di aiuto del Centro.

Emma è una continua assenza, una donna inquieta che si dà e si nega continuamente. In questo è rappresentata quella condizione intima di una madre in crisi che fatica ad accettare e dire la sua condizione. Per questo la sua figura è spesso evocata dai diari, dalle conversazioni telefoniche e dall'immaginazione proiettiva di Pauline, che di fatto la incontra solo poche volte alla Casa del Quartiere, ma da cui rimane profondamente colpita e attratta. Emma evoca in Pauline la madre perduta tempo prima.

Tra l'indagine di Pauline e l'evanescenza di Emma, la Dott.ssa Gualtieri e il Centro rappresentano il mondo reale e concreto. Sono un punto fermo, un'ancora a cui entrambe si appoggiano quando sentono di perdere il terreno sotto i piedi. La Casa del Quartiere è una sorta di oasi di ascolto in un contesto culturale che tende a ignorare un disagio oggi sempre più diffuso. La Dott.ssa Gualtieri è un riferimento importante per le mamme in difficoltà, grazie al suo impegno e alla sua sensibilità. Sa di non avere la "bacchetta magica" e che le madri che segue dovranno venirne fuori da sé. In questo percorso lei le sostiene con professionalità e dedizione, sollecitandole attraverso la parola, il confronto e la condivisione. Le mamme che frequentano il Centro, e che intravediamo lì e che ascoltiamo tramite delle registrazioni video, svolgono una funzione importante, perché sono cassa di risonanza dei problemi di Emma e Pauline. È attraverso di loro che avviene il rispecchiamento e l'identificazione, tanto da farle interpreti di una possibile soluzione dei problemi del singolo: la condivisione.

I linguaggi del film
È mia intenzione utilizzare una messa in scena cinematografica lontana dalle tradizionali convenzioni narrative del cinema di finzione. Sulla falsariga dei suoi tre livelli narrativi, il film accoglierà diverse forme di messa in scena, nello spettro che va dalla finzione al documentario, dall'animazione in stop motion al film d'archivio. Pur essendo un film di finzione, *Tutto parla di te* esprime uno stile espressivo che si costruisce con materiali diversi, in continuità con lo stile espressivo dei miei film precedenti.

E così alla modalità del cinema di finzione (la casa della zia di Pauline, la casa al lago, l'appartamento di Emma) si alternerà il modo evocativo del cinema del reale (le testimonianze reali delle mamme della Casa del Quartiere, gli scorci della città, il reparto maternità dell'ospedale). I codici tipici del cinema di finzione e del cinema del reale verranno interpretati e riproposti in modo personale, anche al fine di rendere minima la cesura tra l'uno e l'altro.

Tra questi modi principali (di finzione e del reale) si affacceranno altri elementi, quali i repertori (*home movies*, repertori televisivo e d'autore, fotografie d'artista) e l'animazione a passo uno (la casa di bambole), di volta in volta integrati diegeticamente e dinamicamente nello sviluppo del racconto. In fase di scrittura, seguendo idealmente un metodo da "film di montaggio", ho cercato di concepire le scene tramite un "montaggio a priori" che comprendesse non solo le parti girate ad hoc, ma anche quelle provenienti da altre fonti e repertori. Credo che la commistione di diversi supporti e generi cinematografici possa fare emergere la tensione emotiva di un problema diffuso, quale l'ambivalenza nel sentimento materno, attraverso la moltiplicazione di voci e punti di vista.

Biografia

Alina Marazzi (Milano, 1965, dove vive e lavora) è una regista di documentari e film di finzione. La sua formazione cinematografica avviene a Londra negli anni Ottanta. Successivamente alterna la regia di documentari per la televisione, il lavoro di aiuto regista per il cinema (principalmente per Giuseppe Piccioni), la collaborazione con alcune realtà artistiche (Studio Azzurro, Fabrica), e il coinvolgimento con realtà sociali (laboratori video nel carcere di San Vittore a Milano). *Un'ora sola ti vorrei* (2002) è il suo primo film documentario d'autore, fondativo della sua poetica, realizzato interamente con filmati di famiglia. In seguito realizza il documentario *Per sempre* e il lungometraggio di montaggio *Vogliamo anche le rose*, che entrambi proseguono l'indagine del femminile al centro anche del suo film di finzione *Tutto parla di te* con Charlotte Rampling (Camera d'oro alla Festa del cinema di Roma alla migliore regista esordiente, Alina Marazzi, e al miglior produttore, Gianfilippo Pedote). Nel 2014 realizza la drammaturgia video dell'opera lirica contemporanea *Il sogno di una cosa*, con musica di Mauro Montalbetti e la regia di Marco Baliani, e il cortometraggio *Confini*, che accosta filmati d'archivio della Grande Guerra ai versi poetici di Mariangela Gualtieri. *Anna Piaggi, una visionaria nella moda* è il suo ultimo film documentario (2016). Nel 2018 è impegnata nella regia multimediale dell'opera lirica di Mauro Montalbetti, *Haye, le parole la notte*, prodotta dai teatri di Reggio Emilia.
I suoi film hanno ricevuto importanti premi a festival in Italia e all'estero e sono anche stati mostrati all'interno di mostre d'arte (Palazzo Reale Milano, Fondazione Sandretto Re Rebaudengo Torino, MART Rovereto, Museo MAN Nuoro, Magazzino d'Arte Moderna Roma). Per MITO SettembreMusica ha realizzato la performance multimediale *Armoniche visive*, in collaborazione con Claudio Coccoluto e Saturnino.
È membro del CDA della Fondazione Cineteca di Bologna; fa parte del Comitato artistico del nuovo Teatro dell'Arte Triennale Milano; è docente presso la Scuola Civica di Cinema Fondazione Milano e presso il CISA-Conservatorio di Scienze Audiovisive Lugano. Ha tenuto lezioni e laboratori in altre realtà formative in Italia (Naba Milano, IED Milano, IULM Milano, Scuola Holden Torino, Centro Sperimentale CSC Palermo, Università La Sapienza Roma) e all'estero (UCLA Los Angeles, NYU New York e Abu Dhabi, University of Texas, Cambridge University, Oxford University, Birkbeck University London, Warwick University UK).
Per Minimum Fax ha pubblicato il racconto *Baby Blues* (nell'antologia *Tu sei lei*, 2008) e per Ponte alle Grazie il racconto *Sentimento* (nell'antologia *Parola di donna*, 2011). È autrice della voce "madre" del Vocabolario della lingua italiana Zingarelli 2015 e di prefazioni di libri e articoli per riviste e quotidiani.

Filmografia

Can't Remember Friday (co-regia Philip John, Luca Villata, 1987, 35'); *L'America me la immaginavo. Storie di emigrazione dall'isola siciliana di Marettimo* (1991, 22'); *Il declino di Milano* (coregia Gianfilippo Pedote, 1992, 60'); *Mediterraneo, il mare industrializzato* (coregia Gianfilippo Pedote, 1993, 55'); *Il Ticino è vicino?* (coregia Gianfilippo Pedote, 1995, 45'); *Ragazzi dentro. Il mondo visto dai ragazzi reclusi nelle carceri minorili italiane* (1997, 90'); *Il sogno tradito. I bambini di strada raccontano la Romania a dieci anni dalla caduta di Ceausescu* (1999, 46'); *Un'ora sola ti vorrei* (2002, 55'); *Confini* (2004, 10'); *Per sempre* (2005, 52'); *Vogliamo anche le rose*

(2007, 85'); *Milano 55, 1. Cronaca di una settimana di passioni* (collettivo, 2011, 105'); *Tutto parla di te* (2012, 78'); *Confini* (ep. di 10' di film collettivo *9x10 Novanta* (2014, 94'); *14 Reels* (film collettivo in Super8, un episodio di c. 2'30", 2014, c. 30' totali); *Il sogno di una cosa* (regia video dell'opera lirica di Mauro Montalbetti, 2014, c. 75'); *Anna Piaggi, una visionaria nella moda* (2016, 54').

Under-the-Sky
Sotto-il-cielo, 2008 (nuova versione, 2018)

Regia, soggetto e sceneggiatura: Michele Salimbeni; *collaborazione alla sceneggiatura*: Alessandro Carrera, Sergio Gilles Lacavalla; *interpreti*: Carolina Vinci (*Sotto-il-cielo*), Maddalena Gana (*Cassandra*), Veruschka Deriu (*Clytemnestra*), Anna Michela Musio (*la sentinella*), Davide Scanu (*Oreste bambino*), Pinuccio Derosas (*l'intruso*), Joaquin Revenga Tatin (*Oreste uomo*), Rhea Selma Icca Careddu, Gabriele Cassaro, Manuel Cocco, Elisabetta Erre, Marco Erre, Mattia Lai, Christian Malatesta, Manuel Malatesta, Mirianna Marongiu, Alessia Moro, Roberto Mulas, Giulia Scanu, Sebastiano Sini, Antonio Sotgiu, Marco Sotgiu, Pietro Tilocca (*bambini della miniera*), Greta Abeni (*la voce della bambina*), Jan Milewicz (*voce della radio*); *fotografia* (SD, b&n e un po' di colore alla fine, 16:9): Alvise Tedesco; *operatori alla macchina*: Osvaldo Soriano, Michele Salimbeni; *suono*: Andrea Cutri, Tommaso Cardile e Francesco Carrozzini (per la voce proveniente dalla radio); *sound design*: Gesuino Deiana; *musiche originali*: Maurizio Abeni; *scenografia*: Pinuccio Derosas; *costumi*: Marco Nateri; *montaggio*: Massimo Mahieux, Manon Décor (per la nuova versione, 2018); *produzione*: Veruschka Deriu e Rita Tamponi; *in associazione con*: Caneandaluso; *prima proiezione pubblica*: Roma, Casa del Cinema, 11 dicembre 2018 (nell'ambito di Fuorinorma); *durata*: 97' (versione del 2008, 121'); senza dialogo salvo una voce fuori campo, in inglese, che proviene da una radio (sottotitoli in italiano).

Sotto-il-cielo, una bambina di otto anni, si sveglia un giorno scoprendo di essere il solo essere umano rimasto sulla Terra. Inizia così il suo viaggio nel mondo... Rilettura astratta dell'*Oreste*a di Eschilo.

Note di regia
Quando ho pensato, scritto e realizzato *Under-the-Sky* – circa dodici anni fa – mi interessava l'idea di un cinema ancorato alla realtà, alla materia e alla sua percezione. Soprattutto intendevo privilegiare l'aspetto percettivo rispetto alla significazione che, pur essendoci, passava per me in secondo piano. L'idea di un cinema totale, sensoriale e aperto, come può essere aperta l'interpretazione – e la percezione – di un brano di musica classica, mi ha accompagnato nella realizzazione di questo particolare esperimento filmico. E poi il concetto di tempo, centrale sia in filosofia che nel cinema. Come può una bambina percepire il passaggio del tempo in un mondo dove non ci sono eventi o relazioni fra altri esseri? L'idea del film era dunque – almeno nella sua prima versione – quella di destrutturare il meccanismo del tempo filmico per avvicinarsi allo "stato di cose" che la bambina sta vivendo nel film e che, in parte, abbiamo vissuto durante le riprese. A partire da qui nasce l'estetica del film con le sue inquadrature lunghe, i piani sequenza e l'immobilità della macchina da presa dovuta alla "pesantezza" della materia. Si trattava, per dirla con le parole di Tarkovskij, di ridurre la "pressione del tempo" che scorre all'interno dell'inquadratura e anestetizzare il tempo. Forse è stato questo estremo, ma a mio avviso legittimo, approccio stilistico a far passare il film inosservato all'epoca della sua realizzazione. Ora dopo tanti anni – e diversi esperimenti – sono ritornato a un'idea di cinema più narrativo ma rimane inalterata per me la questione ontologica che riguarda la natura dell'immagine cinematografica in relazione alla realtà fisica. Questa questione è ciò che unisce *Under-the-Sky* con il cinema che sto facendo ultimamente e con la mia ricerca filosofica. Contemporaneamente all'attività cinematografica ho, negli anni, portato avanti una ricerca filosofica – metafisica per l'esattezza – che include anche una serie di teorie personali sul cinema. Una di queste,

la *teoria delle sovrapposizioni* – enunciata nel mio libro *Filosofia prima* (Taphros, 2018) – descrive bene, anche se a posteriori, il processo creativo di *Under-the-Sky*, un film dove la "storia" narrata per immagini si sovrappone alla realizzazione del film e di quella storia particolare. Questa teoria implica i concetti centrali di esperienza e di rappresentazione, rappresentazione di una data realtà. Il cinema, per me, deve avere una relazione forte e imprescindibile con la realtà, con la materia e con le sue proprietà. Christian Metz sosteneva che anche l'inquadratura più parziale e frammentata contiene sempre un frammento completo della realtà. Una finestra che racchiude tutto il mondo, aggiungerei, come una monade leibniziana. Ora, quando due o più entità sono sovrapposte si otterrà una terza entità, il film. Film che pone il concetto di esperienza al centro della sua natura. *Under-the-Sky* è soprattutto la possibilità di questa esperienza.

È tenendo in mente il valore dell'esperienza filmica, soprattutto per lo spettatore – e del valore narrativo a cui sono maggiormente legato in questi ultimi anni –, che insieme a Manon Décor, una regista francese di grande talento con cui ho realizzato recentemente due film, abbiamo pensato a una nuova versione di *Under-the-Sky* per Fuorinorma. Questa nuova versione (2018) rispetta la struttura narrativa originale basata su più livelli, come d'altronde la realtà stessa. Un livello più superficiale, narrativo, che si riassume con una semplice trama da film di fantascienza: una bambina si accorge, un giorno, che tutti gli esseri umani sono scomparsi e che è sola al mondo. Cosa è successo? Dove sono finiti tutti? Che fare? Si tratta di un racconto fantastico in un ambiente quotidiano. Ambiente che è segnato dal meraviglioso paesaggio della Sardegna ripreso come in un western metafisico. Segue un secondo livello, una trama secondaria, un sub-plot che – se percepito, ma non è fondamentale – apporta ulteriori sfumature e profondità al senso del film e all'esperienza che lo spettatore ne fa. Questa sottotraccia è composta da una rilettura astratta della tragedia di Eschilo, l'*Orestea*, a cui, tra l'altro, stavo lavorando per un adattamento teatrale durante la scrittura del film. In ultimo – nascosto in maniera egoistica – c'è il livello personale, quasi autobiografico.

Si chiude così per me un percorso decennale e, a suo modo, circolare, e finalmente il film incontrerà un "pubblico" che potrà farne l'esperienza.

Biografia

Michele Salimbeni (Roma, 1966) vive e lavora a Parigi. È regista e filosofo. È laureato – *summa cum laude* – in filosofia e metafisica analitica presso l'università La Sorbona di Parigi.

Inizia a girare, da adolescente, brevi film sperimentali in Super8 alla fine degli anni Settanta. È co-sceneggiatore del film di Sergio Citti *I magi randagi* (1996) – tratto da un soggetto originale di Pier Paolo Pasolini – con cui ha vinto il premio Qualità del Ministero dello Spettacolo. Per lo stesso film ha ricevuto le nomination al Golden Globe e ai Nastri d'Argento come migliore sceneggiatore del 1997. Ha sceneggiato *La prova* (di Giacomo Gatti, 1999) e co-sceneggiato *Il vuoto* (di Giacomo Gatti, 2002).

Dal 2016 forma una coppia artistica con la regista francese Manon Décor [Fournié] con cui ha scritto e diretto il cortometraggio *The Horse in Motion*, con la fotografia di Michele Picciaredda e le musiche di Claudio Simonetti, e il lungometraggio *La lupa*, liberamente ispirato al racconto omonimo di Giovanni Verga. Entrambi i film usciranno nel corso del 2019.

Da anni sta lavorando ad alcune teorie filosofiche che sono esposte nel libro *Filosofia prima* (Taphros, 2019).

Filmografia

Scimmia (1991, 5′); *Requiem* (1999, 3′); *Questo sguardo* (2004, 17′); *Segno* (2005, 2′); *Fenêtres* (2008, 3′); *Under-the-Sky* (versione 2008, 121′, versione 2018, 97′); *The Horse in Motion* (co-regia Manon Fournié, 2018, 10′); *La lupa* (co-regia Manon Fournié, 2019, 61′).

Uozzap

2018

Concept, maieutica, regia di montaggio, animazione grafica: Federico I. Osmo Tinelli; *testi (tracce registrate spontaneamente su WhatsApp) e interpretazioni*: Elena Molinari Cilia, Silvia Guenzi, Ester Helmaleh, Hannet Bosco, Francesco Zingaro, Fabrizio Becchelli, Alessandro Cevasco, Adriana Vannucci, Gaia Dallera, camei di Enrico Maisto regista e Stefano Tave Righi fotografo, e con Federico Osmo Tinelli; *fotografia* (Canon 5D Mark III, colore e b&n, 16:9): Federico I. Osmo Tinelli con la collaborazione di tutti i protagonisti; *suono*: Federico I. Osmo Tinelli con la collaborazione di tutti i protagonisti; *mix suono*: Federico I. Osmo Tinelli; *musiche*: Mash-up-Cause/Rodriguez Shaula, Soloists of the Ensemble Nipponia (Minoru Miki) Cumbia Sobre El Mar, Quantic & Flowering Inferno, Acid Walk (Monsieur Monsieur remix), Charles Trenet, Menilmontant, My Babies Book The Real Kids, Emptyset/Collapse (mash-up with) Emptyset/Order, Blue Velvet Bobby Vinton (mash-up with), The Great Gig in the Sky (Pink Floyd), Intentional Accidentals (A Cappella Cover), Why (Because I Love You)/Frank Avalon (mash-up with) Chris Watson & Marcus Davidson, The Bee Symphony [excerpt]/Arsenije Jovanovic, Prophecy of the Village Kremna/Arvo Part, Fratres for Cello and Piano, Cut-away tracks from Shining Ost (mash-up with), Kim Cascone Tangent Clusters (mash-up with) Albert Van Abbe, Sugar Lobby Series 9090 (Kangding Ray Remix) & Cartoon/Thunder Sound Effect Little Mike, Mordedura, Gesaffelstein, Depravity/Thunder Sound Effect, It's Sunday Morning/Nikproteus, Radar (Alva Noto Remodel) Bird of Prey (The Lost Paris Tapes), Osho, Buddhist Monks ff Maitri Vihar Monastery, Tibetan Mantras, Chants, Mantra Chant With Cymbals & Gantra, Australian Aboriginal Didgeridoo Music/Enter Into His Rest Shofar/Que manera de perder/Cuco Sánchez, Missa Praeter Rerum Seriem/Kyrie Eleison κύριε ελέησον, I Follow Rivers/Lykke Li, Friedrich Gulda, Play Piano Play n. 9, Organo di Leonardo + clavicembalo, Balanescu Quartet, Life and Death, Chris Watson, 2003, Weather Report, 02, The Lapaich; *materiale visivo*: aa.vv., disegni, acquarelli, dipinti, tradizione giapponese (1100-1800), cut-away di automobili (1900), disegni anatomici (1800), cartografie, gif, font, emoticons; *produzione*: Damn Braces, Bless Relaxed, *con la partecipazione di*: chiunque partecipi; *prima proiezione pubblica*: Szczecin European Film Festival, program OFFicyna, Szczecin (Stettino, Polonia), 10 ottobre 2018 (nell'ambito di una rassegna Fuorinorma); *prima proiezione italiana*: Roma, Apollo 11 25 ottobre 2018 (nell'ambito della rassegna Fuorinorma); *durata*: 91'

Tutto il progetto è segnato da questa tara, o chiamiamola ambiguità, sospesa tra l'ispirazione fondante e lo sproloquio del tutto estemporaneo che si potrebbe definire con un ossimoro *"il punk della trascendenza"*; qualcosa di "buttato lì", quindi imparentato con la spazzatura, che però, forse fortuitamente, forse per vocazione, nasce in grado di evocare "l'infinito", "l'oltre", "quel dio salvifico" a cui sembrano appellarsi tutti i protagonisti, per avere l'anima salva e pure il corpo; o forse anzi soprattutto il corpo, quasi che ci fosse solo quello; corpo tuttavia così, già per principio, emarginato o del tutto negato dall'uso stesso dei social-media.

Note di regia
Il cinema (e così il fumetto) *non* è nato come forma autonoma, *non* è nato già Settima Arte, né ha mai saputo dimostrare di poterlo affermare definitivamente di sé. Le sue dipendenze dal teatro, dal componimento musicale, dalla scrittura (sia intesa come romanzo, sia come didascalia nel cinema dei primordi), dalla

fotografia (e quindi dalla pittura), dall'architettura (in termini di struttura narrativa e organizzazione dello spazio nell'inquadratura) sono rimaste parte integrante della sua esistenza; il cinema è un'arte meticcia, che *non* può essere purificata e portata in un'essenza autonoma. Si può disquisire sul fatto che il montaggio costituisca la specificità della *sua anima* ma in ogni caso resta incarnata nelle forme d'arte che l'hanno preceduta. Per questa ragione il cinema e il fumetto si appartengono e per quanto l'uno e l'altro abbiano toccato le vette del sublime per tramite di grandissimi artisti, restano entrambi linguaggi bastardi. *Uozzap* (ma anche *WhatsApp* come frontiera contemporanea del meticciato mediatico) *non* fa altro che portare il cinema alla sua vitale bastardezza (dal francese antico *bastard*, "figlio di principe e di concubina") (principessa e concubino).

Biografia

Federico Iris Osmo Tinelli (Milano, 1973, dove vive e lavora) è regista, film-maker, actor-coach, attore, disegnatore, drawing-novelist, qualche volta deejay/sound-designer. Dal 2010, appena ne ha occasione, Osmo Tinelli si dedica alla scrittura di un libro.

Filmografia

Sally (2008, 8'); *Crisalidi* (2009, 26'); *Sarajevo nigredo* (2010, 7'); *Dressing Dreams* (2010, 1'); *Francesco Scognamiglio* (2010, 7'); *Jamsession* (2010, 3'); *Absentia* (2011, 15'); *Tsu m'ami* (2011, 26'); *Extra-Heimat* (2011, 13'); *Soviet* (2012, 4'); *Inside Gentuccia* (2012, 15'); *The Miracle* (2012, 19'); *Entomologia della vita quotidiana* (2012, 19'); *Di passaggio frequente* (2013, 64'); *Chiocciolina* (2015, 3'); *She & She* (2015, 19'); *L'altro mélo* (2015, 4'); *In the House* (2015, 7'); *Human or Design* (2015, 15'); *Cadmiun-Bromide* (2016, 5'); *9-1+1=È abbastanza per te?* (2016, 94'); *Aspettando Madonna* (2016, 45'); *I Believe in the Power of Love* (2017, 12'); *Uozzap* (2018, 91'); *Antitrailer Universale* (2018, 6'); *Istruzioni per l'uso di un fil(o)m* (2018, 5'); *The PolterGeist Area* (2019, 30'); *Nico & Nusrat* (in produzione).

Upwelling. La risalita delle acque profonde

2016

«Un film scritto e realizzato da Pietro Pasquetti e Silvia Jop»; *regia*: Pietro Pasquetti; *soggetto e dossier*: Pietro Pasquetti, Silvia Jop; *con*: Danilo Adamovic, Giulia Giordano, Max Bruno, Pietro Saitta, Renato Accorinti; *fotografia* (HD, colore, 16:9): Pietro Pasquetti; *suono*: Silvia Jop; *musica*: Sacri Cuori; *montaggio*: Gianandrea Caruso; *montaggio del suono*: Giuseppe D'Amato; *produzione*: Esmeralda Calabria per Aki Film e Pietro Pasquetti; *prima proiezione pubblica:* Filmaker Fest (concorso), Milano, 26 novembre 2016; *durata*: 79'

«*Upwelling* s. ingl. [comp. di up "sopra, verso l'alto" e del ger. di (to) well "scaturure, zampillare"]. Fenomeno idrodinamico indotto dall'azione dei venti e dalla rotazione della terra che si verifica nelle acque oceaniche e in quelle dello Stretto di Messina. Consiste in una visibile risalita in superficie delle acque abissali e dei rari organismi viventi che la abitano».

Una lunga figura nera si muove tra le rovine di una città scomparsa. Un uomo studia il russo, la sua casa è piena di scatole mai aperte. Un altro uomo parla con il padre, lo ama rinnegandolo. Una ragazza misteriosa guida una rivolta. Il Sindaco buddista prega nella sua stanza. Un cavallo bianco galoppa tra le case abbandonate. Una banda suona al cimitero. Un'altra persona sta nascendo. Le navi da crociera sono scatole bianche e Messina, dopo tante catastrofi, tenta la risalita.

Tra i frammenti di una città ricostruita sopra le macerie di un disastro, nell'eco di una catastrofe che non si è mai del tutto consumata, *Upwelling*, un'onda che nasce dal fondo del mare, porta gli abissi in superficie. In un'apparizione continua di personaggi che si muovono come satelliti di un universo vivo e inaspettato, si raccolgono i tentativi di resistenza e di rivitalizzazione che sfuggono alle consuetudini storiche di una città deteriorata e immobile. Siamo a Messina, una città che è stata completamente ricostruita in seguito a una delle più devastanti catastrofi naturali del Novecento. È qui che abbiamo vissuto per due anni, provando a stabilire un'intesa profonda con le persone, che poi sarebbero diventate personaggi, di questo film. In *Upwelling* è costante la ricerca di una relazione tra il concetto di catastrofe e quello di risalita.

Note di regia

Il desiderio di cercare una relazione tra il film che avevamo in mente e la Messina attuale ci ha spinti a trascorrere molti mesi in città senza fare riprese. Avevamo bisogno di tempo per conoscere a fondo le persone che poi sarebbero diventate i personaggi di questo film e stabilire con loro un'intima intesa. La convinzione con cui abbiamo condiviso e coltivato questo desiderio ci ha portati così a vivere a Messina per due anni.

Ogni cosa c'è sembrata un'infinità di cose: il teatro Pinelli, col suo tentativo di rivitalizzazione urbana e le sue imprevedibili occupazioni itineranti; Pietro, che rifiuta ogni tipo di istituzione e insegna all'Università dove afferma di portare il punk, il disordine; Max, che si muove come uno straniero nel luogo in cui è nato; Renato, il Sindaco che rispetto alla propria comunità si pone obiettivi di tipo spirituale; Giulia, col suo impegno politico e la sua gravidanza anticonformista; l'eco invisibile della città scomparsa, i morti che si affermano sui vivi attraverso tutto quello che resta di un cimitero antico e la posizione di questa città nel Mediterraneo, assieme alle implicazioni mitologiche che raccontano la vita dello Stretto.

Ogni cosa c'è apparsa intimamente connessa, tutti questi elementi distinti sono entrati a far parte di una moltitudine tanto vasta quanto contenuta dalla necessità di realizzare un resoconto di viaggio su una città particolare. Questo film contiene elementi legati a un'idea di narrazione classica, ma questa narrazione viene spesso mandata in crisi da un modo ellittico di procedere e dal desiderio di, come ci suggerisce Italo Calvino, «perdere il filo cento volte, per ritrovarlo dopo cento giravolte».

Biografie
Pietro Pasquetti (Prato, 1984) vive e lavora in Italia. Nel 2006 ha conseguito il diploma di regia del documentario presso l'Accademia del cinema e della televisione di Roma a Cinecittà. Frequenta il master in film-maker "il documentario come sguardo" a Venezia. Firma la suo opera prima con il documentario *Roma Residence* in concorso al Torino Film Festival nel 2007 e in numerosi altri festival. Lavora alla realizzazione di documenti audiovisivi di attualità per fondazioni cinematografiche. La sua seconda opera, *Il Vangelo secondo Maria*, è un documentario su una famiglia Rom aristocratica divenuta sedentaria ed evangelista. Presentato al Torino Film Festival nel 2009 ha ottenuto la qualifica di film d'essai da parte del Ministero dei Beni Culturali. Nell'ultimo periodo si è dedicato alla realizzazione di un road movie sull'atto di creazione nel mondo dei maestri della ceramica, adesso in fase di montaggio.

Silvia Jop (Venezia, 1983) vive e lavora tra Roma e Milano. È stata coordinatrice redazionale della rivista *Il lavoro culturale*. Autrice con Pietro Pasquetti del documentario *Upwelling. La risalita delle acque profonde*, premiato a Visions du Réel come film più innovativo del 2017. Co-autrice della video rubrica su Repubblica.it *Cosa pensano le ragazze* e del documentario *Lievito madre* di Concita De Gregorio ed Esmeralda Calabria. Responsabile creativa di un progetto per la Kama Productions, dal 2017 coordina la direzione artistica della rassegna Isola Edipo durante la Mostra Internazionale d'Arte Cinematografica di Venezia.

Filmografie
Pietro Pasquetti: *Roma Residence* (co-regia Andrea Foschi, Marco Stefano Innocenti e Marco Neri, 2007, 60'); *Il Vangelo secondo Maria* (2009, 50'); *Upwelling. La risalita delle acque profonde* (con Silvia Jop, 2016, 79');
Silvia Jop: *Upwelling* (con Pietro Pasquetti, 2016, 79').

Valzer

2007

Regia, soggetto e sceneggiatura: Salvatore Maira; *interpreti:* Valeria Solarino (*Assunta*), Maurizio Micheli (*il padre*), Marina Rocco (*sua figlia Lucia*), Graziano Piazza (*capo*) Eugenio Allegri (*professore*), Zaira Berrezouga (*Fatima*), Giuseppe Moretti (*Vittorio*), Francesco Feletti (*asst. capo*), Gianni Cannavacciuolo (*il concierge*), Francesco Cordio (*giovane allenatore*), Mailinda Agaj (*Olga*), Giancarlo Judica Cordiglia (*importatore format*), Benedicta Boccoli (*Maria*), Rosaria Russo (*Donna Hammam*), Cristina Serafini (*giovane donna manager*); *fotografia* (HD, colore, 16:9): Maurizio Calvesi; *operatore steadycam:* Alessandro Gentili; *suono:* Gianluca Costamagna, Alessandro Molaioli, Maximilien Gobiet; *musica:* Nicola Campogrande; *scenografia:* Seanne Grasso; *costumi:* Cristina Audisio; *aiuto regia:* Samad Zarmandili; *direttore di produzione:* Christian Scacco; *produttori:* Gianmario Feletti, Marco Quintili, Marisa Grieco, Stefano Sciarra; *produzione:* Home Film SRL, Alex Brambilla; *prima proiezione pubblica:* Mostra di Venezia (Giornate degli Autori), 5 settembre 2007; *durata:* 82'

Un uomo appena uscito di prigione arriva in un albergo per incontrare sua figlia Lucia, che non vede da venti anni e che lavora lì come cameriera. La donna che si trova davanti, però, non è Lucia, ma Assunta, una sconosciuta che ha preso il posto di sua figlia e che per dieci anni gli ha scritto delle lettere piene di comprensione e amore. Intanto, ai piani alti dell'albergo, si sta svolgendo un'importante riunione dei padroni del calcio. Mentre un professore esperto di comunicazione espone le proprie teorie, uomini incravattati cercano di ideare un modo per arginare lo scandalo che sta rischiando di coinvolgerli tutti e rovinare le loro carriere. In un'ora e mezzo le storie di tutte queste persone si mescoleranno sulle note di un valzer e le loro vite cambiano radicalmente.

Note di regia

«L'idea della forma, un "flusso continuo", di questo film (un unico piano sequenza) nasce curiosamente da una suggestione architettonica piuttosto che da un'ascendenza cinematografica: visitare di seguito le due chiese di via XX Settembre a Roma, una di Bernini e l'altra di Borromini, due piccoli capolavori distanti poche decine metri. La prima, che riproduce i paradigmi classici, costruita per essere *appresa* nella sua meravigliosa interezza da chi entra dalla strada; la seconda invece schiacciata nell'angolo di uno stretto quadrivio, per vederne la facciata bisogna mettersi sul marciapiede opposto, alzare la testa di novanta gradi, spostarsi tra l'angolo e il centro. Chiesa sfuggente che all'interno non si offre, ma che dipana e mostra le sue strutture a mano a mano che ci si inoltra in essa. Non c'è un punto privilegiato di osservazione, si snoda sui passi di chi la guarda, ed è difficile *apprenderla* nel suo insieme perché è fatta per essere attraversata. La *scenografia* non è un nastro su cui scorrono le immagini che fanno da sfondo all'azione dei personaggi, ma sono i personaggi che lo muovono, che guidano il valzer poiché, nel tragitto che quel movimento crea, cercano qualcosa, un senso di quello che stanno facendo e che probabilmente non troveranno. [...] All'interno di questa struttura avvengono una serie di percorsi quasi *iniziatici*, dal momento che liberano il loro significato a mano a mano che si delinea l'evoluzione drammaturgica dei personaggi. [...] Il principio formale del piano sequenza nasce da questa esperienza, architettonica e musicale al tempo stesso, che io associo all'idea di un *cinema totale*, in cui anche gli elementi rigidi, che di solito sono le scene, gli elementi architettonici intesi come luoghi che

contengono la figura umana, e quelli per eccellenza incorporei come la musica, nascono con i personaggi che li attraversano, impregnandosi delle loro emozioni. [...] E il loro *movimento* contribuisce al senso generale del film, alla densità della narrazione.

Volevo anche sperimentare il rapporto tra la *figura* e la *scena*, soprattutto il suo rincorrere una verosimiglianza ormai congelata nel nostro immaginario. In questo senso, il piano sequenza è la forma dello smarrimento, della percezione perduta della propria identità. Non esistono immagini vere o immagini false, immagini provviste o prive di senso, perché ogni immagine scivola sull'altra. È la perdita del rapporto ottimistico con l'altro, col reale e con la storia che ho cercato di rappresentare facendo a meno dell'elemento fondamentale del linguaggio cinematografico, cioè il montaggio, il pilastro della simulazione e dell'illusione della continuità, la struttura portante del cinema classico, il regolatore del tempo e del ritmo. [...] Quello della crisi dell'esperienza è un contesto generale dell'epoca in cui viviamo, al di là degli aspetti tecnici del linguaggio cinematografico. Oggi il legame con la sostanza dell'esperienza non è più messo in pericolo, o negato, ma tende a estinguersi. È la nascita di un uomo nuovo, esposto all'infelicità dell'incertezza, in preda a mitologie di massa che hanno il solo scopo di diffondere la paura: la guerra, il terrorismo, la peste in versione moderna (in Italia eccezionalmente funziona ancora il castigo divino, con cui si minacciano anche i legislatori).

Nel caso specifico di *Valzer*, la crisi dell'esperienza è l'impossibilità di auto-rappresentarsi, di organizzare la percezione del mondo, di capirlo e strutturare di conseguenza il rapporto con gli altri e col futuro. È come se in un contesto del genere l'esperienza andasse ricreata momento per momento e strappata a qualcosa che ce la vuole negare. Per questo, ad esempio, la protagonista si rifugia nel sottosuolo per inventarsi un rapporto e un padre che non ha, quasi che fosse possibile farlo solo in segreto, e quando poi incontra il "finto" padre è terrorizzata perché teme che tutto questo possa dissolversi in un momento: cosa che del resto accade, perché anche se nel sotto-finale c'è l'illusione che l'invenzione del padre possa avere realmente legittimato un rapporto padre-figlia, poi tutto si scioglie rivelandosi come una serie di immagini senza senso che scivolano le une nelle altre; e sciogliendosi si dilegua anche il potere di quella invenzione/finzione e la preziosità di quel segreto. [...] Dal punto di vista delle conoscenze tecniche, il mio rapporto con la tecnologia è pressoché inesistente. Credo invece di essere istintivamente molto attento ai cambiamenti del linguaggio che le innovazioni tecnologiche possono favorire. Dico "favorire" perché secondo me non possono fare di più. Ad esempio, da un punto di vista teorico anche un piano sequenza in pellicola si può fare, diventa solo un problema di risorse finanziarie. Certo, il fatto che il digitale lo renda possibile non è un aspetto secondario. Nel caso di *Valzer* la "leggerezza" del digitale ha reso possibile questa "confusione" tra l'esperienza della ripresa e quella dei personaggi». (Da un'intervista di Daniele Fragapane)

Biografia
Salvatore Maira (San Cataldo, Caltanissetta, 1947) vive e lavora a Roma. Oltre a dirigere film ha scritto numerosi saggi sulla letteratura, il teatro barocco e il cinema. Ha pubblicato *Diecimila muli, un romanzo di uomini e di bestie* (Bompiani, 2016). Nel 2019 è uscito da Bompiani il suo romanzo *Ero straniero*.

Filmografia
Colpo di scena: ovvero gli inganni del palcoscenico (1976, 50'); *Favoriti e vincenti* (1983, 100'); *Riflessi in un cielo scuro* (1991, 99'); *Donne in un giorno di festa* (1993, 93'); *Amor nello specchio* (1999, 104'); *Un altro mondo è possibile* (2001, 120', versione televisiva 60', film collettivo); *La primavera del 2002. L'Italia protesta l'Italia si ferma* (2002, 54', film collettivo); *Firenze, il nostro domani* (2003, 70', film collettivo); *Le donne di San Giuliano* (2004, 67'); *Valzer* (2007, 82').

Il viaggio della signorina Vila

2012

Regia: Elisabetta Sgarbi; *sceneggiatura*: Elisabetta Sgarbi, Eugenio Lio; *voci recitanti*: Toni Servillo, Lucka Pockaj; *con*: Claudio Magris, Luciana Castellina, Mauro Covacich, Giuseppe Dell'Acqua, Gillo Dorfles, Igo Gruden, Srečko Kosovel, Alice Psacaropulo, Boris Pahor, Giorgio Pressburger, Pino Roveredo, Vittorio Sgarbi, Susanna Tamaro, Livio Vasieri, e molti altri; *fotografia* (HD, colore, 16:9): Elio Bisignani, Andrés Arce Maldonado; *suono*: Pino Pinaxa Pischetola; *musica*: Franco Battiato; *scenografia*: Luca Volpatti; *montaggio*: Elisabetta Sgarbi, Andrés Arce Maldonado; *produzione*: RAI Cinema, Betty Wrong; *prima proiezione pubblica*: Festa del Cinema di Roma (CinemaXXI), 16 novembre 2012; *durata*: 55'

Viaggio a Trieste, fra Italia e confine slavo, terra di scambi culturali e commerciali e di svolte storiche. Ispirato a due testi ambientati in questa città: *Il mio Carso* (Scipio Slataper) e *Irridentismo adriatico* (Angelo Vivante). Un'ora a cavallo fra documentario e finzione per raccontare la realtà odierna di Trieste sullo sfondo del suo passato tormentato. Protagonisti delle interviste numerosi scrittori (Giorgio Pressburger, Claudio Magris, Luciana Castellina, Susanna Tamaro), il pope della comunità serba ortodossa triestina Rasko Radovic, l'assessore Sara Gruden, l'imprenditore Primo Rovis, la pittrice Alice Psacaropulo e ancora Gillo Dorfles, Vittorio Sgarbi, fratello della regista, e persone del luogo. Eugenio Lio cura le interviste.

Note di regia

Il viaggio della signorina Vila è una storia d'amore tra un uomo e una donna di un altro tempo caduti nella Trieste di oggi. È anche la storia d'amore di un intellettuale che si scambia e si specchia con il proprio passato, reale e letterario, e il passato della sua città. È il racconto di dolori, soprusi e autoinganni che hanno solcato Trieste. È la storia di una profezia e di un futuro che cancella, avvolge, onora e supera la memoria; è una storia di scienze, di lettere, di arte e di impresa, di assicurazioni e di sfide. È una storia di lingue diverse che si parlano anche quando fingono il contrario. È una storia di poeti e di follia. È la storia di generazioni a venire. È la storia di religioni in una città laicissima. È una storia di mare e di venti. Di monti e sorgenti.

Biografla

Elisabetta Sgarbi (Ferrara, 1965) vive e lavora a Milano. Ha ricoperto l'incarico di direttrice editoriale della Bompiani fino al novembre 2015. Insieme a molti scrittori come Umberto Eco, Sandro Veronesi, Tahar Ben Jelloun, Edoardo Nesi, Furio Colombo, Sergio Claudio Perroni, Nuccio Ordine, Mario Andreose, Eugenio Lio e Mauro Covacich, ha lasciato la Bompiani appena ceduta da RCS Media Group alla Arnoldo Mondadori Editore per fondare una nuova casa editrice, La Nave di Teseo. Nel giugno 2017, La Nave di Teseo acquisisce il controllo della Baldini&Castoldi e della Oblomov edizioni, fondata e diretta da Igort, ed Elisabetta Sgarbi di entrambe le case editrici diventa Presidente, oltre che Direttore generale e Direttore editoriale di La Nave di Teseo. Ha ideato nel 2000, e da 18 anni ne è direttore artistico, il festival internazionale La Milanesiana. Dal 1999 dirige e produce i suoi lavori cinematografici, presentati nei più importanti festival internazionali. Ha recitato in *Delitto sul Po* (2002) di Antonio Rezza e Flavia Mastrella e in *Perduto amor* (2003) di Franco Battiato.

HEIMANN

PGER

013

Filmografia

Mariko mori (1999, 1'28"); *Stringimi, stringimi* (1999, 15'); *Anonimo. Rispondere?* (1999, 6'); *Fla (videoverde)* (1999, 8'); *Frammenti di una biografia per versi e voce* (1999, 4'); *In serra (un arabo colpito dalla fuga occidentale)* (1999, 6'); *Starless* (1999, 3'); *Set(t)e* (co-regia Paolo Mosca, 2000, 19'); *L'isola del tesoro* (co-regia Paolo Mosca, 2000, 9'); *John Richmond non lo sa (ovvero, il video che non c'è)* (co-regia Paolo Mosca, 2000, 12']; *This Is my Chocky Message* (co-regia Paolo Mosca, 2000, 11'); *Ancora un po' (ovvero il senso del cinema italiano)* (co-regia Paolo Mosca, 2000, 10'); *Projeto meninos de luz* (2000, 10'); *(Non sempre) Merci beaucoup* (2000, 9'); *La consolazione e la spina dolorosa* (2001, 7'); *Aladdin flash(-back)* (2001, 15'); *Malattia* (2001, 5'); *Otello* (2001, 9'); *Tre variazioni della vita* (2001, 8'); *Belle di notte* (2001, 47'; v. 2003, 33'); *Nostalgia* (regia di Luciano Emmer con la collaborazione di Elisabetta Sgarbi, 2001); *Wainer* (2001, 13'); *La notte che si sposta. Gianfranco Ferroni* (2002, 31'); *Rue de Varenne* (2002, 8'); *L'acqua... Il fuoco* (2002, 40'); *La conversazione amorosa. Luciano Emmer/Alice Ferney* (2002, 40'); *Fantasmi di voce. Antonio Stagnoli* (2003, 28'); *Nel Castello del Catajo* (2004, 20'); *Palladio. La luce della ragione* (2004, 60'); *Palladio. I tempi del sole e della luna* (2004, 30'); *Ci conosciamo? Luciano Emmer/Erica Jong* (2003, 30'); *Dentro una nuvola, dentro giro di vento* (2004, 8'); *Notte senza fine. Amore tradimento incesto* (2004, 80'); *Insopportabile* (2004, 5'); *Due contro una* (2005, 52'); *Due* (2005, 25'); *NevicheRò* (2006, 6'); *Apparizioni. Mathias Grünewald* (2006, 20'); *Tresigallo. Dove il marmo è zucchero* (2006, 30'); *Whatch Football Together. Hanif e Chocki Kureishi* (2006, 6'); *Un viaggio nel mare delle verità. Andrea De Carlo* (2006, 12'); *Il pianto della statua* (2007, 45'); *Le nozze nascoste o La Primavera di Sandro Botticelli* (2007, 28'); *La palazzina dell'Alfa rubata al cinema* (2007, 30'); *Non chiederci la parola. Il Gran teatro montano del Sacro Monte di Varallo* (2008, 67'); *Deserto rosa. Luigi Ghirri* (2009, 47'); *Raffaello. La stanza della Segnatura* (2009, 50'); *L'ultima salita. La Via Crucis di Beniamino Simoni* (2009, 68'); *La madre e la croce* (2010, 30'); *Dimenticare Tiziano. Girolamo Romanino a Pisogne, 1531-1532* (2010, 25'); *Se hai una montagna di neve tienila all'ombra. Un viaggio nella cultura italiana* (2010, 86'); *Prove per un naufragio della parola* (2011, 15'); *Quiproquo. Cosa è l'avanguardia?* (2011, 65'; versione *What Is Vanguard?*, 2012, 50'); *Sono rimasto senza parole. Un dialogo tra Antonio Stagnoli e Pino Roveredo* (2011, 45'); *Lotta silenziosa. Andrea Martinelli/Edoardo Nesi* (2011 30'); *L'invenzione di Ariosto. Tullio Pericoli* (2011, 10'); *Il viaggio della signorina Vila* (2012, 55'); *Trieste la contesa* (2012, 55'); *Racconti d'amore* (2013, 78'); *Quando i tedeschi non sapevano nuotare* (2013, 55'); *Per soli uomini* (2014, 83'); *Il pesce siluro è innocente* (2014, 60'); *Il pesce rosso dov'è* (2015, 60'); *Colpa del comunismo* (2015, 86'); *La lingua dei furfanti. Romanino in Valle Canonica* (2016, 34'); *La collezione del miracolo* (con Andres Arce Maldonado, 2017, 33'); *L'altrove più vicino. Viaggio in Slovenia* (2017, 55'); *I nomi del signor Sulčič* (2018, 80').

La ville engloutie
La città sommersa, 2016

Regia: Anna de Manincor; *soggetto*: ZimmerFrei; *sceneggiatura*: Anna de Manincor, Claire Astier; *con (in ordine di apparizione)*: Kemais Ouchem, Rayan Ouchem, DJ Noam, Rayane Big Show, Frédéric Sercy, Jonathan Goffé, Kévin Théraud, Manuel Marcos, Claire Astier, Muriel Poil, Michel Lahaye, Gérard Chaise, David Lautrey, Pascal Terrier, Anaïs Blanchard, Jean Sémon, Denis Dubois, Danyele Papillot, Pauline Sémon, Anton, Garance Torres-Amariglio, Patricia Davanture, Olivier Genelot, Jean-Michel Minvielle, Jean-Marc Ruget, Jean-François Maugey, Christophe Pratx, Louise Gandois, Eléa Nardin; *voce di commento*: Philippe Marcadé; *fotografia* (HD 1080p, b&n, 16:9, e 4:3 e 16:9 per il repertorio a colori sulle demolizioni e altro): Roberto Beani; *suono*: Massimo Carozzi; *musica*: Massimo Carozzi, Susanna La Polla; *montaggio*: Davide Pepe, Anna de Manincor; *produzione*: Centre National des Arts de la Rue L'Abattoir (Chalon-sur-Saône, Francia); *co-produzione*: InSitu Network; *prima proiezione pubblica*: Torino Film Festival (ItalianDoc), 19 novembre 2016; *distribuzione*: Bo Film; *durata*: 66′; in francese con sottotitoli in italiano

Il film è il settimo della serie *Temporary Cities*, ritratti di città filmati in piccole aree che stanno affrontando un processo di trasformazione – un quartiere, una piazza, un bar o anche una singola panchina – dove il tema principale sono i residenti, la loro percezione e l'uso dello spazio pubblico.
Il nuovo film di ZimmerFrei ritrae Chalon-sur-Saône, città fluviale ex industriale, con uno sguardo fantascientifico e ne esamina il possibile futuro. Come apparirà Chalon-sur-Saône nel 2040? Il documentario è una creazione collettiva e originale che proietta visioni, paure e desideri su una città immaginaria e distopica. Il futuro è già qui.

Note di regia
La prima persona che abbiamo incontrato a Chalon ce l'ha descritta come una *sinking city*, una città che affonda e si restringe dopo la scomparsa dei cantieri navali e delle grosse industrie sorte lungo il fiume Saône. La storica sede della Kodak è scomparsa senza lasciare traccia, demolita con un'esplosione di dinamite, ma i comandanti dei battelli *peniche* parlano ancora dell'acqua del fiume colorata di blu, verde, giallo, come un bagno rivelatore andato a male.
Guidati da alcuni abitanti, abbiamo filmato Chalon-sur-Saône come se fosse già sott'acqua, una città tanto concreta quanto immaginaria in cui le terre, le acque e altre specie viventi stanno riconquistando le aree disertate dagli umani. Dopodomani leggeremo ancora Ballard ma non capiremo una parola, poiché i mondi precedenti saranno scomparsi.

Alzò gli occhi verso l'ellissi del sole.
Alla luce verde-oliva, filtrata dai fitti rami delle felci,
saliva dal lago un miasma giallo e pestilenziale,
che fluttuava sulla superficie come i vapori di un pozzo nero.
Poco prima, l'acqua era sembrata fresca e invitante;
adesso era diventata un mondo chiuso,

e la barriera della superficie sembrava un piano fra due dimensioni.
La gabbia da immersione venne abbassata nell'acqua;
le sbarre rosse apparvero indistinte e ondeggianti,
in modo che l'intera struttura risultò completamente distorta.
Perfino gli uomini che nuotavano sotto la superficie
diventavano chimere splendenti,
proiezioni mentali di una giungla neuronica.
J.G. Ballard, *Deserto d'acqua (The Drowned World)*, 1962

Biografia

Anna de Manincor (Trento, 1972) vive e lavora a Bologna. Fa parte del collettivo artistico ZimmerFrei, fondato a Bologna nel 2000 con Massimo Carozzi e Anna Rispoli e a oggi si divide tra la città d'adozione, Marsiglia e Milano. La pratica artistica del gruppo ZimmerFrei, a metà strada tra cinema, arti visive, musica e performance, esplora gli ambienti urbani, tanto reali quanto immaginari, osservando le comunità temporanee che si formano attorno a modi particolari di abitare, di lavorare o di usare lo spazio, alla ricerca dei confini tra spazi pubblici e territori privati. Pur continuando a sperimentare nell'ambito dell'arte performativa, in questi ultimi anni la ricerca di ZimmerFrei si è focalizzata sempre più sulla produzione di documentari d'artista e sull'esplorazione sonora di ambienti urbani.

Filmografia di ZimmerFrei

N. K. Never Keep Souvenirs of a Murder (videoinstallazione, 2000, 30'); *Stop Kidding* (videoinstallazione di Anna de Manincor|ZimmerFrei, 2002, 6'); *Panorama_Roma* (2004, 24'); *Panorama_Venezia* (2005, 30'); *Panorama_Bologna* (2005, 30'); *Narcodive* (video per smartphone, 2006); *why we came* (2006, 18'); *The Colony* (2007, 30'); *Memoria esterna* (2007, 27'); *Domestic Exiles* (installazione, 2008, 30'); *Prima della musica* (installazione, 2008, 5'); *Ghost Track* (installazione, 2008, 18'); *Panorama Hamburg*, (2009, 30'); *lkn Confidential* (2010, 40'); *The Hill* (2011, 40'); *Temporary 8th* (2012, 53'); *Hometown|Mutonia* (2013, 69'); *Intervallo* (2014, 10'); *La beauté c'est ta tête* (2014, 60'); *Steadfast on Our Sand* (2015, 65'); *La ville engloutie* (Anna de Manincor, 2016, 66'); *Family Affair* (installazione per due schermi, 2017, 90'); *La valle* (2017, 25'); *Almost Nothing CERN. Experimental City* (Anna de Manincor, 2018, 74').

La vita al tempo della morte

2010

Regia, soggetto e sceneggiatura: Andrea Caccia; *interpreti*: i ragazzi dei Laghi della Lavagnina (atto 1°), Margherita Bassoli, Silvia Boffelli, Cosima Brillante, Rossana Brioschi, Isabella Colajanno, Barbara Colson, Carlos Cornejo, Dario Manzoni, Angela Porcelli, Salvatore Sauro, Salvatore Telese (atto 2°), Massimo Caccia, Andrea Caccia, Germana Rosina, Filippo Caccia (atto 3°); *voce narrante*: Andrea Caccia; *fotografia* (miniDV, HDV, 16mm, colore e b&n per l'atto 3°, 4:3): Massimo Schiavon; *suono*: Andrea Caccia, Cristian Dondi, Roberto Gambotto Remorino; *sound design*: Fabio Coggiola, Luigi Venegoni; *colore e titoli animati*: Marco Fantozzi; *musiche originali*: Bruno Dorella; *montaggio*: Marco Duretti; *produzione*: Roadmovie, Andrea Caccia; *con il sostegno di*: Piemonte Doc Film Fund Fondo regionale per il documentario, Film Commission Piemonte; *con il supporto di*: Fondazione IRCCS Istituto Nazionale dei Tumori di Milano, Hospice Virginio Floriani Azienda Ospedaliera Universitaria Maggiore della carità di Novara, Hospice di Galliate; *prima proiezione pubblica*: Mostra di Venezia (Giornate degli Autori, Ritratti e paesaggi italiani), settembre 2010; *durata*: 82'

Il passare delle stagioni ai Laghi della Lavagnina. Undici conversazioni in prossimità della fine. Un garage colmo di oggetti da riordinare. Astrazione, parole e cuore. Un lento viaggio verso i confini del linguaggio. Una trilogia sul senso del guardare: un sasso, un volto, lo scorrere della vita tra le cose...
Atto primo: Ho cominciato a filmare le persone che frequentano i Laghi della Lavagnina in Piemonte durante una calda estate, attratto dalla loro ricerca di libertà, di piacere, di semplice refrigerio. Ho prodotto ore e ore di girato: corpi, pietre, acqua, licheni, foglie, vento...
Ma è stato solo poi, quando i laghetti si sono spopolati, che ho cominciato a comprendere cosa stavo cercando. Le stagioni passavano e io rimanevo lì – a filmare cosa, mi chiedevo. Poi sono arrivate le prime piogge, la luce minima dell'inverno e finalmente la porta dell'Ade. Solo guardando attraverso il tempo si conquista il tempo.
Atto secondo: Nei mesi di malattia di una persona cara, tante, troppe sono le domande che rimangono nascoste. Spesso, in prossimità della fine, non si hanno parole; è solo un lungo e assordante silenzio. Impauriti dal semplice atto dell'ascoltare, non sappiamo che tacere. La seconda parte del film è un tentativo di parlare della/alla morte in maniera diretta, provando a guardarla negli occhi, attraverso la testimonianza di chi, in un letto di ospedale o di una casa, attende il momento della dipartita. Solo parole e volti.
Atto terzo: Mio padre faceva l'imbianchino. Il garage è stato nel corso della sua vita magazzino, soffitta, laboratorio, rifugio. In trent'anni credo di non averlo mai visto in ordine, anche se lui continuava a ripetersi che l'indomani lo avrebbe sistemato. Pochi giorni dopo la sua morte, ci sono entrato per cercare un martello e ancora una volta, senza nulla aver previsto, ho trovato il pezzo mancante della storia che volevo raccontare. Latte di vernice vuote, pennelli essiccati, vestiti da lavoro, utensili di ogni tipo, ombrelli, fumetti, disegni, polvere. Pezzi di vita, piccoli segni di un'esistenza qualunque. L'intera storia di un uomo condensata in pochi metri cubi di spazio.

Note di regia
Quando ho iniziato a lavorare a questo progetto, avevo chiara una sola cosa: che sarebbe stato un film sulla morte. Perché un film sulla morte? Molti l'hanno già fatto con risultati straordinari...

Oggi ho trovato la risposta o, forse, mi sono solo avvicinato a qualcosa che ha le sembianze di una risposta. Certo, gli eventi mi hanno dolorosamente aiutato; vivere è sempre più sorprendente che immaginare, e forse un film come questo serve solo a dirmi che la morte non si lascia raccontare.

La morte è esigente, richiede silenzio, pazienza, forza e meditazione. Una meditazione che a volte sconfina nella paura. Paura di svelarsi, di scoprirsi deboli, di chinarsi di fronte al destino. Più volte sono stato sul punto di abbandonare per paura.

Poi ho compreso che nulla è come la morte... se non la vita stessa.

Biografia

Andrea Caccia (Novara, 1968) vive e lavora in Italia, nella Valle del Ticino. Dopo gli studi di pittura e regia, si dedica al documentario creativo e all'insegnamento del linguaggio visivo come principale strumento di analisi della realtà. Curioso sperimentatore, ha diretto cortometraggi, videoclip, promo e documentari, attraversando con naturalezza i generi e dando vita a uno stile personale e sfuggente. I suoi film hanno ricevuto diversi riconoscimenti e sono stati selezionati da numerosi festival italiani e internazionali.

Durante il biennio 2009-2010 realizza i suoi due primi lungometraggi: *Vedozero* e *La vita al tempo della morte*, che partecipano, tra gli altri, al Festival di Venezia – Giornate degli Autori, al Rotterdam International Film Festival, al Filmmaker Film Festival e l'Annecy Cinéma Italien. Nel 2011 una selezione dei suoi lavori viene presentata a Lussas nell'ambito degli Etats généraux du film documentaire. Nel 2013 è presente con *Vedozero* è presente alla Mostra Internazionale del Nuovo Cinema di Pesaro – al quale ha partecipato più volte – nella sezione Fuori Norma sul nuovo cinema sperimentale italiano (a cura di Adriano Aprà). Sempre nel 2013 le biblioteche pubbliche francesi acquisiscono i diritti per la Francia di *La vita al tempo della morte*^{2}.

Filmografia

Tribulero (1998, 18'); *Due* (1999, 18'); *L'estate vola* (2000, 18'); *18 Days Around Arrington De Dionyso Quartet* (2002, 47'); *Sulle tracce del gatto* (co-regia Vittorio Moroni, 2003, 45'); *Disco inverno* (2006, 16'); *Hospice* (2009, 28'); *Vedozero* (2009, 77'); *La vita al tempo della morte* (2010, 82'); *Mi piace quello alto con le stampelle* (2011, 56'); *Vedozero²* (2016, 93'); *Tutto l'oro che c'è* (2019, 100').

EVENTI SPECIALI

Hippopoetess

Poetessa ippopotamo, 2018

Regia, soggetto, sceneggiatura, animazioni, fotografia (full HD, colore, 16:9), *sound design, montaggio, voce in italiano, produzione*: Francesca Fini; *voce in inglese*: a cura di VoiceBunny; *missaggio audio*: Boris Riccardo D'Agostino per Infinity Road Pictures, Roma; *prima proiezione pubblica*: MACROAsilo, Roma, 4 ottobre 2018 (come Evento speciale di Fuorinorma); *durata*: 53'

Amy Lowell è un poetessa americana del movimento Imagista, nata a Brookline, Massachusetts, il 9 febbraio del 1874. Mi sono imbattuta nella sua biografia circa un anno fa, assolutamente per caso, durante una ricerca sulla letteratura e la poesia femminile che porto avanti da molto tempo. Più cose leggevo su di lei, più il mio interesse cresceva, perché moltissime vicende della sua vita risuonano con la scottante attualità che stiamo vivendo, per quanto riguarda il discorso sul femminile e sul femminismo, e nello stesso tempo vi sentivo riecheggiare dinamiche molto personali.

Amy era una donna ricca, sicura di sé, forte e ambiziosa, chiassosa e testarda, dominata da un unico desiderio: diventare una grande poetessa. E così conobbe il movimento Imagista (il cui più celebre rappresentante è stato sicuramente Ezra Pound), una corrente letteraria nata e diffusasi negli USA e nel Regno Unito nei primi anni del Novecento che, in rottura con la tradizione poetica tardo romantica, sosteneva la necessità di un linguaggio poetico conciso e chiaro, basato sulla precisione e l'immediatezza con cui si presentano le immagini, gli oggetti, le cose («Nessuna idea, se non nelle cose stesse», come ha sintetizzato splendidamente il poeta imagista William Carlos Williams).

Amy, con tutta la sicurezza che proveniva dall'avere alle spalle una famiglia illustre (il fratello Percival era un famoso astronomo, mentre l'altro, Abbott Lawrence, era presidente dell'Università di Harvard), ma soprattutto grazie a uno spirito battagliero e imprenditoriale che era davvero frutto della sua fortissima personalità, prese nelle mani le sorti del movimento e intraprese una felicissima attività di promozione e diffusione, organizzando letture pubbliche e stampe antologiche, tanto che gli studiosi sono concordi nell'affermare che il successo di poeti come Aldington, H.D. [Hilda Doolittle], John Cournos, R.W. Flint, Allen Upward, John Gould Fletcher e dello stesso Ezra Pound sia in buona parte da attribuirsi all'instancabile "marketing" portato avanti dalla Lowell. Tuttavia all'interno del gruppo Amy non era ben vista da tutti. Alcuni le rinfacciavano il suo aspetto fisico, la sua mancanza di "grazia", persino la sua intraprendenza veniva aristocraticamente giudicata troppo invadente e chiassosa: «She is monstrously fat, monstrously moneyed» diceva di lei il poeta Ford Madox Ford.

In privato cominciarono a deriderla, chiamandola "hippopoetess", termine che piacque subito a Ezra Pound, e a ridicolizzare i suoi versi d'amore, con un atteggiamento che ci permette di intuire le linee del pensiero sessista dell'epoca, che raffigurava la donna, quando era bella, come un'eterea musa immobile e, quando era brutta, come una creatura incapace di raggiungere la vera grandezza declinando il linguaggio di una materia complessa come l'Amore, appannaggio esclusivamente maschile. E io credo che anche il corpo di Amy, quel corpo ingombrante e massiccio, fosse un ulteriore ostacolo che agli occhi di quegli uomini sembrava precluderle il raggiungimento di quella aristocratica grandezza poetica: in un'epoca in cui il piacere femminile era tabù e il corpo della donna era trofeo da esibire, come poteva la grassa e tarchiata Amy provare il piacere sessuale? Come poteva, lei, parlare d'amore?

Alla base di tutto questo sarcasmo nei confronti della patrona del gruppo c'era però anche una lotta di potere interna con Ezra Pound e una profonda discrepanza nel modo in cui i due poeti concepivano il movimento Imagista. Pound era preoccupato dal desiderio di Amy di aprire e "democratizzare" le antologie poetiche, cercando di superare il suo rigore selettivo.

Alla fine fu Pound a capitolare, lasciando l'Imagismo in mano alla corpulenta e intraprendente donna americana. L'evento che segnò questa rottura definitiva tra la Lowell e Pound fu una cena a Londra, all'alba della prima guerra mondiale. Come dice il poeta Aldington, quella cena fu per Pound come il Boston Tea Party, la detronizzazione del capo e la fine della sua capricciosa censura.

Hippopoetess è una sperimentazione visiva che mescola i linguaggi del documentario, della performance, della videoarte e dell'animazione 3D per restituire, con uno stile assolutamente ibrido, a volte tragico e a volte comico, la storia di questo personaggio suggestivo.

Nel documentario racconto il suo rapporto con l'arte, con la poesia, con il corpo, con l'amore e con il cibo, in un continuo gioco di specchi in cui io mi rifletto in lei e lei in me. Anche le nostre voci si confondono, su un piano in cui la voce diventa atto creativo: la mia voce, rigorosamente in italiano per rispettare il suono del mio DNA, e quella della Lowell, restituita nel presente grazie all'interpretazione di un'attrice americana, si fondono e si passano il testimone, in una tenera sorellanza che sfida spazio e tempo.

Per la biografia e la filmografia di Francesca Fini vedi la scheda di *Ofelia non annega*.

Mirna

2009

Regia: Corso Salani; *con*: Magalí López (*Mirna*), Anita Kravos (*voce Monica*); *sceneggiatura*: Corso Salani, Vanessa Picciarelli; *fotografia* (mini DV): Corso Salani; *suono*: Marianna Bac; *produzione*: Vivo Film e Ventura film, in collaborazione con Fuori Orario / RAI 3 e RSI Radiotelevisione svizzera; *distribuzione* DVD e streaming: Artdigiland Ltd; *prima proiezione pubblica*: Festival di Locarno (Cineasti del presente, in concorso), 13 agosto 2009; *paese*: Italia, 2009; *durata*: 70'.

Storia di una donna, di un amore, di un viaggio, e insieme sotterraneo autoritratto e metafora dell'identità artistica. Il regista racconta nell'omonimo diario cinematografico che il film riguarda, come sempre nella sua opera, un tormento esistenziale reale, un'esperienza di amore e abbandono, di ricordo, rimpianto, colpa.

«Ecco, Magalí, adesso non sto qui a dirti niente, però prima di farti trovare davanti a brutte sorprese devi sapere che queste persone che ti hanno diviso e ti dividono con me io le odio, sono i miei nemici, la guerra totale, Desert Storm esportata in Argentina, un'altra campagna delle Falkland, tutti i mezzi sono leciti, i gas, le bombe chimiche, qualsiasi ritrovato dell'industria bellica; ti dico la verità, nei loro confronti mi sento svincolato da qualsiasi legge di Dio e degli uomini, nessun codice cavalleresco. E se mi troverò a pensare anche solo per un istante che questo qualcuno che fa parte della tua vita più di me conosce il sapore della tua bocca, della tua pelle, ti può guardare quando vuole come ti guardo io questa notte, e in una stanza come questa con te magari ci vive davvero, ecco, preparati a soffrire, perché quel maledetto io lo potrei anche perseguitare, potrei rendergli la vita impossibile, fargli rimpiangere di essere nato, farlo impazzire, lo potrei anche uccidere, non mi importa niente se gli vuoi bene, perché lui sa come è fatto il tuo corpo, sa come sei quando fai l'amore, ti tocca ogni volta che gli viene in mente, lui ha sempre questa confidenza che tu e io dobbiamo conquistare riparandoci dietro alle scene da filmare; lui ha dalla vita quello che io non ho, e stasera ho fatto questo errore a cui non avrei rinunciato per nessuna ragione, di chiudermi in questa stanza con te, sdraiarmi su un letto disfatto che è come quello su cui vivevo insieme alla Mirna, toccare questi abissi dell'attrazione e della confidenza, e poi basta, scaduto il tempo, finito, appartieni a qualcun altro e a me rimangono soltanto queste immagini che saranno soltanto una dannazione. Ma è la gelosia che è una dannazione, non è colpa mia, non hai idea di che silenzio scenda nell'animo davanti a questi pensieri che si formano da soli, che paura, il terrore, la solitudine spaventosa, come quelle foto che arrivavano da Marte, una sola desolazione, tutta l'inadeguatezza del mondo concentrata in questi incubi terribili di vederti con la vita di qualcun altro.

Te l'ho detto, queste sono considerazioni che per adesso stanno lì, non salgono su a rovinare tutto, non so quale motivo le trattiene, ma finché possiamo conviene approfittarne, perché ci sono state altre attrici aggredite e altri film rovinati anche per molto meno, il senso del possesso non si controlla, si subisce e basta, e visto che per il momento ci dà tregua, meglio continuare a girare come stiamo facendo, anche se questo corpo mi mancherà, e mentre adesso ti dico di vestirti e di sederti come se questa fosse una domenica che Mirna e Monica passano a letto senza aver niente da fare, sento che il cuore si scioglie per la malinconia.

Però qui bisogna farsi forza, "Giving up is not an option at all", e allora meglio riordinare le fila, bere una tazza di tè al riparo dei carri armati, fare il conteggio dei superstiti, e ripartire all'attacco, per Dio e la Regina: improvvisiamo questa scena che fino a un attimo fa nessuno aveva in mente, ma d'altra parte ho sempre pensato di avere qualche affinità con il più spericolato rocker italiano, e se lui può dire che le sue canzoni "nascono da sole, vengono fuori già con le parole", posso anche io, fatte le dovute proporzioni, trovare da qualche parte dell'ispirazione questi momenti che evidentemente sono già pronti e aspettano soltanto di essere tradotti in immagini. Che poi non c'è nemmeno da dire che è un ricordo della Mirna: lei aveva delle mani bellissime, ma le unghie non se le tingeva, di trucco, al massimo, si metteva una riga di kajal sugli occhi, ma glielo avrò visto due o tre volte al massimo, arrivava già così e non ho mai saputo da dove veniva. Qui dentro è proprio che io e Magalí stiamo insieme – tanto io sono Monica e nessuno mi può identificare –, le domeniche le passiamo così, stiamo a letto tutto il tempo, non abbiamo nessun altro posto dove andare, chissà quante volte facciamo l'amore, poi ogni tanto ci riposiamo, e allora adesso non me ne importa niente se poi questa scena non la potrò mai usare – cosa c'entra la mia voce in un film di due donne? – ma è colpa di Magalí che è così tranquilla, anche lei si è dimenticata che stiamo girando un film, parla con me, ride, mi chiama per nome, Monica non esiste più, è stata cancellata, missing in action, e io non capisco più nessun confine, non so più dove fermarmi, parlo, rispondo e rido, e non posso fare altro che affondare in questo oceano di comprensione, di amore smisurato. Rinnego tutti i film che ho fatto, tutte le donne che ho filmato, non girerò mai più neanche un fotogramma, davvero, credetemi, non sono io la persona di cui parlate. Però questa scena è la vita reale, io ho questa macchina da presa soltanto per caso, me l'hanno data e mi hanno detto di usarla, ma ci deve essere un malinteso, io stavo semplicemente con la mia ragazza, di solito parliamo e scherziamo in questo modo: non ci sono altre vite, c'è solo questa che viviamo io e Magalí, lei che si spalma lo smalto sulle sue unghie sciupate, qualche goccia cade sulla coperta, lei ride perché io la faccio ridere, non sa trattenersi, non vede neppure che la filmo, non lo vedo neanche io, Dio dammi la forza per andare avanti, per non essere davvero Monica, io qui non ce la faccio, non credo ci sia modo per sopportare tutta questa leggerezza, lo so come starò male dopo, ma voglio lo stesso continuare per sempre, andare avanti all'infinito, perché non c'è nessun altro senso, dimentichiamoci tutto il resto. Come farò poi a tornare normale? Esisteranno cure efficaci? Qualcuno mi verrà a recuperare in questi abissi? Magalí, tu continua in questo modo, non ti far tornare mai in mente che ci siamo conosciuti per un film, è un pensiero che non esiste più, è stato proibito, c'è un trattato bilaterale italo-argentino che lo dice espressamente, e resta per sempre su questo letto a tingerti le unghie davanti a me. Ci sono state mille attrici che hanno perso tutto quel tempo a distinguere fra quello che recitavano e quello che era la loro vita, non sia mai che ammettessero di avere una qualsiasi confusione, ma tu evidentemente sei mille volte migliore di loro, non hai queste preoccupazioni, sei indifferente alle convenzioni e alle voci di paese, senti quello che devi sentire e per il resto lasci dire. E anche se sono sicuro che lo capisci da sola, perché c'è ogni attimo che abbiamo passato in questa camera numero 3 dello Sportsman Hotel a dimostrarlo, se proprio vuoi te lo dico che ti amo, che ho bisogno di te, che non ti voglio perdere mai più, ti faccio l'elenco preciso di tutte le banalità che si dicono in questi casi: te lo dico che sei come la Mirna, che c'è la stessa identica dolcezza, che adesso siamo davvero in Scalabrini Ortíz, hai la stessa pelle, le stesse mani, gli stessi occhi che si chiudono quando sorridi, non c'è più motivo di fare distinzioni, e allora i film un senso alla fine ce l'hanno, tu sei questo ricordo che ho e sei il ricordo che diventerai perché ti amerei lo stesso, sei la donna che dovevo incontrare, mi regali i respiri e tutte le emozioni, sei la giustificazione a tutto, vivo attraverso la tua vita e della mia non me ne importa niente: non ci sono le parole, io non le so trovare, mi basta averti qui davanti che sorridi in quel modo, e non ci sono più desideri, succeda quel che deve succedere, sono disposto ad affrontare tutte le conseguenze, vado incontro al mio destino a testa alta, sono un soldato inglese, mi faccio prendere prigioniero senza alzare le mani, non mi appello nemmeno alla Convenzione di Ginevra, tanto la pena peggiore che posso scontare è questa di averti conosciuta e di doverti lasciare qui». (Da Corso Salani, *Mirna. Un diario cinematografico*, Artdigiland, 2017, pp. 151-154)

Per la biografia e la filmografia di Corso Salani vedi la scheda di *Il peggio di noi*.

Evento speciale a cura di Artdigiland.

Verifica incerta

Disperse Exclamatory Phase, 1964-1965

Regia e montaggio: Gianfranco Baruchello, Alberto Grifi; 16mm, 1.37:1, colore, 32' (alcune filmografie riportano 47', probabilmente riferendosi a una prima versione)

Originariamente copie in CinemaScope 35mm al termine della distribuzione di sala, rimontate in moviola, compresse in 1.37:1 e poi controtipate su internegativo 16mm.
Un cast di eccezione! Clark Gable, Gregory Peck, Susan Hayward, Tyrone Power, Jennifer Jones, Victor Mature, la regina Elisabetta d'Inghilterra, Filippo di Edimburgo, Marcel Duchamp, Rock Hudson, Curd Jürgens, Deborah Kerr, James Mason, Charlton Heston, Leslie Caron, Daniel Gelin, Cesar Romero, Rossano Brazzi... e molti altri.

... era ancora più evidente l'ideologia guerrafondaia di quei western, lasciando tutte le attese e le inquietudini del cowboy che prende eternamente la mira; ci incrociavamo controcampi da film diversi, introducevamo controcampi sbagliati e costruivamo altre storie, anche: per esempio il cambiamento di sesso di Eddie Spanier. Mescolammo le lotte corpo a corpo dei pellerossa contro i soldati della cavalleria yankee, dei Sik rivoltosi contro le sentinelle dell'esercito inglese; gli aggressori (scuri di pelle) saltavano addosso alle loro vittime (visi pallidi) agguantandole per le terga...; le coppie si rotolavano convulsamente nella sabbia degli accampamenti nel deserto dell'Arizona o nelle praterie del Colorado finché qualche commilitone "dei nostri" interveniva per salvare il sottomesso con un colpo di Winchester o di una colt... Poi intrecciammo queste scene col compagno d'armi di Eddie Spanier interrogato sul lettino operatorio, che fa vedere agli ufficiali una foto in cui è abbracciato cameratescamente a Eddie sorridendo al fotografo e confessa con un filo di voce: «Abbiamo fatto la guerra insieme, ci siamo sposati da due mesi, nessuno lo sa, nessuno lo sa...». Così, attraverso questi slittamenti di montaggio, facevamo emergere le pulsioni che quei film rimuovevano: la temutissima omosessualità maschile di quegli eroi muscolosi, virili e maccartisti, allevati a latte e bistecche; i nipoti dei pionieri che avevano ripulito l'America dai pellerossa e che avevano a loro volta "salvato" la Corea dai comunisti e il mondo dai giapponesi con le bombe di Hiroshima e Nagasaki... (http://www.albertogrifi.com/106?post=145)

Perché da un sottoscala facemmo a pezzi Hollywood
Questa versione-spiegazione radiofonica di Alberto Grifi su *Verifica incerta* è stata trasmessa da RAI Radio 1 (Fonosfera, segmenti, percorsi e dinamiche sonore in una proposta di laboratorio a cura di Armando Adolgiso e Pinotto Fava) il 1 gennaio del 1981 col titolo *Se ci fosse una porta busserei*.

Cara Elisabeth,
credo di avere ancora da qualche parte mucchi di scatole di statico, pellicola positiva o negativa di scarto che si usa per fare il silenzio da alternare in moviola ai pezzi sonori di perforato magnetico. C'è di tutto: le varianti della stessa scena, le ripetizioni dei gesti degli attori, gli errori, le interruzioni, i messaggi in coda alle

eventi speciali

inquadrature che il direttore della fotografia manda al datore-luci della stampa attraverso, metti, Vittorio De Sica con espressione improvvisamente cambiata che regge il cartellino "sera illuminata", o Anna Magnani, Nannarella, con il ciacchista che mostra all'obiettivo la scritta "interno giorno". Poi i fermi di macchina, che sono i fotogrammi esposti casualmente dall'operatore per centrare lo specchio dell'otturatore che rimanda l'immagine nella loupe, dove per 2 o 3 fotogrammi si può vedere, sovraesposto, ciò che succede nella pausa tra uno stop e un ciak: la parrucchiera che riavvia i riccioli della diva, l'attrezzista che regge l'ombrello o il truccatore che tampona il sudore, che rinfresca le ferite…
Queste pizze di statico, dunque, nate più sui tavoli passarulli a manovella che in moviola, "fatte su" da assistenti che non hanno certo né il tempo né la voglia di guardare di che film si tratta ma solo il dovere di assicurarsi che si tratta di uno scarto, rulli considerati non come film di immagini che raccontano storie ma solo come pellicola a metraggio, non passeranno mai sugli schermi neppure per sbaglio.
Ebbene, con tutti questi chilometri di pellicola acquistati al prezzo del macero si può andare in proiezione… e tornerà in campo qualcosa di più di uno screening perverso, di tutto ciò che è scartato dal significato. Destinato in partenza a rimanere fuori campo come scarto di lavorazione, ridonda un'enorme complessità semantica e in ogni caso offre all'analisi cinematografica una ricchezza di linguaggio e di contenuti assai più stimolante di qualsiasi film famoso.
Ma c'è di più. Il linguaggio con cui mi parlano questi rulli costituiti da scorie di lavorazione è quello delle pratiche lavorative che i salariati del cinema svolgono fuori campo, nella penombra del set, nella penombra della moviola, nelle "sale positivi" degli stabilimenti di sviluppo e stampa. Da questi rulli, per chi abbia voglia di leggerli, esce una pulsione che traspare da questo strano rimontaggio casuale, collettivo, disattento, inconscio. Una pulsione che viene su dai gesti ripetitivi e insulsi, dalla catena di lavorazione della manodopera in grembiule, quella più bassa dell'industria della celluloide, quella per la quale il cinema è solo un incubo da dimenticare tutte le sere… rendendo evidente lo schema fasullo del racconto, gli errori, le lacrime sgocciolate

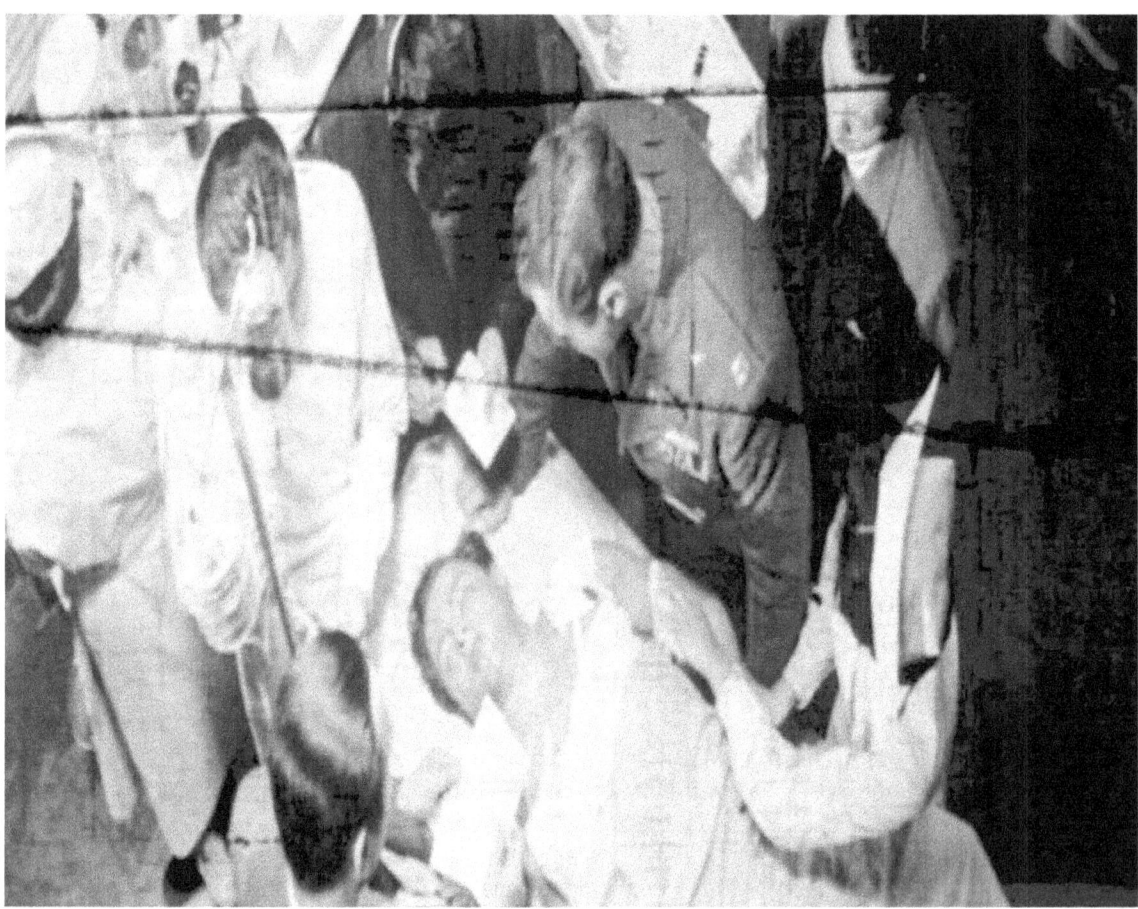

dal truccatore che rendono visibile il falso contrapposto alla vita vera. È il grottesco del cinema dei produttori e dei profitti, il linguaggio dominante che non parla la lingua di chi il cinema lo fa. Con pochi fotogrammi ci avverte che la manovalanza che il film lo costruisce è espropriata dalla propria vita mentre è asservita al fittizio. E dal momento che gli spettatori, nel buio dei cinema e della loro vita, rimettono in circolazione nei loro cuori inariditi le bugie del cinema di cartapesta, perché non c'è più separazione tra platea e schermo, e da tutti e due i fronti si raccontano le stesse bugie, lo spettacolo è totale.

Era da qui, quando le ragazze della moviola praticano la distruzione dei film che ancora puzzano di acido acetico, mentre magari sentono che fuori dello stabilimento è primavera, era in questa sottile vendetta, in questo pigro massacro cinematografico che smonta ciò che l'industria spettacolare monta, che andava cercata la vera opposizione, che andava cercato come alleato chi è costretto a rimanere dietro le quinte e che pronuncia un linguaggio distruttivo, un linguaggio tra le cui righe si intravede la tensione alla vita vivente e non la sua rappresentazione falsificata.

Le sceneggiature vengono spesso scritte sulla statistica degli indici di gradimento, cioè sulla base degli indici di incasso. Ormai tutti sanno che i film vengono progettati e realizzati insieme a un'enorme quantità di merci che seguitano a riprodurli e moltiplicarli fuori dalle sale. Superman viene lanciato non solo dai distributori del film ma da quelli che stampano i fumetti, le figurine, dai manager delle catene dei supermercati, perché

Superman è anche un giocattolo, è una maglietta, un chewingum, etc. Non solo il film diventa dunque la pubblicità delle merci messe in vendita, ne costituisce l'ideologia per così dire, ma le merci che lo riproducono dagli scaffali dei supermercati sono pubblicità a loro volta per il film-carosello.
Ma un giorno ci si accorge che le merci, che promettevano gioia e voluttà di vivere, cominciano a svelare la loro vera sostanza: a Seveso, per esempio, la guerra del Vietnam riesplode sotto forma di diossina sui pacifici luoghi di produzione. E si potrebbe dire che quello che sentivamo 15 anni fa io e il mio vecchio amico Gianfranco Baruchello a proposito di quel cinema è che i modelli, le storie con cui ci bombardava l'industria della celluloide erano già altrettanto inquinanti. Che fare? Girare un film antagonista per dire come la pensavamo noi avrebbe significato rimettere in moto la macchina dei soldi, i ruoli separati della gerarchia del set, le prestazioni salariate, insomma la riproduzione di quel cinema-fabbrichetta che volevamo contestare. Ma distruggere le storie che loro, quelli di Hollywood, confezionavano così bene, ecco, farle a pezzi e rimontarle... Ci impossessammo di un camion di film cinemascope che avevano terminato l'ultimo stadio della distribuzione, quella dei circuiti parrocchiali. Li mettemmo sulla moviola, una vecchia Prevost col piano di legno. Intrecciavamo tempi e luoghi diversi: cowboys si sparavano da film differenti, turisti in vacanza sullo sfondo di cieli di cartone bombardavano la portaerei dei marines. Commilitoni della guerra di Corea si sposavano fra loro. Attraverso porte e finestre che si aprivano e chiudevano su inquadrature e controcampi sbagliati balenavano i rimossi di quei film. Il primo che mi viene in mente? Dietro i corpo a corpo l'omosessualità malcelata degli eroi cresciuti a latte e bistecche...
Con quanto gusto noi spettatori avevamo risucchiato nel fondo delle nostre rètine avide le vostre immagini, o divi dello schermo e stelle del cinema, modelli di comportamento, eroi ed eroine... Non ci rimaneva che tirarvi giù dal cavallo tanto per disinquinarci un po', trascinarvi giù nel fango del nostro quotidiano. Anzi, non ci rimaneva che fare a pezzi questa pubblicità della guerra, il vostro patriottismo e le vostre fanfare che pretendevano di santificare tutte le agonie e gli orrori della storia, dove mancava una sola cosa: la nostra vita vera.
Abbiamo cercato di farvi a pezzi così come voi avete fatto a pezzi prima i musi rossi, poi i musi gialli... Ma mentre voi avete il settimo cavalleggeri, il napalm e le bombe di Hiroshima e Nagasaki, io e il mio amico e pittore Gianfranco Baruchello avevamo appena una vecchia moviola in un sottoscala per farvi a pezzi...
(Alberto Grifi, in Carla Subrizi, a cura di, *Baruchello e Grifi. Verifica incerta. L'arte oltre i confini dell'arte*, DeriveApprodi, Roma 2004, pp. 75-77)

Gianfranco Baruchello (Livorno, 1924), pittore e film e videomaker, vive fra Roma e Parigi.
Filmografia: *Il grado zero del paesaggio* (1963, 25'); *Verifica incerta. Disperse Exclamatory Phase* (coregia Alberto Grifi, 1964-1965, 32'); *Bastik 5242/c* (rullo di pellicola mai visionato con scatola metallica, 1965); *Costretto a scomparire* (1968, 15'); *Perforce* (1968, 15'); *Norme per gli olocausti* (1968, 15'); *Complemento di colpa* (1968, 8'); *Tutto, tutto nello stesso istante* (collettivo della CCI, contributo di 8'); *Catalogo delle "merci" dell'Operazione Artiflex* (1968, 5'); *Per una giornata di malumore nazionale* (1969, 24'); *Non accaduto* (1969, 7'); *I giorni di Lun* (1969, 15'); *In quarantasette secondi* (1969, 47"); *Beaufort* (1970, 3'); *Bessone e Ghittoni, due gemme della lotta di Liberazione* (1970, 3'); *Una settantina di idee* (1964-1970, progetti); *Tre lettere a Raymond Roussel* (1970, 28'); *Una visita a Man Ray* (coregia Alberto Grifi e Agnese Naldini, 1970, 20'); Immagini filmiche su tre schermi in simultanea per "Il Coccodrillo" di Valentino Bucchi (1970-1971); *Lap* (1971, 3'); *Peep Sea Show* (1971, 10'); *Operazione Agricola Cornelia* (1975, 25'); *Da The Sea of tranquillità* (1992, 27'9");
Videografia: *Television Limiter* (schermi opachi per limitare o azzerare la visione del teleschermo, 1965); *Quotidianità indicibile* (serie di nastri video b/n andati perduti realizzati con il primo videoregistratore amatoriale Sony e una telecamera a fuoco fisso, fine anni Sessanta); *Enoncé impossible* (nastro 2" mai visionato e inscatolato, 1967); *Dieci trasmissioni televisive per cameraman sprovvisto di potere* (cartoni a china con materiali diversi, 1967); *Was ist Trigon* (1973, disperso); *Mutila* (1975, 7'); *A partire dal dolce (Doux comme saveur)* (1979-1980, 3 elementi, il primo di 22 ore con riprese di Alberto Grifi); *Hermès passé* (1981, 15'); *Morte*

e nascita del pane (1981, 3′); *La scomparsa di Amanda Silvers* (operazione artistica tra video e disegno, 1981); *Kafka Unorthodox* (1983, 30′); *Sull'Agricola Cornelia* (1983, 20′); *Dietro l'iride* (coregia Anna Lajolo e Guido Lombardi, 1985, 30′); *Fraintesi dall'incantevole* (firmato Altrementi [Baruchello, Lajolo, Lombardi], 1989, 11′30″); *Quando il giallo si dissolve* (Altrementi, 1990, 14′30″); *Punto di fuga* (Altrementi, 1991, 14′45″); *68/91* (Altrementi, 1991, 11′21″); *Cinque esercizi di media difficoltà* (Altrementi, 1992, ?); *Avatar* (Altrementi, 1992, 20′); *Countdown* (1992, sigla per la RAI); *Marina* (1992, 9′); *Edges* (1993, 16′); *Tre serie in tv, Cargo* (1993, 11′); *Ci vediamo a Cocin* (1993, 18′); *Gita di un pittore al faro* (1994, 10′33″); *Immobile 1/2/3: elaborazione sul segnale a partire da Edges* (1994, 20′); *Il brodo di cammello* (1994, 4′48″); *Di A, con A* (1994, 15′); *Occhio di pietra* (1995, 30′); *Ponte Casilino* (1995, 45′); *Non c'è* (1996, 6′51″); *Ballade* (1996, 7′13″); *Quaranta immagini* (1996, 3′39″); *Retard* (1996, 3′40″); *Cento donne viste dall'interno di un'automobile* (1996, 6′34″); *Ai campi Elisi* (1996, 5′50″); *Sostanza e Moda* (1996, 6′3″); *Alati* (1996, 13′); *D.A.F.* (1996, 4′24″); *Seconda natura* (1996, 13′10″); *Inventario di ottobre* (1996, 11′30″); *Prove di teatro a Rebibbia* (1997, 65′); *Pornographie sur l'herbe* (1998, 4′45″); *Tic tac* (1998, 7′54″); *Quanto* (1999, 6′); *In su* (2001, 4′45″); *In alto, in basso* (installazione con 10 video, 2002); *Colpi a vuoto* (2002, 13′38″); *Fuoco!* (2002, 1′2″); *Tu dici il punto, la piega* (2002, 12′). (Adattato dalla filmovideografia in Carla Subrizi, cit., pp. 179-181)

Alberto Grifi (Roma, 1938-Roma, 2007, dove ha vissuto e lavorato).
Filmografia: *Cyril. Una cosa urgente* (coregia Giorgio Maulini, 1960, c. 20′, perduto); *Lariano* (1960, mai montato, perduto); *Nonotte* (coregia Beppe Lenti, 1961, mediometraggio, perduto); *Anna* (1962, ?, perduto); *Cristo '63* (coregia Beppe Lenti, 1963, ?, inserti per lo spettacolo di Carmelo Bene, perduto); *Verifica incerta. Disperse Exclamatory Phase* (coregia Gianfranco Baruchello, 1964-1965, 32′); *Pezzi di "Amleto"* (1966, ?, inserti per lo spettacolo di Leo De Berardinis e Perla Peragallo, perduto); *No stop grammatica* (1967, 90′); *Transfert per kamera verso Virulentia* (1966-1967, 22′; rieditato col titolo *Transfert per Camera sul teatro di Aldo Braibanti*, 15′41″, con una premessa in b/n di 7′41″ sugli effetti speciali e una postfazione a colori, con Alessandra Vanzi, propedeutici a "Transfert per Camera verso Virulentia", 9′); *Orgonauti, evviva!* (1968-1970, 20′); *Non soffiare sul narghilè* (1967-1971, 30′; include *A Saro crescono i capelli per amore*, 1967, 10′); *Il grande freddo* (1971, 31′; rieditato col sottotitolo *Riuscirà Giordano Falzoni nel ruolo di principe azzurro munito di giochi ottici rotanti a restituire la voglia di vivere alla bella addormentata?*, 20′36″); *Vigilando reprimere* (1972, 26′); *Anna* (coregia Massimo Sarchielli, 1972-1975, 225′); *Il festival del proletariato giovanile a Parco Lambro* (1976, girato in video, 25h54′35″, e in 16mm, 170′, montato con inserti dal documentario *Le macchine di Grifi* di Alessandro Barbadoro e Giulia Cerulli, 1995, 58′); *Manifestazione durante la prima dell'"Otello" alla Scala* (coregia Franco Barbero e Claudio Caligari, 1976, ?, perduto); *L'occupazione degli autoriduttori del convegno sulla follia* (coregia Franco Barbero, Claudio Caligari, 1976, 138′23″); *Contestazione al concerto di Antonello Venditti* (coregia Franco Barbero e Claudio Caligari, 1976, 52′24″); [*Festa del COM nella casa occupata di via Morigi a Milano*] (coregia di Franco Barbero e Claudio Caligari, 1976, 20′); *Il preteso corpo* (1976, 19′); *L'occupazione dell'Università La Sapienza* (coregia Renzo Costantini, 1977, 72′); [*Sconvegno svoltosi presso la Fabbrica di comunicazione a Macondo a Milano, 24-26 novembre 1977 in contrapposizione al convegno sul tema "La violenza" organizzato dal collettivo Semiotica e politica dello psicoanalista Armando Verdiglione*] (coregia Franco Barbero e Claudio Caligari, 1977, 7h42′17″); *Manicomio: Lia* (1977, 27′10″); *Non ci sono spini senza rose* (coregia Guido Blumir, inserito nella trasmissione RAI "Come mai", 5-2-1978, ?); *Michele alla ricerca della felicità* (collaborazione Guido Blumir, 1978, 23′); *Dinni e la normalina ovvero La videopolizia psichiatrica contro i sedicenti gruppi di follia militante* (1978, 27′); *Manicomio: Arturo Conte* (1984, 37′); *Filming Man Ray* (coregia Gianfranco Baruchello e Agnese Naldoni, 1971-1990, 27′); *M'ho visto apparire le pecore* (coregia Ilka Singelmann, 1992, 18′); *Thomas Harlan al Forte Prenestino* (1992, 180′ di girato, non montato); *Paperino si riguarda* (1993, 59′); *La prima volta che Zavattini provò ad usare il videotape* (coregia Massimo Sarchielli per il video del 1974, Paola Pannicelli per quello del 1993, 1974-1993, 83′, versione lunga, 59′, versione breve); *Leoncavallo, i giorni dello sgombero*

(coregia Paola Pannicelli, Angela Buffone e il Collettivo Video del Leoncavallo, 1994, 65'); *Addo' sta Rossellini* (1996, 97'); *In viaggio con Patrizia* (1966-1997, 30', versione postuma a cura dell'Associazione culturale Alberto Grifi, 2007, 50'); *Giordano Falzoni ripreso durante il corso della sua esistenza* (coregia Giordana Meyer, Paola Pannicelli, Karina Bouchet, 120' di girato, non montato); *A proposito degli effetti speciali* (coregia Alessandra Vanzi, 2001, 20'); *L'occhio è per così dire l'evoluzione biologica di una lacrima & Autoritratto Auschwitz* (1965-1967-2007, 34'31"). (Adattato dalla filmografia in Annamaria Licciardello, *Il cinema laboratorio di Alberto Grifi*, Falsopiano, Alessandria 2017, pp. 150-154)

Evento speciale in collaborazione con Associazione Alberto Grifi.

FUORINORMA EXTRA. CORTOMETRAGGI

a cura di Bruno Di Marino, Francesca Fini

Altre forme, altri formati

Bruno Di Marino, Francesca Fini

1. La sezione Extra, nata nell'ambito del progetto Fuorinorma, contiene cortometraggi di artisti e cineasti italiani che da sempre si occupano di videoarte e/o cinema sperimentale, ma anche di animazione, performance, videomusica e di quelle forme liminari e borderline a cavallo fra il territorio delle arti visive e quello delle immagini in movimento.

Inizialmente avevamo pensato di chiamarla "fuori formato", indicando, quindi, non solo la durata, ma soprattutto la flessibilità concettuale e formale, la dimensione metamorfica di questi film, o meglio "oggetti audiovisivi". Abbiamo optato poi per "extra", richiamando la dicitura con cui solitamente si definiscono i contenuti speciali di un DVD. Del resto questi lavori non possono essere disgiunti dal più generale contesto di Fuorinorma, che si pone come obiettivo la valorizzazione di quel cinema italiano di ricerca, tra documento, narrazione e sperimentazione, ingiustamente escluso dai circuiti ufficiali.

La maggior parte di queste opere sono state pensate per una visione monocanale (su un solo schermo), altre hanno anche una loro esistenza installativa, a dimostrazione di come le immagini possano acquistare forme sempre diverse a seconda dei contesti, degli spazi e delle esigenze fruitive.

I criteri di selezione sono vari, a cominciare dalla durata: si è pensato di inserire lavori piuttosto brevi, sia per facilitare la partizione in programmi, sia per rendere più attenta la visione dello spettatore, sia per consentire di mettere quanti più autori possibile in rassegna (bilanciando anche la quantità di donne e di uomini, perché no), pur sapendo che una panoramica del genere, circoscritta cronologicamente agli ultimi dieci anni, non può affatto essere esaustiva riguardo ad autori e tendenze, ma solo indicativa di una fertile e febbrile attività produttiva, quasi sempre autofinanziata e poco sostenuta dallo Stato o da altre istituzioni pubbliche e private. E non potrebbe essere altrimenti, dal momento che gli autori nel nostro Paese dediti alla sperimentazione audiovisiva sono migliaia e migliaia, di cui alcune centinaia meriterebbero ben altra attenzione da parte del pubblico e maggiore considerazione critica da parte degli addetti ai lavori.

Come già detto in precedenza, Extra non può, dunque, che essere l'integrazione e il completamento di Fuorinorma e, come il festival da cui prende le mosse, anche per questa rassegna – ripartita in tre programmi, modulabili nella durata a seconda dei luoghi – diventa centrale il fatto che i film, laddove sia possibile, siano introdotti dagli stessi autori, in modo da avere un dialogo diretto con il loro pubblico per spiegare meglio le premesse realizzative da cui sono partiti e illustrare in modo ampio il loro immaginario e il loro percorso estetico.

Un ringraziamento va proprio a loro, agli artisti e ai filmmaker che, come sempre, con grande generosità, hanno messo a disposizione le loro opere, credendo innanzitutto in un progetto/processo di riflessione/creazione collettiva culturale, slegato da logiche produttive e mercantili.

2. Una delle principali tematiche che emerge dalla visione dei tre programmi è quella della performance, ripensata in chiave narrativa oppure interfacciata con le nuove tecnologie: se in *Person-A* Mastrangelo e Leoni mettono in scena, con grande linearità, un gioco sull'ambiguità/identità tra volto/maschera (il titolo richiama appunto l'antica maschera romana), in *Il mio corpo a maggio* l'artista napoletana Matilde De Feo crea una brevissima allegoria visuale sul corpo che rifiorisce in tutto il suo erotismo vegetale. Sulla stessa lunghezza d'onda si trova Eleonora Manca che con *Reverse Metamorphosis* propone una suggestiva elegia organico-corporea in bianco e nero.

Altre due artiste come Francesca Romana Pinzari e Elena Bellantoni utilizzano la performance narrativizzata per un discorso sul rapporto tra il maschile e il femminile: in *I Ain't Superstitious* la sposa, da sola in chiesa, manda in frantumi un tappeto di specchi, in *Struggle for Power* una coppia di danzatori (con le sembianze della volpe e del lupo) si fronteggiano in un rituale dove i ruoli si rovesciano. Più vicino alla danza è *Kintsugi* del duo Apotropia, dove i movimenti della performer Antonella Mignone si alternano, nel formidabile montaggio di Cristiano Panepuccia, alla riparazione di un oggetto di ceramica.

Il corpo è al centro anche di *L'ombra della sposa* di Alessandra Pescetta che, prendendo spunto da alcune pagine del romanzo di D'Arrigo *Horcynus Orca*, narra di cadaveri che affondano nel Mediterreaneo, ma quelli di ieri (i soldati della seconda guerra mondiale) richiamano, inevitabilmente, quelli di oggi (i migranti).

L'animazione analogico-digitale – mescolata in alcuni casi all'immagine dal vero – è uno dei procedimenti più adottati da molti autori in selezione, a cominciare dai tre videoclip che abbiamo deciso di inserire, ben sapendo che in questo campo negli ultimi anni nel nostro paese sono state prodotto opere importanti: *Di domenica* di Donato Sansone, *Pryntil* di Virgilio Villoresi e *Quasi fosse amore* di Antonello Matarazzo, oltre ad essere testimonianza di binomi tra musicisti e filmmaker che si vengono spesso a creare, rappresentano tre diversi modi di declinare il rapporto tra musica e immagine.

Ma il mondo dell'animazione sperimentale è ben più variegato e stimola numerose esplorazioni, a cominciare da quello che potremmo definire *collage digitale*, realizzato fin dalla fine degli anni Novanta con After Effects e con gli altri software suoi eredi; pensiamo a *Skinned* di Francesca Fini, che rilegge la storia dell'arte attraverso la cornice dell'I-phone, oppure *Panorama* di Gianluca Abbate, opera di architettura visionaria dove il paesaggio urbano si mescola a quello naturale; lo stesso Abbate è poi co-autore insieme a Virginia Eleuteri Serpieri di *Microbioma*, un altro lavoro sull'idea di "flusso" continuo liquido-iconico.

Se la pittura foto-digitale di Basmati in *Halphabeth* propone un saggio tra linguaggio, comunicazione e arte da una prospettiva archeologica, l'animazione 3D di Igor Imhoff genera in *Kurgan* una sorta di onirico videogame sospeso tra reale e virtuale. Molto diverso è l'immaginario di *Post Rebis* in cui Alessandro Amaducci elabora – su un paesaggio di archeologia urbana – un discorso su corpo, spazio architettonico e tecnologia; anche Marcantonio Lunardi nel suo *Anthropometry 154855* lavora sull'interfaccia corpo/macchina, mostrando come l'apparato umano produca dati e informazioni.

Si sottrae a questa orgia di animazione digitale optando per quella analogica l'artista sicula Rita Casdia, che con *White Sex* (breve film di dieci anni fa) rende altamente erotiche figure di plastilina all'interno di un microcosmo godibile in *loop*.

Ci sono poi alcuni autori in rassegna che, in modo diversi, preservano nella loro estetica e anche nell'uso del dispositivo la memoria del cinema sperimentale, vale a dire una poetica del dispositivo analogico pur nell'evoluzione video prima e digitale poi, senza alcuna contraddizione, ma in continuità con una ricerca che va dalla mescolanza dei formati alle pratiche di *found-footage*, da frammenti di *home movies* a un'astrazione che slitta verso lo strutturalismo. Stiamo parlando di opere quali *La cognizione del calore* di Salvatore Insana, *Colombi* di Luca Ferri, *Dagadol* di Morgan Menegazzo e Mariachiara Pernisa, *La rivoltella* di Danilo Torre, *Debris* di Giuseppe Boccassini, *Miss Candace Hilligoss's Flickering Halo* di Fabio Scacchioli e *Dust Grains* di Elisabetta Di Sopra.

La sperimentazione audiovisiva contempla sempre un discorso sull'immagine, sulla sua origine e sulla sua durata, sulla sua materializzazione (e materialità), ma anche sulla sua dissoluzione. E così nella fase in cui siamo giunti, basata sulla saturazione dell'iconosfera, artisti e filmmaker lavorano sulla distruzione o sulla scomparsa dell'immagine. In fondo il cinema sperimentale ha sempre fatto a meno della figurazione, svuotando del tutto il fotogramma, rendendo la pellicola pura luce, grana, pulsione, emulsione. Il digitale prevede un altro tipo di iconoclastia, quella del disturbo, dell'interferenza, del *glitch* (come avviene in *Linea d'onda* di Audrey Coïanitz) oppure della cancellazione dell'opera (magistralmente messa in scena da Debora Vrizzi nella serie *Blinding Plan 2*).

Ciò che resta – a parte la riflessione sul destino dell'arte – è, tuttavia, la persistenza ostinata dello sguardo.

Fine dell'underground?

Adriano Aprà

Il passaggio dalla pellicola al digitale segna un momento epocale nella concezione delle opere di avanguardia propriamente detta. Ma se il 35mm si fa raro e un po' meno il 16mm, il Super8, sorprendentemente, persiste: forse proprio per un desiderio e una rivisitazione di quella "bassa" definizione che la nuova tecnologia sembra rigettare. E il Super8, inevitabilmente, produce l'anello mancante fra l'antica e la nuova sperimentazione. A differenza però dello storico underground, non solo italiano, col mutismo di quasi tutte le immagini di allora (complicato sonorizzare un Super8), c'è ora un lavoro meticoloso sul *sound design*.

I film che prendo in considerazione non sono naturalmente tutti girati in Super8, ma quando non lo sono mi sembra che preservino il sapore del formato "minore": *La rivoltella* (2010) di Danilo Torre, *Miss Candace Hilligoss's Flickering Halo* (2011) di Fabio Scacchioli, *Debris* (cioè Detriti, 2017) di Giuseppe Boccassini (che è un video ma che sembra derivare da pellicola), *Dagadòl* (2017) di Morgan Menegazzo e Mariachiara Pernisa (pannello conclusivo della trilogia riunita nel 2018, con *Iconostasi*, 2015, e *Psicopompo*, 2016, sotto il titolo *Le porte regali*), *La cognizione del calore* (2017) di Salvatore Insana; mentre *Colombi* (2016) di Luca Ferri, assieme ad altri suoi film, potrebbe costituire il ponte fra queste esperienze e quelle dei film performance.

La rivoltella è una esibizione del e una riflessione sul supporto: oltre alla bassa definizione, l'interlinea e le bruciature emergono in primo piano per contraddire l'eventuale senso politico di un'epoca di rivolta che permane ormai solo come ricordo. (Autoriflessivo è a suo modo anche *Dusk Grains*, 2014, di Elisabetta Di Sopra, che esibisce una performance oculare dell'artista dentro cui si iscrive la materia memoriale di un suo film di famiglia in Super8). In *Miss Candace Hilligoss's Flickering Halo* l'autore utilizza tecniche di *détournement* situazioniste e di sfarfallio che, come in altre sue opere, debbono qualcosa a Grifi-Baruchello e a Martin Arnold per creare un originale *found footage film* dove il film è un vero film di finzione (l'oscuro ma pare cult *Carnival of Souls*, 1962, di Herk Harvey, interpretato da Candace Hilligoss) che diventa sempre più impalpabile e astratto: e il film del film è anche un critofilm. *Debris* alterna in rapidissimo montaggio fotogrammi fissi, immagini in movimento, frammenti in b&n da un film americano che non ho identificato e da repertorio (solo in questi l'immagine è netta) che compongono un vorticoso e affascinante quanto misterioso puzzle che si risolve nel finale, a sorpresa, in riprese continue e in grandangolo nella stazione di una metropolitana. In *Dagadòl* lampi pulsanti di luce e di colore sfocati accompagnano le capriole di un nuotatore-acrobata avvolto da una cortina di astrazioni, che sembra librarsi nell'aria piuttosto che muoversi in acqua, mentre emergono per rapidamente dissolversi alcune immagini, memorie di un'altra realtà; forse quel che abbiamo visto non è altro che ciò che permane di una proiezione in una saletta d'altri tempi con poltroncine in legno. *La cognizione del calore* è fuori fuoco, sgranato, alterna a contrasto colori intensi (e calori che emanano dalle persone e dalla natura): è, si direbbe, un *experimental home movie*, con angioletti in un paradiso non di questa terra, o che noi non sappiamo più vedere se non creato su uno schermo.

Circondato da film performance e neoanimazioni, l'underground italiano rivive e si trasforma, con lo sguardo al futuro ma conservando la memoria di un passato che non ha interrotto la sua procreatività.

La fisica dei corpi

Alessia Lombardini

È difficile configurare un perimetro definito quando è del corpo che proviamo a parlare. Certo, la pelle può sembrarci un confine: biologico, naturale. Ma, correggendo la miopia dell'apparenza, subito cogliamo gli sconfinamenti e la frammentarietà, l'indeterminatezza e l'instabilità. Del resto, è negli sconfinamenti e nell'instabilità che riconosciamo i caratteri propri del contemporaneo.
Il gesto con il quale ci si definisce in uno *stato* è lo stesso che ci fa mettere l'accento sul sé, che ci fa delimitare e privatizzare il campo. L'accento sul sé lo si mette quando non si sostiene il movimento del *se* e del *forse*, quando nella stretta di mano non si sente più il sudore ma si prova solo disgusto. Sudore come manifestazione del confine fra me e l'altro, confine nel quale meglio si nota come si confondano me e l'altro, come non ci siano, se non per successiva divisione, *me* e *l'altro*. L'unico accento sul sé è quello inclinato, obliquo, non diritto: pensiamo al *clinamen*. Si tratta di contatti, di sudori che non ci fanno essere compatti.
L'uomo dovrebbe riconoscersi anche come altro, come acqua, come sudore, dovrebbe accettare di essere anche là, nella mano di quell'altro che la mano gli stringe. Solo allora comincerà a pensarsi come permeabile, come goccia, come mare e come naufragio; solo allora non allontanerà la mano per paura di un contatto o di un contagio già avvenuto, né la stringerà troppo per afferrare, affermare, ma anche ferire, distruggere l'una o l'altra mano. La chimica ci aiuta e lo fa illuminandoci, riscaldandoci, facendoci sudare, fondendoci, confondendoci e ricreandoci sempre nuovi. Azioni e reazioni, in uno scambio che sempre si dà e che ci costituisce come insieme di differenze e mutazioni, miscugli e soluzioni, macchie e cicatrici. Siamo acqua e ossigeno e idrogeno e elettroni e protoni e leptoni e gluoni e, e, e.
Oggi la fisica, incrinato l'edificio del sapere deterministico, ha rinunciato all'idea di legge esatta per sostituirla con quella del cosiddetto *principio di indeterminazione* e dell'*onda di probabilità*, aprendo la strada agli interminati spazi dell'ipotesi e alla riserva inesauribile delle possibilità. E così la logica classica, che separa il mondo nelle categorie binarie degli aut aut, si arresta quando ci imbattiamo nei fenomeni quantistici, che resistono caparbiamente a definizioni precise e che ci mostrano una realtà più incerta, sfuggente, ambigua e complessa di quanto immaginavamo.
Un discorso sul corpo, e più in generale sull'arte, non si può dunque rinchiudere in radicate e radicali definizioni, ma va aperto a un dibattito. Perciò le opere selezionate passano anche per questo percorso *in fieri*, senza tracciati precostituiti, con variabili e intrecci espressivi, dinamico e plurimo che si apre alla tensione rivoluzionaria, là dove il termine rivoluzione è inteso sia come processo che determina il mutamento sia, in termini scientifici, come giro descritto da un corpo in movimento intorno a un altro corpo.
Il corpo, scoperto e ripensato nel video, diviene allora un luogo di esplorazione e trasgressione (*White Sex* di Rita Casdia e *I Ain't Superstitious* di Francesca Romana Pinzari), di sperimentazione attraverso un corpo amplificato, moltiplicato, duplicato (*Skinned* di Francesca Fini), di riconsiderazione del movimento (*Kintsugi* di Apotropia) nonché dello spazio occupato (*Struggle for Power* di Elena Bellantoni), in grado di coinvolgere la scienza, la tecnologia e la natura. È così che si realizza non solo una riproduzione ma anche una ri-creazione della percezione dei fenomeni e della natura stessa.
Qui la creatività del linguaggio audiovisivo permette di non abbandonarsi all'evidenza della descrizione e di scivolare in continue infrazioni della mimesi e della verosimiglianza, dando vita a una libertà e a un'autonomia

nella ideazione e realizzazione di (im)possibili mondi immaginari abitati da corpi altri (*Post Rebis* di Alessandro Amaducci, *Kurgun* di Igor Imhoff, *Panorama* di Gianluca Abbate). Ed è proprio questo intreccio tra le molteplici rappresentazioni del corpo il tratto distintivo della rassegna; lo scontro, l'incontro – interminabile – tra una riproposizione naturalistica della natura e la tensione perturbativa che il video porta con sé.

In queste opere confluiscono alcuni concetti riplasmati dalla fisica moderna quali il "vuoto", il "tempo" e la "memoria" – sia privata (*Dust Grains* di Elisabetta Di Sopra), sia pubblica (*La cognizione del calore* di Salvatore Insana, *L'ombra della sposa* di Alessandra Pescetta) – essendo esse stesse al contempo interferenze di onde e corpi liquidi. Non sorprende allora che molte di esse abbiano al centro l'acqua (*Dagadol* di Morgan Menegazzo e Mariachiara Pernisa, il citato *L'ombra della sposa*, *Reverse Metamorphosis* di Eleonora Manca, *Microbioma* di Virginia Eleuteri Serpieri, *Linea d'onda* di Audrey Coïanitz). Altre opere si offrono inoltre come configurazioni audiovisive della materia, materia che si fa segno e gesto (*Di domenica* di Donato Sansone, *Pryntil* di Virgilio Villoresi e *Quasi fosse amore* di Antonello Matarazzo, contrassegnati dalla necessità di rendere visibile il processo di ideazione); materia che ricompone e spezza l'elemento antropomorfo, restituendo pertanto un'idea della realtà come sostanza in continuo cambiamento.

Le immagini degli autori di Fuorinorma Extra riescono così a contenere gli opposti, a elaborare e intrecciare relazioni complesse fra le parti di un organismo metamorfico in perenne divenire. Ci sono immagini vibranti, dense e solide. Alcune fluide e ambigue, altre fragili e rifrangenti.

Pertanto è la videoarte stessa a essere, per sua natura, fluida e mutevole, a realizzarsi nella metamorfosi mediante sovrapposizioni e contaminazioni. È stesura di frammenti, intervalli, vuoti. È scrittura del tempo, della materia, dello spazio, della percezione. Così questa (in)consapevolezza della complessità consente di reinterpretare gli spazi, le forme e la nozione stessa di corpo.

Extra Animation
Giacomo Ravesi

Fin dalle origini della storia del cinema l'animazione è stata spesso considerata come un'ancella: forma minoritaria e sussidiaria della dominante pratica dal vero. Eppure le storie "fuorinorma" del cinema hanno sempre guardato all'animazione come un territorio libero da condizionamenti e votato alla più ardita sperimentazione: dalle avanguardie storiche all'underground, dal cinema d'artista alla videoarte. Il passaggio dalla tecnologia analogica a quella digitale ha inoltre attivato un sensibile ritorno d'interesse nei confronti delle tecniche di animazione, concepite non più come mero disegno animato ma come assioma teorico essenziale delle immagini in movimento. Fondata sul principio del passo uno, l'immagine animata riformula infatti numerose acquisizioni tecnologiche, estetiche e ontologiche che definiscono il concetto stesso di cinema, cortocircuitando le esperienze aurorali di fine Ottocento e inizio Novecento con le frontiere informatiche più avanzate del XXI secolo.

È seguendo questo orientamento di analisi che anche in Italia l'animazione d'artista sviluppa una frontiera sperimentale e di ricerca nel sistema degli audiovisivi contemporanei, contaminando in una forma ibrida e metamorfica linguaggi eterogenei (dalle arti visive ai media), poetiche autoriali e di consumo, tecnologie artigianali e computerizzate. Da un punto di vista iconografico, i lavori in animazione selezionati delineano difatti una figuratività anomala ed eccentrica che ripensa le dominanti culturali e i canoni rappresentativi consolidati: dall'ordine prospettico alla proporzionalità anatomica.

Acqua, città, segni. Spazi grafici e animati

Virgilio Villoresi è fra gli animatori che meglio rappresentano il rinnovamento compiuto dall'animazione d'autore in Italia negli ultimi decenni. Il suo percorso creativo saggia con assoluta libertà e spontaneità creativa tecniche differenti che vengono utilizzate in diverse forme audiovisive: dal music video ai cortometraggi, dagli spot alle sigle, ai *viral video*. Nel videoclip per Vinicio Capossela *Pryntyl* (2011) l'autore si confronta con uno spazio sottomarino immaginato come un universo fiabesco regolato dalla pratica del gioco intesa come forma espressiva e potenzialità creativa. L'attrazione verso i giocattoli, i pupazzi a carica, i libri *pop-up*, le sagome ritagliate, le composizioni scenografiche miniaturizzate ripristinano un universo ludico infantile che riconducono anche all'infanzia del cinema e in particolare ai dispositivi ottico-cinetici del cosiddetto pre-cinema: dai *flip books* alle cronofotografie.

Intendono viceversa lo spazio subacqueo come luogo dell'oblio e della perdita Gianluca Abbate e Virginia Eleuteri Serpieri, che in *Microbioma* (2013) ritraggono un ambiente liquido e oscuro dominato dall'accumulo oggettuale e da un'atmosfericità astratta. È un'opera di grande magnetismo visivo, che si confronta con la memoria e con il futuro degli oggetti e delle immagini nella nostra contemporaneità, intarsiando nello spazio differenti *layers* di derive di movimenti e di forze imperscrutabili e misteriose.

Il solo Abbate in *Panorama* (2014) anima invece uno scorcio urbano globale attraverso un unico carrello virtuale da sinistra a destra. Mediante un articolato e molteplice lavoro di *compositing*, il video raffigura un'ipotetica megalopoli infinita, governata dalla sovrapposizione, dal sovraffollamento e dal conflitto. Abolendo ogni ordine prospettico e dimensionale, *Panorama* descrive una "metropoli-collage" divenuta organismo vivente, in cui uomini, architetture, animali e vegetali si compenetrano vicendevolmente, avvalorando esclusivamente la logica modulare del multiplo e dell'ossimoro.

Disegna uno spazio virtualmente continuo e stratificato anche Donato Sansone nel video musicale *Di domenica* (2014) per i Subsonica. Si tratta di uno *speed drawing* complesso e articolato, in cui intervengono matite e gomme da cancellare per riprodurre un flusso di segni e figure su carta in continua evoluzione. La camera è posta verticalmente sui fogli e segue con un'inquadratura unica le trasformazioni dei disegni ribaltandone spesso l'orientamento prospettico. È così che un bosco diventa un'orbita planetaria, degli alberi si trasfigurano in sezioni del corpo umano, uccelli, fiori e piante formano supporti di strutture geometriche. Come già nel pluripremiato *Videogioco* (2009), Sansone concretizza una "performance animata", mostrando territori inediti e inaspettati di sperimentazione.

Il videoartista Antonello Matarazzo nel videoclip *Quasi fosse amore* (2017) per Canio Loguercio e l'organettista Alessandro D'Alessandro integra invece l'immagine dal vero dell'interprete a uno spazio animato, basato sui disegni di Chiara Rapaccini. In questo caso la relazione fra stasi e movimento esprime una raffinata eleganza stilistica, che alimenta un sottile equilibrio compositivo e soluzioni visive guidate da un minimalismo grafico e cromatico.

Si confronta direttamente con le corrispondenze fra scrittura, grafismo, fotografia e animazione *Halphabeth* (2018) del duo Basmati (Saul Saguatti e Audrey Coïanitz). Da sempre interessati all'applicazione di tecniche di animazione a passo uno a varie discipline, in questo lavoro – che si presenta anche nelle forme della performance live e dell'installazione – Basmati articola una sorta di riflessione saggistico-visiva intorno alle matrici grafiche della comunicazione: le lettere alfabetiche e i numeri. Utilizzando forme differenti di animazione (disegno, pittura, grafica, fotografia e video), *Halphabeth* ricostruisce in un flusso ritmico e musicale l'evoluzione dei codici della scrittura accostando i sistemi alfabeti analitici occidentali a quelli iconici orientali. L'immagine assume così la funzione di supporto incisorio in cui inscrivere un'omologia costitutiva con le convenzioni rappresentative del linguaggio: le sue analogie e le sue differenze formali e culturali. Attraverso la commistione fra tecnologia digitale e archeologia dei media, i segni e i simboli riprodotti ci riportano a un'origine arcaica e primordiale dell'immagine e, allo stesso tempo, la innestano negli universi iper-mediali della contemporaneità.

Pupazzi e cyborg. Il corpo umano fra analogico e digitale
In contrapposizione alla dimensione spaziale, un diverso orientamento di ricerca è fondato invece sull'esplorazione figurativa del corpo umano. *White Sex* (2008) dell'artista Rita Casdia riproduce, ad esempio, un carillon di figure femminili posizionate su una struttura rotante in atteggiamenti erotico-pornografici. Nati dall'animazione di singole fotografie, i corpi femminili sono realizzati con piccole statuine di plastilina che ripetono incessantemente i medesimi gesti, materializzando un universo osceno ma al tempo stesso ironico e infantile (gli accesi cromatismi degli indumenti e delle capigliature, il motivetto musicale, la forma ludica del carillon).

Il motivo dell'artificialità del corpo umano ritorna con ancora più incisività nei lavori elaborati in animazione digitale. Igor Imhoff è fra i più apprezzati animatori italiani in computer grafica. Nel suo stile si contaminano le ricerche delle arti visive digitali con quelle dell'industria dei videogame. *Kurgan* (2013), ad esempio, descrive uno spazio domestico oscuro e in disuso, dove si materializzano delle entità digitali dalle fattezze umanoidi che si contrappongono in una lotta distruttiva. Realizzata in animazione 3D, l'opera avvalora un'estetica ibrida che apparenta simbologie ancestrali e tribali (il riferimento alla preistorica cultura kurgan) con l'iperrealismo high-tech.

Si sconfina invece nel post-umano in *Post Rebis* (2017) diretto da Alessandro Amaducci. Realizzato in computer grafica con l'ausilio del body scanner 3D, il video è ambientato in un futuro apocalittico in cui fra architetture urbane dismesse si aggirano figure ibride sovradimensionate, prodotte dalla commistione fra parti umane e tecnologiche. Il rebis alchemico – che prevede l'unione degli opposti in un corpo androgino a due teste – si materializza così in enigmatiche figure duali che paiono integrare scheletro e robot, organi interni e macchine informatiche. Nell'opera il corpo abbandona il suo stato organico per trapiantarsi in un'evoluzione tecnologica che vive del connubio tra biologico e artificiale. È invece lontana da un'ottica *posthuman* la performer e videoartista Francesca Fini, che in *Skinned* (2018) riscrive con ironia e leggerezza le relazioni fra corporeità, spazio e identità personale, mediante un attraversamento iconografico di capolavori della storia della pittura: da Leonardo da Vinci a Courbet, da Van Gogh a Picasso, a Warhol. Mediante interventi di computer grafica, il video anima i ritratti e gli autoritratti dipinti, deformandone la fisicità e scomponendone continuamente le linee prospettiche e anatomiche di costruzione, secondo una figuratività che tende all'astrazione. L'introduzione nel video della pratica del selfie accentua inoltre il carattere anacronistico e grottesco della situazione, riflettendo sulla relazione problematica tra funzionalità e inefficienza del rapporto corpo-tecnologia. Per Fini, infatti, più che delle protesi artificiali – così come accade in molti body artisti contemporanei – la tecnologia dei media è intesa come uno "specchio/schermo magico" per confrontarsi problematicamente con l'interiorità fisica e psicologica dell'essere umano.

Ridefinendo i concetti tradizionali di luogo, corporeità e identità, le opere analizzate ne esplorano i regimi rappresentativi, sondandone i paradossi e i limiti percettivi. Lo spazio e il corpo sono delle configurazioni ricorrenti che vengono interpretate prevalentemente come entità instabili e metamorfiche, per simboleggiare il carattere mutevole, espanso e seducente dell'animazione contemporanea all'interno dello scenario artistico e mediale attuale.

Anthropometry 154855
2015, 3'36", digitale, colore, 16:9
realizzazione: Marcantonio Lunardi

Anthropometry 154855 racconta il processo di spersonalizzazione che subisce un soggetto prigioniero dei meccanismi tassonomici della burocrazia. Il titolo, pur richiamando apertamente le "antropometrie" di Yves Klein nella misura in cui riproducono il canone delle proporzioni umane, dichiara subito la propria specificità con l'aggiunta della cifra. 154855 è un numero di matricola, è il numero con cui il regista ha schedato il protagonista del suo film, un uomo di cui vengono catalogati i parametri antropometrici fino all'archiviazione del suo ultimo respiro.

Marcantonio Lunardi, diplomato in regia documentaristica, dal 2001 si è occupato di documentazione sociale e politica lavorando a installazioni, documentari e opere di videoarte. Le sue opere sono state esposte in istituzioni internazionali come il National Art Center di Tokyo, la Galeri Nasional Indonesia di Jakarta, la Fondazione Centro Studi Ragghianti di Lucca, il Video Tage Center di Hong Kong, il Museum on the Seam di Gerusalemme e in molti altri festival e biennali di arte contemporanea in tutto il mondo.

Blinding Plan / The Cathedral
2014-2018, 8'58", digitale, colore, 16:9
regia e fotografia: Debora Vrizzi; *montaggio*: Danilo Torre; *suono*: Umberto Smerilli; *post produzione*: Uponadream Studios; *in collaborazione con*: Principio Activo Colectivo Barcelona, Mariella Franzoni, MACBA Museu d'Art Contemporani de Barcelona

Il film fa parte di una ricerca, portata avanti dal 2011, che si concentra su ciò che rimane, sullo spaesamento della gente (che non si mette mai in posa) di fronte all'arte contemporanea. C'è ancora molta distanza da colmare. Gli sguardi del pubblico verso il vuoto denunciano l'incapacità di vedere e capire l'arte che ci viene imposta e proposta. In *Blinding Plan / The Cathedral* (realizzato presso il MACBA di Barcellona) la ricerca compie un passo ulteriore: una volta spogliati delle opere d'arte, i musei appaiono come immani cattedrali. Se è vero che non c'è più arte, forse è un segnale che non c'è più Dio?

Debora Vrizzi è nata a Cividale del Friuli nel 1975; vive e lavora tra Roma e Udine. Si è diplomata nel 2000 in decorazione presso l'Accademia di Belle Arti "Clementina" di Bologna e nel 2007 in fotografia presso il CSC di Roma. Parallelamente alla sua attività nel campo del cinema, Vrizzi svolge la sua attività di artista realizzando video, performance e fotografie.

La cognizione del calore
2017, 11'22", digitale, colore, 16:9
realizzazione: Salvatore Insana

Un giorno d'estate in un parco di città. Una torrida giornata. Chi non può fuggire cerca surrogati alla propria voglia di vacanza. Le spiagge si tingono di verde e il fuori scena nutre la vista. Complotti infantili e vedute bruciate. Inseguimenti a perdita di vista. Echi del passato, quello di un luogo carico di fantasmi. Di presenze. Quello che ora è un parco pubblico era una volta un grande ospedale psichiatrico, a Collegno, vicino Torino. Forse di fantasmi ne sono rimasti tra quei giardini. Un surplus mistico è evidente. E la cognizione del calore estremo è quella che porta a una dimensione di alterità, di vita bruciata dalla vita stessa.

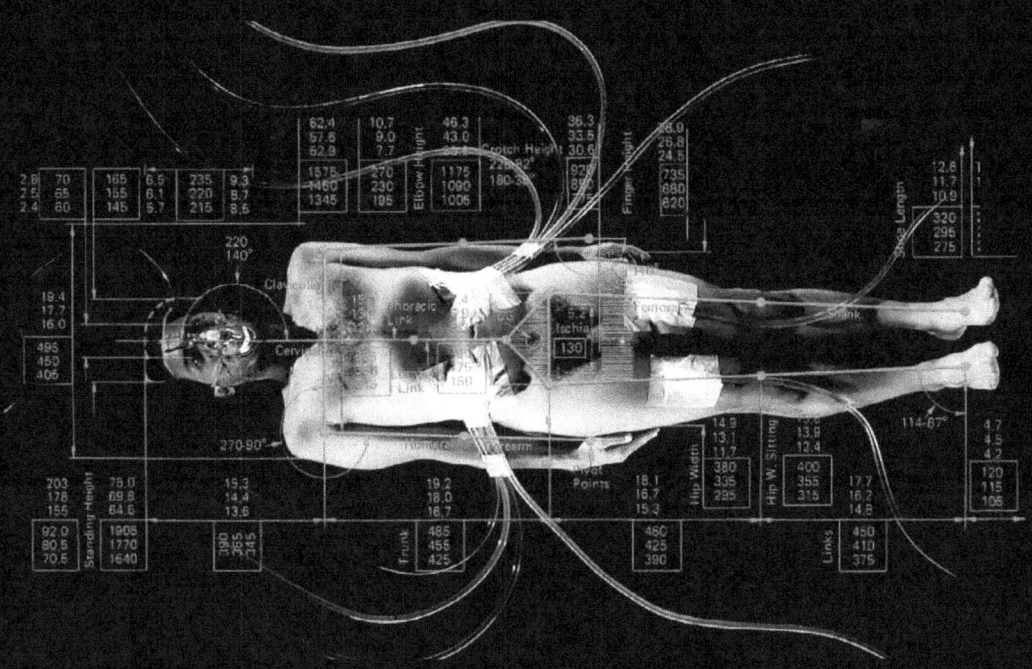

Marcantonio Lunardi, *Anthropometry 154855*

Debora Vrizzi, *Blinding Plan / The Cathedral*

Salvatore Insana ha creato nel 2011 con Elisa Turco Liveri il collettivo Dehors/Audela, producendo – nel costante tentativo di superare generi, luoghi e strumenti "deputati" – opere teatrali, progetti di ricerca audiovisiva, installazioni urbane, laboratori sperimentali. Portando avanti la sua ricerca tra arti visive, arti performative e altre forme di revisione ed erosione dell'immaginario, ha collaborato con numerosi musicisti e sound artist (tra cui Simone Pappalardo, Fabio Cifariello Ciardi, Giulia Vismara, Jacob Kirkegaard) e le sue opere sono state presentate in numerosi festival multidisciplinari in Italia e all'estero.

Colombi
2016, 20'47", Super8 trasferito in video, b&n e colore, 1:2.1
realizzazione: Luca Ferri; *montaggio e postproduzione*: Stefano P. Testa; *suono*: Giulia La Marca; *mix audio*: Giulia La Marca, Elisa Piria; *fotografia*: Pietro De Tilla, Giulia Vallicelli, Andrea Zanoli; *sviluppo e digitalizzazione pellicole*: Giulia Vallicelli, Giulia Castelletti, Alessandra Beltrame; *cast*: Dario Bacis, Annunciata Deco, Giovanni Colombi; *voce narrante*: Assila Cherfi; *produzione*: Lab 80 Film, ENECE film; *produttore esecutivo*: Andrea Zanoli

Una coppia d'innamorati trascorre insieme un secolo di vita mentre gli oggetti, le mode, i film al cinematografo e gli architetti si susseguono in una lenta ma inesorabile discesa verso il raccapriccio. La loro ossessione per i pomelli ottagonali delle caffettiere e per gli oggetti di design anonimo li accompagnerà lungo il passare delle decadi. Invecchiando e perdendo lentamente le forze, ma mai la lucidità per accettare questo declino, preferiranno escludere il mondo, oscurando e sigillando le persiane della loro abitazione e rinchiudendosi in loro stessi, sfogliando vecchie enciclopedie di animali estinti.

Luca Ferri (Bergamo, 1976), autodidatta, dal 2011 si dedica alla scrittura, alla fotografia e alla regia di film presentati in festival nazionali e internazionali tra cui Pesaro, Filmmaker, IndieLisboa, Documenta Madrid, Atlanta Film Festival, Punto de Vista, Curta Cinema, Vilnius Short Film Festival, nonché in musei e gallerie tra cui spazio forma MAMBO, MACRO e Schusev State Museum of Architecture di Mosca. Il suo primo lungometraggio di finzione *Abacuc* (2015) è stato presentato al TFF e al Festival de Mar del Plata e fa parte del programma Fuorinorma. Il cortometraggio *Colombi* è stato presentato a Venezia nella sezione Orizzonti. Nel 2018 il mediometraggio *Dulcinea* è stato selezionato al festival di Locarno e il suo ultimo lavoro *Pierino* presentato al Dok di Lipsia.

Dagadòl
2017, 11'11", Super8 trasferito in digitale, colore, 16:9
realizzazione: Morgan Menegazzo, Mariachiara Pernisa

Un invito ad abbandonarsi, a sprofondare. A disobbedire ai sensi intorpiditi dall'*horror pleni*, dalla bulimia visiva e dall'inquinamento immaginifico. Così Giona disobbedì a Dio e venne inghiottito da un grande pesce, un mostro marino primordiale (in ebraico *dag gadòl*), per poi essere vomitato. L'immagine esiste attraverso di noi e sopravvive come un relitto all'esaurirsi della nostra corporeità, in un luogo disperso e inaccessibile sotto la superficie del mare, a grandi profondità, dove il Cinema è già morto.

Morgan Menegazzo (Lendinara, 1976). Regista, autore e coordinatore editoriale, dal 2001 si occupa della realizzazione di film, documentari e video installazioni. Le sue opere sono state distribuite in sala, proiettate alla Cineteca Nazionale di Roma, alla Biennale di Hannover Up and Coming, e al MART di Rovereto, trasmesse da emittenti televisive e network satellitari come RAI, Al Jazeera e Russia Today, e selezionate da festival cinematografici nazionali e internazionali.

Salvatore Insana, *La cognizione del calore*

Luca Ferri, *Colombi*

Giuseppe Boccassini, *Debris*

fuorinorma

Mariachiara Pernisa nasce a Lugo nel 1981. Si occupa di immagini. Dopo la laurea presso l'Accademia di Belle Arti di Bologna, consegue il diploma specialistico in montaggio e fotografia presso l'Accademia di Cinema e Televisione Griffith di Roma. Autrice e montatrice, dal 2001 realizza film, documentari e video installazioni.
Il loro *Le porte regali* (2018), che comprende *Dagadòl*, fa parte del programma Fuorinorma

Debris
2017, 11', digitale, colore e b&n, 4:3
realizzazione: Giuseppe Boccassini

Debris è il diario di bordo di un naufragrato che tenta di raggiungere, attraverso memorie decomposte, un corpo nuovo.

Giuseppe Boccassini è un cineasta sperimentale che lavora principalmente tra la Germania e l'Italia. I suoi film sono stati presentati in festival e mostre nazionali e internazionali, tra cui FID Marsiglia, Torino Film Festival, Festacurtas BH (Brasile), Crossroads SF (USA), Punto de Vista (Spagna), Museo Storico del Trentino, MACRO Roma, Mostra di Pesaro e altri. È stato scelto come artista per il progetto di rivalutazione artistica dei Chicago Film Archives.

Di domenica
2014, 4', digitale, colore, 16:9
realizzazione: Donny Milkyeyes [Donato Sansone]; *musica*: Subsonica

Due mani armate di matita disegnano sulla pagina bianca composizioni che si trasformano continuamente sotto gli occhi dello spettatore: uccelli, tronchi d'albero, componenti del corpo umano, un uomo e una donna che si baciano, ecc. Animazione in piano sequenza con la camera che ruota di 180° rovesciando la prospettiva, firmata da Sansone, uno dei maggiori animatori italiani, già autore di altri straordinari esperimenti animati (suo è il famoso e premiatissimo *Videogioco*). Il tratto elegante ed essenziale visualizza il brano della band piemontese incluso nell'ultimo album *Una nave in una foresta*.

Donato Sansone (1974). Si è diplomato all'Accademia di Belle Arti di Napoli e presso il Centro Sperimentale di Animazione di Torino. Ha al suo attivo una notevole produzione di videoclip, molti dei quali per i Subsonica. Tra i suoi film ricordiamo: *Milkyeyes* (2001), *Donnalbero* (2001), *Manigirevoli* (2002), *Mutandinafina* (2003), *Love Cube* (2003), *Topo Glassato al Cioccolato* (2012). *Videogioco: a Loop Experiment* (2009). Ha ottenuto decine di premi nei festival di tutto il mondo.

Dust Grains
2014, 3'32", digitale, colore, 16:9
realizzazione: Elisabetta Di Sopra

Se l'occhio è lo specchio dell'anima, i ricordi lontani sono come granelli di polvere...
L'occhio della stessa artista si fa schermo rivelandoci alcune immagini serene della sua infanzia, tratte dall'unica ripresa amatoriale in Super8 che custodisce.

Elisabetta Di Sopra (Pordenone, 1969). Vive e lavora a Venezia. Si è laureata all'Accademia di Belle Arti di Venezia con una tesi su Bill Viola. La sua ricerca artistica si esprime attraverso l'uso del linguaggio video per indagare le dinamiche più sensibili della dimensione quotidiana e delle sue microstorie inespresse. Il corpo è lo strumento d'espressione privilegiato che si fa metafora e parla, anche attraverso piccoli gesti che si caricano di senso.

Halphabeth
2018, 6', digitale, colore, 16:9
realizzazione: Saul Saguatti, Audrey Coïanitz; *musica*: Roberto Agus Dub Mater Spillus; *produzione*: Basmati

Halphabeth è un progetto multimediale che si articola nelle forme del film, della performance live e dell'installazione, nel tentativo di raccontare artisticamente l'evoluzione grafica e geografica di quell'insieme di segni che chiamiamo comunemente lettere e numeri, concependoli come specchio simbolico delle progressioni e delle contaminazioni culturali nella storia dell'uomo.

Basmati è un progetto di ricerca dedicato alle immagini sperimentali, basato sullo sviluppo di tecniche di animazione a passo uno applicate a varie discipline: disegno, pittura, grafica, fotografia e video, tutte filtrate da un'esperienza digitale leggera e molto flessibile.

Audrey Coïaniz (Ile de La Réunion, 1978). Artista, diplomata alla scuola di Belle Arti di Marsiglia, lavora su spazio e movimento, passando da film in animazione a installazioni e performance visuali. Vive e lavora tra l'Italia e la Francia.

Saul Saguatti (Persiceto, 1966). Pittore, fumettista e illustratore, si dedica molto presto a sperimentare la grafica animata, lavorando anche per il mercato televisivo con animazioni tradizionali, al computer 2D, pupazzi animati e disegno diretto su pellicola. Attualmente lavora soprattutto nel campo dei *live media* e della performance video in tempo reale.

I Aint' Superstitious
2010, 5'37", digitale, colore, 2:1
realizzazione: Francesca Romana Pinzari

Una sposa vestita di carta di giornale entra dalla porta principale della Pieve
È sola, nessuno l'accompagna e nessuno l'aspetta all'altare. Sola e concentrata si dirige lentamente verso il centro e si ferma davanti alla guida fatta di soli specchi. Con andatura solenne cammina sugli specchi frantumandoli passo dopo passo sotto i tacchi. Arrivata in fondo resta sola con l'altare in silenzioso dialogo. Non le resta altro che gettare il bouquet di fiori di carta alle sue spalle verso delle invisibili damigelle.

Francesca Romana Pinzari, nata a Perth (Australia) nel 1976, vive a Roma. Lavora con video, installazioni, performance, scultura e pittura. Ha un approccio al lavoro di stampo performativo, la sua ricerca parte dal corpo per parlare d'identità fisica, culturale, politica e religiosa. Prende come punto di partenza se stessa e le proprie esperienze, i suoi lavori sono intimi ritratti che raccontano concetti universalmente noti nei quali gli spettatori possono immedesimarsi. Nelle sue installazioni fatte di crini di cavallo e di suoi stessi capelli intrecciati il rapporto con il corpo e l'organico diventa immediato.

Morgan Menegazzo, Mariachiara Pernisa, *Dagadòl*

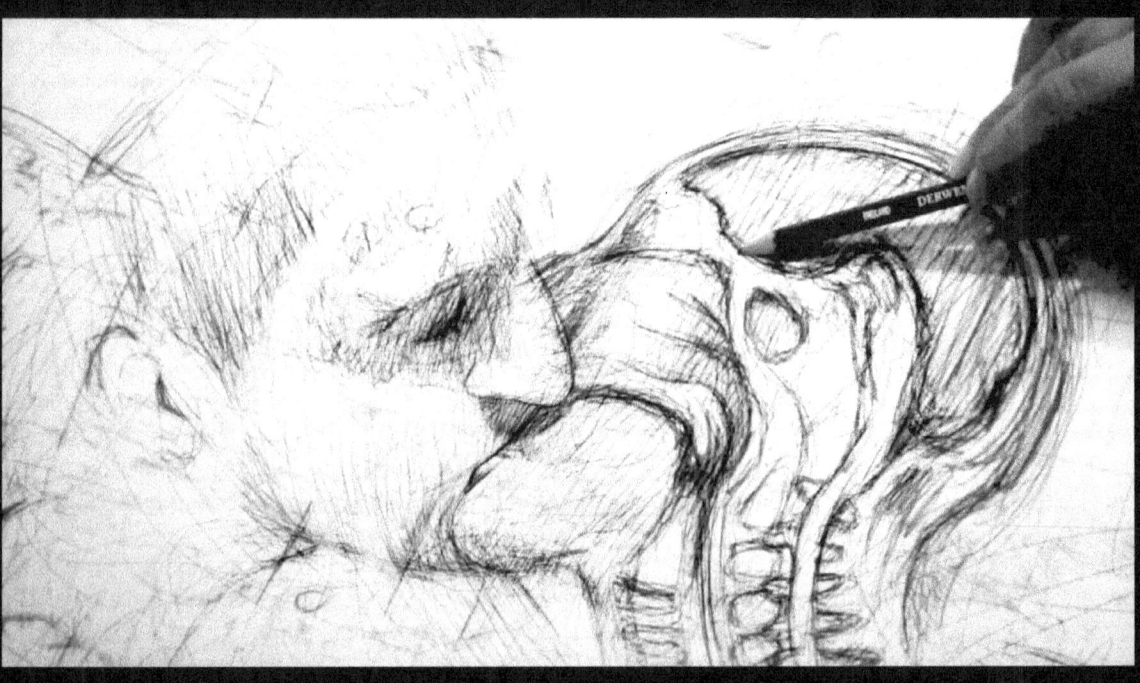

Donny Milkyeyes (Donato Sansone), *Di domenica*

Elisabetta Di Sopra, *Dust Grains*

Saul Saguatti, Audrey Coïanitz, *Halphabeth*

Kintsugi

2014, 4'30", digitale, colore, scope
realizzazione e produzione: Apotropia [Antonella Mignone & Cristiano Panepuccia]

Il Kintsugi, che significa "riparare con l'oro", è la tecnica giapponese che consiste nell'utilizzo di resina d'oro per la riparazione di oggetti in ceramica. Ogni ceramica riparata presenta un diverso intreccio di linee dorate unico e irripetibile per via della casualità con cui la ceramica può frantumarsi. Questa tecnica trae le sue origini dalla convinzione che l'oggetto diventi più prezioso quando la sua storia viene rivelata. Anche i corpi raccontano la loro storia. Alcuni lo fanno in maniera più evidente.

Apotropia è un duo formato da Antonella Mignone e Cristiano Panepuccia. La loro ricerca, basata prevalentemente sulle interconnessioni tra i linguaggi performativi e le varie forme di espressione audiovisuale, è influenzata da temi filosofici, antropologici e scientifici, con una particolare attenzione a simboli, miti e culture dell'umanità. Le loro opere sono state esposte in numerosi musei e festival, tra cui Japan Media Arts Festival, Digiark - National Taiwan Museum of Fine Arts, WRO Media Art Biennale, Ars Electronica, blooom Award, FutureFest Art Prize, Festival Internacional de la Imagen.

Kurgan

2013, 5'04", digitale, colore, 2:1
realizzazione: Igor Imhoff

Il significato di kurgan è tomba. Infatti qui regna una sensazione tombale in un'ambientazione volutamente iperrealistica, realizzata con una tecnica in 3D. In questo contesto si materializzano i personaggi, due fantasmi o piuttosto dei simulacri che subito si contrappongono in una lotta all'ultima "particella".

Igor Imhoff (San Giovanni Rotondo, 1976). La sua attività artistica è dedicata alla ricerca video, sia nel cinema di animazione sia negli ambiti più legati alla sperimentazione audiovisiva. Ha partecipato a numerose mostre e rassegne (Fondazione Bevilacqua La Masa, Venezia, Triennale di Milano, Museu Belas Artes de São Paulo, ecc.), festival di cinema e di cinema di animazione (Clermont Ferrand, Annecy, Animateka, Animamundi, ecc.) ricevendo menzioni e premi. Tra i suoi lavori ricordiamo la serie dei *Percorsi*, realizzata tra il 2003 e il 2010, *Small White Dots* (2011), *Planets* (2012) e *Kurgan* (2013).

Linea d'onda

2018, 4'37", digitale, colore, 16:9
realizzazione: Audrey Coïanitz; *musica*: Paola Samoggia; *interventi glitch*: Pasquale Fameli; *produzione*: Basmati Film, Audrey Coïaniz, Saul Saguatti.

Linea d'onda è un lavoro che mescola architettura e videoarte, partendo dalla scala di Escher e dal sentimento che questo luogo, immerso nell'acqua e in sospensione, ci restituisce, un luogo dove spazio e tempo non s'incontrano mai. Attraverso un lavoro di fratturazione visuale, le linee vengono a creare delle onde immaginarie.

Per la biografia vedi *Halphabeth*.

Microbioma
2013, 5', digitale, colore, 16:9
realizzazione: Virginia Eleuteri Serpieri, Gianluca Abbate

Microbioma ricrea un ambiente dove fluttuano vorticosamente gli oggetti di una realtà che è implosa. Nessuna prospettiva o riflessione, nessuna ricerca di senso, nessuna trascendenza, nessun fantasma né simbolo, ma un oceano d'immagini, di segni che si combinano all'infinito tra loro.

Virginia Eleuteri Serpieri si è diplomata al csc di Roma ed è laureata in Lettere all'Università La Sapienza. È regista di film e documentari sperimentali che hanno partecipato a diversi festival e sono stati proiettati in musei e istituzioni come il MAXXI, il MACRO, il MAMBO, il MMOMA (Moskow Museum of Modern Art), la Casa del Cinema di Roma, il Palazzo dei Congressi di Roma, il Polo del '900 di Torino e l'Università IUAV di Venezia. Il suo mediometraggio *My Sister Is a Painter* (2014) fa parte del programma Fuorinorma.

Per la biografia di Gianluca Abbate vedi *Panorama*.

Il mio corpo a maggio
2014, 1', digitale, colore, scope
realizzazione: Matilde De Feo; *fotografia*: Raffaele Mariniello; *montaggio*: Marco Prato; *color grading*: Simona Infante

Breve documentario sul corpo, nato all'interno di un ciclo di incontri diretti dal documentarista Silvano Agosti. La natura concettuale del lavoro nasce dalla sostanza videoperformativa; nessun effetto di postproduzione è stato applicato, il movimento di petali e foglie nasce dalla pressione naturale dei fiori sul corpo.

Matilde De Feo è interprete, videomaker, operatrice culturale. Dal 2003 produce una serie di lavori a cavallo tra cinema, videoteatro, installazioni interattive e spettacoli multimediali ed è presente in festival e musei nazionali e internazionali, tra cui Museo Madre di Napoli, MAR di Buenos Aires, WRO Media Art Biennale Poland, 14° Mostra Internazionale di Architettura Biennale di Venezia, Volksbühne di Berlino, Filmmaker Milano, Short Film Corner Cannes, Napoli Film Festival, Riccione TTV. Insegna all'Accademia di Belle Arti di Napoli.

Miss Candace Hilligoss's Flickering Halo
2011, 13'44", digitale, b&n, 16:9
regia e montaggio: Fabio Scacchioli; *musiche*: Vincenzo Core

L'inizio è un altro film, un noir americano dei primi anni Sessanta, sviscerato e sventrato, le cui immagini torturate e "detournate" si organizzano in strutture precarie, fragili, mutevoli, in intrecci multipli di trame in collasso costante. Provocare la deflagrazione di un sistema chiuso attraverso un dispositivo di implosioni a catena. Dimenticare quel che si vede mentre ancora lo si osserva, immergendosi nella vibrazione ottica primitiva. Un urlo senza un perché.

Fabio Scacchioli (1979) e Vincenzo Core (1982) collaborano dal 2009. La loro ricerca si concentra sulla relazione immagine/suono, e sui concetti di "audiovisione" e "cinema espanso". Realizzano film, video, installazioni, live performance. I loro lavori hanno partecipato a diversi festival in Italia e nel mondo (Mostra d'Arte Cinematografica di Venezia, Torino Film Festival, BFI London Film Festival, tra gli altri) ricevendo numerosi riconoscimenti.

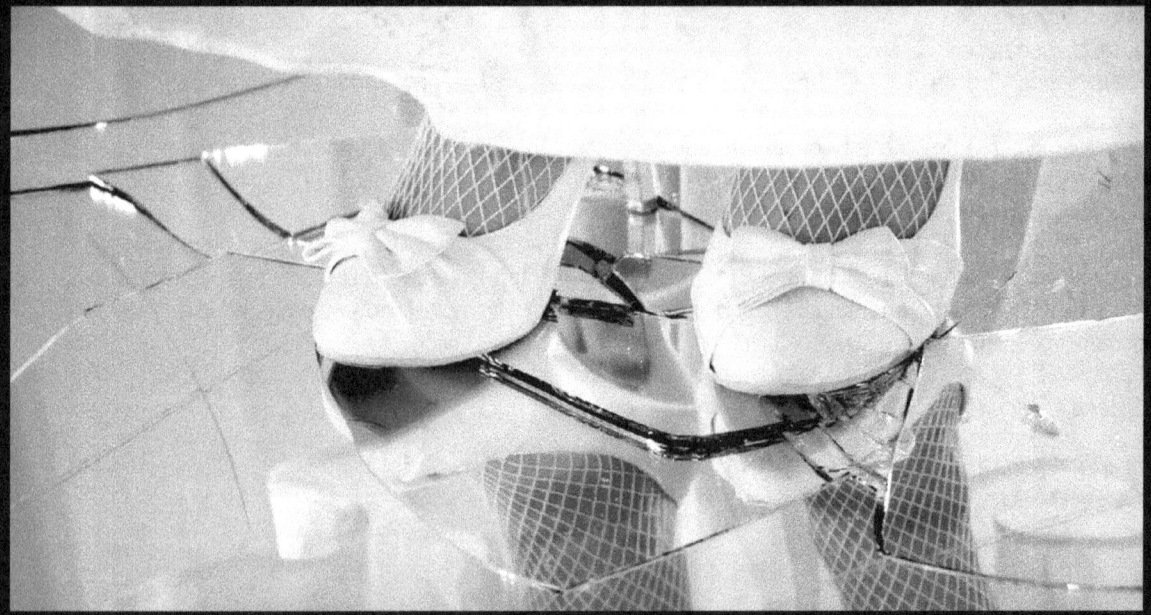

Francesca Romana Pinzari, *I Aint' Superstitious*

Apotropia (Antonella Mignone & Cristiano Panepuccia), *Kintsugi*

Igor Imhoff, *Kurgan*

Audrey Coïanit, *Linea d'onda*

L'ombra della sposa
2017, 11'20", digitale, colore, 16:9
regia e soggetto: Alessandra Pescetta; *sceneggiatura*: Alessandra Pescetta, Claudio Collovà; *testo*: Claudio Collovà; *fotografia*: Premananda Das; *musiche e sound design*: Giuseppe Rizzo; *montaggio*: Alessandra Pescetta; *scenografia e costumi*: Iole Vitale, Roberta Ganci, La Bottega dell'Invisibile, Salvo Dolce; *cast*: Giovanni Calcagno (*marinaio*), Angela Ribaudo (*sposa*), Fabrizio Buttiglieri, Marco Canzoneri, Claudio Collovà, Salvo Dolce, Giuseppe Lo Piccolo, Giuseppe Tarantino (*soldati*), Victoria Rzepa (*ragazza del mare*); *narratori*: Manuela Mandracchia, Giovanni Calcagno, Claudio Collovà, Salvo Dolce; *produzione*: La Casa dei Santi; *produttori associati*: Leonardo Recalcati, Wanda Terraneo, Valentina Negri per Recalcati Multimedia SRL.

Gli ultimi istanti di vita di alcuni soldati nelle profondità del Mediterraneo durante la Seconda guerra mondiale si consumano insieme ai loro ultimi pensieri. Mentre sprofondano inesorabilmente in quel mare ammaliante e crudele, l'amore risuona nelle lettere di un marito in guerra alla sua sposa. Oggi ci sembra ancora di udire quei pianti sollevarsi dal mare. «C'è sempre un mare rosso, un mare vivo o morto, che si para davanti a chi va ramingo, in cerca di casa». (Stefano D'Arrigo, *Horcynus Orca*)

Alessandra Pescetta è diplomata in pittura all'Accademia di Belle Arti di Venezia. Regista e produttrice, con le sue opere di videoarte, i suoi video musicali e i suoi film (cortometraggi e lungometraggi) ha partecipato a numerosi festival cinematografici internazionali tra cui la Mostra d'Arte Cinematografica di Venezia. Ha ricevuto numerosi premi per la sperimentazione (Nastri d'Argento 2018). È inoltre docente di regia al Centro Sperimentale di Cinematografia di Milano. Il suo *La città senza notte* (2015) fa parte del programma Fuorinorma.

Panorama
2014, 7'12", digitale, colore, 16:9
realizzazione: Gianluca Abbate; *suono*: Virginia Eleuteri Serpieri; *mix*: Marco Saitta

Panorama è il primo capitolo di una trilogia sulla città. Il video è un carrello su una polis che si estende in uno spazio globale infinito senza più luoghi disabitati e frontiere dove trovare riparo. In questo paesaggio non si scorge nessun percorso di riammissione per chi ne sia stato escluso, risvegliando mondi immaginari alla ricerca di un equilibrio.

Gianluca Abbate è autore di film sperimentali. I suoi lavori sono stati proiettati in diversi musei in Italia e all'estero, tra cui: MACRO e MAXXI di Roma, Torrance Art Museum (USA), Instanbul Museum of Modern Art, Palais de Tokyo, MMOMA (Moscow Museum of Modern Art), Hiroshima City Museum of Contemporary Art. Ha partecipato a numerosi festival di cinema tra cui Ann Arbor Film Festival, Torino Film Festival, Videoformes, Now&After. Ha vinto diversi premi tra cui un Nastro d'Argento e quello per il miglior cortometraggio al 32° TFF.

Person-A
2013, 4'26", digitale, colore, 16:9
realizzazione e performance: Francesca Leoni e Davide Mastrangelo: *fotografia*: Emiliano Camporesi; *musica*: Lumière

Person-A è intesa come maschera, quella che l'uomo contemporaneo porta continuamente e ormai senza neanche accorgersene. Si tratta di una maschera che impedisce di conoscersi in modo assoluto e totale. Una maschera che ostacola la sua verità. Una maschera che intralcia la sua consapevolezza di uomo dalle multiple identità. Quindi, l'unica cosa che si deve fare è andare oltre la maschera, distruggere questo artefatto che ci possiede e permettere a noi stessi, e agli altri, di esplorarci veramente. (Silvia Pirone)

Francesca Leoni e Davide Mastrangelo iniziano il loro sodalizio artistico nel giugno del 2011. Da allora hanno partecipato con le loro opere di video arte e performance a diversi festival ed esposizione sia in Italia sia all'estero. Il loro lavoro verte soprattutto sulle dinamiche della coppia, non solo come rapporto uomo donna, ma anche come incontro-scontro tra due elementi, attraverso l'utilizzo di simbologie universali. Da 4 anni organizzano a Forlì Ibrida, Festival delle Arti Intermediali per diffondere la cultura della videoarte e il cinema sperimentale.

Post Rebis
2016-2017, 3'39", digitale, b&n e colore, 16:9
realizzazione e musica: Alessandro Amaducci; *presenza (scanner 3D)*: Eurinome

In una terra desolata qualcuno o qualcosa sta costruendo un nuovo Rebis fatto di carne e tecnologia.

Alessandro Amaducci (Torino, 1967) è autore di video sperimentali, videoinstallazioni, scenografie elettroniche, documentari, videoclip e *live visual* per concerti e spettacoli di danza. Attualmente insegna al DAMS di Torino. Ha pubblicato diversi libri tra cui *Segnali video* (2000) e *Anno Zero. Il cinema nell'era digitale* (2007). Tra i suoi lavori ricordiamo: *Illuminazioni* (1994), *Cattedrali della memoria* (1995), *Solo per i tuoi occhi* (1996), nonché *Spoon River* (2000), tratto dall'opera di Edgar Lee Masters e la serie a episodi *Che fine ha fatto Baby Love?*.

Pryntil
2011, 3'50", digitale, colore, 16:9
realizzazione: Virgilio Villoresi; *musica*: Vinicio Capossela

Pesci, sirene, cavallucci ecc. inscenano un piccolo teatrino sottomarino che sembrerebbe realizzato con tecniche di animazione, mentre invece è frutto di movimenti reali stile "meccano" (il gioco che ha allietato l'infanzia di molti). Per tradurre in immagini la canzone di Capossela, Villoresi crea un ludico universo acquatico in miniatura con una mano dipinta di blu che interviene a tratti in scena muovendo sagome ritagliate, suonando un mini-pianoforte, azionando meccanismi, dando vita a ombre cinesi (un piccolo omaggio a *Ruka*, il capolavoro dell'animatore ceco Jiří Trnka). L'artificio viene fellinianamente rivelato in questo *Pryntyl* diventando il fulcro stesso del video e raggiungendo risultati di grande poesia e fantasmagoria.

Virgilio Villoresi (Fiesole, 1979). Si trasferisce a Bologna nel 1999 dove frequenta il DAMS cinema. Inizia il suo percorso filmico nel 2005 utilizzando svariate tecniche di animazione. Nel 2008 si trasferisce a Milano, dove attualmente vive e lavora, realizzando clip musicali (per Capossela, John Mayer e altri) e spot pubblicitari per marchi internazionali (Moleskine, Valentino, Vogue, Sammontana, Prada, Fornasetti). Ha partecipato a diverse mostre collettive e realizzato personali, esponendo tra le altre cose le sue macchine cinetiche.

Virginia Eleuteri Serpieri, Gianluca Abbate, *Microbioma*

Matilde De Feo, *Il mio corpo a maggio*

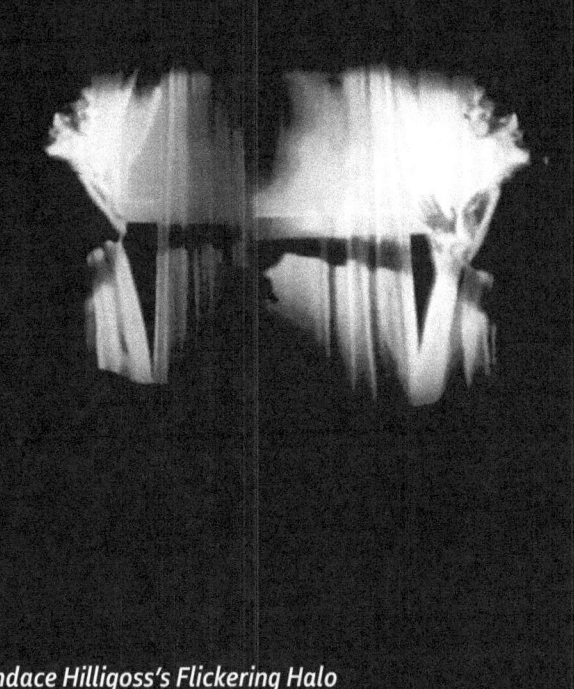

Fabio Scacchioli, *Miss Candace Hilligoss's Flickering Halo*

Alessandra Pescetta, *L'ombra della sposa*

Gianluca Abbate, *Panorama*

Francesca Leoni e Davide Mastrangelo, *Person-A*

Alessandro Amaducci, *Post Rebis*

Virgilio Villoresi, *Pryntil*

Quasi fosse amore
2017, 4'45", digitale, b&n e colore, 16:9
realizzazione: Antonello Matarazzo; *disegni*: Chiara Rapaccini; *interventi*: Angelo Cariello, Valentina Gaudiosi; *collaborazione tecnica*: Alessandro Farese, Ivan Mazzone, Anna Cariello; *musica e canto*: Canio Loguercio (*musicisti*: Alessandro D'Alessandro, organetto; Rocco De Rosa, pianoforte; Luca De Carlo, tromba; Giuseppe Moffa, chitarra; Pino Pecorelli, contrabasso; Gabriele Gagliarini, percussioni; *voce*: Erica Boschiero)

Videoclip del singolo tratto dall'album *Canti, ballate e ipocondrie d'ammore* (Ed. Squilibri) di Canio Loguercio e l'organettista Alessandro D'Alessandro, album vincitore della Targa Tenco 2017. Ballata onirica che si snoda sul filo della memoria, sospesa in un tempo indefinito, storia di un amore anch'esso indefinito che prova a esorcizzare la propria fine, con gioco e ironia. Ballata in cui in definitiva prevale "l'arte dell'incontro".

Antonello Matarazzo (Avellino, 1962), pittore, regista e videoartista, ha preso parte al movimento medialista grazie alla sua ricerca volta a integrare i vari media (fotografia, pittura, video). Dal 2000 si è dedicato in modo specifico alle immagini in movimento, realizzando cortometraggi, video musicali, installazioni e sigle di festival. Nel 2009 ha girato il mediometraggio *Latta e cafè*, incentrato sulla figura dell'architetto e designer Riccardo Dalisi. Tra i suoi video e installazioni ricordiamo: *La camera chiara* (2003), *Miserere* (2004), *Apice* (2004), *La posa infinita* (2007), *Karma Baroque* (2009), *Video su Carta* (2011).

Reverse Metamorphosis
2015, 1'14", digitale, b&n, 16:9
realizzazione: Eleonora Manca

La suggestione data dalla medusa Turritopsis dohrnii, potenzialmente immortale (per lei si parla di "metamorfosi inversa" poiché è in grado di regredire sino allo stadio di anemone di mare, rivivendo a ritroso gli stadi della propria metamorfosi per poi svilupparsi nuovamente in medusa), è qui scelta per sottolineare il ciclo vitale di ogni essere. Al contempo appoggia una specie di "nostalgia" per ciò che stavamo per incontrare nel nostro "viaggio". Un cammino di metamorfosi, dunque, nell'intimo dell'energia di ciò che stavamo per "essere".

Eleonora Manca (Lucca, 1978) è una visual artist che utilizza vari media (principalmente fotografia, video, poesia visiva e libri d'artista) al fine di creare percorsi comunicativi mediante installazioni e micro-narrazioni (spesso attraverso la compenetrazione tra immagine e parola col fine di dare origine a una forma ibrida di codice poetico). Il suo lavoro ruota attorno ai temi della metamorfosi, della memoria e della memoria del corpo. Ha esposto in numerosi festival, collettive e personali in Italia e all'estero. Vive e lavora a Torino.

La rivoltella
2010, 4'55", Super8 riversato in digitale, colore, 16:9
realizzazione: Danilo Torre; *musica*: Linz [Alessandro Linzitto]

Una visione al passato prossimo, girata in Super8 e sviluppata con un rudimentale sistema che restituisce le sensazioni dell'analogico (così come analogiche sono le combustioni). Il film nasconde un omaggio a un famoso film del 1969 in cui la pistola infatti ha segnato un punto di rottura: *Dillinger è morto* di Marco Ferreri.

Antonello Matarazzo, *Quasi fosse amore*

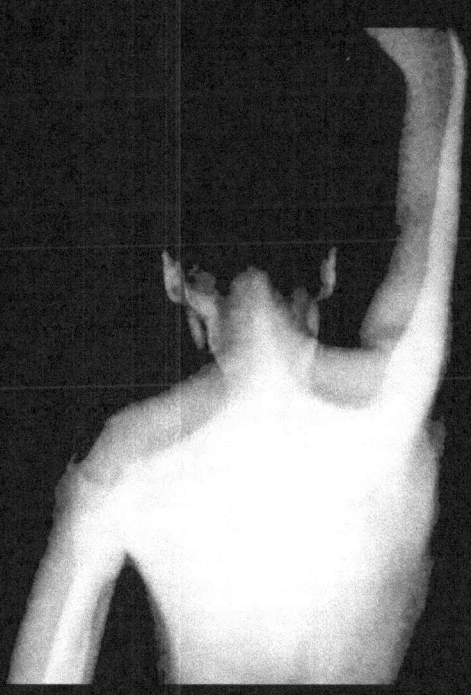

Eleonora Manca, *Reverse Metamorphosis*

Danilo Torre, *La rivoltella*

Francesca Fini, *Skinned*

Elena Bellantoni, *Struggle for Power. The Fox and the Wolf*

Rita Casdia, *White Sex*

Danilo Torre nel 1999 inizia a lavorare nel settore audiovisivo come montatore con gli allora appena nati sistemi digitali. Nel 2003 si diploma in montaggio al Centro Sperimentale di Cinematografia di Roma, dove attualmente insegna. Affianca alla professione di montatore un lavoro di ricerca e sperimentazione nel cinema e nell'arte, muovendosi fra tecniche analogiche, *found-footage* e *mash-up*. Vive tra Milano e Roma.

Skinned
2018, 7'24", digitale, colore, 16:9
realizzazione: Francesca Fini

Un collage dadaista che gioca sul concetto di identità, elaborato attraverso impossibili selfie scattati dai protagonisti di famosi capolavori della storia del ritratto e dell'autoritratto mondiale. Cosa si nasconde sotto la pelle, scarnificata dalla radiazione tossica dei cellulari? Cosa avrebbero fatto, di questo strumento malvagio, Leonardo da Vinci o Andy Warhol?

Francesca Fini è un'artista multimediale che esplora quel territorio di confine dove le arti si ibridano, generando una sintesi nuova nel linguaggio performativo contemporaneo. Ha la sua base in Italia, ma espone, ricerca e lavora in tutto il mondo. Nel 2016 ha ultimato il film sperimentale *Ofelia non annega* (con Istituto LUCE - Cinecittà), che fa parte del programma Fuorinorma. Dal 2011 in poi ha realizzato circa un centinaio di progetti (video monocanale, installazioni, performance, spettacoli teatrali, ecc.).

Struggle for Power. The Fox and the Wolf
2014, 8'44", digitale, colore, 16:9
realizzazione: Elena Bellantoni; *musica*: Valerio Vigliar; *performer*: Francesca Del Buono, Giampiero Cantone; *voce in inglese*: Allan Caister

Struggle for Power. The Fox and the Wolf è un lavoro di natura video girato nella Sala delle Conferenze Internazionali nel Ministero degli Affari Esteri alla Farnesina. Nel filmato i ballerini di tango indossano due maschere di animali, rispettivamente da lupo e da volpe. I due danzatori si muovono all'interno del perimetro del grande tavolo dove si riuniscono solitamente i capi di stato in visita in Italia, con un atteggiamento quasi di sfida, contendendosi in qualche modo lo spazio di azione del proprio potere.
La battaglia è quindi dichiarata e aperta, non solo tra i due sessi ma anche tra i due animali che, come in un rituale di corteggiamento, si fanno avanti alternandosi l'uno con l'altro e mostrando il meglio delle loro capacità seduttive e persuasive.
Il tango – ballo dove solitamente è l'uomo che porta mentre la donna asseconda i movimenti – viene trasformato in qualcos'altro: ad un tratto è la donna a condurre questo gioco delle parti tra maschile e femminile, tra bestialità e controllo, tra uno spazio pubblico e quello privato della relazione.

Elena Bellantoni lavora da sempre sui concetti di identità e alterità attraverso dinamiche relazionali che utilizzano il linguaggio e il corpo come strumenti di interazione. L'artista formalizza i suoi progetti attraverso video, fotografie, performance e installazioni. Ha studiato a Parigi e Londra, dove ha ottenuto un MA in Visual Art al WCA University of Arts e ha approfondito il teatro-danza e le arti performative con workshop in Italia e all'estero. Nel 2007 ha costituito Platform Translation Group e nel 2008 è stata cofondatrice dello spazio no profit 91mQ Art Project Space di Berlino. Nel 2018 ha vinto l'Italian Council del MIBACT con il progetto On the Breadline.

White Sex
2008, 1'53", video, colore, 16:9
realizzazione: Rita Casdia; *animazione*: Rita Casdia, Luca Fantini; *fotografia*: Luca Fantini; *suono*: Simona Barbera; *postproduzione*: Andrea Cillo

White Sex è un video animato composto da 1460 scatti fotografici. L'animazione viene creata dai movimenti dei personaggi e allo stesso tempo dalla base circolare su cui poggiano. Dieci personaggi femminili fisicamente presenti ma mentalmente sospesi in un'atmosfera asettica e priva di ogni scenografia. Meccanismo da carillon interrotto dallo sguardo di chi osserva.

Rita Casdia è nata a Barcellona Pozzo di Gotto (ME) nel 1977. Le sue opere video sono state selezionate in diversi festival e rassegne video, fra cui: 17° KurzFilmFestival, backup, Bauhaus-Universität Weimar, 39° Festival du Nouveau Cinéma di Montréal, Videoformes a cura di VisualContainer, Clermont-Ferrand, Pescara Film Festival, LOOP-Video Art Festival & Fair, Barcelona, Filmmaker Festival 35, Spazio Oberdan, Milano, XIII International Image Festival, Manizales, Colombia (menzione speciale), 14th Athens Digital Arts Festival, Crosstalk e 7° Video Art Festival Budapest.

Artdigiland è un'attività editoriale che offre – attraverso l'editoria digitale e il broadcasting – interviste esclusive ad artisti internazionali. E saggi, monografie, biografie, raccolte di materiali.
Artdigiland è anche una community web di autori, curatori, videomaker.

Vi invitiamo a sottoscrivere la nostra newsletter per essere informati sulle nuove uscite, sui nostri eventi e sulle offerte riservate ai nostri lettori: http://www.artdigiland.com/newsl

http://artdigiland.com

intervista a Marc Scialom
a cura di Silvia Tarquini

intervista a Fabrizio Crisafulli
a cura di Enzo Cillo

intervista a Beppe Lanci
a cura di Monica Pollini

intervista a Ugo Gregoretti
a cura di Vincenzo Valentino

intervista a Eugene Green
a cura di Federico Francioni

intervista a Luca Bigazzi
a cura di Alberto Spadafora

intervista a Adriana Berselli
a cura di Vittoria C. Caratozzolo,
Silvia Tarquini

intervista a Salvatore Mereu
a cura di Franca Farina

intervista a Luciano Tovoli
a cura di Piercesare Stagni
e Valentina Valente

Artdigiland cura, in più lingue, una collana dedicata all'uso artistico della luce in cinema e teatro:

SUSPIRIA E DINTORNI
Conversazione con Luciano Tovoli
a cura di Piercesare Stagni e Valentina Valente,
prefazione di Antonio Costa, 2018

Suspiria e dintorni prosegue l'esplorazione Artdigiland nei territori dell'uso artistico della luce e del colore. Luciano Tovoli AIC ASC IMAGO è Autore della cinematografia con registi quali Vittorio De Seta, Michelangelo Antonioni, Dario Argento, Maurice Pialat, Valerio Zurlini, Francis Veber, Andrej Tarkovskij, Ettore Scola, Julie Taymor, Barbet Schroeder e molti altri, ed è creatore della federazione Europea degli Autori della Cinematografia – IMAGO. Il volume intervista ripercorre le tappe della realizzazione di un immortale capolavoro, *Suspiria*, dai test effettuati per la fotografia fino ai processi di stampa, facendoci rivivere un'incredibile avventura estetica. Descrive in dettaglio il making di numerose sequenze, la relazione con il regista, approfondisce le premesse culturali e i riferimenti visivi dell'opera, racconta il contesto delle battaglie per l'innovazione delle tecniche fotografiche negli anni '70. Soprattutto, il libro rivela la passione di Luciano Tovoli per l'arte e la sua instancabile ricerca di un uso espressivo del colore nel cinema.

SUSPIRIA E DINTORNI
Conversazione con Luciano Tovoli
a cura di Piercesare Stagni e Valentina Valente,
prefazione di Antonio Costa, 2018

Di *Suspiria e dintorni* è disponibile la versione ebook.

ON SUSPIRIA AND BEYOND
A Conversation with Cinematographer Luciano Tovoli
edited by Piercesare Stagni and Valentina Valente,
2017

On Suspiria and Beyond is a book-interview with cinematographer Luciano Tovoli AIC ASC, who has collaborated with directors such as Vittorio De Seta, Michelangelo Antonioni, Dario Argento, Maurice Pialat, Valerio Zurlini, Francis Veber, Andrej Tarkovskij, Ettore Scola, Julie Taymor, Barbet Schroeder and many others. Tovoli is also the creator of the European Federation of Cinematographers Imago. The volume retraces all the stages of making Suspiria, from test shots to printing. It describes in detail the making of various sequences, relations with the director, explores the cultural premises of this immortal work and the historical context of the struggle for innovation in the cinematography of the Seventies. Above all, it reveals Luciano Tovoli's passion and tireless search for an expressive use of color in films, providing us with a first-hand experience of an incredible adventure in aesthetics.

ON SUSPIRIA AND BEYOND
A Conversation with Cinematographer Luciano Tovoli
edited by Piercesare Stagni and Valentina Valente,
2017

Di *On Suspiria and Beyond* è disponibile la versione ebook.

LA LUCE COME EMOZIONE
Conversazione con Giuseppe Lanci
a cura di Monica Pollini,
prefazione di Laura Delli Colli, 2017

La voce pacata e l'espressione attenta di Giuseppe Lanci, non di rado accompagnate da sottile e delicato umorismo, condurranno il lettore in un racconto che attraversa, nel vivo del set, oltre cinquant'anni del migliore cinema italiano, e non solo. Dalla formazione al Centro Sperimentale di Cinematografia all'esperienza da operatore di macchina al fianco di Tonino Delli Colli e Franco Di Giacomo, dalle incertezze degli esordi all'immersione nella dimensione unica del cinema di Andrej Tarkovskij per *Nostalghia*, dai sodalizi artistici con Marco Bellocchio, Paolo e Vittorio Taviani, Nanni Moretti agli incontri con Bolognini, Magni, Wertmüller, Von Trotta, Cavani, Del Monte, Greco, Piscicelli, Archibugi, Luchetti, Benigni, Franchi... L'arte e il mestiere del creare la luce e l'impatto visivo del film sono resi con dovizia di particolari tecnici ma sempre nell'ambito di un approccio umanistico, e in un insieme di riflessioni che vanno dai condizionamenti produttivi alle relazioni con gli altri reparti del set e gli attori, fino al tema della "carriera" in generale. L'intervista si sofferma poi sull'ultima passione di Lanci, quella per l'insegnamento.

LA LUCE COME EMOZIONE
Conversazione con Giuseppe Lanci
a cura di Monica Pollini,
prefazione di Laura Delli Colli, 2017

Del volume *La luce come emozione* è disponibile una versione economica di formato ridotto e senza immagini; le immagini sono disponibili per i nostri lettori sul sito Artdigiland, al link indicato nel libro.

NOSTALGHIA
Racconto dell'autore della fotografia Giuseppe Lanci
a cura di Monica Pollini, 2018

Tra le cose che mi hanno stimolato di più parlerei della "fotografia dinamica", qualcosa che non avevo mai visto prima di allora. Consiste nella possibilità di modificare la luce all'interno di un piano sequenza, non per motivi naturalistici – nel senso che se accendi una luce chiaramente l'illuminazione si modifica – ma per aggiungere un'emozione all'immagine, per suggerire modulazioni emotive. Durante i mesi precedenti la lavorazione, Tarkovskij mi aveva detto: "Mi piacerebbe fare dei cambi di illuminazione all'interno della stessa sequenza. In parte ho già accennato in Stalker questo tipo di fotografia, ma non in modo consistente". È stata una delle poche richieste specifiche di Andrej, sulla quale abbiamo lavorato da prima che iniziassero le riprese. Abbiamo trovato le risposte tecniche che ci permettessero di girare in tranquillità, ci siamo dotati di tutti i mezzi necessari. Solitamente non sfruttiamo il fattore tempo in ripresa perché cerchiamo di girare sequenze che non presentino differenze dal punto di vista fotografico, per facilitare l'assemblaggio di inquadrature fotograficamente coerenti in fase di montaggio. Tarkovskij, invece, riteneva assolutamente interessante sfruttare il fattore temporale del piano sequenza, all'interno del quale si permetteva di modificare la luce, modulando emozioni e significati e aggiungendo così valore all'inquadratura. Voleva dei cambiamenti che non corrispondessero necessariamente a un processo esterno o ad una azione fisica». (Giuseppe Lanci)

NOSTALGHIA
Told by Director of Photography Giuseppe Lanci
edited by Monica Pollini, 2018

«Of the things that have stimulated me most, I would mention "dynamic photography", something I'd never seen before then. It involves modifying the lighting within a sequence plan, not for naturalistic reasons – like switching on a light, which clearly changes the lighting – but to add emotion to the image, to suggest emotional changes. In the months before shooting, Tarkovskij told me, "I'd like to make changes in the lighting within the same sequence. Up to a point, I've already hinted at this kind of photography in Stalker, but not in any consistent way". It was one of Andrej's few specific requests, and we worked on it before shooting started. We discovered the technical answers that would make shooting easy, and procured all the necessary equipment. As a rule, we don't exploit the time factor in shooting, because we try to shoot sequences without any differences from a photographic point of view, to make it easier to edit photographically coherent frames. Tarkovskij, however, maintained that it was extremely interesting to exploit the time factor of the sequence plan, within which, by modulating the lighting, he modulated the emotions and significance of the sequence, thereby adding value. He wanted changes that did not necessarily follow any external process or physical action». (Giuseppe Lanci)

Giuseppe Pinori
LA LUCE COME COMPAGNA
Viaggi, incontri, miracoli di un autore della cinematografia
prefazione di Roberto Cicutto, 2019

Giuseppe Pinori ripercorre la sua carriera con un racconto appassionato, dedicato soprattutto agli incontri con i registi, ma non solo. Si parte dall'apprendistato con Fernando Cerchio e dalle avventure con Florestano Vancini, Ansano Giannarelli e Piero Nelli; si passa per i film inchiesta con Cesare Zavattini e Enzo Biagi, l'esordio nel lungometraggio con i fratelli Taviani per *Sotto il segno dello Scorpione*, e l'assidua collaborazione con Valentino Orsini; si attraversa il cinema di genere con maestri quali Lucio Fulci; si scandagliano il cinema d'autore e la relazione regista-direttore della fotografia con Maurizio Costanzo, Luigi Mangini, Samy Pavel, Nanni Moretti, Marco Tullio Giordana, Giuliano Montaldo, Roberto Faenza, Giorgio Albertazzi, Vanna Paoli, Giuliano Biagetti, Claver Salizzato, Romano Scavolini. Luce, ombra, fotografia sono parole d'amore.

TONINO DELLI COLLI, MIO PADRE
Tra cinema e ricordi
di Stefano Delli Colli,
prefazione di Vittorio Storaro, 2017

Negli 80 anni dalla nascita di Cinecittà, che sono anche gli 80 anni dall'ingresso di Tonino Delli Colli negli stabilimenti di via Tuscolana 1055 –, Stefano Delli Colli, figlio del grande direttore della fotografia, rende omaggio al padre raccontandone, dal suo personale punto di vista, l'avventura cinematografica. Dal fervore degli anni '50 alla grande stagione al fianco di Pier Paolo Pasolini, da Sergio Leone a Federico Fellini, passando per Monicelli, Annaud, Polanski, Ferreri e tanti altri grandi registi, il racconto dell'autore, a tratti commosso, ci restituisce la memoria della parabola di uno dei "pionieri" della fotografia del cinema italiano. Un omaggio al suo grande mestiere, al suo naturale istinto fotografico, alla sua umiltà e umanità.

LA LUCE NECESSARIA
Conversazione con Luca Bigazzi
a cura di Alberto Spadafora
prefazione di Silvia Tarquini, 2012 - II ed. agg. 2014

Un libro intervista che "illumina" aspetti non noti delle migliori opere cinematografiche italiane degli ultimi trent'anni. La narrazione di Luca Bigazzi – direttore della fotografia e insieme operatore di macchina – raccoglie con coerenza caratteri tecnici, artistici ed etici del lavoro sul set. Bigazzi racconta la genesi del suo modo di lavorare libero da regole codificate, i motivi delle sue scelte professionali, la luce che ama, le ragioni della sua passione per lo stare in macchina. Come "controcampo", le testimonianze di 24 protagonisti del cinema italiano, tra registi, attori, produttori, fotografi di scena e collaboratori.

THE GREAT BEAUTY
Told by Director of Photography Luca Bigazzi
Alberto Spadafora (ed. by), 2014

Luca Bigazzi is one of Italy's most acclaimed award-winning directors of photography (DOP). His life has been dedicated entirely to the best of independent Italian cinema (not counting his work with Abbas Kiarostami). He has worked with directors such as Mario Martone, Gianni Amelio, Ciprì e Maresco, Silvio Soldini, Carlo Mazzacurati, Antonio Capuano, Leonardo Di Costanzo and Andrea Segre, and has been working with Paolo Sorrentino since *The Consequences of Love* in 2004. In this interview, edited by the photographer and film critic Alberto Spadafora, the Italian cinematographer talks about *The Great Beauty*, prizewinner of the Academy Award for Best Foreign Language Film of 2014.

PLACE, BODY, LIGHT
The Theatre of / Il teatro di Fabrizio Crisafulli. Twenty
Years of Research / Venti anni di ricerca 1991-2011
edited by / a cura di Nika Tomašević, foreword by /
prefazione di Silvana Sinisi, 2013

Fabrizio Crisafulli's theatre research centres on Place, Body and Light, and challenges performance practices at their very foundations, in an attempt to reclaim the original potency of theatre and its relevance and effectiveness in contemporary times. This is where dance meets architecture, drama meets territory, and the performance of the body meets poetic light. Crisafulli's works – poetic and visionary, hypnotic and deeply emotional, full of life and irony – are revealed through interviews, personal accounts, critiques, information and photos related to performances and installations created between 1991 and 2011.

UN TEATRO APOCALITTICO
La ricerca teatrale di Giuliano Vasilicò negli anni Settanta
di Fabrizio Crisafulli,
prefazione di Dacia Maraini, 2017

Giuliano Vasilicò (1936-2015) è stato un protagonista del teatro italiano degli anni Settanta del Novecento, attivo nel particolare contesto delle "cantine romane". Nelle storie del teatro viene fatto spesso appartenere – insieme a Mario Ricci, Giancarlo Nanni, Memè Perlini – al cosiddetto "teatro-immagine". Un'etichetta – dal regista emiliano mai accettata – che, al di là della capacità che a suo tempo ha avuto di individuare un fenomeno e di farlo conoscere, ha poi forse fatto da deterrente alla conoscenza dei singoli artisti che di quel fenomeno sono stati parte. Il teatro è stato per Vasilicò un potenziale mezzo di rivelazione, innanzitutto a se stesso, di aspetti nascosti dell'esistenza. Da qui il titolo *Un teatro apocalittico*, visto che *apo-kalýptein* vuol dire togliere il velo, scoprire. E che l'aggettivo, in accezioni differenti, è facilmente associabile ad uno dei suoi spettacoli più importanti, *Le 120 giornate di Sodoma* da Sade.

ACTIVE LIGHT
Issues of Light in Contemporary Theatre
by Fabrizio Crisafulli
foreword by Dorita Hannah, 2013

This book looks at various important events relating to the poetics of light in theatre production in the West in the twentieth century, from the great reformists at the beginning of the century to contemporary artists such as Josef Svoboda, Alwin Nikolais and Robert Wilson. The intention isn't to outline a somewhat organised history of stage lighting, instead it is an attempt to identify some basic issues concerning its use. Lighting issues are unshackled from the limited contexts of technique and image, where they often end up only to be relegated, and examined in the context of the performance's space/time structure, poetic and dramatic construction, and the relationship with the performer. A section dedicated to the theatrical work of the author outlines the distinctive point of view behind the book.

LUMIERE ACTIVE
Poétiques de la lumière dans le théâtre contemporain
de Fabrizio Crisafulli
préface de Anne Surgers, 2015

Cet ouvrage revisite, du point de vue des poétiques de la lumière, quelques épisodes importants de la mise en scène théâtrale au XXe siècle, depuis les grands réformateurs des premières décennies jusqu'à divers artistes contemporains tels que Josef Svoboda, Alwin Nikolais, Robert Wilson. Non pour proposer une histoire plus ou moins organique de la lumière au théâtre, mais pour tenter de préciser, relativement à son utilisation, certaines questions fondamentales. S'affranchissant des contextes étroits de la technique et de l'image dans lesquels on tend souvent à les enfermer, les problématiques de la lumière sont examinées ici sous d'autres angles, ceux de la structure spatio-temporelle du spectacle, de la construction dramatique, de la création poétique, de l'action, du rapport avec le performer. Une partie de l'ouvrage est consacrée au travail théâtral de l'auteur. Elle documente le point de vue particulier sur lequel sa réflexion se fonde, point de vue suscité et enrichi par son expérience personnelle de metteur en scène.

IL TEATRO DEI LUOGHI
Lo spettacolo generato dalla realtà
di Fabrizio Crisafulli
con un testo su danza e luogo di Giovanna Summo,
prefazione Raimondo Guarino, 2015

Fabrizio Crisafulli analizza caratteri e modalità di quel particolare tipo di ricerca che ha chiamato "teatro dei luoghi", a oltre vent'anni dalla sua prima formulazione. Un tipo di lavoro nel quale il "luogo" e l'insieme delle relazioni che lo costituiscono vengono assunti come matrice e "testo" della creazione teatrale. Le motivazioni alla base di questa ricerca, il suo riportare l'attenzione sui luoghi, la realtà locale, la prossimità, si sono riaffermate nel corso degli anni per l'accrescersi delle questioni legate allo sviluppo mediatico, alla perdita di contatto della vita quotidiana con i luoghi, e per le criticità che le forme di comunicazione a distanza e i social network creano, accanto a nuove opportunità, sul piano delle relazioni umane e dei modi di sentire lo spazio. Il volume fa definitivamente luce sul fatto che il "teatro dei luoghi", nell'uso comune a volte inteso (e frainteso) semplicemente come teatro che si svolge fuori dagli edifici teatrali, non è definito dallo spazio dove si fa lo spettacolo, ma dall'idea stessa di "luogo" e dal modo specifico in cui il lavoro si relaziona al sito. In qualsiasi posto si svolga. Chiarendo, attraverso riflessioni ed esempi, ragioni e operatività di quello che è un modo radicalmente nuovo di fare e concepire il teatro.

Ha inoltre pubblicato in italiano:

MIRNA
di Corso Salani, dvd, 2017

Ultima opera di un cineasta anomalo come pochi e straordinariamente tenace, *Mirna* rappresenta la summa del cinema di Salani: storia di una donna, storia di un amore, storia di un viaggio e insieme sotterraneo autoritratto e sublime metafora dell'identità artistica. A partire da un incipit che ricorda quello de *La prima notte di quiete* di Valerio Zurlini, scivolando su acqua, paesaggio, musica e promettendo poesia, Salani realizza un cinema estremo, puro, libero, e scava con la sua camera in un'identità – la sua, dietro quella di Mirna – che misteriosamente si afferma con spontaneo coraggio e inevitabile autonomia. Il regista racconta nel volume *Mirna*, omonimo diario cinematografico che pubblichiamo parallelamente al dvd, che il film riguarda, come sempre nella sua opera, un tormento esistenziale reale e personale, un'esperienza di amore e abbandono, di ricordo, rimpianto, colpa. Corso Salani tesse trame sottili tra vita e opera, attua un transfert radicale nei suoi personaggi femminili, usa i luoghi come spazi dell'anima, come simboli, con un'attitudine che, prima di lui, era stata di Antonioni. (Silvia Tarquini)

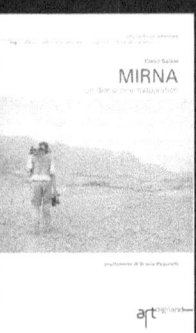

MIRNA
Un diario cinematografico
di Corso Salani
postfazione di Grazia Paganelli, 2017

«Che poi, detto così, sembra soltanto un problema di casting, qualcosa che si risolve in fretta perché poi in fondo sono già stati fatti centinaia di migliaia di film in tutto il mondo e un modo per uscirne si trova, basta fare ricorso all'esperienza. Ma qui è un po' più complicato: c'è da presentarsi come regista straniero e chissà perché non c'è mai nessuna a cui venga in mente di dare un'occhiata su internet prima dell'incontro, anche solo per curiosità; c'è da proporre un film che non ha e non avrà sceneggiatura; e c'è da offrire un compenso che grida giustizia. E questo è il meno: anzi, non è niente. Perché la poveretta che verrà scelta, non sa – e non c'è modo di avvertirla prima – che verrà travolta in poche ore, al massimo dopo un giorno di riprese, da un'ammirazione, da una gratitudine, da un amore sconfinato che, come al solito, le toglierà il respiro e, tanto per citare qualche sua collega che l'ha preceduta – anime belle nel mondo delle meraviglie – perfino la libertà».

IL MONDO VIVENTE
Conversazione con Eugene Green
a cura di Federico Francioni, 2017

Il giusto tempo di una conversazione per avvicinarsi a uno degli autori più particolari del panorama francese contemporaneo, Eugène Green. Artista proteiforme, approda al cinema dopo decenni di lavoro nella compagnia di teatro barocco da lui stesso fondata, le Théâtre de la Sapience. Il primo dei suoi sette film, *Toutes les nuits*, arriva nel 1999, quando Green ha oltre 50 anni. Da quel momento realizza sette lungometraggi e pubblica numerosi romanzi con Gallimard e altri editori. Americano di nascita e francese di adozione, riconosce la sua sostanziale venuta al mondo solo a 20 anni, quando raggiunge l'Europa e decide di trasferirsi a Parigi. È da qui che ha inizio la ricostruzione, la sua incessante quête di un linguaggio di cui sente l'assenza dalla nascita, lasciandosi alle spalle gli Stati Uniti, che chiama con il nome "La Barbarie". Il libro nasce dalla volontà di un incontro autentico, uno scambio, perché la storia del cinema è una storia di fantasmi e ombre. Di forme, ma soprattutto di uomini.

FUORINORMA
La via neosperimentale del cinema italiano
a cura di Adriano Aprà, 2017

Catalogo del primo Festival Espanso Fuorinorma (Roma 26 ottobre - 22 dicembre 2017)
www.fuorinorma.it

«Sono sperimentali i film di cui parlo? Lo sono in quanto ricercano nuove strategie espressive diverse e opposte a quelle istituzionalizzate dal cinema di finzione e documentario. Lo sono perché scoprono nuove ipotesi narrative, nuove strutture drammaturgiche, nuove opzioni di montaggio, di musica, di suono». (Adriano Aprà)

ADRIANA BERSELLI. L'AVVENTURA DEL COSTUME
Cinema, teatro, televisione, moda, design
a cura di Vittoria Caterina Caratozzolo, Silvia Tarquini, prefazione di Steve Della Casa, 2016

Il volume adotta la formula del libro-intervista con l'intento di costruire un ritratto d'artista basato sull'immersione nella sua "fucina" creativa, e di tracciare contestualmente la fisionomia di un mestiere. Dopo l'esordio, giovanissima, con Pabst, negli anni '50, Berselli è al fianco di Blasetti, Risi, Comencini, Vasile, Petroni e Camerini in numerosi film che ritraggono l'evoluzione della società italiana del boom economico. Michelangelo Antonioni le affida i costumi per *L'avventura*, trasparente capolavoro di analisi sociologica e antropologica. Negli anni '60 Berselli rappresenta la rivoluzione sessantottina e l'affermarsi di nuove tecniche, nuovi tessuti, nuove forme, prima tra tutte quella della minigonna. Nei '70 – ricordiamo, tra le altre, la collaborazione con Polanski per *What?* –, racconta, sottotraccia, attraverso sovrapposizioni di stili e generi, le intemperanze e le frustrazioni di un decennio già carico di fallimenti ideologici e politici. Ma il talento di Adriana Berselli non si limita al cinema. A fine anni '70 ha interrotto per circa un decennio il suo lavoro cinematografico per seguire il marito in Venezuela, paese in cui ha ottenuto premi e riconoscimenti nei campi del teatro e della moda e ha tenuto corsi sul costume in accademie, circoli culturali, università e in programmi televisivi. Tornata poi in Italia, e al cinema e alla televisione, ancora oggi esprime il suo talento disegnando "personaggi di strada.

RITA HAYWORTH
Cinema, danza, passione
di Claudio M. Valentinetti
prefazione di Lorenzo Pellizzari, 2014

Una sterminata filmografia, più di sessanta titoli, anche se pochi sono quelli folgoranti, *Sangue e arena, La signora di Shanghai, Gilda*. Cinque mariti, tra cui il genio Orson Welles e l'"imam" Ali Khan, e molti grandi partner sul set. Un mito costruito dalla Mecca del Cinema di quegli anni per mano di sapienti produttori e di abili registi: Charles Vidor, Rouben Mamoulian, Howard Hawks, William Dieterle, Henry Hathaway, Raul Walsh e, ovviamente, Welles. Una vita durissima: un lungo lavoro per raggiungere il successo, prima come ballerina, negli spettacoli e nella scuola di flamenco della sua famiglia, i Dancing Cansinos, e poi come attrice. Senza mai ottenere quello che più desiderava: la felicità familiare.

L'AVVENTURA DI UNO SPETTATORE
Italo Calvino e il cinema
a cura di Lorenzo Pellizzari, 2015
con saggi e autori vari

Nel trentennale della scomparsa, Artdigiland celebra Italo Calvino. Il libro ripercorre le poche ma fruttuose relazioni dello scrittore con il cinema italiano ma soprattutto sviluppa il viaggio in un immaginario che dal cinema prende le mosse. Si parte da quanto Calvino racconta nella sua *Autobiografia di uno spettatore*, del '74, prefazione al volume *Fellini: quattro film*, si attraversano racconti, romanzi, saggi critici individuando l'imprinting cinematografico, e si arriva al "segno calviniano" di non poche opere del cinema e del disegno animato contemporanei. L'apparato iconografico rende omaggio alla fascinazione calviniana per il cinema classico, soprattutto americano.

IL MIO ZAVATTINI
Incontri percorsi sopralluoghi
di Lorenzo Pellizzari, 2012

Il libro raccoglie quanto Pellizzari ha scritto e pensato su Zavattini da quando era ragazzo ad oggi, insieme ad una storica intervista, in cui Zavattini si concede forse come mai; documenta un lungo rapporto intellettuale e personale, fatto di infinite riflessioni, desideri, slanci, critiche, pentimenti, ripensamenti; e rivela l'ininterrotto impegno del critico a capire, da una parte, e a "stimolare", quasi, dall'altra, il suo personaggio. Un impegno appassionato e civile, e insieme sedotto dalla qualità giocosa della scrittura zavattiniana.

IL CALENDARIO DEL CINEMA
Ovvero L'altra faccia della Luna
365 giorni tra persone, film, momenti di riguardo
(e senza riguardo)
di Lorenzo Pellizzari, 2016

Un calendario che si rispetti dedica ognuno dei suoi 365 giorni a un cosiddetto santo o a un memorabile momento della liturgia. Poteva sfuggire alla regola un calendario dedicato all'empireo del cinema, all'Olimpo dei suoi divi e delle sue divine, agli eventi della sua ormai lunga storia? Non poteva. Persone, film, momenti, ripescati dalla memoria di un vecchio critico, con il dovuto riguardo per quanti se lo meritano e senza alcun riguardo per altri. Anche un modo per rievocare incontri personali, amici scomparsi, visioni effimere.

IL CALENDARIO DEL CINEMA
Ovvero L'altra faccia della Luna
365 giorni tra persone, film, momenti di riguardo
(e senza riguardo)
di Lorenzo Pellizzari, 2016

De Il Calendario del cinema è disponibile la versione ebook.

L'IMMAGINE COLORE
Le fer à cheval, un film Pathé
autori vari, a cura di / ed. by Marcello Seregni
prefazione di / foreword by Giulia Barini, 2016
in collaborazione con Ass. Cult. Hommelette e con
il sostegno scientifico dell'AFRHC - Association
française de recherche sur l'histoire du cinéma

The book offers a collection of essays on the history of silent film and film restoration, with particular attention to Camille de Morlhon's Le fer à cheval (1909), restored by Associazione Culturale Hommelette and Fondation Jérôme Seydoux-Pathé. Contributions by Rossella Catanese, Eric Le Roy, Federico Pierotti, Alice Rispoli, Stéphanie Salmon, Claudio Santancini, Elisa Uffreduzzi, Giandomenico Zeppa; foreword by Giulia Barini. A large iconographic insert with color frames completes the book. Instructions to request free online access to Le fer à cheval are included.

LA VERITÀ DETTA
Testimonianze sul Pasolini politico
a cura di Enzo De Camillis, 2015

Il quarantennale della morte di Pasolini cade in una fase del nostro Paese che in molti definiscono di "catastrofe culturale" (e politica, economica, umanitaria). Ponendosi in relazione con l'oggi, il libro propone una serie di testimonianze inedite sul Pasolini "politico", intellettuale spesso in contrasto con la sinistra ufficiale della sua epoca.

Si avvisano i lettori che il libro è esaurito.

LE OMBRE CANTANO E PARLANO
Il passaggio dal muto al sonoro nel cinema italiano
attraverso i periodici d'epoca (1927-1932)
di Stefania Carpiceci
prefazione di Adriano Aprà, vol. I, 2012

L'intento di questo libro è quello di indagare, in Italia, il passaggio dal cinema silenzioso delle origini ai nuovi fonofilm. A fare da mappa sono soprattutto le riviste e i periodici cinematografici nazionali d'epoca, analizzati a partire dal 1927 – anno della prima proiezione americana de *Il cantante di jazz*, pellicola che notoriamente decreta la nascita ufficiale e internazionale del cinema sonoro – fino al 1932, data di adozione del doppiaggio in Italia. Undici film sono poi scelti e analizzati come casi rappresentativi delle questioni messe in campo dal sonoro.

LE OMBRE CANTANO E PARLANO
Il passaggio dal muto al sonoro nel cinema italiano
attraverso i periodici d'epoca (1927-1932)
di Stefania Carpiceci, vol. II Apparati, 2013

Il volume II di *Le ombre cantano e parlano* propone una mappatura ragionata dei maggiori periodici cinematografici dell'epoca: «L'Argante», «Cine-Gazzettino», «Cinema Illustrazione», «Il Cinema Italiano», «Cinema-Teatro», «La Cinematografia», «Il Cine Mio», «L'Eco del Cinema», «Kines», «La Rivista Cinematografica», «Rivista Italiana di Cinetecnica» e «Lo Spettacolo Italiano». Ad essi si aggiungono due riviste teatrali, «Comoedia» e «Il Dramma», e un quotidiano, «Il Tevere», particolarmente attenti al cinema. Le testate sono scandagliate in relazione ai vari aspetti del passaggio dal muto al sonoro. Altro osservatorio privilegiato sono naturalmente i film, dei queli si riporta il repertorio.

UN LIBRO CHIAMATO CORPO
di Akira Kasai
a cura di Maria Pia D'Orazi, 2016

Le discipline esoteriche insegnano che il corpo non è mai un ostacolo per la piena realizzazione dell'individuo. Al contrario, è il mezzo necessario per la sua elevazione spirituale, perché lo spirito si forma per gradi dopo aver accolto ed elaborato le esperienze del mondo fisico. Ed è attraverso la focalizzazione della percezione sulle sensazioni fisiche che l'essere umano può acquisire consapevolezza della sua identità più profonda: allora, quando mette a tacere l'intelletto e dirige la coscienza sulle sensazioni, riesce a percepire il corpo interiore come un flusso di energia che scorre nell'organismo, sperimentando il contatto con la sua identità di essenza a partire dalla sua identità di forma. Attraverso il contatto con l'Essenza è possibile distinguere i pensieri autenticamente individuali generati dal proprio sé, da quelli provenienti da istinti fisici o abitudini sociali; mentre si entra in un territorio senza limiti dove "io è un altro" e scompare ogni differenza fra individui, generazioni, civiltà o religioni che possa generare una cultura della sopraffazione e della violenza. Allora, la ricerca espressiva diventa qualcosa di più e qualcosa d'altro: è sistema pedagogico e visione dell'uomo nuovo, un modo di trasformare se stessi per trasformare il mondo.

Artdigiland è l'editore, in francese, dello scrittore e cineasta Marc Scialom:

MARC SCIALOM. IMPASSE DU CINEMA
Esilio, memoria, utopia / Exil, mémoire, utopie
a cura di / sous la direction de Mila Lazić, Silvia Tarquini
prefazione di / préface de Marco Bertozzi, 2012

Marc Scialom, ebreo di origini italiane, toscane, poi naturalizzato francese, nasce a Tunisi nel 1934. Dopo le persecuzioni naziste nel '43 in Tunisia, le ripercussioni sugli Italiani, meccanicamente associati al fascismo nel periodo dell'"epurazione", e la strage di Biserta (1961) – che denuncia nel corto *La parole perdue* (1969) –, si trasferisce in Francia. La sua vita si intreccia, "mancandola", con la storia del cinema: a Parigi il lungometraggio *Lettre à la prison* (1969-70), realizzato senza un produttore e quasi clandestinamente, non è sostenuto dai suoi amici cineasti, tra cui Chris Marker. Deluso, Scialom chiude il film in un cassetto. Torna alle sue origini, allo studio della lingua e della letteratura italiane. Traduce la *Divina Commedia* (Le Livre de Poche, 1996). Dopo il ritrovamento di *Lettre à la prison*, il restauro e la presentazione nel 2008 al Festival International du Documentaire di Marsiglia, Scialom torna al lavoro cinematografico con *Nuit sur la mer* (2012).

LETTRE A LA PRISON DE MARC SCIALOM
Le film manquant
sous la direction de Mila Lazić, Silvia Tarquini
préface de Marco Bertozzi, 2014

Le livre présente, en français seulement, la partie consacrée à *Lettre à la prison* dans l'ouvrage bilingue – italien et français – *Marc Scialom. Impasse du cinéma. Esilio, memoria, utopie/ Exil, mémoire, utopie*, sous la direction de Mila Lazić et Silvia Tarquini (2012). Le livre source est consacré à l'œuvre de Scialom – cinématographique et littéraire – dans son ensemble, et approfondit sa relation avec la *Divine Comédie* de Dante Alighieri. Ce volume restitue à l'histoire du cinéma la mémoire historique et cinématographique cristallisée dans l'aventure, au sens antonionien, de Marc Scialom. Avec *Lettre à la prison* (1969) nous sommes confrontés à un film Nouvelle Vagues "trouvé", tourné avec une camera prêtée par Chris Marker, puis englouti dans un abîme bienprécis, personnel et historique. La préface de Marco Bertozzi cite Alberto Grifi, Chris Marker et Jean Rouch, filmmakers "dépaysés", constamment à la recherche, à travers le cinéma, d'un contact avec la réalité.

LES AUTRES ETOILES
de Marc Scialom
roman, préface de Frédérick Tristan, 2015

«Voici donc ce que je souhaitais réussir : le lecteur serait plus ou moins perdu tout au long de mon livre, perdu mais accroché, avec le sentiment croissant de frôler une chose intense, de l'entrevoir dans un brouillard, de supposer cette chose peut-être à tort, un peu comme un rêveur sur le point de s'éveiller voit parfois poindre à travers les volutes et sous les masques de son rêve une vérité douteuse, douteuse mais imminente, cela jusqu'aux dernières pages – puis tout à coup il comprendrait: rétrospectivement sa lecture indécise lui deviendrait claire parce qu'il découvrirait, lovée au coeur de la spirale et hors littérature, la scène première dont le livre est sorti».

Marc Scialom
INVENTION DU REEL
Trois contes
illustrations de Mélik Ouzani, 2016

Le réel est-il vrai ? Le vrai est-il réel ? Humoristiques mais graves, noirs mais flamboyants et bariolés, burlesques mais parfois terrifiants, ces contes ne peignent pas seulement un univers distinct du nôtre mais qui lui ressemble. À l'aveuglette et à tâtons, ils en esquissent aussi quelques possibles prolongements futurs...

POURQUOI ?
Conte avec mort inopinée de son auteur
de Marc Scialom
libres dessins de Marcel Delmas, 2018

Vivien (mais s'appelle-t-il vraiment Vivien ?), un être mi-humain imaginé par un conteur fou que torture un lointain remords, s'interroge sur son identité profonde et, simultanément, soupçonne que l'espèce humaine est encore loin d'avoir achevé son hominisation. Plein d'une curiosité inquiète et sans cesse zigzagante, il part à la découverte des autres, du monde, du sens des choses et surtout de lui-même. Mais il découvre un monde second…

Ha inoltre pubblicato in inglese:

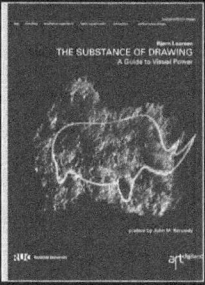

THE SUBSTANCE OF DRAWING
A Guide to Visual Power
by Bjorn Laursen
preface by John Kennedy, 2017

This book is not a manual as it is normally meant. It is not just a technical guide to learning how to draw. It lets you understand the motivations and impulses that are at the origin of drawing and the processes that are activated when you draw. And drawing is intended not so much as a simple tool, more or less effective, to imitate reality, but as a means of knowledge and memory with respect to reality. What Bjørn Laursen lets us understand is how listening and the availability to be captured by what we have around are essential qualities for an artist, and how the act of drawing is not a passive recording of objects, but a discovering and imagining, discovering the present and its history, and imaging the future of the environment we live in. (Fabrizio Crisafulli)

Ha pubblicato in portoghese:

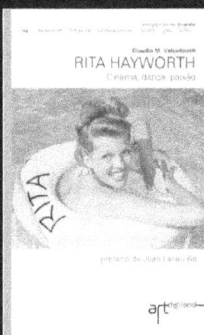

RITA HAYWORTH
Cinema, dança, paixão
de Claudio M. Valentinetti
prefácio de João Lanari Bo, 2018

A deusa do amor, a atômica, Gilda. O sonho proibido de muitos, a resposta vital à segunda guerra mundial. Rita Hayworth, talvez a beleza do star system hollywoodiano que mais fez época e clamor. Uma filmografia quase sem limites, mais de sessenta títulos, mesmo sendo poucos os que sobressaem, *Sangue e areia*, *A Dama de Shanghai*, *Gilda*. Cinco maridos, entre os quais o gênio Orson Welles e o "imam" Ali Khan, e muitos grandes parceiros nos sets, de James Cagney a Fred Astaire e Gene Kelly, de Tyrone Power a Frank Sinatra, de Robert Mitchum ao companheiro de muitos filmes e amigo Glenn Ford. Um mito construído pela Meca do Cinema daqueles anos e alguns expertos produtores – como o amigo/inimigo Harry Cohn da Columbia Pictures – e habilidosos diretores: Charles Vidor, Rouben Mamoulian, Howard Hawks, William Dieterle, Henry Hathaway, Raul Walsh e, obviamente, Welles. Mas uma vida desgraçada, desesperada. Após um duro e demorado trabalho para alcançar o sucesso, antes como dançarina, nos espetáculos e na escola de flamenco da sua família, os Dancing Cansinos, e depois como atriz. Uma diva que nunca obteve aquilo que sempre desejou e perseguiu mais do que qualquer outra coisa: a felicidade familiar.

fuorinorma

www.ingramcontent.com/pod-product-compliance
Lightning Source LLC
Chambersburg PA
CBHW080116020526
44112CB00037B/2758